Ursula Hoyningen-Süess
Dominik Gyseler

Hochbegabung

W0221481

Haupt

Ursula Hoyningen-Süess
Dominik Gyseler

Hochbegabung

aus sonderpädagogischer Sicht

Haupt Verlag
Bern · Stuttgart · Wien

Ursula Hoyningen-Süess promovierte 1992 bei Prof. Dr. G. Heese am Institut für Sonderpädagogik der Universität Zürich und habilitierte sich 1999. Ihre Themenschwerpunkte sind die Geschichte, Systematik und Ethik der Sonderpädagogik als Disziplin und Profession. Ihre Forschungstätigkeit konzentriert sich auf «Hochbegabung als sonderpädagogisches Thema» und «Lebensqualität als Ausgangspunkt sonderpädagogischen Denken und Handelns». Ursula Hoyningen-Süess ist Abteilungsleiterin am Institut für Sonderpädagogik der Universität Zürich.

Dominik Gyseler promovierte zum Thema Hochbegabung als Thema der Sonderpädagogik – und seine Widerspiegelung in der schulischen Praxis. Seine weiteren Forschungsschwerpunkte sind die neurowissenschaftlichen Grundlagen der Sonderpädagogik an diversen Fallbeispielen wie Autismus, ADHS, Dyskalkulie oder schwere Formen von Verhaltensauffälligkeiten. Dominik Gyseler ist Mitarbeiter an der Hochschule für Heilpädagogik (HfH) in Zürich.

Publiziert mit der Unterstützung des Schweizerischen Nationalfonds
zur Förderung der wissenschaftlichen Forschung.

Redaktion und Satzherstellung durch die Autorin.

1. Auflage: 2006

Bibliografische Information der *Deutschen Nationalbibliothek*

Die Deutsche Nationalbibliothek verzeichnet diese Publikation in der Deutschen Nationalbibliografie; detaillierte bibliografische Daten sind im Internet über http://dnb.d-nb.de abrufbar.

ISBN 13: 978-3-258-07095-7
ISBN 10: 3-258-07095-4

Alle Rechte vorbehalten
Copyright © 2006 by Haupt Berne
Jede Art der Vervielfältigung ohne Genehmigung des Verlages ist unzulässig
Umschlaggestaltung: Atelier Mühlberg, Basel
Printed in Switzerland

www.haupt.ch

Dank

Wir danken allen, die massgeblich zur Durchführung des Forschungsprojekts „Erziehung und Bildung hoch begabter Kinder und Jugendlicher aus sonderpädagogischer Sicht“ beigetragen haben. Zuerst selbstverständlich den Kindern und Jugendlichen, die ihre Zeit zur Verfügung gestellt haben, sowie deren Eltern und Lehrpersonen. Es ist nicht ohne weiteres zu erwarten, dass sich Kinder, aber auch ihre Eltern und die Lehrpersonen neben einem bereits vollen Pflichtprogramm noch auf die aufwändigen Befragungen einlassen. Dann gilt auch der Bildungsdirektion des Kantons Zürich unser Dank, die uns bei der Erstellung der Stichprobe hilfreich zur Seite stand.

Den Projektmitarbeiterinnen Denise Hampson und Irène Hüsser sind wir zu grossem Dank verpflichtet. Sie haben mit Umsicht und hohem Einsatz die Daten zur Persönlichkeitsentwicklung und zur Familienstruktur zusammengetragen. Auch Frau Claudia Roth-Reber ist zu danken. Sie hat aus ihrem Projekt heraus die Anlage für eine Längsschnittstudie gelegt, die nun allenfalls weitern Forschungsarbeiten dienen kann. Zu guter Letzt danken wir auch Frau Gert Wülser Schoop, die bei der Drucklegung wesentliche Inhalte einbrachte und die arbeitsintensive Schlussredaktion mitgetragen hat.

Dem Schweizerischen Nationalfonds zur Förderung der wissenschaftlichen Forschung (SNF) danken wir dafür, dass dieses Projekt finanziell unterstützt wurde (Projektnummer 1114-65088, 2001–2004).

Inhaltsverzeichnis

Vorwort

In diesem Buch werden Überlegungen zur Erziehung und Bildung hoch begabter Kinder und Jugendlicher aus sonderpädagogischer Sicht vorgestellt. Im Zentrum steht die Frage, warum im deutschsprachigen Raum der Schweiz bei hoch begabten Schülerinnen und Schülern immer häufiger sonderpädagogische Massnahmen als erforderlich erachtet werden. Diese Frage kann in zweierlei Hinsicht weiter verfolgt werden:

1. Welches sind Gründe für die Zunahme der Zuweisungen zu einem sonderpädagogischen Angebot?
2. Worin unterscheiden sich hoch begabte Schülerinnen und Schüler mit "besonderen pädagogischen Bedürfnissen" von Schülerinnen und Schülern ohne solche besondere pädagogische Bedürfnisse?

Die Antworten auf diese beiden Fragen werden auf der Grundlage einer empirischen Studie gesucht. Als Ausgangslage gilt eine dreiteilige Stichprobe (N=303). Die erste Gruppe umfasst hoch begabte Kinder in sonderpädagogischen Spezialprogrammen (n=66). Die zweite Gruppe umfasst hoch begabte Kinder in der Regelklasse (n =118). Die dritte Gruppe umfasst durchschnittlich begabte Kinder in der Regelklasse (n=119). Es wurde untersucht, ob sich die Schülerinnen und Schüler dieser drei Gruppen hinsichtlich ausgewählter Merkmale unterscheiden und es wird nachfolgend diskutiert, inwiefern sich erklären lässt, warum manche hoch begabte Kinder und Jugendliche sonderpädagogischen Angeboten zugewiesen werden und andere nicht.

Neben den hoch begabten Kindern und Jugendlichen wurden auch deren Eltern und Lehrpersonen in die Untersuchung einbezogen. Die gesamte Studie lässt sich darum in drei Teilprojekte aufteilen. Im ersten Teilprojekt stehen die hoch begabten Kinder und Jugendlichen im Mittelpunkt. Zentral sind hier beispielsweise Fragen, wie sich die drei ausgewählten Gruppen hinsichtlich bestimmter Persönlichkeitsmerkmale voneinander unterscheiden oder ob hoch begabte Kinder in sonderpädagogischen Spezialprogrammen einen anderen Umgang mit schulischem Erfolg und Misserfolg haben als hoch begabte Kinder in Regelklassen. Im zweiten Teilprojekt liegt der Fokus auf der Familie der Kinder. Hier stehen beispielsweise Fragen im Zentrum, ob und inwiefern sich die Familien hoch begabter Kinder und Jugendlicher von anderen Familien unterscheiden oder ob sie unterschiedliche Erwartungen an die Schule stellen. Das dritte Teilprojekt hat die Lehrpersonen hoch begabter Kinder und Jugendlicher im Blickfeld. Im Zentrum steht hier die Frage nach den Begründungen der Lehrpersonen, warum sie hoch begabten Kindern besondere pädagogische Bedürfnisse zuschreiben. Daneben interessiert beispielsweise auch die Frage, ob hoch begabte Kinder in den Regelklassen bessere Schulleistungen erbringen als jene, die sonderpädagogischen Massnahmen zugewiesen werden. Diese Fragen wurden in einem interdisziplinär zusammengesetzten Team angegangen und die Ergebnisse dann aus sonderpädagogischer Sicht interpretiert.

Im ersten Teil wird dargestellt, inwiefern die Erziehung und Bildung hoch begabter Kinder und Jugendlicher ein sonderpädagogisches Thema ist. Die Hochbegabung dient hier als interessantes Fallbeispiel für Veränderungen innerhalb der sonderpädagogischen Theoriebildung. Es kann anhand unserer Untersuchung beispielsweise gezeigt werden, dass das Verhältnis pädagogischer und sonderpädagogischer Massnahmen nicht angemessen bestimmt werden kann, solange der Auftrag der Sonderpädagogik auf „Menschen mit besonderen pädagogischen Bedürfnissen“ ausgerichtet wird.

Im zweiten Teil wird der methodische Ablauf der Arbeit vorgestellt. Dazu gehören die Bildung der Stichprobe und die verwendeten methodischen Verfahren. Zudem wird gezeigt, wie mit dem Einbezug eines zweiten Messzeitpunktes nach einem Jahr der Grundstein für eine mögliche Längsschnittuntersuchung zum Thema gelegt wurde.

Im dritten Teil wird gezeigt, dass hoch begabte Kinder in sonderpädagogischen Spezialprogammen und hoch begabte Kinder in Regelklassen bezüglich ihrer Persönlichkeitsmerkmale vielfach ähnlich strukturiert sind, dass es aber doch einige wesentliche Aspekte gibt, in denen sie sich unterscheiden. Hierfür werden hauptsächlich die Ergebnisse aus der Querschnittuntersuchung vorgestellt, während die wiederholte Messung nach einem Jahr dazu diente, vorsichtige Entwicklungstendenzen zu generieren.

Im vierten Teil wird gezeigt, dass es zwar nicht die typische Familie hoch begabter Kinder gibt, dass aber elterliche Erwartungen – oder genauer nicht erfüllte elterliche Erwartungen – an die Lehrperson und das Kind ausgemacht werden können, die bei der Zuweisung zu einem sonderpädagogischen Angebot eine bedeutende Rolle spielen.

Im Zentrum des fünften Teils steht die Frage, aus welchen Gründen die Lehrpersonen einem Teil der hoch begabten Kinder besondere pädagogische Bedürfnisse zuschreiben und aus welchen Gründen andern – ebenfalls hoch begabten Kindern – keine besonderen Bedürfnisse zugeschrieben werden. Hier kann gezeigt werden, dass Lehrpersonen sonderpädagogische Massnahmen aus den unterschiedlichsten Gründen als erforderlich betrachten.

Im sechsten Teil werden die drei empirisch orientierten Teilprojekte zusammengefasst. Aus dieser Zusammenfassung geht hervor, dass weder bildungstheoretisch noch bildungspolitisch hinreichend klare Kriterien zur Entscheidung der Frage nach der Ausrichtung des sonderpädagogischen Angebot für hoch begabte Kinder und Jugendliche zur Verfügung gestellt werden. Vielmehr trägt der für die Zuweisung verwendete Leitbegriff der „besonderen pädagogischen Bedürfnisse“ massgeblich zur ungerechtfertigten Zunahme von Sondermassnahmen bei. Diese Sondermassnahmen entsprechen aber nicht mehr den besonderen Bedürfnissen der Schulkinder, sondern dienen ganz offensichtlich nur der Entlastung des Regelschulsystems. Ein zentrales Ergebnis der vorliegenden Arbeit ist es, den sonderpädagogisch notwendigen Förderbedarf deutlich von denjenigen pädagogischen Massnahmen zu unterscheiden, die aufgrund bildungstheoretischer und bildungspolitischer Überlegungen als erforderlich betrachtet werden. Zum Schluss werden einige Umsetzungsmöglichkeiten im sonderpädagogischen Bereich diskutiert, Vorschläge zur Beratung von Eltern und Lehrpersonen gemacht und mögliche Ansatzpunkte für die Berufsbildung der Lehrpersonen formuliert.

TEIL 1: ERZIEHUNG UND BILDUNG HOCH BEGABTER KINDER UND JUGENDLICHER – ÜBERLEGUNGEN AUS SONDERPÄDAGOGISCHER SICHT

1. Einleitung

In der Hochbegabungsforschung konzentrieren sich die Bemühungen sowohl im angelsächsischen als auch im deutschsprachigen Raum auf die Diagnose und Prognose hoher Leistungsfähigkeit. Dies gilt schon für die Terman-Studie, die als erste umfängliche Untersuchung innerhalb der Hochbegabungsforschung gilt (Terman 1926): Erste Zulassungsbedingung für die Aufnahme hochbegabter ("gifted") Kinder in diese Studie war die Empfehlung ihrer Lehrperson. Für die Studie wurden dementsprechend hauptsächlich Kinder mit guten und sehr guten Schulleistungen berücksichtigt. Auch die heute üblichen Modelle von hoher Begabung konzentrieren sich – mit unterschiedlichen Akzenten – auf die Diagnose und Prognose hoher Leistungsfähigkeit und die darauf aufbauende Forschung bemüht sich dementsprechend um die Entstehungsbedingungen hervorragender Leistungen.

Zur Untersuchung der Entstehungsbedingungen hervorragender Leistungen gehört beispielsweise das Erforschen des Zusammenhangs zwischen hohen intellektuellen Fähigkeiten, psychischen Voraussetzungen und sozialen Fertigkeiten. Seit den späten 1960-er Jahren besteht in der Hochbegabungsforschung Konsens darüber, dass für das Realisieren von hohen Leistungen nicht nur überdurchschnittliche Fähigkeiten, sondern auch bestimmte Persönlichkeitsmerkmale und Sozialisationsbedingungen vorausgesetzt werden müssen (vgl. Gagné 1993; Renzulli 1999; Rost 2000; Heller 2001). Seither gilt das hauptsächliche Interesse der Hochbegabungsforschung der genauen Bestimmung jener leistungsfördernden Komponenten, die für prognostische Zwecke genutzt werden können.

Die Ausrichtung der Hochbegabungsforschung auf die Hochleistungsforschung legt es nicht nahe, «Hochbegabung» als Thema der sonderpädagogischen Forschung aufzufassen(vgl. auch Hoyningen-Süess & Gyseler 2005; Brunner, Gyseler & Lienhard 2005, 2006). Im Folgenden soll aber gezeigt werden, dass und inwiefern dieses Thema zur Sonderpädagogik gehört. Dafür wird folgendens Vorgehen gewählt. Zuerst werden aktuelle Tendenzen der sonderpädagogischen Theoriebildung diskutiert, die seit einigen Jahren die in der deutschsprachigen Sonderpädagogik bisher vorherrschende Auffassung sonderpädagogischen Denkens und Handelns abzulösen im Begriffe sind (2). Vor dem Hintergrund dieser veränderten Auffassung der Sonderpädagogik wird dann ein Konzept sonderpädagogischer Theoriebildung vorgestellt, das auch eine hohe Begabung als relevantes Thema der Sonderpädagogik versteht (3). Daraus ergibt sich eine Reihe von Forschungsdesiderata für die Sonderpädagogik (4). Eines dieser Desiderata ist die Hochbegabung als sonderpädagogisches Thema. Entlang der theoretisch vorgegebenen Überlegungen wird dann das konkrete Projekt zur Erziehung und Bildung hoch begabter Kinder und Jugendlicher vorgestellt (5).

2. Aktuelle Tendenzen in der Sonderpädagogik

Das Selbstverständnis der Sonderpädagogik ist – mindestens im deutschsprachigen Europa – historisch geprägt von der Ausrichtung auf die Erziehung und Bildung derjenigen Kinder, Jugendlichen und Erwachsenen, deren Entwicklung wegen physischer Schäden, psychischer Beeinträchtigungen und sozialer Erschwerungen nicht den erwarteten Verlauf nimmt und für die deshalb besondere Erziehungs- und Bildungsmaßnahmen als nötig erachtet werden. Unter solchen Voraussetzungen wurde eine hohe Begabung in der Sonderpädagogik nur in Einzelfällen zum Thema: beispielsweise in der Biografie der gehörlosen und blinden Schriftstellerin Helen Keller oder im Lebenslauf des körperlich schwerstbehinderten Physikers Stephen Hawking. An diesen beiden Fällen lassen sich die Möglichkeiten einer Sonderpädagogik aufzeigen, die sich am Förderpotenzial körperlich behinderter oder sinnesbehinderter Menschen orientiert. In geradezu paradigmatischer Weise wird davon ausgegangen, dass Schädigungen, Beeinträchtigungen und hohe Begabung grundsätzlich zusammen auftreten können und die Aufgabe der Sonderpädagogik darin besteht, die Begabungsentwicklung von koinzidenten Schädigungen und Beeinträchtigungen zu bewahren.

Seit zwanzig Jahren ist in den angelsächsischen – und seit einiger Zeit auch in den deutschsprachigen – Ländern Europas und in den USA jedoch eine Ausweitung des Auftrags der Sonderpädagogik zu beobachten. Diese Ausweitung steht unter dem Etikett der „Special Needs Education“ bzw. den deutschsprachigen Varianten des Begriffs – zum Beispiel "sonderpädagogischer Förderbedarf", "spezielle Erziehungserfordernisse" oder "besondere pädagogische Bedürfnisse" (vgl. dazu Department for Education and Skills 1994; Speck 2003; Drawe, Rumpler und Wachtel

2000). Dieses neue Selbstverständnis der Sonderpädagogik führt nun dazu, dass auch die Hochbegabung in unterschiedlicher Weise zum Gegenstand sonderpädagogischen Denkens und Handelns wird, da grundsätzlich von "besonderen" Bedürfnissen aufgrund eben gerade der hohen Begabung ausgegangen wird, die sonderpädagogische Interventionen nach sich ziehen.

In den USA beispielsweise ist eine hohe Begabung ein fest etabliertes Thema der Sonderpädagogik. Schülerinnen und Schüler mit einer testtheoretisch festgelegten Intelligenzhöhe haben ein gesetzlich verbrieftes Recht auf sonderpädagogische Förderung. Dieses Recht wird ihnen durch die so genannten "special needs" zugesichert, und die sonderpädagogische Forschung bemüht sich zentral einerseits um die empirisch gestützte Beschreibung dieser besonderen Bedürfnisse und andererseits um die Realisierung daran orientierter Interventionen in Erziehung und Bildung. "Special needs" werden dabei quantitativ-statistisch verstanden und an ausgewählten Entwicklungsbereichen festgemacht, die ausserhalb der Norm liegen und darum als "Spezialfall" gelten, weil sie als eine vorliegende Exzeptionalität interpretiert werden (exceptional children). Die Frage, *warum* bei hochbegabten Schülerinnen und Schülern sonderpädagogische Massnahmen notwendig sind, wird vor dem Hintergrund der US-amerikanischen Auffassung von „Special Education“ damit klar beantwortet: Sie haben qua Hochbegabung "special needs" und damit das Recht auf sonderpädagogische Massnahmen. Obwohl auf dieser Grundlage nachvollziehbar ist, dass die Erziehung und Bildung hochbegabter Kinder und Jugendlicher eine sonderpädagogische Aufgabe darstellen soll, bleibt die Frage offen, wie dies allein mit dem Kriterium der Exzeptionalität legitimiert werden kann (Hoyningen-Süess 1998).

Dagegen liegt der sonderpädagogischen Forschung im deutschsprachigen Raum eine methodisch-didaktische Auffassung von "special needs" zugrunde. Danach hat sich die Schulische Sondepädagogik mit Kindern und Jugendlichen zu befassen, bei denen sonderpädagogische Interventionen erforderlich sind, weil in irgendeiner Form Schulschwierigkeiten konstatiert werden. Damit beschränkt sich die Begründung der sonderpädagogischen Relevanz von Hochbegabung jedoch auf die Nennung einzelner, intuitiv-deskriptiver Zusammenhänge zwischen hoch begabten und lernbehinderten Schülerinnen und Schülern (Vernooij 2000) oder auf eine unsystematische Auflistung möglicher Schulschwierigkeiten (Fels 1999). Das Thema dann wird zum Vehikel für einen neuen "Ansatz der begabungsförderlichen Pädagogik und Didaktik" (Kluge 2002, 9) oder es werden neue pädagogische Gefäße für jene

Kinder und Jugendlichen geschaffen, die im Regelunterricht aus verschiedenen Gründen nicht tragbar sind und die erwiesenermassen überdurchschnittliche intellektuelle Fähigkeiten haben (vgl. Bildungsdirektion des Kantons Zürich, 1999b). Im Gegensatz zur US-amerikanischen Auffassung von "special needs" sind hier die speziellen Lernbedürfnisse nicht eine unmittelbare und notwendige Folge der überdurchschnittlichen Fähigkeiten, sondern Ausdruck der Meinung, dass hochbegabte Kinder und Jugendliche unter bestimmten Umständen – insbesondere dann, wenn sie ihr Potential nicht ausschöpfen – mit speziellen methodisch-didaktischen Massnahmen zu unterstützen seien.

3. Hochbegabung als Katalysator eines veränderten sonderpädagogischen Selbstverständnisses

Die Wende der sonderpädagogischen Theoriebildung ging mit der unaufhaltsamen Demontage des Behinderungsbegriffs als dem Leitbegriff der sonderpädagogischen Theoriebildung und der Hinwendung zur angelsächsischen Tradition der "Special Needs Education" einher (vgl. Visser & Upton 1993). Als Leitbegriff dient in der deutschsprachigen Sonderpädagogik seither der Begriff des "sonderpädagogischen Förderbedarfs" (Drawe, Rumpler & Wachtel 2000) oder derjenige der "besonderen pädagogischen Bedürfnisse" (Bildungsdirektion des Kantons Zürich, 1999). Allerdings ist diese Wende momentan einzig in der Theoriebildung deutlich sichtbar: In der sonderpädagogischen Praxis wird der sonderpädagogische Handlungsbedarf nach wie vor an Menschen mit einer Behinderung ausgerichtet, und die Sonderpädagogik orientiert sich am Bild des schwachen, gebrechlichen, physisch oder psychisch kranken und sozial benachteiligten Menschen.

Dieses uneinheitliche Bild zeigt sich auch an der Forschungslage der Sonderpädagogik. Versatzstücke medizinischer, psychologischer und soziologischer Theorien werden mit pragmatisch ausgehandelten (bildungs-)politischen Forderungen verknüpft und – allenfalls auf der Basis von Auftragsforschung – mit empirischen Daten unterstützt. Diese Ausrichtung der sonderpädagogischen Forschung kann jedoch lediglich zur Bestätigung gewünschter Ergebnisse führen (vgl. dazu Feuser 2003; Eberwein & Knauer, 2002; Eberwein 1997; Hoyningen-Süess 1998). Hingegen bleibt die Frage, unter welchen Bedingungen sonderpädagogische Massnahmen erforderlich sind bzw. welche Kriterien dafür erfüllt sein müssen, entweder unbeantwortet oder wird gar nicht gestellt. Eine Folge davon ist die stetig anwachsende Zuweisungspraxis zur Sonderschulung, die aus dem fast schon beliebigen Gebrauch des Begriffs der "special needs" entsteht (vgl. dazu Hoyningen-Süess 1997, Hoyningen-Süess & Gyseler 2005). Im Kanton Zürich nahmen beispielsweise im Jahr 2002 17.7% der Schülerinnen und Schüler besondere Stütz- und Fördermaßnahmen in Anspruch, im Gegensatz zu 11.3% im Jahr 1994 (Bildungsdirektion des Kantons Zürich, 2003).

Aus theoretischer Sicht bleibt es deshalb vorläufig bei der rein formalen Deklaration paradigmatischer Veränderungen (Hensle & Vernooij 2000) oder einer "kopernikanischen Wende" in der Sonderpädagogik (Bleidick, Rath & Schuck, 1995, 253). Es ist daher kaum verwunderlich, dass die Erziehungs- und Bildungsaufgaben bei hoher Begabung aus bildungspolitischer Sicht vielerorts zur sonderpädagogischen Aufgabe avancierte, jedoch die Sonderpädagogik selbst sich nach wie vor schwer tut, diesen Auftrag auch konzeptuell in ihren Gegenstandsbereich einzubinden.

Hochbegabung eignet sich als gutes Fallbeispiel, um theoretische Überlegungen zum Auftrag der Sonderpädagogik zu initiieren. Der Einbezug der Erziehung und Bildung hoch begabter Kinder und Jugendlicher in die Sonderpädagogik erzwingt das systematisch überzeugende Ausarbeiten des angelsächsischen Konzepts der "special needs", an dem sich die Disziplin ausrichten kann.

4. Sonderpädagogik als besondere Pädagogik unter besonderen Umständen

Die Sonderpädagogik ist eine pädagogisch orientierte Disziplin und muss sich daher an dieselben Erziehungs- und Bildungsziele wie die Pädagogik ausrichten. Diese Ziele sind in den letzten Jahren immer häufiger Gegenstand einer Debatte, in deren Kern die Frage steht, inwieweit die Schule neben einem Bildungs- auch einen Erziehungsauftrag zu befolgen hat. In der Schule von heute sind die Folgen dieses anspruchsvollen Auftrags allerdings deutlich zu spüren. So wird beispielsweise heute in immer höherem Masse neben der Vermittlung reiner Wissensbestände auch die Vermittlung notwendiger Voraussetzungen der Identitätsfindung und Partizipationsgelegenheiten der Schule zugeschoben.

Von diesen Veränderungen ist auch die Schulische Sonderpädagogik betroffen. Sie muss zwar einerseits nach wie vor Lernangebote für diejenigen Kinder und Jugendlichen bereitstellen, die aufgrund einer vorliegenden oder möglichen Entwicklungsbeeinträchtigung ein Anrecht auf solche Angebote haben. Andererseits muss sie ihrer Klientel zudem in immer höherem Masse wesentliche Voraussetzungen der Identitätsentwicklung und Formen der Partizipation mit dem sozialen Umfeld bzw. der Gesellschaft vermitteln. Im konkreten schulischen Alltag werden solche normativ geprägten pädagogischen Zielsetzungen didaktisch aufbereitet und den Schülerinnen und Schülern als intellektuelle, emotionale und soziale Kompetenzen vermittelt. Mangelhafte Kompetenzen in allen diesen Bereichen werden von der Schule üblicherweise als Lernschwierigkeiten und Verhaltensauffälligkeiten etikettiert und die Gruppe der betroffenen Kinder und Jugendlichen der Schulischen Sonderpädagogik zugeteilt. Diese beschäftigt sich dementsprechend mit jenen Kindern und Jugendlichen, deren individuelle Entwicklung vor einen gesellschaftlich bestimmten, normativ geprägten Hintergrund beeinträchtigt verläuft oder voraussichtlich verlaufen wird und bei denen *deshalb* besondere Erziehungs- und Bildungsmassnahmen als erforderlich erachtet werden.

Diese Überlegungen können in ein Modell überführt werden, welches das Bedingungsgefüge von Entwicklungsbeeinträchtigungen schematisch darstellt. Als Grundlage wird der Ansatz des so genannten Misfits gewählt (vgl. Thomas & Chess 1968). Dieser Ansatz basiert auf einem dipolaren Entwicklungsverständnis und versteht die menschliche Entwicklung als prinzipiell prä-stabil und homöostatisch angelegten Prozess, der von biologischen, psychologischen und sozialen Bedingungen beeinflusst ist. Entwicklungsbeeinträchtigungen können auf dieser Grundlage als Folgen einer massiven Störung dieses Prozesses verstanden werden (vgl. auch Largo 1993). Im Rahmen der Schulischen Sonderpädagogik ist dann beispielsweise zu untersuchen, *welche* Dimensionen der Entwicklungsvoraussetzungen und des sozialen Umfeldes aus sonderpädagogischer Sicht betroffen sind. Mit dem Ansatz des Misfits geraten nicht nur die unterschiedlichen Lernvoraussetzungen genauer in den Blick, sondern auch die familiären Erwartungen und die von der Schule vorgegebenen Anforderungen:

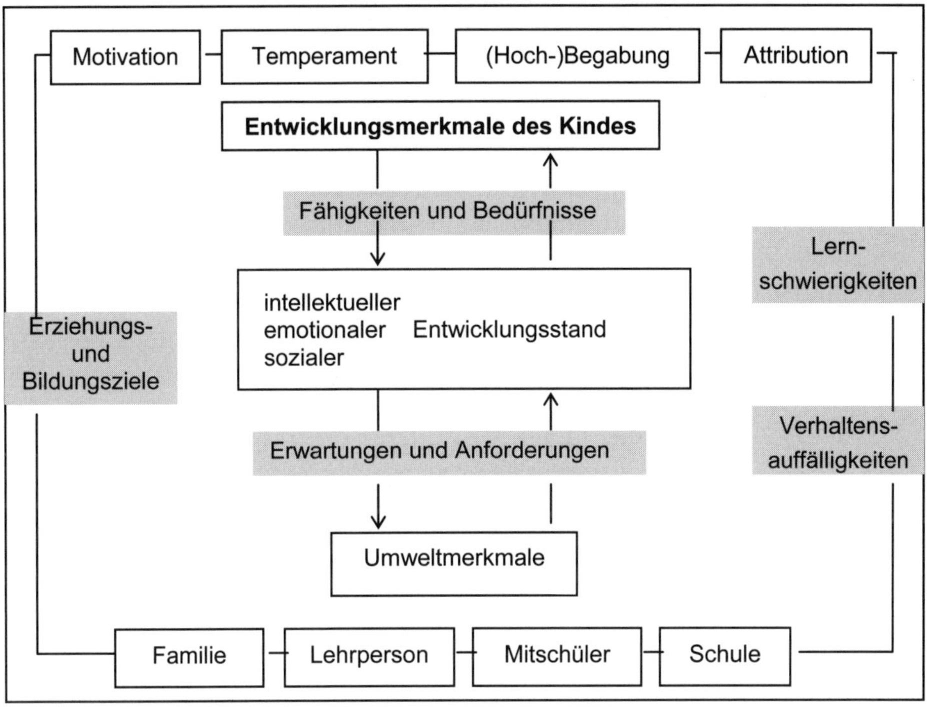

Abb. 1: Sonderpädagogisches Modell der Erziehung und Bildung

Hinsichtlich der Frage nach der Hochbegabung als Thema der Sonderpädagogik liegen diesem Modell zwei grundlegende Einsichten zugrunde. Zum einen können aus einer hohen Begabung *alleine* keine besonderen pädagogischen Bedürfnisse abgeleitet werden. Mit der wissenschaftlichen Begleitung einer "Sonderschule für kognitiv hochbegabte Kinder" konnte diese Annahme empirisch bestätigt werden (Hoyningen-Süess & Gyseler 2000a). Vielmehr scheint die Diagnose und Prognose besonderer pädagogischer Bedürfnisse bei vermuteter oder bestätigter hoher Begabung von einer sorgfältigen Person-Umfeld-Analyse abzuhängen. Zum andern stehen heute aus sonderpädagogischer Sicht insbesondere jene Kinder und Jugendlichen im Fokus, die geforderte schulische Lernziele nicht oder nur knapp erreichen oder trotz ordentlicher Schulleistungen nur schwer in den Klassenverband zu integrieren sind. Die Lehrpersonen hoch begabter Kinder und Jugendlicher beschrieben sie im Rahmen verschiedener wissenschaftlicher Begleitungen als im Unterricht unruhige, in ihren Leistungen schwankende, in Streitsituationen rigide und bisweilen desinteressierte Schülerinnen und Schüler, deren Konzentrationsfähigkeit unterdurchschnittlich, deren Lernverhalten stark emotional geprägt und deren Selbsteinschätzung oftmals nur ein Zerrbild ihrer selbst sei (Hoyningen-Süess & Gyseler 2000; 2001).

Damit sind nun allerdings Erziehungs- und Bildungskonstellationen angesprochen, die von der Hochbegabungsforschung bislang kaum thematisiert worden sind. Vielmehr war die Hochbegabungsforschung fast ausschliesslich darauf ausgerichtet, Unterstützungs- und Fördermassnahmen für diejenigen Kinder und Jugendliche bereit zu stellen, die leistungsorientiert, leistungsmotiviert und anstrengungsbereit sind und aufgrund ihrer hohen Begabung herausragende Leistungen versprechen. Eine Hochbegabungsforschung, welche die sonderpädagogische Sichtweise mit einschliesst, hat jedoch auch diejenigen Kinder und Jugendlichen im Blick, die zwar über ein hohes Begabungspotential verfügen, das sie jedoch aus biologischen, emotionalen oder sozialen Gründen nicht umzusetzen in der Lage sind und bei denen deshalb Beeinträchtigungen der Entwicklung diagnostiziert oder prognostiziert werden.

5. Erziehung und Bildung hoch begabter Kinder und Jugendlicher als sonderpädagogisches Forschungsthema

Um «Hochbegabung» als Thema der sonderpädagogischen Forschung begründen zu können, müssen aufgrund des sonderpädagogischen Modells der Erziehung und Bildung zwei Kriterien erfüllt sein. Erstens müssen bei einer angemessenen Anzahl hoch begabter Kinder und Jugendlicher Lernschwierigkeiten und/oder Verhaltensauffälligkeiten diagnostiziert werden. Zweitens muss die Entstehung dieser Entwicklungsbeeinträchtigungen unter dem Einfluss der hohen Begabung erklärt werden können. Wie präsentiert sich nun der aktuelle Forschungsstand bezüglich dieser beiden Kriterien?

Untersuchungen zu Lernschwierigkeiten hochbegabter Kinder erschöpfen sich meist in Aussagen zu unerwartet schlechten Lernprodukten bzw. Schulleistungen, bzw. zu hoch begabten Minderleistenden (gifted underachiever; vgl. Reis & McCoach 2000). Von Schwierigkeiten im Lern*prozess* – z.B. metakognitiven Problemen – wird nur marginal berichtet. Die Hauptzahl der Untersuchungen handelt von hoch begabten Kindern und Jugendlichen, deren schulische Leistungen nicht so gut ausfallen, wie sie aufgrund ihrer intellektuellen Fähigkeiten erwartet werden, jedoch auch nicht unterdurchschnittlich sind (vgl. Lupart & Pyrit, 1996; Rimm 1997). Allerdings wird in diesen Studien keineswegs deutlich, inwieweit die Beeinträchtigung der Begabungsentwicklung mit einer Beeinträchtigung der Gesamtentwicklung der Persönlichkeit einhergeht. Auch zur Häufigkeit solcher Beeinträchtigungen liegt nur eine geringe Anzahl von Untersuchungen vor. Alle empirischen Befunde lassen jedoch gemeinsame Konturen erkennen. So kann davon ausgegangen werden, dass 10 bis 20% der hoch begabten Schülerinnen und Schülern relativ gesehen schlechte schulische Leistungen zeigen (Gyseler 2003). Absolut ungenügende schulische Leistungen werden nur in Einzelfällen verzeichnet. Nicht wesentlich ergiebiger präsentiert sich der Forschungsstand im Bereich von Verhaltensauffälligkeiten hochbegabter Schülerinnen und Schüler. Es finden sich zwar durchaus Untersuchungen zu einzelnen Formen – wie soziale Isolation, Störungen des Unterrichts oder Depression –, aber diese Befunde basieren auf äusserst kleinen Stichproben. Gesichert scheint einzig, dass hoch begabte Schülerinnen und Schüler genauso von Verhaltensauffälligkeiten betroffen oder bedroht sind wie andere Kinder und Jugendliche auch. Eine hohe Intelligenz tritt nicht überzufällig häufig zusammen mit bestimmten Formen von Verhaltensauffälligkeiten auf (vgl. Rost 2000; Heller 2001).

Aus sonderpädagogischer Sicht sind drei Formen von Einflüssen zu unterscheiden, welche die Entfaltung einer hohen Begabung stören können. Dazu ist wiederum der Ansatz des Misfits dienlich:

- Erstens kann ein interner Misfit vorliegen, also eine Dissoziation zwischen mindestens zwei Komponenten der individuellen Entwicklungsvoraussetzungen, wobei die hohe Begabung eine davon darstellt. Dazu zählen beispielsweise die kognitiv-motorische Dissonanz (Sebring 1983; Webb & Kleine 1993) oder ein immens hohes eigenes Anspruchsniveau (Parker 1997; Rice & Mirzadeh 2000; Stumpf & Parker 2000).
- Zweitens kann ein klassischer Misfit ausgemacht werden, der sich auf eine Diskrepanz zwischen den Sachkompetenzen und Lernbedürfnissen des Kindes und den Erwartungen und Anforderungen der sozialen Umwelt bezieht. Neben inadäquaten elterlichen Erwartungen (Gross 1993) dominiert hier in der Literatur die Thematisierung der Unterforderung im schulischen Unterricht, wobei drei Zugänge zu unterscheiden sind: Einerseits werden Unterschiede im Vorwissen als mögliche Komponente einer Unterforderung im

Unterricht untersucht. Entsprechende Untersuchungen belegen, dass eine vergleichsweise hohe Anzahl hoch begabter Kinder bereits vor dem Eintritt in die Schule über ein Wissen verfügt, welches über die curricularen Anforderungen des ersten Schuljahres hinausgeht (Stamm 1998; 2003). Andererseits werden Unterschiede in der Lerngeschwindigkeit untersucht: Eine überdurchschnittliche Lerngeschwindigkeit und eine damit verbundene schnelle Erfüllung von Anforderungen im Unterricht können ebenfalls zu einer subjektiven Unterforderung im Unterricht beitragen (Waldmann & Weinert 1990).

- Drittens kann ein externer Misfit vorliegen, der sich in der Diskrepanz zwischen den Erwartungshaltungen der Lehrperson und den Eltern zeigen kann. Diese Diskrepanz kann die jeweiligen Anforderungen an das Kind, aber auch die gegenseitigen Erwartungen betreffen. In Bezug auf die hoch begabten Kinder und Jugendlichen liegen hierzu kaum aussagekräftige Untersuchungen vor. Diese Lücke kann mit der Zürcher Studie zur Erziehung und Bildung hoch begabter Kinder und Jugendlicher geschlossen werden.

Bislang liegen nur wenige Studien zu möglichen Entwicklungsbeeinträchtigungen hoch begabter Kinder und Jugendlicher vor, und die Studien zu entwicklungshemmenden Konstellationen unter besonderer Berücksichtigung der Hochbegabung sind ebenfalls nicht zahlreich. Zudem sind die meisten dieser Studien nicht einem sonderpädagogischen Erkenntnisinteresse verpflichtet, sodass die momentan vorliegenden Resultate eher nützliche Zufallsprodukte anders ausgerichteter Studien darstellen. Nimmt man das sonderpädagogische Modell als Grundlage, können hingegen die folgenden Thesen zur Entstehung von Entwicklungsbeeinträchtigungen hoch begabter Kinder und Jugendlicher überprüft werden.

1. These: Die Diskrepanz zwischen dem Lernverhalten und standardisierten schulischen Anforderungen kann zu Schwierigkeiten in der Schule und zu inadäquatem Verhalten bezüglich der schulischen Leistungsanforderungen führen. In der Schule wird der Umgang mit der Hochbegabung des Kindes oft zur Aufforderung an das Kind verkehrt, sowohl die Diskrepanz zwischen seiner individuellen Lernmotivation und den schulischen Angeboten und Anforderungen auszuhalten, als auch die Diskrepanz zwischen seinen individuellen Leistungen und den erwarteten Ergebnissen. Dies kann insbesondere dann zu massiven Schulschwierigkeiten führen, wenn das soziale Umfeld die Folgen dieses unprofessionellen Umgangs mit der hohen Begabung des Kindes nicht auffangen kann.

2. These: Die Diskrepanz zwischen einer Hochbegabung und den daran gekoppelten Erwartungen an die Sozialkompetenz bzw. den daraus resultierenden sozialen Anforderungen kann zu einer ständig anwachsenden Spannung zwischen den hohen intellektuellen Fähigkeiten und anderen Entwicklungsvoraussetzungen – wie Konstitution, Temperament, Motivation etc. – und den realen Umweltbedingungen führen. In der Schule werden solche Spannungen oft verharmlost oder ihre Bewältigung wird gar zur besonderen pädagogischen Massnahmen stilisiert. Beides kann zur sozialen Gefährdung des hoch begabten Kindes führen – z.B. zu aggressivem Geltungsverhalten, zur Isolierung oder anderen Formen abweichenden Verhaltens –, falls aufgebaute Spannungen nicht in anderen sozialen Kontexten wieder abgebaut werden können.

3. These: Die Entwicklung hoch begabter Kinder kann ganz grundsätzlich aufgrund eines gestörten affektiv-emotionalen Wohlbefindens gefährdet sein. Dies ist dann der Fall, wenn die Diskrepanz zwischen kognitiven Fähigkeiten und intellektuellen Kompetenzen die Persönlichkeitsentwicklung des Kindes beeinträchtigt. Als Folge davon können intrapsychische Störungen auftreten oder die Entwicklung des Kindes oder des Jugendlichen ist durch eine hohe sozial-emotionale Zerrissenheit gekennzeichnet.

In all diesen Fällen ist es ohne Zweifel plausibel anzunehmen, dass für hoch begabte Kinder und Jugendliche besondere Massnahmen in Erziehung und Bildung angezeigt sein können. Daran anknüpfend stellt sich einerseits die Frage, warum immer häufiger sonderpädagogische Massnahmen für hoch begabte Schülerinnen und Schüler als erforderlich erachtet werden. Andererseits kann auch die Frage gestellt werden, welche Konstellationen die Entwicklung hoch begabter Kinder und

Jugendlicher beeinträchtigen Gerade mit der Antwort auf die zweite Frage können erste Voraussetzungen geschaffen werden zur Etablierung sinnvoller sonderpädagogischer Massnahmen für Kinder mit einer hohen (intellektuellen) Begabung, die dann zu methodisch-didaktischen Umsetzungen in der Schule verwendet werden können und Hinweise enthalten für die Beratung der Lehrpersonen und Eltern hoch begabter Kinder und Jugendlicher.

6. Die Erziehung und Bildung hoch begabter Kinder und Jugendlicher

In die vorliegende Studie zur Erziehung und Bildung hoch begabter Kinder und Jugendlicher wurden Schülerinnen und Schüler im Grossraum Zürich aufgenommen, bei denen im Rahmen der Regelklasse angebotene Fördermöglichkeiten als nicht ausreichend erachtet wurden und die darum besonderen Erziehungs- und Bildungsangeboten zugewiesen worden waren. Für die Gruppenzugehörigkeit war ausschlaggebend, *dass* bei diesen Kindern und Jugendlichen – nach Meinung der Lehrpersonen – besondere Massnahmen erforderlich waren, nicht jedoch *warum* dies so war. Neben den Angaben, welche die Lehrpersonen auf die Frage nach den Gründen der Zuweisung machen, richtete sich die Aufmerksamkeit insbesondere auf den Vergleich dieser hoch begabten Kinder mit jenen, die offenbar im Rahmen der Regelklasse angemessen unterrichtet werden können. Entsprechend dieser Interessenrichtung wurde eine Stichprobe (n=303) aus drei Gruppen gebildet:

Gruppe 1: Hoch begabte Schülerinnen und Schüler in sonderpädagogischen, teil- oder vollzeitlichen Spezialprogrammen

Gruppe 2: Hoch begabte Schülerinnen und Schüler in der Regelklasse

Gruppe 3: Durchschnittlich begabte Schülerinnen und Schüler in der Regelklasse

Das Ziel der Studie konzentriert sich primär auf die Frage, inwiefern hoch begabte Schülerinnen und Schüler mit besonderen pädagogischen Bedürfnissen sich von hoch begabten Schülerinnen und Schüler ohne besondere pädagogische Bedürfnisse unterscheiden. Diese Fragestellung wird in drei Teilstudien erörtert.

In der ersten Teilstudie wird überprüft, inwiefern sich die hoch begabten Kinder mit und ohne spezielle Fördermassnahmen hinsichtlich ihrer Entwicklungsvoraussetzungen voneinander unterscheiden. Die Schulpraxis zeigt, dass die Zuschreibung besonderer pädagogischer Bedürfnisse bei hoch begabten Kindern und Jugendlichen nicht vom Ausmaß der überdurchschnittlichen Fähigkeiten abhängt. Darum soll hier insbesondere die Frage untersucht werden, welchen Einfluss die Persönlichkeit des Kindes auf die Zuschreibung besonderer pädagogischer Bedürfnisse hat und ob es bestimmte Persönlichkeitskonstellationen sind, welche der Zuschreibung besonderer Erziehungs- und Bildungsmaßnahmen eher förderlich bzw. hinderlich sind. Daraus ergeben sich interessante Interpretationsmöglichkeiten. Ist es beispielsweise möglich, dass die Zuschreibung bzw. die Nicht-Zuschreibung besonderen pädagogischen Erziehungs- und Bildungsbedarfs die Kompetenz des Kindes oder des Jugendlichen widerspiegelt, sich den schulischen Anforderungen und den elterlichen Erwartungen gleichsam anzupassen? Oder sind Zuschreibungen besonderen Erziehungs- und Bildungsbedarfs vielmehr Belege dafür, dass sich die Lehrpersonen nicht nur bei der Identifikation Hochbegabter, sondern auch bei der Zuschreibung besonderer pädagogischer Bedürfnisse primär auf die Ebene der leistungsnahen Persönlichkeitsmerkmale beziehen?

In der zweiten Teilstudie wird überprüft, ob sich die Erwartungen der Eltern in beiden Gruppen unterscheiden. Hier stellt sich zum einen die Frage, ob sich Familien, deren hochbegabten Kindern besonderer Erziehungs- und Bildungsbedarf zugeschrieben wird von denjenigen Familien mit hochbegabten Kindern unterscheiden, die vollständig in der Regelklasse unterrichtet werden. Dafür werden sowohl Unterschiede hinsichtlich struktureller als auch funktionaler Charakteristika erhoben. Zum anderen stellt sich in dieser Teilstudie die Frage, ob die „Diagnose Hochbegabung" die Erwartungen und Anforderungen an das Kind verändern.

Die dritte Teilstudie vergleicht die Begründungen der Lehrpersonen für die Zuschreibung bzw. die Nichtzuschreibung besonderer pädagogischer Bedürfnisse bei hoch begabten Schülerinnen und Schülern. Hier steht die Frage im Zentrum, warum Lehrpersonen immer mehr hoch begabten Kindern besondere Bedürfnisse zuschreiben. Es ist zu vermuten, dass hier der Begriff der *special needs* und insbesondere die deutschsprachigen Varianten des Begriffs als diagnostisches Kriterium fungieren. Aus diesem Grund soll untersucht werden, ob und inwiefern Lehrpersonen zwischen spezifischen Lernbedürfnissen und besonderen pädagogischen Bedürfnissen unterscheiden oder ob sie das "Spezifische" im Verbund mit einer vermuteten oder diagnostizierten hohen Begabung *eo ipso* als "Besonderes" bewerten.

Aus sonderpädagogischer Sicht können aus der Verknüpfung der Ergebnisse der Teilstudien einerseits Ansatzpunkte für entwicklungshemmende Konstellationen rund um eine diagnostizierte oder vermutete Hochbegabung abgeleitet werden. Andererseits können daraus drei Anwendungsbereiche für die Praxis abgeleitet werden.

Der erste Anwendungsbereich umfasst die Erarbeitung methodisch-didaktischer Interventionen im Unterricht.

Dafür müssen – zumindest ansatzweise – typische Merkmale der Persönlichkeitsentwicklung hoch begabter Kinder erhoben und besondere pädagogische Massnahmen ausgearbeitet werden. Das vorhandene außerschulische und schulische Angebot für hoch begabte Kinder und Jugendliche kann dann einerseits an deren spezifische Erziehungs- und Bildungsbedürfnisse und Kompetenzen angepasst bzw. das Angebot in dieser Hinsicht optimiert werden. Andererseits lassen die Ergebnisse zu den individuellen Lernvoraussetzungen, den Lernmöglichkeiten und den Anforderungen des Unterrichts auch Rückschlüsse auf wirksame Individualisierungsformen und Binnendifferenzierung des Unterrichts zu, die für die integrative Beschulung hoch begabter Kinder und Jugendlicher dringend notwendig sind. Denn es ist unter Umständen diesbezüglich fehlendes Wissen, das dazu führt, dass immer mehr Lehrpersonen ihr Angebot in der Regelklasse als nicht ausreichend für hoch begabte Kinder erachten.

Der zweite Anwendungsbereich ist die Professionalisierung der Beratung.

Die Erziehung hoch begabter Kinder kann bei den Eltern Gefühle der Unsicherheit, Ängstlichkeit und der Überforderung auslösen oder zur Idealisierung des hoch begabten Kindes führen und zu überhöhten Erwartungen. Es gilt aber unumstritten, dass eine positive kindliche Entwicklung auf eine familiäre Umwelt angewiesen ist, deren Anforderungen und Erwartungen mit den Persönlichkeitseigenarten, Fähigkeiten und Bedürfnissen des Kindes übereinstimmen. Im Rahmen der Forschungs- und Beratungsstelle «Svilup» werden diesbezüglich Ergebnisse der Forschungsarbeit laufend in die Beratungsarbeit umgesetzt. Diese Forschungs- und Beratungsstelle wurde anfangs 2003 eröffnet und ist dem Institut für Sonderpädagogik der Universität Zürich angegliedert (www.svilup.ch).

Der dritte Anwendungsbereich ist die Aus- und Weiterbildung der Regel-Lehrpersonen.

Hier muss die Kompetenz verstärkt werden, eine hohe Begabung möglichst unabhängig von leistungsnahen Persönlichkeitsmerkmalen des Kindes oder des Jugendlichen und möglichst ohne Berücksichtigung des sozio-ökonomischen Status der Familie zu erkennen. Darüber hinaus muss beispielsweise verstärkt thematisiert werden, welche negativen Folgen eine hohe Begabung auf die Entwicklung, Erziehung und Bildung des betroffenen Kindes haben kann und wie diese Folgen minimiert oder vermieden werden können. In einem Nachdiplomkurs zur Begabtenförderung werden die gewonnenen Forschungsergebnisse kontinuierlich in Ausbildungsinhalte umgesetzt. Das eineinhalb Jahre dauernde, berufsbegleitende Angebot wird von der Hochschule für Heilpädagogik in Kooperation mit dem Institut für Sonderpädagogik der Universität Zürich angeboten (vgl. Hoyningen-Süess, Lienhard & Gyseler 2002).

7. Fazit

Die zentrale Aufgabe in der Erziehung und Bildung hoch begabter Kinder und Jugendlicher findet die Sonderpädagogik in der Untersuchung entwicklungshemmender Konstellationen für diese Kinder und Jugendlichen. Dafür orientiert sie sich am Bild des Menschen mit besonderem Erziehungs- und Bildungsbedarf. Vor diesem Hintergrund können jene normativen Grundlagen erarbeitet werden, die besonderen Erziehungs- und Bildungsbedarf über bildungspolitische Forderungen hinaus zu begründen vermögen. Erst damit wird es möglich, die Zuweisung besonderer pädagogischer Massnahmen – nicht nur für hoch begabte Kinder und Jugendliche – auf eine konsistent sonderpädagogische Grundlage zu stellen.

TEIL 2: METHODIK

1. Überblick

Mit dem Projekt wird die Frage geklärt, warum sonderpädagogische Massnahmen für hoch begabte Schülerinnen und Schüler immer häufiger als erforderlich erachtet werden. Was ist charakteristisch für diese Gruppe? Wie unterscheiden sich diese hoch begabten Kinder von jenen, bei denen keine sonderpädagogischen Massnahmen erforderlich sein sollen? Um diese Fragen differenziert behandeln zu können, sind gemäss der sonderpädagogischen Sichtweise, die in Teil 1 ausgeführt wurde, drei Ebenen zu unterscheiden: jene des Kindes, der Familie sowie der Lehrperson. Daraus ergeben sich differenzierte Fragestellungen: Unterscheiden sich hoch Begabte in Spezialprogrammen und jene in der Regelklasse bezüglich ihrer Persönlichkeitsmerkmale? Unterscheiden sie sich bezüglich familiärer Wertvorstellungen? Welche Gründe geben die Lehrpersonen an, falls sie sonderpädagogische Massnahmen als erforderlich erachten oder eben nicht?

Zuerst muss im Folgenden erläutert werden, mit welchem forschungsmethodischen Vorgehen diese Fragen behandelt werden. Die zentralen Begriffe des Projekts wie "Hochbegabung", "besondere pädagogische Bedürfnisse" oder die "Merkmale der Umwelt" wurden auf der Grundlage der sonderpädagogischen Überlegungen von Teil 1 operationalisiert. Diese Operationalisierungen werden vorgestellt und begründet. Dann werden drei Gruppen von Schülerinnen und Schülern miteinander verglichen:

Gruppe 1: Hoch begabte Schülerinnen und Schüler in Spezialprogrammen
- **Gruppe 1a:** in vollzeitlichem Spezialprogramm
- **Gruppe 1b:** in stundenweisem Spezialprogramm
- **Gruppe 1c:** in tageweisem Spezialprogramm

Gruppe 2: Hoch begabte Schülerinnen und Schüler in der Regelklasse
Gruppe 3: Durchschnittlich begabte Schülerinnen und Schüler in der Regelklasse

Für die Wahl der Gruppen 2 und 3 wurde ein Pre-Screening durchgeführt, das auch der Überprüfung und Optimierung der eingesetzten Verfahren diente, bevor danach im Screening die Stichprobe des Projekts komplettiert wurde. Die drei Untergruppen der Gruppe 1 werden so konkret wie möglich beschrieben. Aus Datenschutzgründen wurden diese Angebote anonymisiert. Das Projekt ist als Längsschnitt angelegt. Es wird angestrebt, die Thematik in geeigneter Form in den nächsten Jahren wieder aufzunehmen, um Einsicht in die längerfristige Entwicklung hoch begabter Kinder aus sonderpädagogischen Spezialprogrammen und aus den Regelklassen zu gewinnen. Schon der vorliegende Bericht beinhaltet zwei Messzeitpunkte. Damit können im Rahmen der vorliegenden Arbeit aber nur Tendenzen der Entwicklung der Schülerinnen und Schüler beschrieben werden. Der Schwerpunkt des Berichts liegt aus nahe liegenden Gründen auf den Ergebnissen des Querschnitts, also im Vergleich der drei Gruppen beim Messzeitpunkt 1. Für diesen Querschnitt wurden sowohl quantitative als auch qualitative Verfahren eingesetzt:

Tabelle 1: Kombination von quantitativen und qualitativen Verfahren

Ebene	*Untersuchungsgegenstand*	*Messinstrument*
Ebene Kind (Teil 3)	Persönlichkeitsmerkmale	Fragebogen
Ebene Familie (Teil 4)	Familiäre Beziehungen Wert- und Normvorstellungen	Fragebogen Interviews
Ebene Lehrpersonen (Teil 5)	Schulschwierigkeiten des Kindes Gründe für (Nicht)-Zuweisung	Fragebogen Erfahrungsberichte

Die Verfahren werden in den einzelnen Teilstudien näher vorgestellt (vgl. Teile 3-5).

2. Operationalisierungen

2.1 Hochbegabung

Die Operationalisierung von Hochbegabung als überdurchschnittliche Intelligenz knüpft an die in der Forschung dominierende Definition der Hochbegabung an. Diese Ausgangslage wurde hauptsächlich gewählt, um den Vergleich mit Ergebnissen anderer Studien gewährleisten zu können, die ebenfalls auf dieser Operationalisierung basieren. Gemessen wurde die Intelligenz mittels Intelligenz-Tests. Bei jeder Festlegung eines Selektionskriteriums bzw. Schwellenwerts des Intelligenz-Quotienten sind zwei Entscheidungsfehler möglichst zu vermeiden: Die fälschliche Auswahl von (vermeintlich) hoch begabten Kindern (Alpha-Fehler: falsch positiv) und die fälschliche Ablehnung eines (tatsächlich) hoch begabten Kindes (Beta-Fehler: falsch negativ).

Der Alpha-Fehler lässt sich verringern, indem der Schwellenwert für die Hochbegabung heraufgesetzt wird, dies jedoch mit dem Preis eines vergrösserten Beta-Fehlers. Aus pädagogischer Sicht empfiehlt es sich, einen erhöhten Alpha-Fehler und demnach einen tieferen Schwellenwert vorzuziehen (Heller und Perleth, 2000; Rheinberg und Krug, 1999). Einen breit akzeptierten Schwellenwert gibt es indes nicht. Je nach Forschungsgruppe gelten IQ ≥ 120 (Lupart & Pyrit, 1996), IQ ≥ 122 (Kirkendall & Ismail, 1970), IQ = 125 (Fox 1981), IQ ≥ 130 (Gallucci 1999; Rost 2000; Winner 1997) oder sogar IQ = 135 (Terman 1925) als Kriterium für eine Hochbegabung.

Für das vorliegende Forschungsprojekt wird ein Schwellenwert von IQ ≥ 122 als Kriterium für eine Hochbegabung festgelegt. Zur Bestimmung der Intelligenz wird der Grundintelligenztest Skala 2 (CFT 20) verwendet. Unter bestimmten Bedingungen wird zusätzlich auch ein überdurchschnittliches Abschneiden im Kognitiven Fähigkeitstest (KFT 4-13+), einem verbalen Intelligenz-Test, berücksichtigt. Als Kriterium für die Gruppe der durchschnittlich begabten Kinder gilt ein Intelligenz-Quotient zwischen 92 ≤ IQ ≤ 107.

a) Der Grundintelligenztest Skala 2 (CFT-20)

Der CFT 20 (Culture Fair Test; Weiss 1997) misst die allgemeine "flüssige" Intelligenz, die als vergleichsweise kulturunabhängig betrachtet wird, da sie kaum an die Sprache gebunden ist. Das Aufgabenmaterial beinhaltet figurale, sprachfreie Testaufgaben, welche in einer sprachlichen Instruktion erläutert werden. Beide Testteile enthalten je einen Subtest 1 (Reihenfortsetzung: 12 Items), einen Subtest 2 (Klassifikationen: 14 Items), einen Subtest 3 (Matrizen: 12 Items) und einen Subtest 4 (Typologische Schlussfolgerungen: 8 Items). Der Schwierigkeitsgrad der Aufgaben ist steigend und die zur Verfügung stehende Zeit zur Lösung der Aufgaben auf drei bis vier Minuten begrenzt. Die Aufgaben sind in Testaufgabenheften abgebildet, die Lösungen werden auf einem separaten Antwortbogen eingetragen, auf welchen zur Testauswertung Lösungsschablonen aufgelegt werden können. Die Durchführungszeit mit Instruktion beträgt für eine Testform ca. 40 Minuten, für beide Testformen zusammen ca. 60 Minuten. Bei älteren Schülerinnen und Schülern ist von einer geringeren Testdauer auszugehen. Im Testhandbuch sind Alters- Klassen- und Schulnormen mit IQ-Werten, T-Werten und Prozenträngen angegeben, welche zwar aus dem Jahr 1977 stammen, aber mehrfach überprüft und bestätigt wurden (Weiss 1997). Zur Objektivität werden keine Angaben gemacht, sie können aber bei korrekter Ausführung der Handanweisung als gesichert gelten. Die mit r =.90 bzw. .95 angegebenen Werte der Split-half-Reliabilitäten sind hoch. Die Korrelationskoeffizienten der Konstrukt-Validität sind, verglichen mit anderen Intelligenztests (z.B. PSB, HAWIK) mit r = .57 bis .73 als genügend zu betrachten. Insgesamt ist der CFT 20 damit ein reliabler und valider Test für die Messung intellektueller Leistungsfähigkeit, der auch ökonomischen Aspekten wie Durchführbarkeit als Gruppentest, mittlerer Testdauer und schneller Auswertung gerecht wird (Baving & Schmidt, 2000).

Auf die Durchführung der beiden zusätzlich enthaltenen Tests, den Wortschatztest und den Zahlenfolgetest wurde verzichtet, da sie kaum einen zusätzlichen diagnostischen Gewinn liefern (Heller 1997a). Um aber dennoch einen Hinweis auf die sprachlichen Fähigkeiten der getesteten Kinder zu erhalten, wurden ihnen zwei Untertests des Kognitiven Fähigkeitstests für 4. bis 13. Klassen vorgelegt.

b) Kognitiver Fähigkeitstest für 4. bis 13. Klassen (KFT 4-13+)

Der KFT 4-13+ (Heller & Perleth, 2000) gliedert sich in 3 grosse Testteile (verbal, quantitativ und nonverbal) mit insgesamt neun Untertests. Für die Untersuchung war aus dem verbalen Teil im Untertest V1 "Wortschatz" jeweils zu einem vorgegebenen Wort aus einer Reihe von fünf Wörtern ein Synonym oder ein Oberbegriff auszuwählen. Im Untertest V3 "Wortanalogien" standen jeweils zwei Wörter in einer Beziehung, zu einem dritten Wort musste wiederum aus fünf Wörtern das herausgesucht werden, welches zu diesem in gleicher Relation stand wie die zwei vorgegebenen Wörter. Der Test ist als Staffeltest konzipiert, d.h. pro Klassenstufe bearbeiten die älteren Kinder die jeweils ersten Aufgaben des Untertests nicht, dafür aber mehrere der schwierigen, am Ende des Tests folgenden Aufgaben. Zusätzlich ist die Lösung der Aufgaben zeitlich begrenzt (sog. Power-Speed-Test).

Der KFT kann als Einzel- oder Gruppentest durchgeführt werden. Es stehen zwei Testformen zur Verfügung. Aus einzelnen Untertest-Rohwerten können Dimensions-Rohwerte und ein Gesamtleistungswert ausgerechnet werden, dazu liegen Jahrgangs- und Schultypennormen in T-Werten vor. Die Durchführungs- und Auswertungsobjektivität ist bei Befolgung der Angaben im Handbuch gegeben. Die Reliabilität (Konsistenz) der Skalen streut um 0.8, die Validität wird im Testhandbuch umfassend dargestellt.

2.2 Umweltmerkmale

Es herrscht nicht erst seit dem Vorliegen der PISA-Ergebnisse Einigkeit darüber, dass der Schulerfolg von Schülerinnen und Schülern wesentlich von der sozialen Umwelt abhängt. Allerdings wurden im Verlaufe der letzten Jahrzehnte unterschiedliche Merkmale der sozialen Umwelt als zentrale Einflussfaktoren angesehen. Während früher als wichtigster Faktor der Beruf des Vaters diente und ein enger Zusammenhang zwischen Schulbildung, Beruf und Einkommen angenommen wurde, wird dies heute bestritten (Sauer und Gamsjäger, 1996). In der heutigen Berufswelt können Einkommen und Ausbildungsstand relativ weit auseinander fallen und auch die Mütter können massgeblich zum finanziellen Unterhalt der Familie beitragen.

Aus diesen Gründen wurde ein Fragebogen für die Eltern entworfen, in welchem nach Anzahl und Jahrgang der Geschwister sowie nach dem Bildungshintergrund und der beruflichen Tätigkeit beider Elternteile gefragt wird. Im Anschluss daran erfolgt eine Codierung der Berufe. Bestandteil des Fragebogens waren auch Angaben zu Nationalität und Sprache, welche massgebliche Faktoren sind, die zum Schulerfolg beitragen (Rüesch 1999; Lanfranchi und Hagmann 1998; Moser und Rhyn 2000). Da zu einem späteren Zeitpunkt mögliche Selektionseffekte auch hinsichtlich der Nationalität untersucht werden, ist die Variable Nationalität in Kategorien von Ländern mit ähnlichem kulturellem Hintergrund aufgeteilt worden: 1. Schweiz (auch Doppelbürgerschaften), 2. Westeuropa / USA / Neuseeland, 3. Balkan mit allen Ländern des ehemaligen Jugoslawien, 4. restliche Länder.

2.3 Alterskategorien

Um zu prüfen, ob die Daten der befragten Kinder zwischen 9.7 und 13.4 Jahren allenfalls durch einen Alterseffekt verzerrt werden, wurde die Stichprobe mit den 303 Kindern mittels Median in zwei gleich grosse Altersgruppen aufgeteilt – eine Gruppe der Kinder bis 12 Jahre und eine Gruppe der Kinder ab 12 Jahren.

3. Auswahl der Stichprobe

3.1 Hoch begabte Kinder in Spezialprogrammen

Für das Forschungsprojekt wurden hoch begabte Kinder mit sonderpädagogischen Massnahmen aus drei Förderprogrammen angefragt. Diese Förderprogramme unterscheiden sich in Form und Ausmass der Förderung. Die zeitlich kürzeste Förderung beziehen Kinder in einem Spezialprogramm, das stundenweise während der Schulzeit angeboten wird. In einer zweiten Förderform besuchen die Kinder tageweise ein Spezialprogramm während der üblichen Schulzeit. Eine dritte Form ist ein vollzeitliches Spezialprogramm für kognitiv hoch begabte Kinder.

- **Hoch begabte Kinder in vollzeitlichem Spezialprogramm**

Dieses Spezialprogramm wurde als vollzeitlich organisierte Privatschule 1998 auf Initiative des privaten «Vereins zur Förderung überdurchschnittlich begabter Kinder» hin eröffnet. Die Trägerschaft geht davon aus, dass viele hoch begabte Kinder in der Volksschule keine ihnen angemessene Lernumgebung finden. Dieses Spezialprogramm wird seit seiner Gründung vom Institut für Sonderpädagogik der Universität Zürich wissenschaftlich begleitet. Die Schule ist kostenpflichtig, wobei die Schulgemeinden nicht verpflichtet sind, einen Beitrag zu übernehmen. Grundsätzlich kann jedes hoch begabte Kind im Primarschulalter in dieses Programm aufgenommen werden. Das Einzugsgebiet dieser Schule ist gross und einige Kinder nehmen einen beträchtlichen Schulweg auf sich.

Das Konzept dieses vollzeitlich organisierten Spezialprogramms sieht einen differenzierten individualisierten Unterricht vor, in welchem jedes Kind seinem Lerntempo entsprechende Lernerfahrungen macht. Die zurzeit von 40 Kindern besuchte Schule bietet die Fächer Deutsch, Mathematik, Fremdsprachen mit einem individuellen Wochenprogramm und die übrigen Fächer im Klassenverband oder in der Halbklasse an. Ziel ist es, den für die Kinder bestgeeigneten Weg zwischen Beschleunigung und Vertiefung des offiziellen Lehrstoffs der Zürcher Primarschule sowie einem ergänzendem Projektunterricht zu finden.

- **Hochbegabte Kinder in stundenweisem Spezialprogramm**

Dieses seit August 2000 bestehende Förderprogramm für hoch Begabte richtet sich an hoch begabte Kinder mit besonderen pädagogischen Bedürfnissen. Im Förderkonzept geht man davon aus, dass eine Unterforderung für betroffene Schülerinnen und Schüler zu erheblichen Schwierigkeiten führen kann. Daraus wird gefolgert, dass sonderpädagogische Massnahmen notwendig sind, sobald die Erziehung und Bildung innerhalb der Regelklasse erschwert ist oder sie den Bedürfnissen eines Kindes innerhalb der Regelklasse trotz Individualisierung nicht (mehr) entspricht. Solche zusätzlichen Massnahmen werden dann stundenweise angeboten. Zusätzlich wird eine Beratung für Lehrpersonen, Eltern und Behördenmitglieder bezüglich Fragen zu Hochbegabung und begabungsfördernden Unterricht angeboten.

Aufgenommen werden die Kinder aufgrund einer Abklärung und Antragsstellung durch den Schulpsychologischen Dienst oder wenn diesem ein entsprechendes Testergebnis mit einem Intelligenz-Quotienten von mindestens 130 vorgelegt wird. Neben der Förderung von Sachkompetenz ist die Sozialkompetenz zentraler Inhalt des Förderunterrichts. Der Unterricht umfasst die Themenblöcke Informatik, Robotik, Aktivitätenzirkel und Projektarbeit; in Planung sind auch Malerei oder Philosophie. Neben dem Unterricht in den Förderstunden, übernehmen die Lehrpersonen Mentoratsfunktion, indem sie Unterstützung beim Lernen und bei den Projektarbeiten anbieten. Das Förderprogramm wurde durch das Institut für Sonderpädagogik der Universität Zürich wissenschaftlich begleitet (Hoyningen-Süess und Gyseler 2001a, 2001b).

- **Hoch begabte Kinder in tageweisem Spezialprogramm**

Dieses Spezialprogramm wurde im Februar 1999 eingeführt. Es wird heute an zwei Standorten angeboten und von jeweils maximal 12 Kindern besucht. Mit dem Schulversuch wurde auch eine Kommission für Hochbegabtenförderung eingesetzt, die dieses Programm begleitet. Ferner wurden aus den Erkenntnissen der externen Evaluation durch das Institut für Sonderpädagogik der Universität Zürich (Hoyningen-Süess und Gyseler 2001b) ein Leitbild sowie ein Rahmenkonzept für die Begabungsförderung der Region entwickelt.

Das Konzept dieses Spezialprogramms basiert auf sonderpädagogischen Grundsätzen: Nur wenn eine Förderung im Rahmen der Regelklasse nicht (mehr) möglich ist, kommt dieses Programm in Frage. Aufgrund steigender Nachfrage nach methodisch-didaktischer Beratung von Lehrpersonen, die ein hoch begabtes Kind in der Klasse integriert fördern möchten, ist ein zusätzliches Beratungsangebot in der Region entstanden. Daneben gehören auch Öffentlichkeitsarbeit und interkantonale Zusammenarbeit zu den Aufgaben der Begabungsförderung.

Voraussetzung für die Teilnahme an diesem Spezialprogramm ist eine durch den Pädagogisch-Psychologischen Dienst (PPD) oder eine andere Fachstelle diagnostizierte Hochbegabung, wobei der PPD die Hochbegabung zumindest bestätigen muss. Ein Besuch des Spezialprogramms ist möglich, wenn ein Kind hoch begabt ist und folgende Kriterien erfüllt sind:

- Trotz Beratung der Klassenlehrperson und individualisiertem und differenziertem Unterricht sind die Fördermöglichkeiten in der Regelklasse ausgeschöpft.
- Das Kind ist massiv schulisch unterfordert und leidet darunter.
- Die Identitätsentwicklung des hoch begabten Kindes ist gefährdet oder beeinträchtigt, woraus soziale Probleme entstehen können.

Zum Programm dieser speziellen Massnahme gehört es, dass die Kinder nach dem Konzept des forschenden Lernens (Brunner 2001) eigenständige Lernerfahrungen machen sollen. Ein besonderes Anliegen und ein Pfeiler des Angebotes ist das soziale Lernen. Am Vormittag bekommen die Kinder Aufträge, die inhaltlich weit gefasst und offen formuliert sind, sodass alle Kinder sie selbständig bearbeiten können, gleich-zeitig herausgefordert werden und unterschiedliche Erfahrungen machen, die sie wiederum miteinander austauschen. Am Nachmittag realisieren die Kinder eigene Projekte zu Themenbereichen nach ihren persönlichen Neigungen und Interessen. Ihre Arbeiten dokumentieren die Kinder in Tagebüchern, und auch andere Kinder und Lehrperson geben darin Rückmeldungen und Anregungen.

3.2 Hoch und durchschnittlich begabte Kinder in der Regelklasse

Aus den Regelklassen wurden zwei Gruppen rekrutiert:

- Hoch begabte Schülerinnen und Schüler, die in der Regelklasse unterrichtet werden. Ihnen werden keine besonderen pädagogischen Bedürfnisse zugeschrieben (Gruppe 2).
- Durchschnittlich begabte Schülerinnen und Schüler der Regelklasse (Gruppe 3).

Im Folgenden wird das Verfahren geschildert, das zur Auswahl der Schülerinnen und Schüler dieser beiden Gruppen geführt hat.

- **Anfragen beim Kanton, bei den Schulgemeinden und Schulen**

Die Grundgesamtheit für die Auswahl der Stichprobe der hoch begabten Kinder ohne besondere pädagogische Massnahmen (Gruppe 2) sowie der durchschnittlich begabten Kinder (Gruppe 3) bilden Kinder der Mittelstufe in den Städten Zürich, Winterthur und Wetzikon. Daraus wurden in einem mehrstufigen Verfahren die hoch begabten Kinder und die Kontrollgruppe identifiziert:

– Absprache mit der Bildungsdirektion des Kantons Zürich: Die Bildungsdirektion gab ihr Einverständnis und formulierte ihre Unterstützung der Untersuchung in einem Brief an die Schulpflegen. Dieses Schreiben wurde der Anfrage an die ausgewählten Schulpflegen beigelegt.
– Anfrage an die ausgewählten Schulpflegen: Sie richtete sich an Schulhäuser in den Städten Zürich, Winterthur und Wetzikon mit mindestens 100 Schülerinnen und Schülern der Mittelstufe. Folgende ökonomische Überlegungen führte zu dieser Auswahl: Eine geringe Anzahl anzufragender Schulpflegen, mehrere Klassen pro Schulhaus, eine tendenziell hohe Anzahl Kinder pro Klasse und kurze Anfahrtswege für die Untersuchung.
– Anfrage an die ausgewählten Lehrpersonen: Sobald die Schulpflegen eine Beteiligung genehmigten, erhielten die betreffenden Mittelstufen-Lehrpersonen schriftlich eine Kurzinformation zur Studie mit der Anfrage für eine Teilnahme. Wenn sie sich dazu bereit erklärten, erhielten sie den Untersuchungstermin mitgeteilt und folgende Unterlagen, mit der Bitte, sie auszufüllen bzw. weiterzuleiten:
  · Ein Formular, um die an der Untersuchung teilnehmenden Kinder einzutragen.
  · Einen Brief an die Eltern, mit dem Untersuchungszweck der Studie.
  · Ein Formular für die Eltern, auf dem sie mit ihrer Unterschrift ihr Einverständnis bezeugen können und um kurze Angaben bezüglich Geschwistern der Kinder sowie eigenem Ausbildungsstand und jetziger beruflicher Tätigkeit gebeten werden.

- **Pre-Screening und Screening**

Die Auswahl der Stichprobe erfolgte in zwei Phasen, einem Pre-Screening (28. Mai bis 7. Juni 2002) und einem Screening (21. Oktober bis 13. November 2002). Das Pre-Screening diente der Erfahrungssammlung administrativer und organisatorischer Art und der Auswahl geeigneter Messinstrumente. In Tabelle 2 sind die Zahlen der teilnehmenden – bzw. in Klammern der angefragten – Schulpflegen, Schulhäuser, Klassen und Schülerinnen und Schüler aufgeführt.

Tabelle 2:
Übersicht über die Bildung der Stichprobe aus Pre-Screening und Screening

	Schulpflegen		*Schulhäuser*		*Klassen*		*Kinder*
	Teilnahme zugesichert (angefragt)	Beteiligung in %	Teilnahme zugesichert (angefragt)	Beteiligung in %	Teilnahme zugesichert (angefragt)	Beteiligung in %	
Pre-Screening	3* (3)	100%	6** (6)	100%	13 (28)	46,4%	238
Screening	13*** (14)	92,9%	29**** (35)	82,9%	104 (217)	47,9%	1820

* 3 von 7 Schulpflegen der Stadt Zürich
** 6 von 10 Schulhäusern mit über 100 Kindern
*** alle 14 Schulpflegen der beteiligten Städte von insges. 78 Schulpflegen im Kanton Zürich
**** 35 von 41 Schulhäusern mit über 100 Kindern (s. Pre-Screening für die restlichen 6).

Das Pre-Screening und das Screening dienten dazu, hoch begabte Kinder in Regelklassen zu identifizieren und eine parallelisierte Gruppe durchschnittlich begabter Kinder bilden zu können. Zum Erfassen der kognitiven Leistungsfähigkeit der Kinder wurden zwei Intelligenztests durchgeführt. Dies waren zwei Teile mit je vier Untertests des non-verbalen Grundintelligenztests Skala 2 (CFT-20) (Weiss 1997) sowie zwei Teile des verbalen KFT (Heller & Perleth, 2000), um auch sprachbegabte Kinder erfassen zu können (vgl. dazu Kapitel 2.1). Die beiden Tests wurden in den jeweiligen Klassenzimmern, meist in Gegenwart der Lehrperson, durchgeführt und dauerten ca. zwei Stunden. Als Testleiterinnen fungierten Studentinnen und Studenten mit Testerfahrung, die vorgängig intensiv auf ihre Aufgabe vorbereitet worden waren.

- **Selektionseffekte**

Um die Repräsentativität der Ergebnisse zu zeigen, wird erläutert, welche Auswirkungen die beschriebenen Selektionsprozesse schlussendlich auf die untersuchten Stichprobe hatten, denn sie könnten die Generalisierbarkeit der Ergebnisse beeinträchtigen. Dann wird die Stichprobe der Kinder vorgestellt, mit sozioökonomischen Angaben zur Familie komplettiert und die intellektuellen Leistungsvoraussetzungen der Kinder werden charakterisiert.

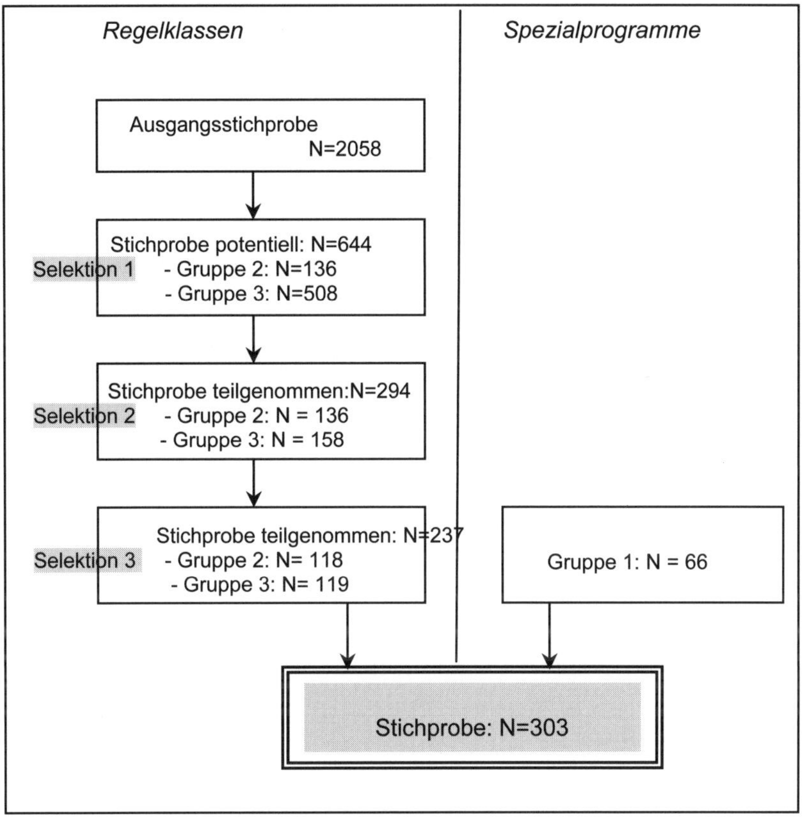

Abb. 2: Selektionseffekte auf verschiedenen Stufen

Die Selektionsschritte sind von der Ausgangsstichprobe an (N = 2058) mit Selektion 1 bis Selektion 3 bezeichnet und untersuchen verschiedene Gruppen von Kindern anhand der soziodemographischen Variablen: Geschlecht, Geschwisterzahl, berufliche Tätigkeit von Mutter und/oder Vater. Selektion 1 prüft, ob sich die aufgrund ihrer Intelligenz potenziell zu befragenden Kinder hinsichtlich soziodemographischer Merkmalen unterscheiden. In Selektion 2 ist dargestellt, ob sich die zur Teilnahme eingeladenen Kinder hinsichtlich dieser Merkmale unterscheiden.

Die Selektion 3 schliesslich geht der Frage nach, ob sich jene Kinder, die dann tatsächlich teilnahmen, darin voneinander unterscheiden.

Selektion 1 zeigt, welche Kinder aufgrund ihres Intelligenz-Quotienten in die Stichprobe aufgenommen werden können. Für die potenziell hoch begabten Kinder in der Regelklasse (Gruppe 2) gilt dabei das Kriterium eines Intelligenz-Quotienten von ≥ 122, bzw. ≥ 120 sofern mindestens ein sprachlicher Test überdurchschnittlich ausfällt und für die durchschnittlich begabten Kinder in der Regelklasse (Gruppe 3) das Kriterium eines Intelligenz-Quotienten 92 ≤ IQ ≤ 107. Die Gruppe 2 (N = 36) unterscheidet sich von der Gruppe 3 (N = 508) hinsichtlich weniger Kriterien:

- Leicht häufiger stammen die hoch begabten Schülerinnen und Schüler aus Familien mit höherem Bildungsniveau:
- Die beiden Gruppen unterscheiden sich nicht signifikant hinsichtlich Geschlecht und vorhandener oder nicht vorhandener Geschwister.
- Bezüglich der Nationalität ist die Schweiz in der Gruppe der hoch begabten Kinder übervertreten und in der Gruppe der durchschnittlich begabten Kinder untervertreten. Umgekehrt ist es mit dem Anteil von Kindern aus dem Balkan ($\chi^2 = 31.07$; $p \leq .001$, Cramer's V = .09).
- Die Mütter der hoch begabten Kinder üben häufiger technische oder gleichrangige nicht technische Berufe aus, sind weniger im Dienstleistungssektor und Verkauf tätig oder sind vollzeitlich für die Familienbetreuung zuständig ($\chi^2 = 69.18$; $p \leq .001$, Cramer's V = .13).
- Die Väter der hoch begabten Kinder sind häufiger in akademischen Berufen tätig ($\chi^2 = 104.95$; $p \leq .001$; Cramer's V = .17).

Selektion 2 untersucht, ob sich die eingeladenen hoch begabten Kinder und die durchschnittlich begabten Kinder von den nicht eingeladenen Kindern signifikant unterscheiden und ob somit eine Verzerrung der Daten in Kauf genommen werden muss. Dazu sind alle hoch begabten Kinder in der Regelklasse mit den durchschnittlich begabten Kindern der potenziellen Gruppe 3 nach Geschlecht, Alter, Klasse und beruflicher Tätigkeit von Vater und/oder Mutter parallelisiert worden. Die Vermutung lag nahe, dass aus der potentiellen Gruppe der durchschnittlich Begabten weniger Kinder der Teilnahme zustimmen würden (Familien mit tieferem Ausbildungsstand interessieren sich weniger für wissenschaftliche Untersuchungen; für die durchschnittlich begabten Kinder wirkt sich ein Fehlen in der Schule auf ihre Leistungen ungünstig aus, etc.). Deshalb wurde ein Drittel mehr Kinder für die

Gruppe der durchschnittlich Begabten eingeladen, möglichst Kinder gut ausgebildeter Eltern.

- Der Anteil an Knaben unter den hoch begabten Kindern ist leicht höher, entsprechend wurden auch für die Gruppe der durchschnittlich begabten Kinder mehr Knaben eingeladen, weil das Geschlecht ein Faktor zur Parallelisierung ist ($\chi^2 = 6.50$; $p \leq .05$; Cramer's V = .19).
- Einzelkinder sind in keiner Gruppe überzufällig über- oder untervertreten.
- Schweizer Kinder sind bei den nicht eingeladenen durchschnittlich Begabten untervertreten, weil sie in sozioökonomischen Faktoren nicht den hoch begabten Kindern entsprechen. Dagegen finden sich unter den nicht eingeladenen durchschnittlich Begabten mehr Kinder aus Westeuropa und aus dem Balkan ($\chi^2 = 46.20$; $p \leq .001$; Cramer's V = .19).
- Die Eltern der hoch begabten Kinder sind immer noch beruflich besser gestellt. Die Verteilung der Berufstätigkeit der Mutter entspricht ungefähr derjenigen der Selektion 1, wobei sich der Zusammenhang als stärker erweist ($\chi^2 = 89.35$; $p \leq .001$; Cramer's V = .27). Hinsichtlich der Familienbetreuung unterscheiden sich die Mütter der hoch begabten und der durchschnittlich begabten Kinder nicht signifikant, gegenüber einem grösseren Prozentsatz an familienbetreuenden Müttern bei den nicht eingeladenen durchschnittlich Begabten.
- Für die Väter bestätigt sich ähnliches: die für die potenzielle Stichprobe festgestellten Zusammenhänge haben sich pointiert ($\chi^2 = 165,19$; $p \leq .001$; Cramer's V = .38).

Selektion 3 vergleicht die teilnehmenden hoch begabten Kinder in der Regelklasse mit den durchschnittlich begabten Kindern der Regelklasse. In keiner der untersuchten Variablen finden sich signifikante Unterschiede. Die Parallelisierung ist erfolgreich verlaufen. Die Gruppe der hoch begabten Kinder in der Regelklasse verfügt über ähnliche soziodemographische Merkmale und einen ebensolchen Bildungshintergrund wie die Gruppe der durchschnittlich begabten Kinder in der Regelklasse.

4. Beschreibung der Stichprobe

4.1 Messzeitpunkt 1

An der Persönlichkeitsbefragung nehmen insgesamt 303 Kinder aus verschiedenen Städten in der Region teil. 118 hoch begabte Kinder stammen aus Regelklassen der Mittelstufe. Sie sind zwischen 7.3 und 13.6 Jahre alt. In der Kontrollgruppe beteiligen sich 119 Kinder aus Regelklassen der gleichen Städte. Diese Kinder sind zwischen 9.7 und 13.4 Jahre alt. 66 hoch begabte Schülerinnen und Schüler besuchen Spezialprogramme und sind zwischen 7.3 und 13.0 Jahren alt:

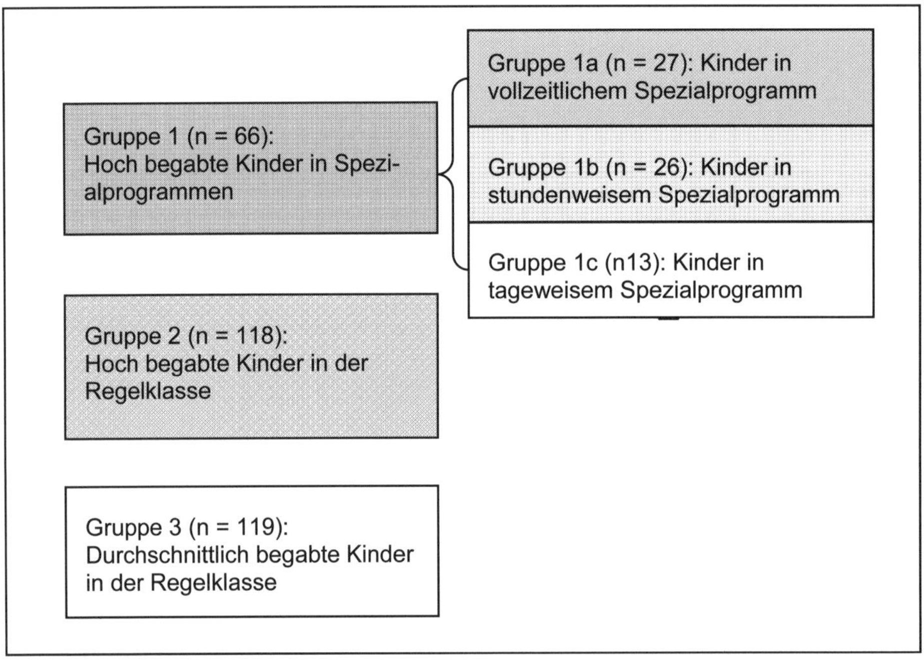

Abb. 3: Die Gesamtstichprobe (N = 303) aufgeteilt in die zu vergleichenden Stichprobengruppen

- **Sozioökonomische Voraussetzungen**

Der Anteil der Geschlechter ist bei den hoch begabten Kindern in Regelklassen ausgeglichen. In Spezialprogrammen sind Mädchen unterrepräsentiert, wenn auch statistisch nicht signifikant. Das in der folgenden Abbildung dargestellte Ergebnis entspricht auch Zahlen aus schulpsychologischen Diensten und Beratungsstellen

(Langenmayr 1987; Elbing und Heller, 1996). Damit ist eine getrennte Analyse der Persönlichkeitsmerkmale für beide Geschlechter als sinnvoll zu erachten.

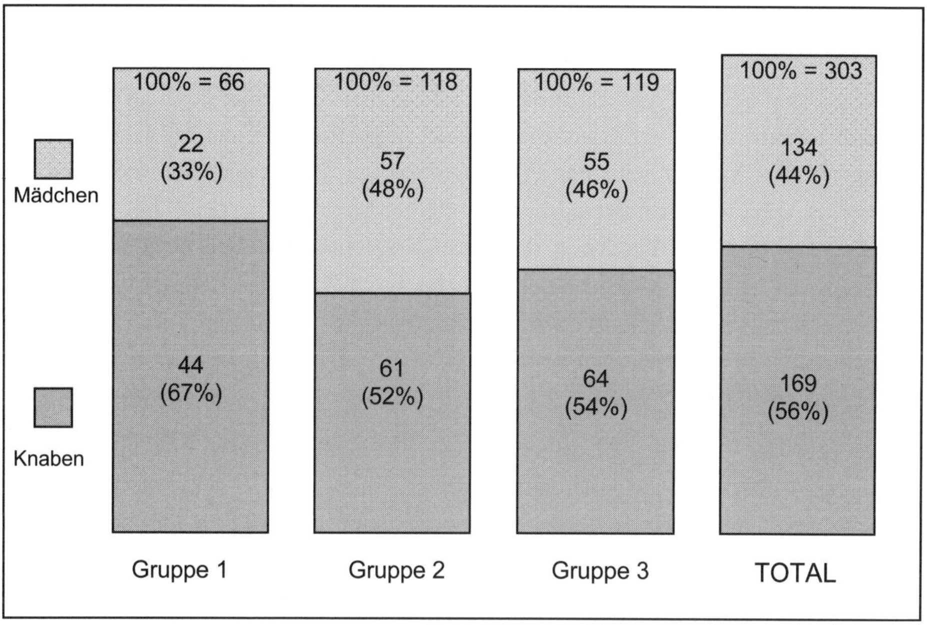

Abb. 4: Geschlechterverteilung in den drei Stichprobengruppen

92% der Kinder haben mindestens ein Geschwister (N = 272), 8% sind Einzelkinder (N=24). Die überwiegende Anzahl Kinder – rund 88% – stammt aus der Schweiz oder hat eine Schweizer-Doppelbürgerschaft (N = 260). Aus Westeuropa sind noch 5% Kinder vertreten (N = 15), aus dem Balkan rund 4% (N = 11) und aus restlichen Ländern 3% (N = 9). Die Verteilung weicht nicht signifikant von der erwarteten Verteilung ab.

Die Mütter der Kinder sind nicht in signifikant unterschiedlichen Erwerbssektoren tätig und unterscheiden sich auch nicht hinsichtlich der Familienbetreuung. Jeweils mehr als 10% finden sich in vier Kategorien: 31% üben einen technischen oder gleichrangigen nichttechnischen Beruf aus (N = 89; z.B. Krankenschwester), 23% sind vollzeitig für die Familienbetreuung zuständig (N = 67), 15% sind Büropersonal bzw. kaufmännische Angestellte (N = 44) und 12% üben Berufe mit wissenschaftlicher Ausbildung aus (N = 36).

Bei der Erwerbstätigkeit der Väter dagegen weicht die beobachtete Verteilung der drei Stichproben klar von der erwarteten Verteilung ab ($\chi^2 = 49.1$; $p \leq .01$; Cramer's V = .29). Die Väter der hoch begabten Kinder in den Spezialprogrammen sind signifikant häufiger in Berufsfeldern der Kategorien "Leitungsfunktionen" (28%, N = 16), "Wissenschaftler" (35%, N = 20) oder "technische Berufe" (25%, N = 14) tätig. Demgegenüber gibt es bei den hoch begabten Kindern in der Regelklasse eine vergleichbare Anzahl von wissenschaftlich ausgebildeten Vätern (38%, N = 44), aber weniger Väter in leitenden Positionen (13%, N = 15) und einen höheren Anteil von Vätern mit handwerklicher Tätigkeit (12%, N = 10). Die Väter der durchschnittlich begabten Kinder in der Regelklasse sind wiederum in ähnlich hohen Positionen zu finden wie jene der hoch begabten Kinder in den Spezialprogrammen (22%, N = 26); sie sind jedoch weniger akademisch gebildet (22%, N = 25), dafür häufiger in technischen Berufen (24%, N = 28) und auch in kaufmännischen Berufen tätig (10%, N = 12).

Die bisherige Annahme, dass hoch begabte Kinder aus höheren Bildungsschichten stammen (Sayler 1993), trifft damit nicht allgemein zu. Vielmehr lässt sich angesichts der Erwerbstätigkeit der Eltern in der Stichprobe die These formulieren, dass jene hoch begabten Kinder durch besondere Massnahmen gefördert werden, deren Väter besonders gut ausgebildet sind.

- **Kognitive Leistungsvoraussetzungen**

Im Zulassungsverfahren zu den Spezialprogrammen müssen die Schülerinnen und Schüler in einem Intelligenztest mindestens den Quotienten von 130 ausweisen können. Dieser Quotient wird für die Studie nicht nochmals überprüft. In der vorliegenden Untersuchung sind nur die Informationen zu den kognitiven Leistungsvoraussetzungen der hoch begabten und der durchschnittlich begabten Kinder in der Regelklasse erhoben worden. Als Hauptkriterium einer Hochbegabung gilt ein überdurchschnittliches Abschneiden im CFT 20 mit einem Intelligenz-Quotienten von ≥ 122. Es ergibt sich ein positiver Zusammenhang der Leistungen im CFT 20 mit den Leistungen in den zwei verbalen Untertests des KFT. Ein Kind mit überdurchschnittlichem Ergebnis im CFT 20 schneidet meist auch in den Untertests des KFT überdurchschnittlich ab. Da die Leistungen im KFT insgesamt deutlich unter den Erwartungen bleiben, treten überdurchschnittliche Leistungen noch deutlicher hervor. Sechs Kinder weisen ein überdurchschnittliches Ergebnis in mindestens einem der beiden Untertests auf (T-Wert ≥ 60) und einen Intelligenz-Quotienten von 120 bzw. 121 mittels CFT 20. Die Intelligenz-Quotienten der hoch begabten Kinder liegen zwischen 120 ≤ IQ ≤ 150 (Mittelwert: 127,8; Std.: 6,2), gegenüber den durchschnittlich begabten Kinder mit 92 ≤ IQ ≤ 107 (Mittelwert: 100,98; Std.: 4,6). Über alle Kinder betrachtet beträgt der durchschnittliche Intelligenz-Quotient 114.4 mit einer Standardabweichung von 14.5. In Abbildung 5 sind die drei Testwerte z-transformiert dargestellt, weil sie dadurch vergleichbar werden:

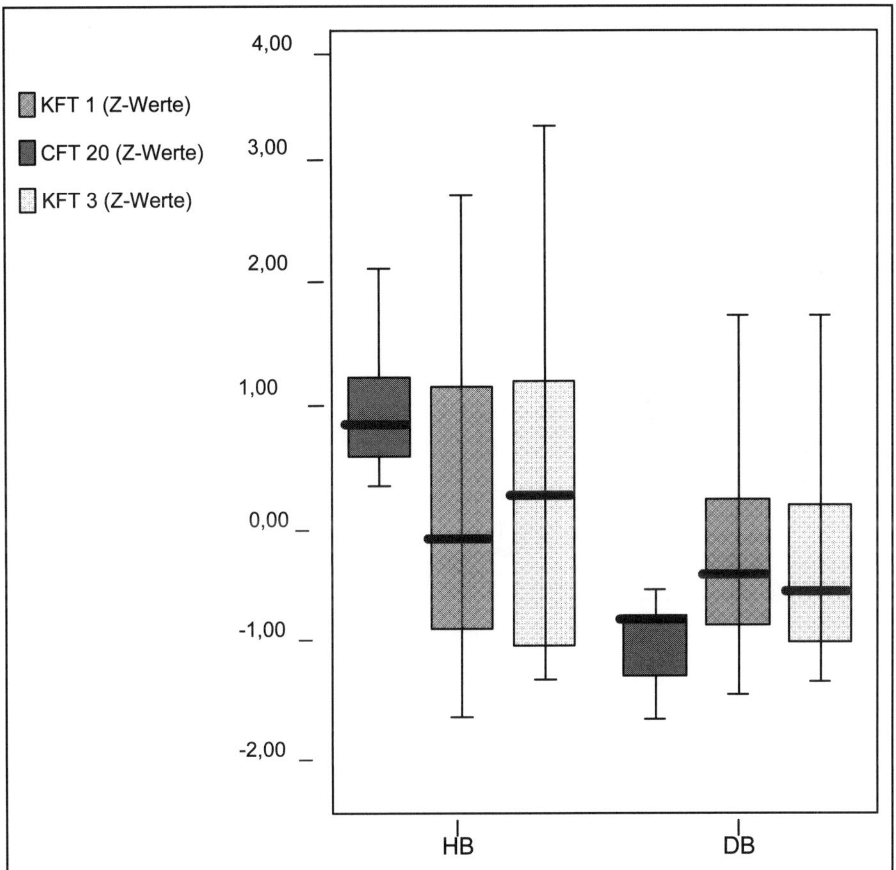

Anmerkung: Die Box-Plots illustrieren den Median, die mittleren 50% der Werte und die Ausreisser (Punkte markieren Kinder mit besonderen (verbalen) Teilbegabungen).

Abb. 5: Die z-transformierte Leistungsvoraussetzungen der hoch Begabten (HB) und der durchschnittlich Begabten (DB) in der Regelklasse

Die Leistungen in den drei Tests fallen unterschiedlich aus. Die hoch begabten Kinder in der Regelklasse erzielen beim CFT 20 die höchsten Werte; die verbalen Untertests des KFT fallen nur durchschnittlich aus und deren Streubreite überschneidet sich mit derjenigen der durchschnittlich begabten Kinder. Dies deutet auf sprachliche Feinheiten des aus Deutschland stammenden Tests hin, die auch begabte Schweizer Mittelstufenkinder in der Schriftsprache noch nicht zu bewältigen vermögen. In allen drei Tests unterscheiden sich die Leistungsvoraussetzungen der hoch begabten und der durchschnittlich begabten Kinder signifikant. Während bei den Leistungsvoraussetzungen zwischen den Mädchen und den Knaben, gemessen mit dem CFT 20, keine Unterschiede festzustellen sind, fällt auf, dass die Streubreite der verbalen Tests des KFT bei den hoch begabten Mädchen grösser ist.

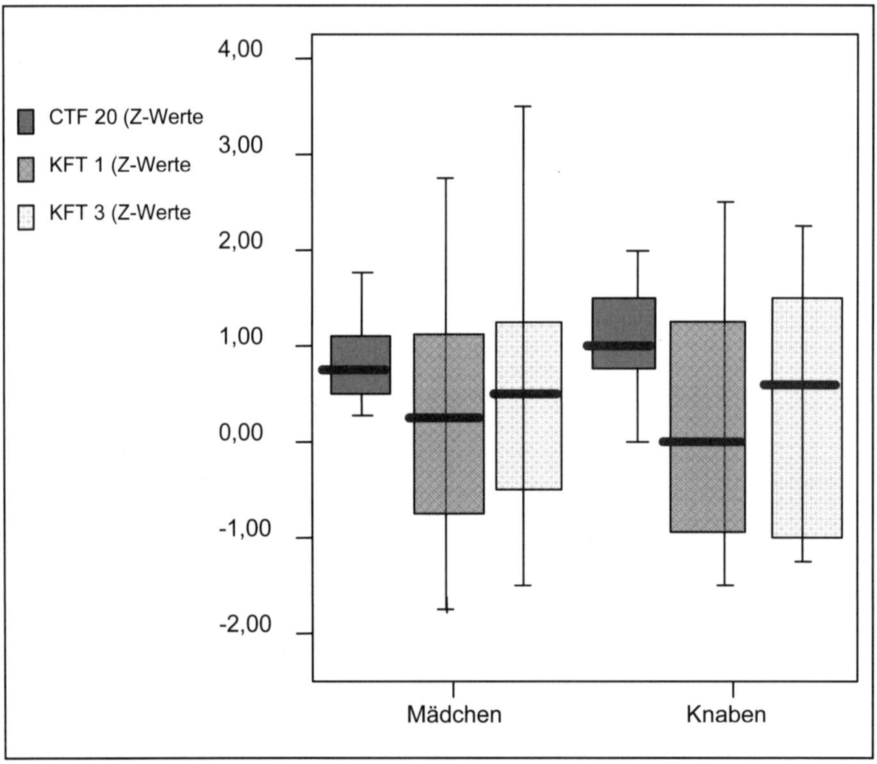

Abb. 6: Die z-transformiertenormierten Leistungsvoraussetzungen der hoch begabten Mädchen und Knaben in den Regelklassen

4.2 Messzeitpunkt 2

Der ursprünglich geplante Längsschnitt, mit drei Erhebungszeitpunkten unter Berücksichtigung der kritischen Phase des Übertritts in die Oberstufe, wurde aus organisatorischen und strukturellen Gründen (Schulferien, Schulprojekte, Lehrerwünsche, Belastung der Schülerinnen und Schüler durch Klassenwechsel) auf eine Wiederholungsmessung reduziert. Das Zeitintervall zwischen den zwei nun vorliegenden Messungen beträgt ein Jahr. Die zweite Messung zielt auf Informationen über den Verlauf der Persönlichkeitsentwicklung von hoch begabten Schülerinnen und Schülern in Regelklassen und von jenen in verschiedenen Spezialprogrammen sowie von durchschnittlich begabten Schülerinnen und Schülern in der Regelklasse ab. Standen bei der ersten Messung Unterschiede zwischen den genannten Gruppen oder generelle geschlechts- und altersspezifische Unterschiede im Zentrum, so ermöglicht die Wiederholungsmessung einen Blick auf Veränderungen, die auf Entwicklungsverläufe verweisen. Die Resultate sind primär als Quelle für die weiterführende Forschung gedacht. Ohne zusätzliche Informationen qualitativer Art bleibt die Interpretation der quantitativen Befunde allerdings stark spekulativ. Ziel der vorliegenden Wiederholungsmessung sind denn auch keine Kausalmodelle oder Wirkanalysen. Die Befunde werden rein deskriptiv gehalten.

- **Stichprobe**

Einleitend zeigt Abbildung 7 die Verteilung der gesamten Stichprobe N2, die sämtliche Versuchspersonen umfasst, für die zwei gültige Messungen vorliegen.

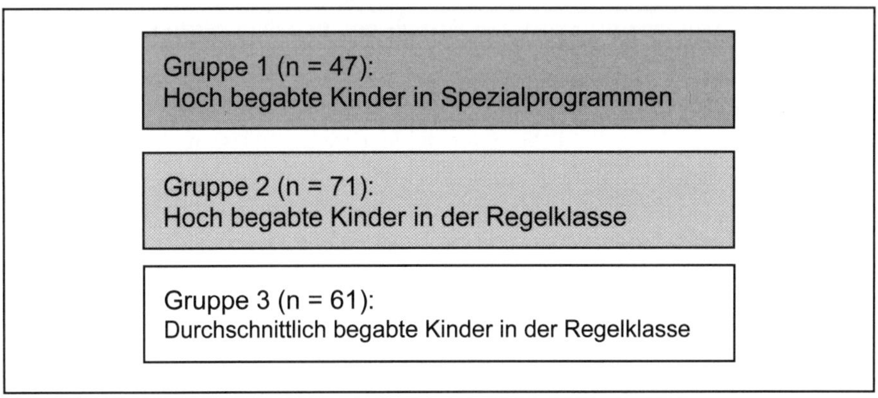

Abb. 7: Stichprobe N 2 (N =179), aufgeteilt in die 3 Stichprobengruppen, zum Messzeitpunkt t2

- **Stichprobenverlust bei der Wiederholungsmessung (Panelmortalität)**

Der Stichprobenverlust für den zweiten Messzeitpunkt (t2) beträgt rund 40%, was bei dem eher kurzen Zeitintervall zwischen den Messungen als erheblich zu werten ist und systematische Stichprobenunterschiede erwarten lässt. Beim Vergleich zwischen der Stichprobe der ersten Messung (N = 303) und der Stichprobe mit gültigen Wiederholungsmessungen (N2 = 179) finden sich keine signifikanten Unterschiede bezüglich Geschlecht, Familienkonstellation – Einzelkind, Geschwisterreihe – oder sozioökonomischer Merkmale – Ausbildung und Beruf der Eltern. Einzig bezüglich der Nationalität gibt es bei der Wiederholungsmessung eine leichte Übervertretung von Kindern mit Schweizer Pass ($\chi 2 = 27.6$; $p < .001$; Cramer's V = .19). Nach Atteslander (2003) ist eine systematische Verzerrung bei Längsschnittdesigns kaum vermeidbar. Insgesamt wird ein "Mittelschichtsbias“ konstatiert, d.h. Personen mit vergleichsweise tiefem Einkommen oder mässiger Schulbildung brechen die Befragung ab, wenn diesbezügliche Fragen gestellt werden. Dieser systematische Fehler (bias) könnte beim Stichprobenausfall der durchschnittlich begabten Kinder eine Rolle gespielt haben.

In der vorliegenden Untersuchung ist weiter zu erwarten, dass insbesondere Schülerinnen und Schüler, die durch den Übertritt in die Oberstufe oder generell durch die steigende Klassenstufe schulisch stärker belastet waren, an der zweiten Befragung nicht teilnahmen. Es ist auch zu bedenken, dass die Schülerinnen und Schüler nach einem Klassenwechsel schwieriger zu erreichen waren und eine erneute Befragung mit vermehrten Umtrieben für die Beteiligten verbunden war. Auch dieser Umstand führte zu einem vermehrten Ausfall von Schülerinnen und Schülern in der Oberstufe. Die folgende Tabelle verdeutlicht den Stichprobenausfall bei der Wiederholungsmessung für die Gruppen der hoch begabten Kinder in Spezialprogrammen (Gruppe 1) der hoch begabten Kinder in Regelklassen (Gruppe 2) und der durchschnittlich begabten Kinder (Gruppe 3).

Tabelle 3: Wiederholungsmessung: Stichprobenausfall bei Gruppe 1, 2 und 3

	Gruppe 1		*Gruppe 2*		*Gruppe 3*		*Total*	
Erste Erhebung (t1)	66	22%	118	39%	119	39%	303	100%
Zweite Erhebung (t2)	47	26%	71	40%	61	34%	179	100%
Ausfall	19	29%	47	40%	58	49%	124	41%

Der Stichprobenausfall von insgesamt rund 40% verteilt sich wie folgt: Die hoch begabten Kinder in Spezialprogrammen (Gruppe 1) zeigen mit knapp 30% den geringsten Stichprobenausfall. Die hoch begabten Kinder in Regelklassen liegen mit einer Ausfallrate von 40% im Durchschnitt. Der höchste Stichprobenverlust ist bei der Gruppe der durchschnittlich begabten Kinder zu verzeichnen, wo rund die Hälfte bei der zweiten Befragung nicht mehr mitgemacht hat. Diese Unterschiede sind, wie bereits ausgeführt, nicht überraschend.

Tabelle 4: Stichprobenausfall nach Klassenstufe für die hoch begabten Kinder in Spezialprogrammen (Gruppe 1) bezgl. der Messzeitpunkte t1 und t2

Klassenstufen zu den Messzeitpunkten: erste Messung (t1); Wiederholungsmessung (t2)		*t2: vorliegend*	***t2: Ausfall***	*Gesamt*
t1: 2.&3. Klasse; t2: 3.&4. Klasse	Anzahl	7	2	9
Verlustrate 3./4.-Klässler	%	75%	**25%**	100
t1: 4. Klasse; t2: 5. Klasse	Anzahl	14	5	19
Verlustrate der 5. - Klässler	%	73.7%	**26.3%**	100.0%
t1: 5. Klasse; t2: 6. Klasse	Anzahl	8	4	12
Verlustrate der 6. - Klässler	%	66.7%	**33.3%**	100.0%
t1: 6. Klasse; t2: 7. Klasse	Anzahl	18	8	26
Verlustrate der 7. - Klässler	%	69.2%	**30.8%**	100.0%
Gesamt	Anzahl	47	19	66
Verlustrate total	%	71.2%	**28.8%**	100.0%

Die höhere Beteiligung der hoch begabten Kinder in Spezialprogrammen erklärt sich zusätzlich mit dem intensiveren Kontakt der Forschergruppe zu den Lehrpersonen der Spezialprogramme. Die Unterstützung und das Interesse dieser Lehrpersonen motivierte oder forcierte die Mitarbeit der Kinder und ihrer Eltern. Was den überdurchschnittlich hohen Ausfall bei den durchschnittlich begabten Kindern betrifft ist denkbar, dass diese Kinder in höheren Klassen im Vergleich zu den hoch begabten Kindern mehr belastet sind und somit die Bereitschaft, zusätzliche Aufgaben zu übernehmen sinkt. Dieses Argument kann generell als eine Erklärung für den Stichprobenausfall dienen. Wenn jedoch Kinder, die sich in grösserem Ausmass belastet fühlen, in der zweiten Befragung fehlen, bedeutet dies möglicherweise eine systematische Verzerrung der Stichprobe bei der Wiederholungsmessung. Sie ist zwar nicht zwingend, kann allerdings auch nicht ausgeschlossen werden und muss bei der Interpretation der Resultate berücksichtigt werden.

Bei den hoch begabten Kindern in den Spezialprogrammen zeigt sich kein signifikanter Stichprobenausfall, weder bezüglich der Klassenstufe noch der Altersklassen noch des Geschlechts. Der Stichprobenausfall bewegt sich relativ ausgewogen zwischen 20 und 33%.

Tabelle 5: Stichprobenausfall nach Klassenstufe für die hoch begabten Kinder in Regelklassen (Gruppe 2), bezüglich der zwei Messzeitpunkte (t1 und t2)

Klassenstufen zu den Messzeitpunkten: erste Messung (t1); Wiederholungsmessung (t2)		*t2: vorliegend*	***t2: Ausfall***	*Gesamt*
t1: 4. Klasse; t2: 5. Klasse	Anzahl	28	19	47
Verlustrate der 5. - Klässler	%	58.3 %	**41.7 %**	100.0 %
t1: 5. Klasse; t2: 6. Klasse	Anzahl	24	12	36
Verlustrate der 6. - Klässler	%	66.7 %	**33.3 %**	100.0 %
t1: 6. Klasse; t2: 7. Klasse	Anzahl	9	26	35
Verlustrate der 7. - Klässler	%	25.7 %	**74.3 %**	100.0 %
Gesamt	Anzahl	71	47	118
Verlustrate total	%	60.2 %	**39.8 %**	100.0 %

Im Unterschied zur Gruppe der hoch begabten Kinder in den Spezialprogrammen zeigt sich eine signifikante ($\chi 2 = 14.35$, $p < .001$; Cramer's $V = .35$) und somit systematische Stichprobenverzerrung bezüglich der Klassenstufen. Für die Wiederholungsmessung (t2) liegt ein maximaler Stichprobenverlust von rund 75% bei jenen Schülerinnen und Schülern vor, die in die Oberstufe wechselten. Der kleinste Stichprobenausfall von rund 30% ist bei jenen Schülerinnen und Schülern zu verzeichnen, die von der 5. in die 6. Klasse wechselten, und zwar ohne Unterschied zwischen Mädchen und Knaben. Abschliessend zeigt Tabelle 6 noch die Situation in der Gruppe der durchschnittlich begabten Kinder (Gruppe 3).

Tabelle 6: Stichprobenausfall nach Klassenstufe für die Gruppe der durchschnittlich begabten Kinder (Gruppe 3) bezüglich der zwei Messzeitpunkte (t1 und t2)

Klassenstufen zu den Messzeitpunkten: erste Messung (t1); Wiederholungsmessung (t2)		*t2: vorliegend*	***t2: Ausfall***	*Gesamt*
t1: 4. Klasse; t2: 5. Klasse	Anzahl	28	20	48
Verlustrate der 5. - Klässler	%	**58.3%**	**41.7%**	**100.0%**
t1: 5. Klasse; t2: 6. Klasse	Anzahl	24	12	36
Verlustrate der 6. - Klässler	%	**66.7%**	**33.3%**	**100.0%**
t1: 6. Klasse; t2: 7. Klasse	Anzahl	9	26	35
Verlustrate der 7. - Klässler	%	**25.7%**	**74.3%**	**100.0%**
Gesamt	Anzahl	61	58	119

Für die Gruppe der durchschnittlich begabten Kinder zeigt sich erneut ein signifikanter ($\chi 2$ = 13.52, p< .001; Cramer's V = .34) und somit allenfalls ein systematischer Stichprobenausfall. Vergleichbar den hoch begabten Kindern in Regelklassen ist der grösste Stichprobenausfall mit gegen 75% bei den Schülerinnen und Schülern, die in die Oberstufe eingetreten sind, zu verzeichnen. Parallel zu den hoch begabten Kindern in Regelklassen ist der geringste Ausfall – rund 30% – bei den

Kindern aller Gruppen zu beobachten, die von der 5. in die 6. Stufe wechselten. Tabelle 7 gibt eine Übersicht über die Klassenzugehörigkeit der Kinder in den drei Gruppen der Stichprobe N2. Vergleicht man den prozentualen Anteil der 6.-Klässler mit der entsprechenden Tabelle der ersten Messung, so ist ein Rückgang der hoch begabten 6.-Klässler in Regelklassen und der durchschnittlich begabten 6.-Klässler um je rund 5% zu verzeichnen. Bei den hoch begabten Schülerinnen und Schülern in den Spezialprogrammen sind die Sechstklässler dagegen bei der Wiederholungsmessung gesamthaft um 2% stärker vertreten als zum ersten Messzeitpunkt.

Tabelle 7: Verteilung der Klassenstufen zu den zwei Messzeitpunkten (t1 und t2) für die Stichproben der hoch begabten Kinder in Spezialprogrammen (Gruppe 1), der hoch begabten Kinder in Regelklassen (Gruppe 2) und der durchschnittlich begabten Kinder (Gruppe 3)

Klassenstufen zu den zwei Messzeitpunkten t1 und t2		*Gruppe 1*		*Gruppe 2*		*Gruppe 3*		*Gesamt*	
t1	**t2**	Anzahl	%	Anzahl	%	Anzahl	%	Anzahl	%
2. Kl.	3. Kl.	1	.6%					1	.6%
3. Kl.	4. Kl.	6	3.4%					6	3.4%
4. Kl.	5. Kl.	14	7.8%	22	12.3%	26	15.5%	62	34.6%
4. Kl.	6. Kl.			4	2.2%	2	1.1%	6	3.4%
5. Kl.	6. Kl.	8	4.5%		15.6%	22	12.3%	58	32.4%
5. Kl.	7. Kl.			1	.6%	2	1.1%	3	1.7%
6. Kl.	7. Kl.	18	10.1%	15	8.4%	8	4.5%	41	22.8%
6. Kl.	8. Kl.			1	.6%	1	.6%	2	1.1%
total		47	26.3%	71	39.7%	61	34.1%	179	100%

t1 = Erste Messung, t2 = Wiederholungsmessung

Um die Gruppe der durchschnittlich begabten Kinder in Bezug auf relevante Faktoren – z.B. sozioökonomische Variablen – der Stichprobe der hoch begabten Kinder in der Regelklasse (Matching) möglichst optimal zusammenzusetzen, wurden auch einige Kinder aus dem Pre-screening in die Stichprobe aufgenommen. Daher liegen für 3.4% der Kinder aus den Gruppen der hoch begabten Kinder in der Regelklasse und für 2.7% der durchschnittlich begabten Kinder zwei Jahre zwischen den Messzeitpunkten (vgl. Tabelle 2). Diese Kinder sind somit bei der Wiederholungsmessung zwei Klassenstufen höher. Auf Grund der kleinen Anzahl wurden sie in der Stichprobe belassen und aus ökonomischen Gründen nicht weiter separat analysiert.

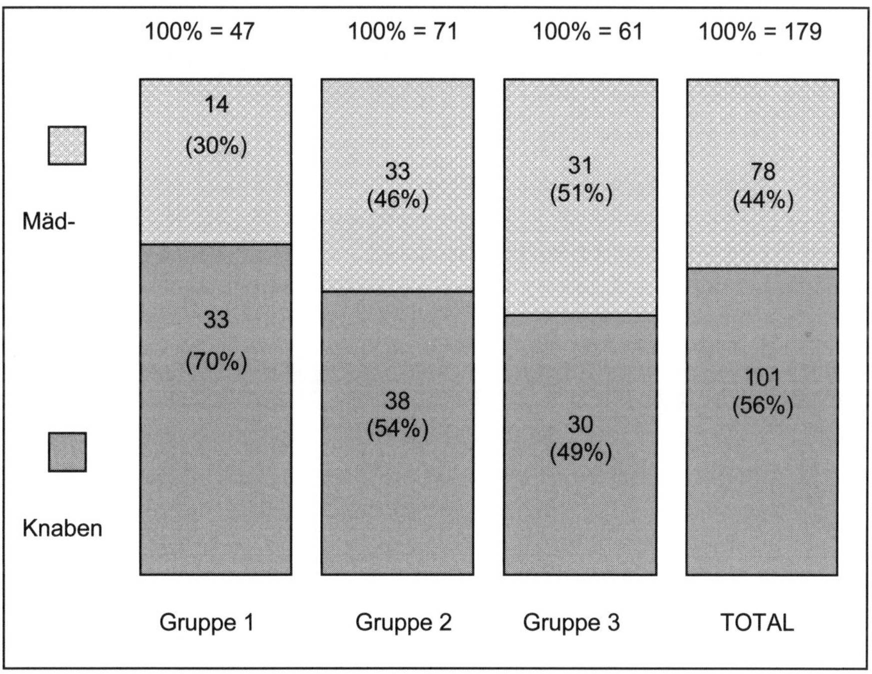

Abb. 8: Geschlechterverteilung auf die Stichproben der 3 Gruppen zum Zeitpunkt t2

Um die Vergleichbarkeit der Wiederholungsmessung mit den Befunden aus der ersten Erhebung zu gewährleisten, wurde zudem auf auffällige Abweichungen bezüglich der Mittelwerte bei der Stichprobe der ersten Messung (N = 303) und der

Stichprobe für die Wiederholungsmessung (N2 = 179) geachtet. Eine statistische Überprüfung wurde stichprobenweise vorgenommen, wenn auffällige Abweichungen eine Prüfung erforderten. Weiter wurden die Stichproben der drei Gruppen bei der Wiederholungsmessung (t2) auf Unterschiede hin untersucht (Querschnitt 2). Diese Resultate werden hier nicht dargestellt. In Abbildung 8 ist die Geschlechterverteilung über die Stichproben der drei Gruppen zum Zeitpunkt t2 ersichtlich. Die hoch begabten Mädchen in Spezialprogrammen sind bei der Wiederholungsmessung unterrepräsentiert, wenn auch nicht statistisch signifikant. Der Stichprobenausfall von t1 zu t2 beträgt für die Mädchen 41% und für die Knaben 32%.

- Die hoch begabten Kinder mit sonderpädagogischen Fördermassnahmen (Gruppe 1) rekrutieren sich aus einem vollzeitlichen Spezialprogramm sowie aus einem stunden- und einem tageweisen Pull-out-Programm. An der zweiten Erhebung nahmen 47 Kinder der Gruppe in Spezialprogrammen teil. Zum zweiten Messzeitpunkt (t2) bewegen sie sich in einem Altersspektrum von 8,8 bis 14,0 Jahren (Mittelwert 11,9).
- Die 71 hoch begabten Kinder ohne sonderpädagogische Massnahmen (Gruppe 2) stammen aus Regelklassen der Mittelstufe in drei Städten. Bei der Wiederholungsmessung (t2) beträgt ihr Altersspektrum 10,6 bis 14,2 Jahre (Mittelwert 12 Jahre).
- In der Gruppe der durchschnittlich begabten Kinder (Gruppe 3) beteiligen sich bei der zweiten Erhebung (t2) 61 Kinder zwischen 10,8 und 13,8 Jahren (Mittelwert 12 Jahre).

Für weitere Angaben bezüglich der Stichprobe sei auf Teil 2 und Teil 3 verwiesen.

5. Datenverarbeitung

5.1 Datenauswertung

Die statistische Auswertung der Daten erfolgte mit dem Statistikprogramm SPSS Version 12.0 für Windows. Vor den Auswertungen stellt sich die Frage nach der Qualität der Fragebogen. Bei standardisierten Verfahren sind jeweils Angaben zur Validität angegeben, als weiteres Mass für die Güte eines Fragebogens empfiehlt sich die Itemanalyse und damit verbunden ein Kennwert zur Zuverlässigkeit der Messung, die Reliabilität. In den folgenden Kapiteln sind die Itemanalyse und auch die je nach Skalenniveau verwendeten Auswertungsverfahren dargestellt (Tabachnick und Fidell 1996).

5.2 Datenaufbereitung und Datenbereinigung

Aufgrund der Kontrollen im Rahmen der Aufbereitung und Bereinigung der Daten wurden die Intelligenz-Quotienten von 37 Kindern nicht weiter ausgewertet, sondern als Missing gesetzt.

Tabelle 8: Übersicht über die Stichprobenausfälle und die Anzahl verbleibender Kinder

	Anzahl Kinder
Intelligenztest durchgeführt *:	2058
Ausfälle durch:	
• einzelne leere Untertests oder kopierte Teile der anderen Version	8
• beteiligte Kinder aus der Sonderklasse für Lernbehinderte	11
• Klasse am Vortag durch andere Studie untersucht	18
Total verbleibende Kinder	2021

* Die Daten von 6 Kindern sind nicht verwendet worden, da ihre Eltern die Einwilligung nicht oder zu spät gegeben haben.

5.3 Fehlende Werte bei den Fragebogen

Fehlende Angaben bei den Fragebogen-Items werden mit "-9" codiert. Bei der Aufsummierung der Items in die einzelnen Skalen wurden bis 10% fehlende Antworten pro Skala geduldet. Bis zu diesem Schwellenwert errechnet sich der Skalenwert aus den verbleibenden Items. Liegt die Anzahl fehlender Antworten bei mehr als 10% der Items, entfällt die Skala für das betreffende Kind als Ganzes bzw. ist sie als "fehlend" gekennzeichnet. Aus diesem Grund variiert die Anzahl ausgewerteter Bogen in den einzelnen Skalen. Die Anzahl Fragebogen, die schliesslich in der jeweiligen Auswertung berücksichtigt werden kann, wird ferner durch weitere Umstände reduziert:

- Manche Kinder sind zu jung für bestimmte Fragebogen und ohne Normierung entfallen ihre Angaben für die Auswertung.
- Wenige Kinder haben krankheitshalber bei einzelnen Tests gefehlt.
- Im Pre-Screening wurde für eine Gruppe von Kindern noch teilweise ein Fragebogen zur Attribution verwendet, der im weiteren Verlauf nicht mehr zum Einsatz kam, weil er sich inhaltlich als zu kompliziert erwiesen hatte für die Kinder. Zudem wurde der Fragebogen zur Leistungsmotivation durch den Fragebogen zu den Zielorientierungen ersetzt, weil dessen Konzeption dem Erkenntnisinteresse des Projekts besser entsprach.

5.4 Datenschutz und Datenmanagement

Die Angaben der Kinder und ihrer Familien wurden vertraulich behandelt. Jeder Fragebogen erhielt eine zufällig gewählte Nummer zugewiesen und wurde im Anschluss daran so weit wie möglich anonymisiert. Dadurch sind die Daten jedem Kind richtig zuzuordnen, aber nach der Eingabe nur noch mit Codeliste erkennbar. Eine Codeliste mit Namen und Nummern der Kinder wird zusammen mit den Rohdaten am Institut für Sonderpädagogik archiviert und verschlossen aufbewahrt. Die Daten werden ausschliesslich für wissenschaftliche Zwecke, unter Wahrung des Persönlichkeitsschutzes der Teilnehmenden verwendet.

5.5 Itemanalysen

Die Itemanalyse betrachtet die Rohwerteverteilung und die Trennschärfe einzelner Items. Die Trennschärfe wird für jedes Item berechnet und ist definiert als die Korrelation der Beantwortung dieses Items mit dem Gesamttestwert. Der Trennschärfekoeffizient ist demnach ein Mass dafür, wie gut ein einzelnes Item das Gesamtergebnis eines Tests abbildet. Die Antworten einer Person in einer Skala sollten aufgrund von trennscharfen Items vorhersagbar sein. Zur Beurteilung der Trennschärfe von einzelnen Items gelten dabei (Hirsig 1993):

$r \geq 0.4$	ausgezeichnete Trennschärfe, sehr gutes Item
$0.3 \leq r < 0.4$	brauchbares Item

0.2	$\leq r < 0.3$	"revisionsbedürftiges" Item
r	< 0.2	unbrauchbares Item

Der so genannte "korrigierte Trennschärfekoeffizient" ist auf der Basis von Gesamtwerten ohne das jeweilige Item berechnet. Es ist zudem wünschenswert, dass die Items einer Skala untereinander korrelieren (sog. Homogenität). Bei einer hohen Homogenität sind in den Items ähnliche Informationen enthalten. Die mittlere Item-Interkorrelation geht in den zur Schätzung der Reliabilität verwendeten Alpha-Koeffizienten von Cronbach ein; der Alpha-Koeffizient wird deshalb auch als Homogenitätsindex bezeichnet. Ein guter Test sollte eine Reliabilität von 0.8 erreichen, Reliabilitäten zwischen 0.8 und 0.9 gelten als mittelmässig, über 0.9 als hoch (Bortz und Döring 1995). Die Angaben zur Trennschärfe der Items der Fragebogen und der Reliabilitäten sind jeweils am Anfang des Ergebnisteils zu den einzelnen Persönlichkeitsmerkmalen beschrieben.

5.6 Der t-Test und der Man-Whitney U-Test

Da die untersuchten Untergruppen zum Teil sehr klein sind und die Voraussetzung der Normalverteilung nicht immer erfüllt ist, sind jeweils zwei Tests gerechnet und somit die Ergebnisse gegenseitig überprüft worden: einerseits t-Tests und andererseits auch Man-Whitney U-Tests. In den meisten Abbildungen sind Mittelwerte dargestellt, weil diese gut lesbar sind und einen unmittelbaren Vergleich mit allfälligen Normen ermöglichen. Die Signifikanzen sind mit $p \leq .10$ ("Tendenzen") bis $p \leq .001$ angegeben, weil knapp nicht signifikante t-Werte mit dem Man-Whitney U-Test oft signifikant werden. Analysen mit nichtsignifikanten Unterschieden in t-Tests ($p \geq .10$), welche mit dem Man-Whitney U-Test Tendenzen erreichen ($p \leq .10$), werden hier nicht diskutiert.

Um die Bedeutsamkeit von signifikanten Unterschieden adäquat einzuschätzen bzw. nicht überzubewerten, wird die Effektstärke gemäss Bortz und Döring (1995) bzw. Cohen (1977) angegeben. Die Effektstärke ist im Gegensatz zur statistischen Signifikanz unabhängig von der Stichprobengrösse, wenn auch nicht von der jeweiligen Streuung. Damit werden verschiedene Untersuchungen untereinander vergleichbar. Die Effektstärke d für t-Tests aus unabhängigen Stichproben ist die Subtraktion der beiden Mittelwerte, dividiert durch die Standardabweichung. Dazu wird konservativ die jeweils grössere Standardabweichung gewählt:

d = .20	kleine Bedeutsamkeit
d = .50	mittlere Bedeutsamkeit
d = .80	grosse Bedeutsamkeit

5.7 Kontingenztabellen

Im Unterschied zu den Persönlichkeitsmerkmalen sind die erhobenen soziodemographischen Angaben nominalskaliert. Daher muss ein anderes Verfahren angewendet werden, der Chi-Quadrat-Test (χ^2). Mit diesem Test lässt sich der Zusammenhang von Variablen von nominalem als auch ordinalem Niveau untersuchen. Der Chi-Quadrat-Test wird dazu verwendet, die soziodemographischen Angaben verschiedener Gruppen – hoch Begabte in Regelklassen und Spezialprogrammen sowie durchschnittlich Begabte – zu vergleichen und auch allfällige Selektionseffekte zu untersuchen.

Die Kontingenztabellen basieren auf einer aufgrund der Häufigkeit der Ausprägungen der Variablen angenommenen Verteilung (Benninghaus 1998; Siegel 1997). Ein χ^2-Test sagt nichts über die Stärke des Zusammenhangs zwischen den Variablen aus, Indikatoren dafür sind Assoziationsmasse (vgl. auch Effektstärke für t-Tests (Cohen 1977). Bei nominalem Datenniveau und Vierfeldertafeln werden die Assoziationsmasse Phi und Cramer's V verwendet. Die Berechnung dieser Masszahlen beruht auf dem χ^2-Test. Der Phi-Wert bzw. Cramer's V werden folgendermassen interpretiert:

Phi / Cramer's	V < .15	sehr schwache Beziehung
.15 ≤ Phi / Cramer's	V < .20	schwache Beziehung
.20 ≤ Phi / Cramer's	V < .30	gute Beziehung
.30 ≤ Phi / Cramer's	V < .40	starke Beziehung
.40 ≤ Phi / Cramer's		sehr starke Beziehung

5.8 Spezielle statistische Tests für die Längsschnittuntersuchung

Die statistische Auswertung der Daten erfolgte mit dem Statistikprogramm SPSS Version 12.0 für Windows. Es wurde auch für die Wiederholungsmessung eine Itemanalyse durchgeführt und dadurch die Reliabilität der Messung überprüft.

Für die Auswertung des Längsschnitts wurde primär der t-Test für abhängige (korrelierende, gepaarte) Stichproben verwendet. Der t-Test dient dem Vergleich zweier abhängiger Stichproben hinsichtlich ihrer Mittelwerte. Dabei müssen die zusammengehörenden Messwertpaare aus einer normalverteilten Grundgesamtheit stammen (Diehl und Arbinger 2001). Zur Absicherung und Kontrolle im Falle von Verletzungen der Voraussetzungen für den t-Test (Skalenniveau und Verteilung) und um auch kleine Substichproben – z.B. Mädchen der 4. Klasse im vollzeitlichen Spezialprogramm – in die Auswertung einbeziehen zu können, werden die Resultate des t-Tests mit dem Vorzeichen-Test (Diehl und Staufenbiel 2002) validiert. Mit diesem lässt sich prüfen, ob bei einem Satz von Wertepaaren die bei der Wiederholungsmessung eintretenden Merkmalsausprägungen signifikant häufig grösser beziehungsweise kleiner sind als die zugehörigen Werte der ersten Messung. Bis zu einem Stichprobenumfang von 25 wird ein exakter Test der Nullhypothese über die Binomialverteilung durchgeführt, bei grösseren Stichproben erfolgt eine Prüfung über die Standardnormalverteilung (Diehl und Staufenbiel 2002, 239). Auch bei der Wiederholungsmessung werden allfällige Selektionseffekte, z.B. durch den Stichprobenverlust (Panelmortalität), mittels Kontingenztabellen (Chi-Quadrat-Test) überprüft.

- **Effektstärke und Signifikanzniveau**

Was die Berechnung der Effektstärke für den t-Test bei abhängigen Stichproben betrifft, ist die Praxis nicht einheitlich (Hartmann und Herzog, 1995). Hier wurde die Mittelwertsdifferenz durch die durchschnittliche Standardabweichung dividiert (M2 - M1/ SD). Um den Text lesbarer zu gestalten, wird im Allgemeinen nur die Effektstärke angegeben. Da die Befunde rein deskriptiv gehalten sind, wird als Kriterium für die Relevanz einer Mittelwertsdifferenz primär die Effektstärke „d" beigezogen und auf die Angabe von Signifikanzniveaus verzichtet. Es werden sämtliche Mittelwertsdifferenzen mit einer Effektstärke d grösser .20 in die Auswertung einbezogen. Als Anhaltspunkt für die Interpretation der Effektstärken können folgende Angaben von Bortz und Döring (1995) dienen:

d = .20 kleine Bedeutsamkeit
d = .50 mittlere Bedeutsamkeit
d = .80 grosse Bedeutsamkeit

Die Signifikanz wird bei diesem Vorgehen implizit berücksichtigt. Sämtliche Resultate mit einer Effektstärke d = .20 sind auch signifikant, doch nicht alle signifikanten Mittelwertsdifferenzen sind von ausreichender Bedeutsamkeit ($d \geq .20$). Es wird darauf verzichtet, die Fallzahlen sämtlicher Substichproben aufzuführen. Die durchschnittliche Grösse der Stichproben in den untersuchten Gruppen und die Geschlechterverteilung zeigen die Abbildung 24 und Tabelle 15 im Kapitel 4.2.

TEIL 3: PERSÖNLICHKEITSMERKMALE HOCH BEGABTER KINDER UND JUGENLICHER

1. Positionierung im Projekt

Diese Teilstudie untersucht die verschiedenen Aspekte der Persönlichkeit hoch begabter Kinder. Es werden die kognitiven, emotionalen und sozialen Besonderheiten dieser Kinder näher betrachtet. Dafür werden diverse Persönlichkeitsmerkmale von hoch begabten Kindern in vollzeitlichem und in teilzeitlichen Spezialprogrammen mit den Persönlichkeitsmerkmalen von Kindern mit einer vermuteten oder diagnostizierten hohen Begabung in Regelklassen und von durchschnittlich begabten Kindern verglichen. Die Unterschiede zwischen den verschiedenen Gruppen können dann zur Evaluation der ursprünglichen Zuschreibung besonderer pädagogischer Bedürfnisse dienen, die zur Zuweisung in die diversen Spezialprogramme führten.

2. Abstract

Die schulische Zuweisungspraxis zeigt, dass einer zunehmenden Anzahl von (hoch begabten) Kindern besondere pädagogische Bedürfnisse zugeschrieben werden. In diesem Teil der Studie werden diejenigen psychosozialen Merkmale des Kindes untersucht, die unter Umständen zu dieser Zuschreibung führten. Dazu wurden aus rund 2000 Kindern der 4. bis 6. Klassen in drei Städten 118 hoch begabte Kinder identifiziert und 119 durchschnittlich begabte Kinder für die Teilnahme ausgewählt. 66 hoch begabte Kinder, denen besondere pädagogische Bedürfnisse zugeschrieben wurden und die deshalb voll- oder teilzeitliche Spezialprogramme besuchen, wurden anhand verschiedener Persönlichkeitsmerkmale, Selbstkonzepte, Attributionen von Erfolg und Misserfolg, Zielorientierungen, Stress-Erleben und Stress-Bewältigung sowie sozialem Verhalten und Erleben mit den hoch begabten und den durchschnittlich begabten Kinder aus den Regelklassen verglichen. Die Ergebnisse dieser Vergleiche attestieren den hoch begabten Kindern in Regelklassen eine gute psychosoziale Befindlichkeit, die teilweise besser ist als bei hoch begabten Kindern in Spezialprogrammen. Die Gruppen unterscheiden sich insbesondere in zwei psychosozialen Bereichen, nämlich wie Kinder mit Leistung umgehen und wie sie ihr soziales Verhalten und Erleben beschreiben; für eine kleine Gruppe hoch begabter Mädchen werden psycho-emotionale Besonderheiten angeführt. – Es sind demnach diese identifizierten Aspekte der kindlichen Persönlichkeit, welche zu einer Zuschreibung von besonderen pädagogischen Bedürfnissen beitragen können.

3. Theoretische Grundlagen zur Persönlichkeit

Die Auswahl der relevanten Persönlichkeitsaspekte für diese Teilstudie orientiert sich am Münchner Hochbegabungsmodell von Heller (1992). Allerdings werden zusätzliche Persönlichkeitsmerkmale einbezogen:

- Allgemeine Persönlichkeitsmerkmale (zusätzlich)
- Selbstkonzept
- Attributionen von Erfolg und Misserfolg (anstelle der Kontrollüberzeugung)
- Zielorientierungen (als aktuellere Konzeption von Leistungsmotivation)
- Sozialverhalten und Sozialerfahrung (zusätzlich)
- Stress-Erleben und -bewältigung

Im Folgenden werden zuerst diese Persönlichkeitsmerkmale dargestellt. Dann wird der bisherige Forschungsstand zu diesen Persönlichkeitsmerkmalen bei hoch begabten Kindern vorgestellt. Zum Abschluss dieses Kapitels werden die wichtigsten Themen zusammengefasst und Forschungslücken präzisiert.

3.1 Zu den Definitionen und Konzeptionen von Persönlichkeit

Der Begriff der „Persönlichkeit" wird in der Forschung uneinheitlich verwendet und häufig konfundiert mit den Begriffen „Charakter" und „Temperament". Früher nannte man in der Forschung den Begriff Charakter insbesondere zur psychoanalytischen Beschreibung der typischen Triebdynamik einer Person (Asendorpf 1999). Heute hat der Begriff keine präzise Bedeutung mehr (Dorsch, Häcker et al., 1987). Mit dem Begriff des Temperaments werden hingegen eher konstitutionelle bzw. biologische Strukturen des Menschen beschrieben, die sein Verhalten beeinflussen. Solche Aspekte steuern beispielsweise die Intensität von Reaktionen oder die Regulation interner Befindlichkeit betreffend Schlaf-Wach-Rhythmus, Aufmerksamkeitssteuerung, Stimmungsschwankungen u.a.m. (Asendorpf 1999). Das

Temperament gewann in den letzten Jahrzehnten wieder an Forschungsinteresse (Zentner, 1993; Thomas and Chess, 1980). In den 50er-Jahren des 20. Jahrhunderts setzte sich der Begriff der Persönlichkeit durch (Fisseni 1998). Trotz uneinheitlicher Verwendung in der Psychologie besteht ein Einvernehmen in vielen Definitionen. In der vorliegenden Studie ist mit Persönlichkeit die Gesamtheit an überdauernden Merkmalen und Eigenschaften („traits“) einer Person gemeint, die im interindividuellen Vergleich mit einer Referenzgruppe als individuelle Besonderheiten erkannt werden (Asendorpf 1999). Von diesen als Eigenschaften beschriebenen individuellen Besonderheiten nimmt man an, dass sie transsituativ konsistent und zeitlich stabil sind und sich deshalb typisches Verhalten von Individuen beschreiben oder auch erklären lässt (Bartussek und Schmitt, 1993).

Eine heute übliche Methode zum Erfassen von Persönlichkeitsmerkmalen erfolgt indirekt über Verhaltensäusserungen, die sich in hierarchisch immer tiefere Ebenen bis hin zum Verhalten in einzelnen Situationen verfolgen lassen (Pervin, 2000). So wird üblicherweise davon ausgegangen, dass ein Persönlichkeitsmerkmal eine Disposition darstellt, sich in bestimmter Art zu verhalten oder auf Situationen in bestimmter Weise zu reagieren. Darüber hinaus wird angenommen, dass das menschliche Verhalten sowohl zeitlich als auch in verschiedenen Situationen grundsätzlich relativ konsistent bleibt und die Persönlichkeit hierarchisch und mehrdimensional konzipiert ist.

3.2 Psychosoziale Merkmale hoch begabter Kinder und Jugendlicher

Die Zuschreibung von psychischen Attributen von hoch Begabten war lange polarisiert. Entweder ging Hochbegabung einher mit weiteren Fähigkeiten und Tugenden oder mit psychosozialen Problemen bis hin zu psychischen Störungen. Die wissenschaftliche Debatte lief unter der „Genie-Wahnsinns-Theorie“, der „Harmonie- und Disharmonietheorie“ (Mönks 1963) oder „Konvergenz- und Divergenzhypothese“ (Urban 1980). Sogar die Ansicht, dass Genialität und Wahnsinn nahe beieinander liegen, war lange verbreitet (Kretschmer 1948; Lange-Eichbaum 1932; Lombroso 1910 [Neuauflage 1984]). Mit der so genannten Terman-Studie wurden dann hoch Begabte als intelligenter, gesünder, stärker, gut angepasst, erfolgreicher in schulischen und ausserschulischen Aktivitäten sowie beliebt bei anderen ausgewiesen (Terman 1925; Terman & Oden, 1947; Terman 1959; Cox 1926; Burks,

Jensen et al., 1930; Holahan & Sears, 1995). Die Gründe für dieses veränderte Erscheinungsbild hoch Begabter sind in einer Konfundierung von Hochbegabung und Leistung zu suchen. Viele Studien zur Hochbegabung konzentrierten sich auf Menschen mit bereits erbrachten hervorragenden Leistungen, bei denen aufgrund dieser Leistungen schlicht vorausgesetzt wird, dass sie hoch begabt sind. Eine Überprüfung dieser Voraussetzung fehlt. Aus diesem Grund sind diese Studien für die Hochbegabungsforschung wenig aussagekräftig.

In einigen Studien werden im Sinne der „Harmonietheorie" die positiven Persönlichkeitsmerkmale von hoch Begabten bestätigt. So werden hoch begabte Kinder als nicht überempfindlich beschrieben (Ritchie, Bernard et al., 1982) und es werden ihnen keine besonderen emotionalen Probleme attestiert (Abroms 1985). Es wird gezeigt, dass sie bessere Schulleistungen haben und in schulischen wie ausserschulischen Aktivitäten häufiger als andere Kinder aktiv sind (Roznowski, Reith et al., 2000). Darüber hinaus würden hoch begabte Kinder weniger Furcht vor schulischen Bewertungssituationen zeigen (Davis and Connell, 1985), ein besseres Konzentrationsvermögen haben (Czeschlik, 1992; Dörner 1993) und eine höhere Leistungsmotivation (Mönks and Peters, 1996; Gottfried und Gottfried, 1996). Daneben werden sie als mindestens ebenso gut sozial angepasst geschildert wie durchschnittlich Begabte (Kirkendall and Ismail, 1970; Reynolds and Bradley, 1983). Und zu guter Letzt werden hoch begabte Kinder auch als nicht depressiver oder selbstmordgefährdeter als andere Kinder beschrieben (Baker 1995; Beer 1991; Bartell and Reynolds, 1986).

Im Sinne der „Disharmonietheorie" wird in anderen Studien vor allem von den negativen psychosozialen Merkmalen berichtet. So wird bei hoch Begabten von einer Tendenz ausgegangen, Gefühle zu verdrängen (Grobel 1990), es wird ihnen eine generelle Introvertiertheit attestiert (Manor-Bullock, Look et al., 1995) sowie Nonkonformität und Widerstand gegenüber Autorität, Disziplinschwierigkeiten, Ungeduld mit den Kollegen u.a.m. (Keller 1992; Silverman 1993b; Kitano 1990). Andere Studien stellen bei hoch Begabten auch ein relativ ausgeprägtes Mass an Angst- und Depressionszuständen fest (DeMoss, Milich et al., 1993; Frey 1991; Tong and Yewchuk, 1996) bis hin zu Suizidalität (Lajoje and Shore, 1981; Smith 1990; Delisle 1992). Wiederum in anderen Studien wird die Angst hoch Begabter als Versagensangst präzisiert (Silverman 1993b), insbesondere bei Mädchen (Hollinger and Flemming, 1992) sowie als Angst vor Erfolg (Kerr 1994b). Hoch begabte Mädchen zeigen aber seltener „extreme" Verhaltensweisen im kognitiven und sozial-emotionalen Bereich als ähnlich begabte Jungen (Stapf 1990), sie passen sich überhaupt eher an und ziehen sich zurück (Ingersoll and Cornell, 1995).

Schliesslich werden im Sinne einer Mittlerposition in verschiedenen Studien weder die „Harmonie-„ noch die „Disharmonietheorie" bestätigt. Vielmehr wird gezeigt, dass die Persönlichkeitsmerkmale von hoch- und durchschnittlich begabten Kindern und Jugendlichen nicht oder nur gering unterschiedlich sind, sowohl hinsichtlich Verhaltensauffälligkeiten als auch hinsichtlich emotionaler Probleme (Gottfried et al., 1994) und ebenso bezüglich der Persönlichkeitsvariablen Extraversion, Geselligkeit und manifestierte Ängstlichkeit (Rost and Czeschlik 1990). Verschiedene Studien schildern praktisch nur Unterschiede in leistungsnahen Variablen zwischen hoch und durchschnittlich Begabten (Kovaltchouk, 1998; Olszewski-Kubilius, Kulieke et al., 1988). Dies zeigt ganz ausgeprägt eine der grössten deutschsprachigen Untersuchungen, das Marburger Hochbegabtenprojekt (Dörner 1993; Rost 2000b), in dem bei hoch begabten Kindern im Vergleich zu anderen Kindern eine ausgeprägtere Freude an schulischem Arbeiten, eine positivere Arbeitshaltung und eine positivere Einstellung zum Wissenserwerb sowie eine geringere Ängstlichkeit beschrieben wird.

Weitere Studien konstatieren bestimmte Besonderheiten bei hoch Begabten, die sich sowohl positiv als auch negativ auswirken können. Eine immer wieder erwähnte Besonderheit wird beispielsweise im hohen Perfektionismus mit ausgeprägter Selbstkritik gesehen (Nugent 2000; Schuler, Ferbezer et al., 2003; Webb, Meckstroth et al., 2002; Speirs Neumeister 2004; Dixon, Capsley et al., 2004) oder in der erhöhten Sensibilität (Roedell, Jackson et al., 1984; Freeman 1994) und auch in der angeborenen Übererregbarkeit – in Dabrowskis Theorie der positiven Desintegration „overexcitabilities" genannt (Dabrowski 1964), die zunehmendes Forschungsinteresse erfährt (O'Connor 2002; McNabb 1997; Webb, Meckstroth et al., 2002; Pyrit & Mendaglio, 2003; Silverman 1993c). Auch eine beschleunigte Moralentwicklung wird in einigen Studien konstatiert (Abroms 1985; Andreani & Pagnin, 1993; Cohen und Frydenberg, 1996; Pagnin 2000) oder auch ein verringertes Schlafbedürfnis (1996; Webb, Meckstroth et al., 2002; Schliche-Hiersemenzel 1996).

Eine Gesamtbeurteilung aller Studien ist aus verschiedenen Gründen schwierig. Auf der einen Seite wird in vielen Untersuchungen von einem diffusen Konzept von Hochbegabung ausgegangen. Auf der anderen Seite erschweren die verschiedenen Methoden und Messinstrumente die Vergleichbarkeit der Ergebnisse. Viele

Studien beruhen auf sehr selektiven Stichproben wie Teilnehmende von Sommercamps, von Spezialprogrammen etc. (Janos, Fung et al., 1985; Swiatek 1995), verfügen über keine (parallelisierte) Kontrollgruppe oder weisen nur sehr kleine Stichproben auf (Rost 2000a). Es kann einzig davon ausgegangen werden, dass sich weder die Harmonie- noch die Disharmonietheorie bestätigen lassen. Es finden sich, sofern verschiedene (soziodemographische) Variablen kontrolliert werden, praktisch nur in leistungsnahen Variablen Unterschiede zwischen hoch und durchschnittlich Begabten (Freund-Braier 2000; Rost 1993; 2000; Heller 1992; Kovaltchouk 1998; Olszewski-Kubilius 1988).

Aus diesem Grund wird in der Hochbegabungsforschung zunehmend zwischen Hochbegabung und Hochleistung unterschieden (Rost 1993a; Rost 2000b). Die Folge davon ist eine erhöhte Unübersichtlichkeit verschiedener Studien. So zeigt beispielsweise eine Studie, dass einerseits hoch Begabte mit hervorragenden Leistungen sehr eigenständig, emotional reif und überlegen sowie psychisch sehr stabil sind (Freund-Braier 2000; 2001). In anderen Studien wird hingegen beschrieben, dass hoch begabte Kinder und Jugendliche unter Umständen den Anforderungen der Regelklasse nicht gerecht werden und sich Lernprobleme oder auch psychosoziale Auffälligkeiten zeigen (Hoyningen-Süess und Gyseler, 2000a, 2000b, 2001a, 2001b; Hoyningen-Süess 1998; Hoyningen-Süess und Lienhard, 1998).

Im Folgenden werden Gruppen hoch begabter Kinder in verschiedenen Spezialprogrammen, mit attestiertem besonderem Förderbedarf, untereinander und mit einer Gruppe hoch begabter Kinder in der Regelklasse verglichen. Es wird davon ausgegangen, dass Persönlichkeitsunterschiede zwischen diesen Gruppen auf relevante Aspekte ihrer Persönlichkeit hinweisen, die dazu beitragen, dass ihnen besondere pädagogische Bedürfnisse zugeschrieben werden. Deshalb werden nun die ausgewählten psychosozialen Merkmale hoch Begabter näher betrachtet und eine geeignete Untersuchungsstruktur vorgestellt. Wichtig ist dabei, dass neben dem Erfassen von spezifischen Persönlichkeitsmerkmalen auch ein Persönlichkeitsfragebogen verwendet wird, der ein breites Spektrum an psychisch, emotional und sozial relevanten Aspekten abdeckt, aber auch klinisch relevante Fragen stellt. Dafür bietet sich unseres Erachtens einzig der Hamburger Persönlichkeitsfragebogen für Kinder (HAPEF-K) von Wagner und Baumgärtel an (Wagner und Baumgärtel 1978) (s. Kap. 4).

Folgende Merkmale werden in der Hochbegabungsforschung immer wieder als kritische Persönlichkeitsmerkmale beschrieben (Keller 1992; Silverman 1993b; Kitano 1990; DeMoss, Milich et al., 1993; Frey 1991; Tong and Yewchuk, 1996; Delisle 1992; Smith 1990): Selbstkonzept, Attribution von Erfolg und Misserfolg, Zielorientierung, Sozialverhalten und Sozialerfahrung sowie Stress-Erleben und Stress-Bewältigung. In den nächsten Abschnitten ist die Auffassung jedes Persönlichkeitsmerkmals dargestellt, die Beschreibung seiner Entwicklung im Kindesalter in seinen Ausprägungen bei Knaben und Mädchen skizziert und es werden einige Überlegungen zur Ausprägung des Merkmals bei hoch begabten Kindern vorgestellt.

3.3 Selbstkonzepte

Unter einem Selbstkonzept wird jegliches Wissen eines Individuums über sich verstanden und zugleich ein komplexes, dieses Wissen ordnendes System (Asendorpf 1999). Darunter werden üblicherweise die Gesamtheit an Einstellungen, Kognitionen, Auffassungen, Vorstellungen, Wissensbestände, Beurteilungen, Bewertungen, Gefühlen und auch die erwarteten Handlungen des Individuums gegenüber der eigenen Person subsumiert (Asendorpf 1999; Deusinger 2004) In der Forschung besteht Konsens darin, von bereichsspezifischen Selbstkonzepten – statt einem generellen Selbstkonzept – auszugehen. Sie werden in einem multidimensionalen, hierarchischen Selbstkonzept dargestellt (vgl. Übersicht bei Marsh 1990), die Ansichten bezüglich der genauen Struktur und der einzelnen Selbstkonzeptbereiche sind jedoch geteilt und eine allgemeine Definition fehlt. Den bis heute gültigen Standard setzten Shavelson, Hubner und Stanton (1976). In diesem Modell wird ein generelles Selbstkonzept in vier Selbstkonzepte unterteilt – das akademische, soziale, emotionale und physische – die sich wiederum in neun spezifisch umschriebene Bereiche aufspalten (Shavelson et al., 1976). Bei der Einschätzung der eigenen Kompetenzen – akademisches Selbstkonzept oder Leistungskonzept – wird „die eigene Begabung oder Fähigkeit häufig von hoher persönlicher Wichtigkeit (...) und darüber hinaus häufig als stabil und als nicht-kontrollierbar angesehen“ (Meyer 1984, S.19). Während dieses Leistungskonzept seit vielen Jahren untersucht wird, stellt das psychosoziale Selbstkonzept einen noch relativ jungen Forschungszweig dar (Byrne and Shavelson, 1996; Marsh, Byrne et al., 1988).

Erste Selbstkonzept-Strukturen entwickeln sich früh, sobald das Kind einen Unterschied zwischen sich („Ich") und der Umwelt („Nicht-Ich") festzustellen beginnt. Im zweiten Lebensjahr kommt es zu ersten Selbstkategorisierungen, beispielsweise nach Alter und Geschlecht. Das Kind beginnt von sich selbst als „Ich" zu sprechen und gebraucht den Eigennamen (Filipp 1980). In dieser Phase der Selbstobjektivierung bilden sich die Selbstkonzepte, die in den folgenden Jahren mit Erfahrungen, Wissen und Beurteilungen des Individuums über sich selbst angereichert werden (Bischof-Köhler 1995) und damit auch das Gefühl einer eigenen Identität vermitteln (Kagan 1981). Ist das Kind zwischen acht und zehn Jahre alt, entwickelt sich das Selbstkonzept von einer primär physischen Auffassung über körperliche Attribute hin zu einem mehr psychischen Verständnis. Dies drückt sich in der Adoleszenz durch eine zunehmende Nennung von Persönlichkeitseigenschaften, Einstellungen, Erwartungen u.a.m. aus (Friedlmeier 1993). Das Jugendalter schliesslich ist durch universale Veränderungen biologischer, kognitiver und sozialer Art geprägt, wobei sich auch eine Neuorganisierung und Neudefinierung des Ichs vollzieht. Bei der Entwicklung und insbesondere der Differenzierung des Selbstkonzeptes bildet die soziale und physikalische Umwelt eine wichtige Rolle. In Interaktionen erlebt das Individuum eigene Kompetenzen und Fähigkeiten, es vergleicht sie mit anderen Personen und bewertet sie (Meyer 1984). Dieser komplexe Ausbildungsprozess verläuft für das Schulkind entlang verschiedener Referenzsysteme, da es sich mit unterschiedlichen Gruppen von Kindern vergleicht (Hinshaw 1992).

Ein direkter Vergleich von Befunden aus Untersuchungen zu Selbstkonzepten und Geschlecht ist schwierig (Marsh 1990). Häufig heben sich geschlechtsspezifische (Harter 1983; Wylie 1979) und altersspezifische Unterschiede in globalen Selbstkonzepten praktisch auf (Feingold 1994; Hattie& Marsh, 1996; Macoby & Jacklin, 1974). Werden generelle schulische bzw. akademische Selbstkonzepte erhoben, liegen widersprüchliche Ergebnisse vor, welche entweder ein positiveres bei Jungen (Rost und Lamsfuss 1992) oder bei Mädchen (Marsh & Byrne, 1991) oder aber keine signifikanten Unterschiede zwischen den Geschlechtern nachweisen (Marsh 1985). In Studien mit multidimensionalen Selbstkonzepten schätzen sich Mädchen den traditionellen Geschlechtsstereotypen entsprechend in verbalen und sozialen Bereichen und Jungen in mathematischen Bereichen, körperlichen Fähigkeiten und Aussehen höher ein (Marsh 1989a; Marsh, 1991; Stevenson % Newman, 1986). Ihre mathematischen Fähigkeiten erachten Mädchen auch dann als schlechter, wenn sie nachweislich bessere Leistungen als Jungen erzielen (Marsh& Byrne, 1988) oder sie verfügen über ein schlechteres Selbstkonzept in Chemie, wenn sie noch gar keinen Kontakt mit dem Fach hatten (Ziegler und Heller 2000). Auch die Rolle der Erwartungen von Lehrpersonen und die Art, wie Mädchen diese wahrnehmen, wird untersucht. Generell haben Erwartungen der Lehrpersonen einen grossen Effekt (Pygmalion- oder Rosenthal-Effekt): Wer für begabt gehalten wird, bringt entsprechend bessere Leistungen und gewinnt gar an Intelligenz (Rosenthal& Jacobson, 1971). Das Fähigkeitsselbstkonzept in Mathematik ist bei Mädchen niedriger als bei Jungen, auch wenn die Leistungen vergleichbar sind und sich die tatsächlichen Einschätzungen der Lehrpersonen nicht unterscheiden (Dickhäuser & Stiensmeier, 2003). Offen bleibt, ob die Lehrpersonen tatsächlich vorurteilsfrei agieren oder ob ihre Antworten sozial erwünscht ausfallen und die Mädchen die echten Einstellungen wahrnehmen.

Das Selbstkonzept von hoch begabten Kindern stellten erstmals Terman und seine Mitarbeiter ins Zentrum. In ihren Untersuchungen stellten sie fest, dass hoch begabte Kinder bis ins Erwachsenenalter ausgesprochen selbstsicher waren (Terman 1925; Terman & Oden, 1947; Terman & Oden, 1959; Cox 1926). Auch neuere Untersuchungen äussern sich in Richtung eines positiven allgemeinen Selbstkonzepts, relativ unabhängig von untersuchtem Alter und Geschlecht (Colangelo & Assouline, 1995; Karnes and Wherry 1981; 1990; Ketcham & Snyder, 1977; Shore & Tsiamis, 1986). Hingegen konnten Hoge und Renzulli in einer Metaanalyse nur einen kleinen Effekt zugunsten höherer Selbstkonzepte von hoch Begabten bestätigen (Hoge& Renzulli, 1993). Die Befunde scheinen auch von der Wahl der Instrumente abzuhängen. Hattie fand in einer andern Metaanalyse zum Coopersmith Self-Esteem Inventory keine Unterschiede, wohl aber mit dem Piers-Harris Selbstkonzeptfragebogen ein höheres allgemeines Selbstkonzept bei hoch Begabten (Hattie 1992). Dagegen stellen verschiedene Autorinnen und Autoren gerade im Leistungsbereich positivere Selbstkonzepte bei hoch begabten Kindern und Jugendlichen fest, wenn diese mit gleichaltrigen durchschnittlich Begabten verglichen werden (Chan 1996; Brounstein, Holahan et al. 1991; Davis & Connell, 1985; Heller 1992; Marsh and Chessor et al., 1995; Kelly and Colangelo 1984; Mönks und Peters, 1996; Pyrit and Mendaglio 1994; Rogers, Smith et al., 1978; Wright 1997) oder auch mit einer zufälligen Stichprobe (McCoach and Siegle 2003b). Gleiches gilt auch für das mathematische Selbstkonzept (Pajares and Graham 1999). Es gibt daneben auch Studien, die über keine Unterschiede in Selbstkonzepten berichten (Li and Adamson 1995b; Peters and Ma et al. 1995; Karnes and Wherry 1981) oder aber über ein tieferes physische Selbstkonzept (Milgram & Milgram, 1976) oder andere tiefe Selbstkonzepte von einzelnen Gruppen hoch begabter Schulkinder (Dixon, Cross et al., 2001).

Meist betreffen problematische schulische Selbst- und Leistungskonzepte hoch begabte Kinder mit schulischen Minderleistungen (Perleth 1992; Hanses & Rost, 1998; Rost & Hanses, 1994; Freeman 1994; Reis & McCoach, 2000; Reis & McCoach, 2002). Allerdings gilt dies nicht für alle Studien (McCoach and Siegle 2003a). Es wird auch von höheren allgemeinen Selbstkonzepten bei hoch begabten Kindern mit Minderleistungen berichtet (Ziv, Rimon et al., 1977). Dabei ist insbesondere der Befund interessant, dass das akademische Selbstkonzept hoch begabter Kinder aus leistungsheterogenen Schulen nach einem Wechsel in ein Spezialprogramm sinkt – unabhängig von Geschlecht, Fähigkeitsniveau und Alter – und nach einigen Monaten wieder ansteigt. Dieses Phänomen beschreiben Marsh und Parker mit dem Begriff des „Big-fish-little-pond-effect“ (Marsh and Parker, 1984). Dieser besagt, dass Kinder mit dem Wechsel in eine neue Referenzgruppe im sozialen Leistungsvergleich weniger positive Rückmeldungen erhalten (Marsh & Chessor, 1995; Zeidner und Schleyer 1999; Köller und Schnabel et al. 2000). Dagegen fand Wright sogar eine Steigerung von nicht-akademischen Selbstkonzepten nach dem Eintritt in ein Spezialprogramm (Wright 1997).

Viele Studien zum psychosozialen Selbstkonzept kommen zum Ergebnis, dass sich hoch begabte Kinder und Jugendliche im sozialen Umgang schlechter einschätzen als durchschnittlich Begabte (Brody & Benbow, 1986; Brounstein, Holahan et al., 1991; Gallagher 1990b). Allerdings gilt auch dies nicht für alle Studien (Kelly and Collangelo, 1984). Untersuchungen zu Geschlechtsunterschieden deuten darauf hin, dass sich besonders Mädchen im akademischen Selbstkonzept ab dem Jugendalter zunehmend tiefer einschätzen (Arnold 1994), ebenso im psychosozialen Bereich (Berndt, Kaiser et al., 1982) und im mathematischen Bereich, wenn auch eine gewisse Annäherung der Geschlechter festzustellen ist (Schober, Reimann et al., 2004). Dagegen fanden Lewis und Knight in einer Metaanalyse bei Mädchen sogar eine höhere Einschätzung in den Unterskalen Verhalten und Intellektueller Status, während sich Jungen als ängstlicher beurteilten (Lewis and Knight, 2000), Hoge und Renzulli wiederum kommen in ihrer Metaanalyse zum Schluss, dass das Geschlecht keine Unterschiede in Selbstkonzepten erklärt (Hoge and Renzulli 1993).

Die Selbstkonzepte beschreiben die Gesamtheit des Wissens über die eigene Person. Sie werden in der Interaktion mit dem sozialen Umfeld generiert und aus dem sozialen Vergleich mit anderen oder in der diesbezüglichen Reflexion erschlossen (Filipp 1979a). Insgesamt liegen widersprüchliche Ergebnisse zu verschiedenen Selbstkonzeptdimensionen vor, die u.a. auf methodische Probleme zurückzuführen sind. Zusätzlich erschwert das Verwenden von generellen und mehrdimensionalen Selbstkonzepten einen Vergleich zwischen verschiedenen Studien. Geringe Geschlechtsunterschiede entlang den traditionellen Geschlechtsstereotypen bestehen: Mädchen schätzen sich in verbalen und sozialen Bereichen, Jungen in mathematischen Bereichen, körperlichen Fähigkeiten und Aussehen höher ein.

3.4 Attribution von Erfolg und Misserfolg

In der Attributionstheorie wird davon ausgegangen, dass Menschen Erklärungen für vergangene leistungsbezogene Ereignisse und Erklärungen zur Vorhersage von zukünftigen Ereignissen suchen (Weiner 1994). Die Ergebnisse solcher Ereignisse – Erfolge und Misserfolge – werden als Funktion von internalen und externalen Faktoren betrachtet. Heider hat als vier wichtigste interne Faktoren Fähigkeit, Anstrengung, Aufgabenschwierigkeit und Zufall spezifiziert (Heider 1958). Die Erklärung von Erfolg und Misserfolg geschieht in einem komplexen Prozess, welcher Informationen aus verschiedenen Quellen verarbeitet. Es werden motivationale, emotionale und kognitive Prozesse in Gang gesetzt – soll man beispielsweise nach einem Misserfolg bei einer Aufgabe dran bleiben oder aufgeben –, die sich auch auf zukünftiges Leistungsverhalten auswirken (Meyer 1984). Glaubt man den erfolgreichen Ausgang einer Handlung auf seine Anstrengung zurückzuführen, hat sich die Anstrengung gelohnt und wird wiederholt (Weiner 1985). Die Erklärungen für die Konsequenzen einer Handlung können von Aufgabenschwierigkeit, Art und Ausmass der Vorbereitung, Langeweile gegenüber oder Interesse an der gestellten Aufgabe und anderes sein. Einige Attributionsmuster erfolgen schnell und sind situationsbedingt, andere wiederum von Dauer (Dai, Moon et al., 1998). Weiner (1994) stellt ein Schema vor, um die Vielfalt möglicher Kausalfaktoren zu kategorisieren. Er unterscheidet Ort und Stabilität:

Tabelle 9: Zweidimensionales Klassifikationsschema für die wahrgenommenen Ursachen von Leistungsergebnissen (nach Weiner, 1994, S. 270)

	Lokation	
Stabilität	internal	external
stabil	Fähigkeit	Aufgabenschwierigkeit
variabel	Anstrengung	Zufall (Glück / Pech)

Bei interner Attribution wird Erfolg oder Misserfolg eigenen Bemühungen zugeschrieben. Bei externer Attribution wird Erfolg oder Misserfolg auf äussere Umstände zurückgeführt. Weiner (1994) merkt an, dass die Klassifikation im Allgemeinen entsprechend der Darstellung in Tabelle 9 erfolgt. Es bestehe aber auch eine bestimmte Variation, da es ja subjektiv wahrgenommene Ursachen sind. So kann Anstrengung entweder als kurzfristige Investition von Energie oder als Ausdruck einer Persönlichkeitseigenschaft (Fleiss) interpretiert werden.

Autoren wie beispielsweise Heckhausen (1989) verknüpfen Attributionen auch mit motivationalem Verhalten. Dabei wird zwischen Erfolgsmotivierten – die Person glaubt an einen Erfolg, auch wenn sie unsicher ist – und Misserfolgsmotivierten – die Person glaubt Misserfolg zu haben, strengt sich wenig an und gibt schnell auf – unterschieden. Diese beiden Typen sind unterschiedlich ansprechbar bzw. zu motivieren bei subjektiver Aufgabenschwierigkeit (Rheinberg und Krug, 1999). Während Erfolgsmotivierte durch Aufgaben mittleren Schwierigkeitsgrades maximal aktiviert sind, sind Misserfolgsmotivierte am stärksten motiviert durch sehr leichte oder sehr schwere Aufgaben.

Es lassen sich auch Unterschiede erkennen, wie jemand Erfolge und Misserfolge attribuiert; dies wird häufig als Attributionsmuster oder -stil interpretiert. Erfolgsmotivierte beispielsweise führen Erfolge eher auf internal stabile Ursachen zurück, insbesondere die eigenen Fähigkeiten, Misserfolge dagegen eher auf internal variable Ursachen, wie mangelnde Anstrengung sowie auf externale Ursachen wie Aufgabenschwierigkeit und Pech. Diese spezifischen Attributionsmuster kann man im Sinne von günstig/ungünstig für den Selbstwert interpretieren, „denn den eigenen Selbstwert kann man am besten dadurch erhöhen, dass man positive Resultate sich selbst zuschreibt, negative Resultate dagegen auf personunabhängige Gegebenheiten zurückführt“ (Meyer 1984, S. 117).

Diese selbstwertschützende Strategie kann gleichzeitig aber auch einen demotivierenden Effekt haben (Heckhausen 1989), weil sie zu bestimmten Reaktionen führt wie z.B. reduzierten subjektiven Erfolgswahrscheinlichkeiten, selbstwertbezogenen negativen Emotionen und geringer Persistenz (Försterling 2000). Werden umgekehrt Erfolge auf situationale, externe Elemente wie Aufgabenschwierigkeit oder Hilfe von anderen zurückgeführt, so wird man nicht davon überzeugt sein, sie wiederholen zu können. Misserfolge bzw. negative Lebensereignisse internal, stabil und global zu attribuieren, stellt sogar einen Risikofaktor für Depression dar, behindert einen Lernzuwachs und verhindert es, Leistungen den Fähigkeiten entsprechend zu zeigen (Stiensmeier-Pelster 1994; Stiensmeier-Pelster & Schlangen, 1996).

Die Zuschreibungen von Attributionen laufen komplex ab, wenn auch vielfach in unbewussten Prozessen. Bereits Säuglinge im Alter von acht Wochen sind fähig, einen Zusammenhang von eigener Anstrengung und einer Veränderung der Umgebung wahrzunehmen und dies mit Ausdruck von positivem Gefühl zu quittieren (Bullock 1994). In diesem Alter hat sich eine Unterscheidung zwischen dem Selbst und der Umwelt bereits herausgebildet, wodurch einfache Kausalattributionen möglich werden. Es macht aus entwicklungspsychologischer Sicht Sinn, dass das Kind möglichst früh lernt, wie es die Umwelt beeinflussen kann, um sie für sich überschaubarer und vorhersagbarer zu machen. Bis ungefähr zum 11. Lebensjahr können Grundschulkinder interessanterweise Anstrengung und Fähigkeit noch nicht klar unterscheiden, sie erleben Fähigkeit als Lernen durch Anstrengung. Dadurch erklären sie sowohl Erfolge als auch Misserfolge vorwiegend mit (mangelnder) Anstrengung, erst später attribuieren sie auch häufiger auf (mangelnde) Fähigkeiten (Nicholls 1984). Eine Konzeption von Fähigkeit setzt einen komplexen sozialen Vergleich voraus, in welchem die eigene Kapazität und die aufgewendete Anstrengung mit derjenigen anderer verglichen werden. Erst ältere Kinder erwerben die Einsicht, dass eine vermehrte Anstrengung mangelnde Fähigkeiten zumindest teilweise kompensiert (Boekaerts 1995). Wie sehr ein Kind sich für seine Leistung im schulischen Unterricht anstrengt, hat auch mit der Annahme über die Stabilität der Attribution zu tun. Attribuiert beispielsweise ein Kind den erfolgreichen Ausgang einer Prüfung nur mit seinem Können, wird es sich möglicherweise bei einer nächsten ähnlichen Prüfung weniger vorbereiten bzw. sich weniger anstrengen. Entsprechend ist eine Mischung von Fähigkeits- und Anstrengungs-

Attributionen wichtig. Dafür plädiert auch Pyrit (2003), der davor warnt, Erfolge bzw. Leistung nur auf Anstrengung zurück zu führen, da damit jeder Erfolg die Anstrengung wiederum bestätigt und dies in einem Zusammenbruch enden könnte.

Unterschiedliche Attributionen stehen auch mit hohen und niedrigen Selbstkonzepten in Zusammenhang (Meyer 1984). Ein Kind mit einem hohen akademischen Selbstkonzept, das an seinen (Schul-)erfolg glaubt und diesen auf Fähigkeiten und Anstrengung zurückführt, wird sich auch in Zukunft anstrengen. Wenn umgekehrt ein Kind mit tiefem Selbstkonzept Erfolge externen Faktoren zuschreibt, wird es angesichts einer schwierigen Aufgabe schnell aufgeben oder scheitern (Kurtz-Costes und Schneider 1994). Bereits bei Kindern sind geschlechtsspezifische Unterschiede in Attributionsmustern festzustellen: Mädchen neigen zu motivational ungünstigeren Attributionsmustern als Jungen. Sie führen Erfolg weniger auf Fähigkeiten, sondern im günstigsten Fall auf Anstrengung zurück, während Jungen Erfolge stärker mit Fähigkeiten und Glück attribuieren (Lightbody and Siann et al., 1996). Im ungünstigeren Fall schliessen die Mädchen auf externale Faktoren wie Glück (instabil) und bei Misserfolg auf mangelnde Fähigkeiten (stabil) (Ludwig and Cullinan 1983; Tiedemann 1995) und zeigen weniger Freude über einen Erfolg (Stipek and Gralinski 1991). Bei Mädchen ist zudem häufiger ein Vermeiden von Herausforderungen und ein schnelles Aufgeben bei Schwierigkeiten festzustellen (Dweck and Legett 1988). Dies wird insbesondere für die Fächer Mathematik und Naturwissenschaften bestätigt (Ryckman and Beckham 1987), andere Autoren berichten, dass Mädchen in diesen Fächern Erfolge als auch Misserfolge vorhandener bzw. mangelnder Anstrengung und Strategie zuschreiben (Li and Adamson 1995a).

Zur Erklärung für die geschlechtsspezifischen Unterschiede nimmt Deaux an, dass die Erfolgserwartung von Mädchen und Frauen deutlich geringer ist als von Männern (Deaux 1976). Sie attribuieren die Erfolge, die sie weniger erwarten, eher mit variablen Faktoren wie Glück oder Anstrengung und die häufiger erwarteten Misserfolge eher mit stabilen internalen Faktoren (zit. nach Rustemeyer, 2000, S. 102f). Weitere Gründe für die unterschiedlichen Attributionen sind Fremdattributionen durch Erwachsene und damit verbunden, wie viel Lob und Tadel sie wann und wofür verteilen (Dweck, Davidson et al., 1978). Die Autorengruppe untersuchte Inhalte von Bewertungen durch Lehrpersonen separat für beide Geschlechter und kam zu folgenden Ergebnissen: Jungen bekamen mehr negative, diffuse Feedbacks, die sich häufiger auf die Art der Problemlösung bezogen als auf ihre intellektuellen

Fähigkeiten. Mädchen dagegen erhielten weniger negative Rückmeldungen und die Feedbacks bezogen sich weniger aufs Problemlösen als vielmehr auf intellektuelle Aspekte ihrer Arbeit. Unterschiede ergaben sich auch in den Erklärungen für Misserfolge: Lehrpersonen tadelten Jungen viel häufiger als Mädchen für mangelnde Anstrengung, wogegen Mädchen getadelt wurden hinsichtlich mangelnder intellektueller Fähigkeiten. Dies hat möglicherweise zur Folge, dass Jungen mehr als Mädchen lernen, mit negativem Feedback umzugehen und dieses eher extern mit der Haltung der Lehrpersonen attribuieren als mit mangelnden eigenen Fähigkeiten. Lob und Tadel kann also eine paradoxe Wirkung haben (vgl. auch Meyer 1984).

Auch Eltern geben ihren Kindern unterschiedliche Rückmeldungen: Für Mathematik-Erfolge erhalten Töchter öfters Lob für ihre Anstrengung, Söhne dagegen für ihr Können (Yee and Eccles 1988). Kinder lernen früh, Lob und Tadel in Zusammenhang mit der Schwierigkeit einer Aufgabe zu setzen. Kinder unter 10 Jahren werten Anerkennung für leichte Aufgaben als Zeichen ihrer grossen Anstrengung und Tadel als Hinweis, dass sie sich zuwenig angestrengt haben. Umgekehrt nehmen Kinder ab 10 Jahren ein Lob für leichte Aufgaben als Hinweis dafür, dass der Lobende nicht viel von ihren Fähigkeiten hält; werden sie für Misserfolg bei schweren Aufgaben, für die sie sich angestrengt haben getadelt, deuten sie dies als Hinweis, dass ihre Fähigkeiten als sehr hoch eingeschätzt werden (Bischof-Köhler 1994).

Metakognitives Wissen scheint bei hoch begabten Kindern der Unterstufe weiter entwickelt zu sein als bei durchschnittlich begabten. Dies betrifft auch kausale Attributionen und könnte deshalb für Lehrpersonen ein früher Indikator für eine Hochbegabung sein (Schwanenflugel et al., 1997). Hoch begabte Kinder schreiben Erfolge signifikant häufiger ihren Fähigkeiten zu als es durchschnittlich begabte tun, hingegen führen die durchschnittlich begabten Kinder Erfolge häufiger auf ihre Anstrengung zurück (Kurtz and Weinert 1989) und Misserfolge auf mangelnde Anstrengung (Borkowski and Kurtz, 1987; Chan 1996). Auch Pyrit und Mendaglio (2003) stellt bei hoch begabten Kindern einen self-serving-bias fest, d.h. sie führen Erfolge intern auf ihr Können zurück und stärken so ihr Selbstwertgefühl. Weiter attestiert er ihnen auch einen modesty-bias, in dem Sinne, dass sie nicht auffallen und bei Gleichaltrigen nicht als arrogant erscheinen wollen.

Dai et al. (1998) wenden ein, dass hoch Begabte Erfolge sowohl ihrem Können als auch der Anstrengung beimessen. Soziale Erfolge dagegen attribuieren hoch Begabte im Unterschied zu durchschnittlich Begabten weniger internal und global (Brounstein, Holahan et al., 1991).

In der Regel erleben hoch begabte Kinder eine geringe Anzahl schulischer Misserfolge, so dass sie auch über wenig Strategien verfügen, mit den damit verbundenen Gefühlen umzugehen (Keiley 2002) (vgl. auch Kap. 3.7).

Eine Ausnahme bilden hoch begabte Kinder mit Minderleistungen; diese tendieren dazu, Misserfolge extern mit Pech zu erklären (Laffoon, Jenkins-Friedman et al., 1989; Whitmore 1986). Sie beurteilen ihre Leistungen generell tiefer, schätzen aber ihre dabei geleistete Anstrengung auch entsprechend ein – wenn sie sich mehr anstrengen würden, könnten auch die Leistungen steigen. Dies entspricht einer selbstwertschonenden Strategie (Davis & Connell, 1985).

Delisle (1983) führt aus, dass viele hoch begabte Kinder von ihren Lehrpersonen bereits für geringe Anstrengung grosses Lob erhalten, weil ihre Fähigkeiten diejenigen der anderen Kinder der Klasse übersteigen. Wenn sie dann in die Oberstufe übertreten, erleben sie viel Frustration, weil sie mit der gewohnten geringen Anstrengung nicht mehr den gleichen Erfolg erzielen. Lehrpersonen schätzen die Anstrengungsbereitschaft ihrer hoch begabten Schülerinnen höher ein als die ihrer Schüler (Siegle and Reis, 1998), was auch mit der eigenen Einschätzung der Mädchen übereinstimmt (Hong and Aqui, 2004). Chan (1996) hingegen findet keine signifikanten geschlechtsspezifischen Unterschiede in Attributionsmustern.

Zusammengefasst lässt sich sagen: Attributionen von Erfolgen und Misserfolgen sind als Funktion von Ort und Stabilität zu betrachten, die klassifiziert werden können in die Kategorien Fähigkeit, Anstrengung, Aufgabenschwierigkeit und Zufall (Weiner 1985). In der Regel erklären hoch Begabte im Vergleich mit durchschnittlich Begabten Erfolge häufiger mit ihren Fähigkeiten, während letztere Erfolge damit erklären, dass sie sich besonders angestrengt haben. Demgegenüber schreiben hoch Begabte Misserfolge häufiger mangelnder Anstrengung zu. Geschlechtsspezifische Unterschiede in Attributionsmustern sind dagegen kaum belegt.

3.5 Zielorientierung

Kinder eignen sich neuen Lernstoff aus eigenem Antrieb auf unterschiedliche Weise an. Auf ihren Antrieb lässt sich indirekt schliessen, durch das Ausmass, in dem sie sich neuen Herausforderungen stellen und der Ausdauer und Freude, die sie beim Lernen zeigen (McNabb 1997). Das Forschungsinteresse an motivationalem Verhalten ist gross. In einigen Theorien zur Motivation ist das Leistungsverhalten zentral: Das Erwarten von zukünftigen Erfolgen (Leistungen) steht beispielsweise im Zusammenhang mit dem „locus of control", dem Ausmass der wahrgenommenen Selbstverantwortlichkeit für diese Erfolge (James and Rotter 1958) oder auch der Selbstwirksamkeitserwartung, die beschreibt wie ein Individuum die Möglichkeiten seines eigenen Wirkens und Bewirkens beurteilt (Bandura 1977; Bartussek 1993). Erlebt ein Individuum Ereignisse als völlig unkontrollierbar, entwickelt es eine „erlernte Hilflosigkeit", im Extremfall bis hin zu Depressionen (Abramson, Seligman et al. 1978; Seligman, Maier et al., 1971).

Moderne Konzeptionen verlagern ihren Fokus weg vom Leistungsverhalten hin zu Zielorientierungen, in der Annahme, dass diese für unterschiedliches Lern- und Leistungsverhalten verantwortlich sind (Dweck 1986; Dweck & Leggett, 1988). Zielorientierungen beinhalten Bewertungen von subjektiv anstrebenswerten Zielzuständen, die meistens Folgen einer Handlung sind (Köller & Baumert 1998). Neben der Art der Ziele, die sich ein Individuum für sein Lernen oder Leisten setzt, geht es auch um die Qualität des Ergebnisses: Sie soll einem bestimmten Gütemassstab entsprechen oder ihn übertreffen. Die Auseinandersetzung mit einem Gütemassstab ist nicht nur Bestandteil der Konzeption von Zielorientierungen, sondern ebenfalls Bestandteil vorgängiger Konzeptionen der Leistungsmotivation (vgl. Heckhausen 1974; McClelland, Atkinson et al., 1953). Dweck (1986) unterscheidet drei Leistungsziele, nämlich erstens das Ziel, die Kompetenz überhaupt entwickeln zu wollen, zweitens sie dann tatsächlich zu entwickeln und drittens sie auch zeigen zu wollen.

In der Literatur zur Lern- und Leistungsmotivation werden die Leistungsziele in zwei Kategorien zusammengefasst. Einerseits wird dem Erwerb hoher Kompetenz ein hoher Stellenwert zugesprochen, andererseits aber auch seiner (sozialen) Reproduktion, zu der auch das Verbergen niedriger Kompetenz gehört (Balke 1995). Diese Dichotomie hat unterschiedliche Etiketten: „learning goal" und „performance goal" (Dweck 1988), „task orientation" und „ego orientation" (Nicholls 1984) oder „mastery goal" und „performance goal" (Ames and Ames 1984). Als deutsches Äquivalent wird im Folgenden „Aufgabenorientierung" und „Ichorientierung" verwendet (Balke und Stiensmeier-Pelster 1995).

Erste Gütemassstäbe hinsichtlich Leistungsverhalten setzen Eltern und andere Erziehungspersonen im Vorschulalter, später zunehmend auch die Lehrpersonen sowie Gleichaltrige. Sie alle erwarten, dass Handlungen in bestimmter Weise ausgeführt werden und zu bestimmten Ergebnissen führen. Rückmeldungen in Form von Lob und Anerkennung bzw. Tadel oder Ausbleiben von Anerkennung wirken modifizierend auf das Verhalten des Kindes. Als Beispiel führt Bischof-Köhler (1994) an, dass nicht nur „alleine essen können", sondern zunehmend „essen mit Messer und Gabel" gelobt wird (S. 163). Nicht nur das Bedürfnis nach Lob und Anerkennung ist beim Lernen ausschlaggebend, sondern auch das Bestreben, Kompetenz zu erwerben (z.B. Dweck & Leggett, 1988; Nicholls 1979). Zunehmend internalisiert das Kind Gütemassstäbe von aussen und bildet darauf basierend ein eigenes Anspruchsniveau, an welchem es seine Leistung misst. Dieser Entwicklungsprozess dauert bis ins Schulalter hinein (Bischof-Köhler 1994).

Für die Zielorientierungen sind unterschiedliche Gütemassstäbe und Referenzgruppen wichtig. Sie variieren je nach Entwicklungszustand des Kindes. Die individuelle Bezugsnorm setzt einen verinnerlichten Leistungsanspruch voraus und die Leistung misst sich an vorangegangener besserer oder schlechterer Leistung. Bei der sozialen Bezugsnorm wird die eigene Leistung mit der Leistung einer relevanten Referenzgruppe verglichen, wie beispielsweise der Schulklasse (Nicholls 1984). Diese Unterscheidung in individuelle und soziale Bezugsnorm geht auf Heckhausen (1977) und Rheinberg (1980) zurück. Befunde deuten darauf hin, dass bei Schülerinnen und Schülern mit unterschiedlichen Bezugsnorm-Orientierungen unterschiedliche Attributionsmuster auftreten und Bezugsnormen eine Veränderung des Selbstkonzepts bewirken (Rheinberg und Vollmeyer 2000). Auch scheint die individuelle Bezugsnorm u.a. günstiger zu sein für die Förderung der Lernfreude als die soziale Bezugsnorm (Jerusalem and Mittag, 1999; Rheinberg und Krug, 1999).

Dweck und Legett untersuchen den Einfluss von Zielorientierungen auf die Interpretation von Ereignissen, die Reaktionen und die Verarbeitung von Misserfolgen (Dweck and Legett 1988). Wenn Kinder mit geringem Fähigkeitskonzept ichorientiert lernen, vermeiden sie Herausforderungen und geben bei Schwierigkeiten schnell auf. Grosse Anstrengung betrachten sie als Ausdruck von geringer Fähigkeit und Misserfolge wirken auf sie selbstwertgefährdend. Dadurch machen sie kaum Lernfortschritte, was die Autorinnen insgesamt als hilfloses Attributionsmuster („helpless pattern") bezeichnen. Lernen Kinder jedoch aufgabenorientiert, suchen sie Herausforderungen und zeigen auch angesichts von Schwierigkeiten

Ausdauer. Misserfolge sind für sie Herausforderungen und Anstrengung der Ausdruck wachsender Kompetenz. Dweck und Legett nennen dies ein den Lernprozess „beherrschendes Attributionsmuster" („mastery-oriented pattern").

Im Allgemeinen ist ein optimales Ausmass an Motiviertheit verbunden mit einer hohen Aufgabenorientierung und tiefer Ichorientierung (Lens and Rand, 2000; Wolters and Yu et al., 1996). Dennoch zeigt sich auch bei gleichzeitiger Verwendung beider Typen von Zielorientierungen ein positiver Zusammenhang mit kognitivem Engagement, angemessenen Lernstrategien und akademischer Leistung (Bouffard and Boisvet et al., 1995; Skaalvik 1997).

Die Rolle motivationaler Orientierungen bzw. der Leistungsmotivation von hoch Begabten ist gut untersucht. Im Allgemeinen finden sich in den Studien bei intellektuell hoch begabten Kindern eine höhere (intrinsische) Leistungsmotivation als bei durchschnittlich begabten Kindern (Gottfried and Gottfried, 1996, 2004; Vallerand and Gagné et al., 1994). Bei einige hoch begabten Kindern werden jedoch auch eine geringere Anstrengung im schulischen Alltag, das Vermeiden von Herausforderungen, inadäquat hohe oder tiefe Erwartungen an sich selbst, wenig Durchhaltevermögen und wenig Freude am Lernen konstatiert (McNabb 1997; Albaili 2003; Whitmore 1986). Diese Kinder waren hingegen in der Testsituation optimal motiviert und konnten ihre Fähigkeit gut einsetzen (Lens and Rand, 2000). In Untersuchungen der Zielorientierungen hoch Begabter zeigen sich mehrheitlich keine besonderen Vorlieben. Nur eine kleine Gruppe hoch Begabter gibt an, ichorientiert zu sein. Einhergehend mit einem geringen Fähigkeitskonzept, könnte dies ein Risiko für spätere Minderleistungen darstellen (Ablard 2002). Andere Befunde wiederum stellen bei hoch Begabten eine stärkere Aufgabenorientierung fest (Gross 1997). Geschlechtsspezifische Unterschiede zeigen sich dahingehend, dass bei hoch begabten Mädchen sowohl die Motivation für Naturwissenschaftliches als auch die Überzeugung, darin gut sein zu können, tiefer sind als bei Jungen (Neber & Schommer Aikins, 2002). Eine Analyse über die letzten Jahre deutet jedoch auf eine verringerte Diskrepanz hin (Dai 2002). Eine grössere Ich-Orientierung scheint sich ungünstiger auszuwirken für Mädchen als für Jungen (Dai 2000).

Zusammengefasst zeigt sich, dass die Zielorientierungen als konkretere Formen der Leistungsmotivation anstrebenswerte Zielzustände hinter dem Lernen oder Leisten suchen. Aus den Konzepten der „Aufgabenorientierung" und der „Ichorientierung" können nützliche Messinstrumente für die Hochbegabungsforschung abgeleitet werden. Dabei wird davon ausgegangen, dass es aufgabenorientierten Kindern beim Lernen darum geht, eine hohe Kompetenz zu erwerben und dass dagegen ich-orientierte Kinder das Demonstrieren oder Verbergen von Kompetenz in den Vordergrund stellen. Die Forschung zu den Zielorientierungen ist noch nicht umfangreich. Für hoch Begabte sind die wenigen Befunde uneinheitlich, offenbar bevorzugen sie tendenziell keine der beiden Zielorientierungen. Auch zwischen den Geschlechtern zeichnen sich diesbezüglich keine klaren Unterschiede ab.

3.6 Soziale Beziehungen, Sozialverhalten und Sozialerfahrung

Konzeptionen von sozialen Beziehungen im Kindesalter können nicht ohne Bezug zur Entwicklung im Kindesalter dargestellt werden. Allgemein sind soziale Beziehungen sehr bedeutsam für die soziale und kognitive Entwicklung eines Kindes (Hartup 1989). Im frühen Kindesalter sind die Eltern sehr wichtig, mit zunehmenden Autonomiebestrebungen kommt es ab dem 9. Lebensjahr zu einer inneren Distanzierung von den Eltern (Schenk-Danziger 1991). Wichtig werden andere Personen im weiteren Umfeld des Kindes: Freundinnen und Freunde sowie Lehrpersonen. Insbesondere Peer- und Freundschaftsbeziehungen beeinflussen die Kinder ihre Entwicklung gegenseitig. Dabei geht man eher von Beziehungen aus zwischen Kindern mit ähnlichem Entwicklungsstand als zwischen Kindern gleichen Alters (Mueller and Cooper 1986).

Für Kinder zwischen 6 und 12 Jahren werden üblicherweise Entwicklungsaufgaben in den Bereichen soziale Kooperation, Selbstbewusstsein, Erwerb von Kulturtechniken wie Lesen, Schreiben, u.a.m. sowie Spielen und Arbeiten im Team genannt. Viele Kinder möchten bereits im Kindergartenalter einer Gruppe von Kindern angehören. Bis ins mittlere Kindesalter weisen die Gruppen aber noch keine festen Strukturen und Regeln auf, diese bilden sich erst zwischen dem zehnten und vierzehnten Lebensjahr. Das Kind beginnt aber bereits, Regeln zu bemerken, indem es beispielsweise das Verhalten des aktivsten oder dominantesten Kindes beobachtet und auch nachahmt. Im Schulalter basieren Freundschaften vor allem auf gemeinsamen Interessen und Aktivitäten und wechselseitigen Merkmalen wie „Verständnis füreinander, gegenseitige Unterstützung, Vertrauen zueinander und das Respektieren und Akzeptieren des anderen" (Mönks & Knoers, 1996, S. 137). Menschen aller Altersgruppen lernen von andern. Dieses „Lernen am Modell" untersuchte Bandura und fand, dass Lernen rein durch Beobachtung, ohne eigenes Ausprobieren erfolgen kann. Er untersuchte in frühen Experimenten aggressives Lernen und kam in zahlreichen weiteren Untersuchungen zum Schluss, dass Stimuluseigenschaften des Modells – z.B. Alter, Geschlecht, die Art des gezeigten Verhaltens – und die motivationale Einstellung des Beobachters einen Einfluss darauf haben, ob und wie er ein Modell imitieren wird (Bandura 1965; 1978). Kinder im vorpubertären Alter identifizieren sich denn auch vorwiegend mit Kindern gleichen Geschlechts und vermeiden Kontakte zum anderen Geschlecht. Dadurch entwickeln sich weibliche und männliche Geschlechtsrollenidentitäten (Montada 1995). Jugendliche distanzieren sich auf der Suche nach der Ich-Identität (Erikson 1986) zunehmend von ihren Eltern, erleben eine vertiefte Bindung zu anderen Jugendlichen und machen auch erste Annäherungen an das andere Geschlecht. Qualitativ engere Beziehungen pflegen Mädchen, welche mit vertraulichen Gesprächen emotionale Nähe suchen (Clark-Lempers, Lempers et al., 1991). Dagegen suchen Knaben, deren Verbalisierungsvermögen meist geringer ist, vermutlich weniger Gespräche, sondern eher lockere Aktivitäten mit anderen Knaben (Berndt and Kaiser et al., 1982).

Soziale Beziehungen bzw. psychosoziale Merkmale von hoch Begabten wurden lange im Fokus der Disharmoniehypothese bzw. Harmoniehypothese diskutiert. Lombroso zog einst Parallelen zwischen Genies und Verrückten, „...born and dies in isolation, cold and insensible to family affection and social conventions" (Lombroso 1910, Neuauflage 1984, p. 60) und verlieh damit einer weit verbreiteten Ansicht Ausdruck. Eine Gegenbewegung begann erst mit den umfangreichen Studien von Terman (1925); positive psychosoziale Beschreibungen von hoch Begabten werden bis heute in zahlreichen Studien bestätigt. Hollingworth wiederum hat vermehrt Probleme wie psychische Isolation und Verhaltensstörungen bei Kindern mit einem überaus hohen IQ konturiert, während Kinder mit einem IQ zwischen 125 bzw. 130 und 150 optimale Voraussetzungen für gute Leistungen und ein normales Sozialleben hätten (Hollingworth 1942). Offenbar haben verbal sehr Begabte vermehrt Probleme, sind introvertierter, sozial gehemmter und weniger beliebt bei ihren Peers (Dauber and Benbow 1990), möglicherweise weil sie aufgrund ihrer ausgewählten Ausdrucksweise anecken. Um einer Verallgemeinerung dieser Schwierigkeiten vorzubeugen, sei nochmals auf die Tatsache verwiesen, dass diese hoch Begabten statistisch sehr selten sind (ca. 1:1 Mio.) und die Aussagen meist auf einzelnen Fallstudien beruhen (Czeschlik und Rost, 1988).

Eine mehr oder weniger grosse kognitive Diskrepanz besteht – definitionsgemäss – bei den meisten hoch begabten Kindern verglichen mit durchschnittlich begabten

Gleichaltrigen und sie kann zu den bereits erwähnten Problemen führen. Besonders gross seien diese Unterschiede und die daraus entstehenden Probleme in den Kindergarten- und ersten Schuljahren zwischen vier und neun Jahren, wobei sie sich aber zunehmend verringerten (Hollingworth 1942; Gross 2000). Diese Unterschiede führen zum Empfinden, anders zu sein als die anderen (Abroms 1985; Janos 1985). Hoch begabte Kinder wenden sich deshalb häufig älteren Freundinnen und Freunden zu, weil sie Interessen haben, die sie mit Gleichaltrigen nicht teilen können. Höchst begabte Kinder äussern Schwierigkeiten, überhaupt Freunde zu finden (Austin & Draper, 1981; Janos, Marwood & Robinson, 1985). Manche verfügen nicht über ein gutes Beziehungsnetz und sind nicht beliebt (Brody and Benbow, 1986; van Lieshout and Scholte et al., 2000). Die soziale Akzeptanz scheint auch kontextabhängig zu sein (Dauber & Benbow, 1990). In Peers mit akademischen Aktivitäten sind hoch Begabte akzeptierter und entwickeln auch ein besseres Selbstwertgefühl (Eccles, Borman et al., 1989). Andere Studien beschreiben hoch begabte Kinder als mindestens ebenso beliebt oder sogar beliebter als andere, wobei dieser Popularitätsbonus aber mit ungefähr 13 Jahren schwindet (Austin & Draper, 1981; Schneider 1987; Udvari & Rubin, 1996). Es gibt aber auch Untersuchungen, die praktisch keine Unterschiede bezüglich Peer-Beziehungen konstatieren. Sie finden zwar, dass die Neigung, hohe Standards bei der Qualität der sozialen Beziehungen anzulegen, bei hoch Begabten ausgeprägter ist (Kovaltchouk 1998), dass aber nicht von generellen Anpassungsproblemen auszugehen ist (Garland and Ziegler, 1999; Nail and Evans, 1997).

Im Gegensatz dazu befürchten manche Autoren bei hoch Begabten massive Anpassungsprobleme bis hin zu Verhaltensauffälligkeiten (Reinhard 1981; Schmidt 1977; Schmidt 1981). Schmidt (1977) identifizierte vorwiegend bei Knaben ab 10 Jahren mit asynchroner Entwicklung das Entstehen von psychopathologischen Störungen, vergleichbar mit Kindern mit Lernbehinderungen – z.B. Impulsivität, Aggressivität – (Shaywitz and Holahan et al., 2001). Allerdings ist es sicherlich problematisch, psychopathologisch Auffällige in Kliniken oder Beratungsstellen bezüglich Hochbegabung zu untersuchen, da es sich dort bereits um eine selektierte Stichprobe handelt. Es wird auch von hoch begabten Kindern mit dem „Aufmerksamkeits-Defizit-Syndrom ADS" berichtet, was die sozialen und emotionalen Schwierigkeiten noch vergrössert (Moon and Zentall 2001; Zentall, Moon et al., 2001). Kritisch einzuwenden ist allerdings, dass die Befunde stets auf kleinen Stichproben beruhen und meist mehr Knaben betreffen. Die meisten Untersuchungen zeigen, dass hoch begabte Kinder nicht *per se* verhaltensauffällig sind und dass nur bei einem kleinen Teil psychopathologisches Verhalten vorkommt (Merrell and Gill, 1994; Gallucci 1988; Gallucci et al., 1999). In diesen Studien werden sie sogar im Schnitt als weniger physisch aggressiv beschrieben, weniger unruhig und respektlos als andere; sie zeigen also weniger Verhaltensweisen, welche oft als Kennzeichen für Verhaltensstörungen betrachtet werden (Ludwig and Cullinan, 1984; Fiedler 1999).

Geschlechtsspezifische Unterschiede fallen dahingehend auf, dass nach Einschätzung der Lehrpersonen hoch begabte Knaben sich häufiger als hoch begabte Mädchen physisch aggressiv, unruhig und respektlos zeigen, ein Unterschied, der auch bei durchschnittlich begabten Kindern bekannt ist (Ludwig and Cullinan, 1984). Hoch begabte Mädchen haben mit mehr sozialen Schwierigkeiten zu kämpfen, sind weniger beliebt in der Klasse (Luftig and Nichols, 1990; Solano 1987), beklagen mehr Anpassungsprobleme (Kwan 1992). Sie wählen zur Lösung dieser Probleme öfter den Rückzug aus sozialen Beziehungen und verleugnen ihre Talente (Leroux 1994). Diese Strategien sind bei hoch begabten Mädchen – in Regelklassen und in Spezialprogrammen – festzustellen (Coleman 1988) sowie auch bei mathematisch höchst begabten Kindern (Swiatek 1995). Jedoch nicht alle hoch begabten Mädchen haben mehr soziale Schwierigkeiten als andere Kinder (D'Ilio and Karnes, 1987), ein Teil der Mädchen zeigt sich bezüglich ihren sozialen Beziehungen zufriedener, sie haben sogar weniger interpersonale Probleme als hoch begabte Jungen und pflegen wie durchschnittlich begabte Mädchen qualitativ andere Freundschaften als Jungen (Kovaltchouk 1998).

Zusammengefasst lässt sich sagen, dass Beziehungen für die soziale, emotionale und intellektuelle Entwicklung bedeutsam sind. Während in der frühen Kindheit die Eltern sehr wichtig sind, beeinflussen später im Zuge von Autonomiebestrebungen Peer- und Freundschaftsbeziehungen das Kind immer mehr. Im Lebensraum Schule spielt auch die Lehrperson eine relevante Rolle. Die Mehrheit hoch begabter Kinder scheint einen angemessenen Umgang zu finden, ausreichend Kontakte zu pflegen und unterschiedliche Bedürfnisse offenbar in verschiedenen Peergruppen befriedigen zu können. Es scheint allerdings Kinder mit Spezialbegabungen zu geben, die Schwierigkeiten haben mit sozialen Beziehungen und die ein problematisches Sozialverhalten zeigen. Dies betrifft Kinder mit besonders hoher Intelligenz, speziellen verbalen Begabungen oder Kinder mit ADS, deren Symptomatik den Anschluss an Gleichaltrige erschweren kann. Statistisch betrachtet handelt es sich dabei um kleine Stichproben, deren Besonderheiten ebenso wenig zu generalisieren sind wie auch die Befunde zu auffälligen hoch Begabten aus Beratungsstellen. Die sozialen Beziehungen von hoch begabten Mädchen scheinen insgesamt denjenigen von durchschnittlich Begabten zu gleichen. Wenn ihr Verhalten auffällig wird, dann eher mit Rückzugssymptomen, nicht aber mit Aggression und Respektlosigkeit.

3.7 Stress, Belastungsformen und Coping

Stress-Erleben gehört heute nicht mehr ausschliesslich in den (beruflichen) Alltag von Erwachsenen, sondern betrifft zunehmend auch Kinder. Konzeptionen von „Stress" betonen drei verschiedene Richtungen. Im ersten Ansatz stehen Lebensereignisse im Zentrum, welche auf ein Individuum als Stressoren wirken können. Dies sind bei Erwachsenen beispielsweise Arbeitsbedingungen, Beziehungskonflikte oder auch Rollenüberlastung. Der zweite Ansatz beschreibt Stress als biologisch-physiologische Reaktion und untersucht verschiedene Reaktionsformen eines Individuums in stressauslösenden Situationen. Es sind dies physiologische – z.B. Herzfrequenz, Ausschüttung von Stresshormonen wie Cortisol – emotionale – wie Furcht/Angst, Erregung – und kognitive Reaktionen – wie Leistungseinbussen – sowie auch das beobachtbare Verhalten – wie Flucht / Angriff, Bewältigung (Taylor 1995). Die Annahme einer solchen unspezifischen körperlichen Antwort auf jeglichen Stressor ist heute zwar nicht mehr haltbar, der Zusammenhang von Stress und ernsthaften Erkrankungen – wie Herzkreislaufstörungen, Bluthochdruck, etc. – ist aber unumstritten (Taylor 1995). Der dritte Ansatz integriert schliesslich die verschiedenen Erkenntnisse im weithin anerkannten transaktionalen Stress-Modell und legt den Schwerpunkt auf die Interaktion von Individuum und Umwelt (Lazarus & Launier 1978). Nicht nur die Beschaffenheit eines potenziellen Stressors spielt eine wichtige Rolle für das Stress-Erleben, entscheidend ist vielmehr, wie ein Individuum den Stressor bewertet und die eigenen Bewältigungsmöglichkeiten einschätzt. Besteht darin ein Ungleichgewicht, entsteht Stress: Wenn ein Ereignis als Schädigung, Bedrohung oder Herausforderung beurteilt wird und die äusseren und inneren Anforderungen die Bewältigungsfähigkeit einer Person beanspruchen oder übersteigen.

Im Zentrum der Stressforschung steht insbesondere die so genannte Stress-Bewältigung oder das Coping (vgl. interaktionales Modell von Lazarus & Folkman, 1984). Das Coping beinhaltet mehrere Komponenten der Interaktion zwischen einem Individuum und seiner Umwelt, wobei sich beide gegenseitig beeinflussen. Um Formen der Stress-Bewältigung genauer unterscheiden zu können, werden verschiedene Kategorisierungssysteme vorgeschlagen. Lazarus und Folkman (1984) nahmen eine Unterteilung in emotionszentiertes vs. problemzentriertes Coping vor. Emotionszentiertes Coping fokussiert eine Kontrolle oder Veränderung der durch das Stress-Erleben hervorgerufenen negativen physischen und psychischen Folgen – z.B. Ablenkung, Entspannung – währenddem problemorientiertes Coping eine Kontrolle oder Veränderung der stressauslösenden Faktoren anstrebt – z.B. Versöhnungsgespräch. Andere Klassifizierungsversuche unterscheiden beispielsweise zwischen Strategien der Annäherung bzw. Vermeidung (Roth and Cohen, 1986) oder auch primären und sekundären Kontrollstrategien (Rothbaum, Weisz et al., 1982). Gemeinsam ist den Ansätzen, dass sie differenzieren zwischen der direkten Veränderung des Stressors und einer indirekten Veränderung der Folgen der Belastung. Je nach Situation dürften sich sowohl eine Symptom- als auch eine Ursachenbekämpfung als nützlich erweisen. Daneben existiert eine weitere wichtige Copingstrategie, nämlich die der sozialen Unterstützung. Sie umfasst u.a. Zuwendung, positive Bewertung, materielle/instrumentelle Hilfe, Information und beeinflusst die psychischen, physischen und sozialen Stressfolgen und nicht nur erlebten Stress an und für sich (Taylor 1995). Neben Copingstrategien werden auch Persönlichkeitsmerkmale in den Zusammenhang mit individuellem Stress-Erleben gebracht – vorwiegend bei Erwachsenen. Hier zu nennen ist das Typ-A Verhalten, das gekennzeichnet ist durch Leistungsstreben, Konkurrenz- und Zeitdruck sowie Ungeduld und Aggression. Das Typ-A Verhalten ist relativ stabil und wird als Indikator für Stressneigung betrachtet (Lundberg, Rasch et al., 1991).

Die Bedeutung potenzieller Stressoren für Kinder hängt – wie auch bei Erwachsenen – von der subjektiven Wahrnehmung und Bewertung solcher Stressoren ab. Ereignisse mit wenig Relevanz für Erwachsene können von Kindern als sehr belastend empfunden werden (Greene 1988). Für Kinder sind kritische Lebensereignisse potenzielle Stressoren. Dazu gehören beispielsweise Wohnungswechsel, Scheidung der Eltern oder im schlimmsten Fall der Tod eines Elternteils. Daneben stellen aber auch altersentsprechende Entwicklungsaufgaben besondere Herausforderungen dar und ebenso die alltäglichen Belastungen. Diese „daily hassels" betreffen wichtige alltägliche Anforderungen (Compas, Howell et al., 1989) in den Bezugsfeldern Familie, Schule und Peers. Dies könnte beispielsweise sein, sich in alltäglichen Streitereien mit Kolleginnen und Kollegen zu behaupten oder sich in den Schulalltag mit seinen Regeln einzufügen (Lohaus und Klein-Hessling, 2001). Auch elterliche Streitigkeiten sind häufig stresserzeugende Ereignisse, die durch Kinder im Rating stärker bewertet wurden als durch Experten (Yamamoto 1979). Kinder sind beispielsweise auch anfällig für Muster erlernter Hilflosigkeit, wenn sie Aufgaben lösen sollen und gleichzeitig Lärm ausgesetzt sind. Sie zeigen schlechtere Leistungen, können sich schlechter konzentrieren und sind weniger motiviert, durchzuhalten. Möglicherweise wirkt neben dem Faktor Lärm auch eine generell geringere Kontrolle über ihr Leben, als Erwachsene sie haben, stressauslösend (Taylor 1995). Die wahrgenommene Kontrolle beeinflusst bei Kindern auch Art und Ausmass der angewendeten Stress-Bewältigung (Gamble 1994). Daneben wirken sich auch andauernde stressvolle Bedingungen wie Armut, chronische Erkrankung, Leben mit einem alkoholkranken Elternteil negativ aus (Sandler, Wolchik et al. 1997).

Tritt ein Stress-Erleben wiederholt und in regelmässigen Abständen auf, kann es bei Kindern zu Beanspruchungssymptomen auf verschiedenen Ebenen kommen: Auf der physiologisch-vegetativen Ebene – zu Ein- und Durchschlafstörungen, Kopf- und Bauchweh, Erschöpfungszuständen – auf der kognitiv-emotionalen Ebene – zu Beeinträchtigung des kognitiven Leistungsvermögens, zu Lust- und Antriebslosigkeit, Auftreten von Ängsten – und auf der verhaltensbezogenen Ebene – zu körperlicher Unruhe, Konzentrationsschwierigkeiten, Veränderung des Sozialverhaltens (Lohaus & Klein Hessling, 2001). Welche Formen von Coping ein Kind anwendet, wie adäquat und effektiv sie sind, hängt von seinem Entwicklungsstand ab. Je älter das Kind ist, desto grösser sind im Allgemeinen auch die motorischen, (meta-)kognitiven und kommunikativen Fertigkeiten. Dazu zählt, wirksam mit unliebsamen Stressfolgen umzugehen und auch aktiv einer Änderung stressauslösender Faktoren entgegenzuwirken (Compas 1987; Kopp 1989). Allerdings entwickeln Kinder erst mit zunehmendem Alter problemfokussierte Strategien (Compas et al., 1991) wie beispielsweise die Einsicht in die Wirkungsweise von Stressoren (Gamble 1994).

Für hoch begabte Kinder identifiziert Altman (1983) in einer Literaturrecherche den kognitiven Entwicklungsvorsprung, den Kontakt mit älteren Kindern, die frühe sprachliche Kompetenz, die akzelerierte Entwicklung und das Gefühl des Anderssein als potenzielle Stressoren. Da sich ein Kind beispielsweise aufgrund grosser kognitiver Unterschiede für völlig andere Gesprächsthemen interessiert als seine Altersgenossen, hat es Schwierigkeiten, altersgemäss mit diesen Kontakt zu halten. Es fühlt sich missverstanden und ausgegrenzt von seinen Schulkameradinnen und Schulkameraden und gleichzeitig schuldig (Ford 1989). Diese negativen Gefühle kommen zustande, weil sich hoch begabte Kinder oftmals fehl am Platz fühlen, sowohl mit Kameradinnen und Kameraden als auch in der Familie (Webb & Meckstrath, 2002).

Neben Unterforderung durch zu tiefe Leistungsansprüche kann ebenso Überforderung beispielsweise durch überhöhte Erwartungen der Eltern eine Quelle von Stress sein (Steptoe 1983). Höchst begabte Kinder erleben besonderen emotionalen Stress, weil sie ständig versuchen, die sozialen Erwartungen ihrer Peers zu erfüllen und schulisch meist unterfordert sind (Gross 1993). Alles in allem scheinen hoch Begabte jedoch nicht speziell prädestiniert für besonderes Stress-Erleben zu sein. Eine Studie zeigt keine Unterschiede bezüglich Langeweile, Perfektionismus und anderem Empfinden auf (Tomchin 1996). Eine weitere Studie wiederum findet sogar eine geringere Anzahl belastender Lebensereignisse, wobei die hoch (Metha & Hawley McWhriter 1997). Fallen stressauslösende Momente zusammen mit depressiven Begabten dieselben Ereignisse als ähnlich stressauslösend einschätzen wie die durchschnittlich Begabten Mustern – wie beispielsweise Hilflosigkeit, Introversion, schlechtes Selbstwertgefühl – und inadäquaten Erwartungen von aussen aber auch vom Kind selbst, können sie bei bestimmten hoch Begabten eine „Erfolgs-Depression“ auslösen (Kaiser & Berndt, 1985). Die Leistungserwartungen von aussen nehmen manche hoch Begabte als stressauslösender wahr als das Label „hoch begabt” (Karnes & Oehler Stinnett, 1986).

Wichtig scheint es für hoch Begabte zu sein, den Lernprozess selbst steuern zu können (Blackburn & Erickson, 1986; Delisle 1983), Anstrengung als neue Herausforderung zu betrachten – was Kindern mit sehr hohen Ansprüchen an sich selbst schwer fällt – (Altman 1983; Karnes & Oehler Stinnett, 1986) und einzusehen, dass mit eigenem Engagement stressvolle Umstände bewältigt werden können (Genshaft & Broyles, 1991). Im Umgang mit Stress bzw. dessen negativen Auswirkungen sind auch bei hoch Begabten Copingstrategien ein wirksames Gegenmittel (Tomchin et al., 1996). Allerdings ist die Frustrationstoleranz von hoch Begabten – experimentell induziert – geringer, sie erleben stärkere physische Stressreaktionen und negative Gefühle (Roberts & Lorett, 1994). Dies vermutlich deshalb, weil sie eine geringere Anzahl von Misserfolgen zu erleben gewohnt sind. Andere Erklärungen für das Defizit an Bewältigungsstrategien im Umgang mit alltäglichen Problemen sind dahingehend, dass hoch begabte Kinder vorwiegend für ihre intellektuellen Leistungen gelobt werden, dass sie selber deshalb sozialen Fertigkeiten weniger Beachtung und Wertigkeit beimessen und diese auch langsamer entwickeln (Powell & Hadern, 1984). Swiatek hat den Umgang von Kindern und Jugendlichen mit den negativen Folgen einer Etikettierung als „hoch begabt" untersucht und bei Kindern vier Copingstrategien gefunden: Die Hochbegabung verleugnen, den Fokus auf Beliebtheit bei Peers minimieren, soziale Interaktion suchen und Humor. Bei Jugendlichen fand er noch zwei weitere Copingstrategien, nämlich Konformität und Verleugnung der Hochbegabung als Kriterium der Akzeptanz bei Peers. Hier kann auch erwähnt werden, dass offensichtlich hoch begabte Mädchen häufiger als Jungen ihre Begabung verleugnen, Jungen öfters als Mädchen den Humor als geeignete Copingstrategie betrachten (Swiatek 2001).

Alles in allem zeigt sich, dass sich in vielen wichtigen Lebensbereichen des Kindes potenzielle Stressoren finden, welche die Kinder belasten und zu verschiedenen Symptomen führen können. Das Stress-Erleben hingegen hängt offensichtlich von der subjektiven Verarbeitung von Stress, von der Persönlichkeit, den Bewältigungsstrategien und vom Angebot an sozialer Unterstützung ab. Bei hoch begabten Kindern kann die Diskrepanz zwischen den intellektuellen, emotionalen und sozialen Voraussetzungen und der Gesamtheit an Anforderungen der Umwelt als Stressor wirken. Gleichzeitig dürften ihnen ihre kognitiven Fähigkeiten eine Einsicht in die Wirkungsweise und Zusammenhänge von Stress und Stress-Erleben erleichtern, was zu reiferen, erwachsenenähnlichen Copingstrategien führen könnte (Sowa, McIntire et al., 1994).

3.8 Zusammenfassung

Lernprobleme und soziale Auffälligkeiten hoch begabter Kinder und Jugendlicher scheinen sowohl auf intrapsychische Spannungen als auch auf Spannungen zwischen dem Kind und seinem näheren und weiteren Umfeld zurückführbar zu sein. So tragen entweder die individuellen Persönlichkeitsmerkmale des Kindes selber zu einer ungünstigen Entwicklung bei, oder die ungenügende Passung zwischen dem hoch begabten Kind und seinem Umfeld wird nicht erkannt oder nicht bzw. nur ungenügend durch Veränderung der Erwartungen und Anforderungen ausgeglichen.

In der Hochbegabungsforschung fehlen bis heute sowohl Untersuchungen zum Einfluss des Umfelds auf die Entwicklung hoch Begabter als auch die Identifikation kritischer Persönlichkeitsmerkmale bei hoch begabten Kindern und Jugendlichen. Die meisten Untersuchungen beschränken sich auf den Vergleich von hoch und durchschnittlich Begabten und die festgestellten Unterschiede fallen zumeist zugunsten der hoch Begabten aus (Olszewski-Kubilius 1988; Powers, Douglas et al., 1986). Unterschiede zwischen verschiedenen Gruppen von hoch Begabten wurden bisher kaum untersucht. Dies wird mit dieser Teilstudie nachgeholt.

4. Operationalisierung der Persönlichkeitsmerkmale

Im Folgenden werden Persönlichkeitsprofile hoch begabter Kinder, die in verschiedenen Spezialprogrammen unterrichtet werden, einerseits untereinander und anderseits mit Persönlichkeitsprofilen hoch begabter und durchschnittlich begabter Kinder in Regelklassen verglichen. Dafür werden neben allgemeinen Persönlichkeitsmerkmalen auch einige als wesentlich erachtete Merkmale wie Selbstkonzepte, Attributionsstile, Zielorientierungen, das Sozialverhalten und die Sozialerfahrung sowie das Stress-Erleben und die Stress-Bewältigung erhoben. Die nachfolgend beschriebenen Verfahren decken konzeptionell die Persönlichkeitsmerkmale am besten ab. Sie sind für Kinder der vorgesehenen Altersgruppen zwischen 9-14 Jahren entwickelt worden, erfüllen die üblichen Gütekriterien und sind auch als Gruppentests konzipiert. Zusätzlich wurde ein Fragebogen neu ausgearbeitet.

a) Hamburger Persönlichkeitsfragebogen für Kinder (HAPEF-K) Wagner und Baumgärtel (1978)

Der Hamburger Persönlichkeitsfragebogen wurde zum Erfassen von relevanten Persönlichkeitsmerkmalen, die zum Schulerfolg beitragen entwickelt. Ergänzt wurde dieser Fragebogen durch die Dimensionen Extraversion und Neurotizismus von Eysenck, also mit Dimensionen, die möglichst breite Persönlichkeitsmerkmale von Kindern und Jugendlichen erfassen. Der HAPEF-K eignet sich als diagnostisches Mittel in der Schul- und Bildungsberatung, Erziehungsberatung und Klinik, sowohl im Einzelsetting als auch in Gruppenuntersuchungen. Er besteht aus zwei Teilen (Teil 1: 66 Items; Teil 2: 63 Items), die auch getrennt durchgeführt werden können. Insgesamt beinhaltet er 6 Skalen sowie zwei parallelisierte Subskalen Neurotizismus, die aus den Subskalen EL, AS, NE und RM gebildet werden können.

Alle Items werden 6-stufig beantwortet: immer oder fast immer / häufig / eher häufig / eher selten / selten / nie oder fast nie. Inhaltlich sind die Skalen wie folgt beschrieben:

- Emotional bedingte Leistungsstörung (EL, 22 Items). In dieser Skala sind Gefühle der Unsicherheit, Unzulänglichkeit, Minderwertigkeit und mangelnder Konzentrationsfähigkeit bei Leistungsanforderungen und Leistungsaspekten enthalten.
- Initiale Angst / Somatische Beschwerden (AS, 20 Items). In der Skala sind Fragen zu wahrgenommener Bedrohung der leiblichen oder existenziellen Sicherheit, zu Angst vor Anforderungen und Konflikten der täglichen Umwelt – in der Schule und im Elternhaus –, zu Beeinträchtigungen oder Funktionsstörungen vor allem im vegetativen Bereich zusammengestellt.
- Aggression (AG, 24 Items). Die Skala enthält Items, die eine schnelle Erregbarkeit sowie aggressives und dominantes Verhalten gegenüber Erwachsenen, Gleichaltrigen und nichtbelebten Objekten beschreiben.
- Neurotizismus (NE, 25 Items). Items dieser Skala erfragen das Mass von emotionaler Stabilität, übermässiger Empfindsamkeit, einer durch Gefühle leichten Beeinflussbarkeit; übermässiger Aktivität, ungeduldig-erregten Verhaltensweisen; starker innerer Anspannung, Selbstzweifeln sowie leichter Irritierbarkeit.
- Reaktion auf Misserfolg (RM, 11 Items). In dieser Skala sind Furcht vor Misserfolg und negative Gefühle nach Misserfolg, Arbeitshaltung, Selbständigkeit, langfristige Zeitperspektive und Ehrgeiz enthalten.
- Extraversion (EX, 27 Items) Die Items dieser Skala erfragen die Dominanz und die Durchsetzungsfähigkeit, aber auch Geselligkeit, Abenteuerlust, Unbekümmertheit oder Aktivität.

Die Normierung ist in C-Werten, PR-Werten sowie einer verbalen Interpretation angegeben (N=3168) und nach Geschlecht getrennt für 9; 0 bis 13;11 Jahre aufgeführt. Zur Standardisierung des Fragebogens wurden Regelklassen-Kinder und Spezialgruppen psychisch auffälliger Kinder untersucht. Die Gütekriterien des Hamburger Persönlichkeitsfragebogens entsprechen den üblichen testpsychologischen Anforderungen (Brähler , Holling et al., 2002). Im Handbuch sind umfangreiche Studien zur Übereinstimmungsvalidität mit anderen Verfahren gegeben, die Objektivität ist bei der Durchführung, Auswertung und Interpretation bei Beachtung der Anweisungen ebenfalls gewährleistet.

b) Frankfurter Kinder-Selbstkonzept-Inventar (FKSI) von Deusinger et al.

Zum Erfassen der Selbstkonzepte der Kinder wurde ein zum Zeitpunkt der Erhebung noch unveröffentlichter Fragebogen gewählt, das Frankfurter Kinder-Selbstkonzept-Inventar (Deusinger 2004). Den Fragebogen stellte. Deusinger für Forschungszwecke der vorliegenden Untersuchung mit freundlicher Genehmigung zur Verfügung.

Die Gesamtversion des Frankfurter Kinder-Selbstkonzept-Inventars umfasst 90 Items, die elf empirisch ermittelten Selbstkonzepten zugeordnet werden. Diese interkorrelieren mehr oder weniger und bilden dabei fünf a priori definierte Bereiche des individuellen Selbst ab. Die Antworten zu den einzelnen Items werden auf einer 3-stufigen Skala eingeschätzt: trifft zu / trifft etwas zu / trifft nicht zu. In der Auswertung werden sie mit ein bis drei Punkten gewichtet. Je positiver das Kind sich selbst einschätzt, desto höher fallen die Punkte aus. Schliesslich werden die Items (nach Likert) innerhalb des betreffenden Selbstkonzepts aufsummiert. Im Folgenden sind die Selbstkonzepte aufgelistet, mit inhaltlichen Beispielen versehen:

– Körperbereich
  · Körperliche Erscheinung (SKER, 8 Items):
  Fühlt sich das Kind schön, zu dick, zu dünn, etc?
  · Gesundheit, körperliches Befinden (SKBE, 6 Items)
  Fühlt sich das Kind wohl, krank, träumt es oft schlecht?
  · Körperliche Effizienz (SKEF, 10 Items)
  Kann das Kind gut rennen, klettern, fühlt es sich stark etc.?

– Bereich der Emotion, Gestimmtheit und Selbstsicherheit:
  · Emotionale Gestimmtheit (SKEG, 8 Items)
  Ist das Kind vergnügt, fröhlich, traurig, etc.?
  · Selbstsicherheit (SKSS, 7 Items)
  Schämt sich das Kind leicht, traut es sich mitzuspielen, hat es Angst, Fehler zu machen?
  · Angsterleben (SKAE, 13 Items)
  Hat das Kind vielerlei Ängste?

– Bereich der Moral, Selbstwertschätzung (SKMS, 8 Items):
  Versucht das Kind, die Wahrheit zu sagen, alles richtig zu machen, schummelt es?

- Allgemeine kognitive Leistungsfähigkeit (SKAL, 8 Items):
  Fühlt das Kind sich klug, weiss und kann es viel?
- Psychosoziale Interaktion mit Personen der Umwelt:
  · Selbstbehauptungs- und Durchsetzungsfähigkeit (SKSD, 6 Items)
  Kann das Kind sich wehren, fühlt es sich hilflos, weint es schnell?
  · Wertschätzung durch andere (SKWA, 9 Items)
  Hat das Kind Freunde, wird es von seiner Familie gemocht, wird es oft ausgelacht etc.?
  · Kontakt- und Umgangsfähigkeit (SKKU, 7 Items)
  Wechselt das Kind oft Freunde, spielt es lieber mit Kleineren etc.

c) Attributionsfragebogen

Der Attributionsfragebogen wurde für die Untersuchung neu konzipiert. Die theoretischen Überlegungen dazu basieren auf dem Attributionsschema von Weiner (1994). Es umfasst interne und externe Attributionen unterschiedlicher Stabilität: Fähigkeit, Anstrengung, Glück, Leichtigkeit der Aufgaben und Hilfe. Die Kinder müssen Stellung nehmen zu vierzehn schriftlichen und mündlichen schulnahen Leistungssituationen, die je sieben Erfolge und Misserfolge enthalten. Die Kinder sollten auch angeben, wie oft sie die jeweilige Situation schon erlebt haben. Dadurch lässt sich erfahren, wie nah sich die Fragen am schulischen Alltag bewegen. Erhoben wurde auch die Valenz, als zusätzliche Information, wie wichtig den Kindern die jeweiligen Erfolge und Misserfolge sind, denn auch dies könnte die Antworten beeinflussen. Die Fragen befassen sich mit den Fächern Deutsch, Mathematik, Mensch und Umwelt sowie Sport. Im Zentrum stehen die folgenden Situationen:

- Erfolge (Situationenbeschreibungen 1, 4, 7, 8, 9, 10, 12, 14)
  Diktat / Rechnen schriftlich / Turnen / Rechnen mündlich / Geographie / Vorlesen / Mensch und Umwelt.
- Misserfolge (Situationenbeschreibungen 2, 3, 5, 6, 11, 13):
  Kopfrechnen / Schriftliche Arbeit in Mensch und Umwelt / Geographie / Vorlesen / Aufsatz Turnen / Rechnen.

Das Kind soll jeweils angeben, warum ihm ein Erfolg gelungen ist – durch Fähigkeit, Anstrengung, Glück, Aufgabenleichtigkeit und Hilfe – oder warum ihm ein Misserfolg passiert ist – durch mangelnde Fähigkeit, mangelnde Anstrengung, Pech, wegen der Schwierigkeit der Aufgabe oder mangelnder Hilfe.

d) Fragebogen Zielorientierung

Der Fragebogen besteht aus zwei der drei Teile des Instruments zum Erfassen von Zielorientierungen bei Schülerinnen und Schülern (Köller & Baumert 1998), die auf den „Motivational Orientation Scales“ (MOS) von Nicholls et al. (1985) basieren. Bei diesen wurde eine gute Trennschärfe festgestellt (Balke & Stiensmeier-Pelster, 1995). Allerdings haben die Autoren die Untersuchung mit einer älteren Kohorte durchgeführt, weshalb Köller und Baumert (1998) die Skalen an einer jüngeren Kohorte der 7. Klassen (N = 4410) überprüft haben. Die Item- und Skalenanalysen ergaben, dass die Trennschärfen mit einer Ausnahme über .40 liegen, dementsprechend sind die internen Konsistenzen (Cronbachs α) ausreichend hoch. Auch die Konstruktvalidität wird überprüft. Die Antworten werden auf einer 4-stufigen Skala eingeschätzt: trifft völlig zu / trifft eher zu / trifft eher nicht zu / trifft überhaupt nicht zu.

- Aufgabenorientierung (9 Items)
  Diese Items zielen ab auf einen Kompetenzerwerb beim Lernen und Leisten.
- Ichorientierung (6 Items),
  Diese Skala beinhaltet Items, welche erkunden, inwiefern Lernen und Leisten sich auf das Ziel ausrichtet, Kompetenz zu demonstrieren bzw. Inkompetenz zu verbergen. Auf die Skala Anstrengungsvermeidung wird verzichtet, weil sie einen Teil der Ichorientierung abbildet (Itemanalyse von Köller und Baumert, 1998).

e) Sozialfragebogen für Schüler der 4. bis 6. Klasse (SFS 4-6) Petillon (1984)

In diesem Fragebogen wird die Sichtweise und Wahrnehmung von Sozialkontakten von Schülerinnen und Schülern erfasst. Einerseits beziehen sich die Aussagen dabei auf die Beziehung zu anderen Schülerinnen und Schülern und andererseits auf die Beziehung zur Lehrperson. Der Fragebogen enthält auch Skalen mit motivationalen und emotionalen Faktoren, welche die Sozialbeziehungen wesentlich beeinflussen. Die Testergebnisse können sowohl für das einzelne Kind ermittelt werden, geben aber als Gruppenanalyse auch Hinweise auf das soziale Klima einer ganzen Klasse. Der SFS 4-6 besteht aus insgesamt 116 Items – verteilt auf zwei Testbogen –, die sechs verschiedenen Skalen zugeordnet werden. Die ersten drei Skalen werden 6-stufig (stimmt genau / stimmt fast / stimmt noch ein wenig / stimmt weniger / stimmt kaum / stimmt überhaupt nicht), die letzten drei 4-stufig beantwortet (immer oder sehr oft / oft / selten / nie oder sehr selten).

Der Fragebogen umfasst folgende Skalen:

- Soziale Angst bei Schülerinnen und Schülern (SAS, 28 Items)
  Diese Skala erfasst Gefühle der Unsicherheit im Umgang mit andern Personen, insbesondere gleichaltrigen. Es sind dies Ängste vor negativer Fremdwahrnehmung in Publikumssituationen, die mit körperlichen Symptomen der Schüchternheit einhergehen wie Erröten oder andere Zeichen der Verlegenheit.
- Sozialinteresse bei Schülerinnen und Schülern (SIS, 11 Items)
  In dieser Skala sind Items zur Neigung enthalten, andere intensiv zu beobachten und sich in sie einzufühlen.
- Kontaktbereitschaft bei Schülerinnen und Schülern (SAS, 11 Items)
  Diese Skala erfasst, inwiefern die Schülerinnen und Schüler Kontaktmöglichkeiten nutzen, selbst solche unternehmen und diese als Gewinn für die eigene Person betrachten.
- Sozialerfahrungen mit Mitschülerinnen und Mitschülern (SEM, 38 Items)
  In dieser Skala wird die Quantität und Qualität sozialer Kontakte in Gruppen, die Reaktion der Mitschülerinnen und Mitschüler auf eigenes Handeln und Gefühle der Zugehörigkeit und Integration in der Gruppe erfasst.
- Sozialerfahrungen mit der Lehrperson (SEL W, 13 Items)
  Die Skala bezieht sich auf das Verhältnis zwischen dem Kind und der Lehrperson aus der Sicht des Kindes hinsichtlich Geduld, Zuwendung, Verständnis und Rücksichtnahme.
- Sozialerfahrungen mit der Lehrperson (SEL S, 15 Items)
  Die Skala ermittelt Hinweise, inwiefern das Kind seine Lehrperson als streng, strafend, verunsichernd, ablehnend und benachteiligend erlebt.

Die interne Konsistenz der Skalen ist gut (Cronbach Alpha zwischen .85 bis .95), gleiches gilt auch für die Retest-Reliabilität (.70 bis .88). Das Handbuch enthält Normen in Prozenträngen und T-Werten (N=4312), wobei keine unterschiedlichen Normen getrennt für die Geschlechter existieren. Zur Konstruktvalididät werden verschiedene Angaben gemacht, wobei eine Gesamteinschätzung der Validität unterbleibt und damit eine eindeutige Aussage nicht machbar ist (Brähler et al., 2002).

f) Fragebogen zur Erhebung von Stress-Erleben und Stress-Bewältigung im Kindesalter (SSK) Lohaus et al. (1996)

Im Fragebogen sind gemäss dem transaktionalen Stressmodell (Lazarus & Launier, 1978) sowohl Stress-Erleben von Kindern als auch insbesondere Möglichkeiten zur Stress-Bewältigung erfasst. Das Verfahren eignet sich zur Prävention und für Interventionen. Es ist mit „Smilies" ansprechend dargestellt und umfasst folgende Skalen:

- Ausmass des aktuellen Stress-Erlebens mit 8 Items und 4-stufiger Antwortskala (gar kein Stress / wenig Stress / viel Stress / sehr viel Stress).
- Art und Umfang der angewendeten Bewältigungsstrategien anhand von zwei unterschiedlichen Situationen – Streit mit Freundinnen und Freunden und Zeitdruck durch die Eltern bei den Hausaufgaben. Die Antworten werden 5-stufig eingeschätzt (nie / selten / manchmal / oft / immer):
  a) Suche nach sozialer Unterstützung (16 Items)
  b) Problemlösendes Handeln (16 Items)
  c) Emotionsregulierende Aktivitäten (16 Items).
- Ausmass der aktuellen physischen Stresssymptome, mit 8 Items und 3-stufiger Antwortskala (keinmal / einmal / mehrmals).

Der Fragebogen ist für Kinder von der 3. bis 6. Klasse normiert. Es bestehen getrennte Normierungen in Stanine-Werten und Prozenträngen für Mädchen und Knaben sowie für Schülerinnen und Schüler der 3. / 4. Klasse und der 5. / 6. Klasse. Bei den Retest-Reliabilitäten werden Werte zwischen .52 und .84 erreicht, die internen Konsistenzen liegen bei .67 und .80. Die objektive Durchführung ist bei korrekter Anwendung gewährleistet (Brähler et al., 2002). Kritisch anzumerken ist, dass die genannten Stresssymptome nicht eindeutig Stressoren zuzuweisen sind, also auch krankheitsbedingt auftreten könnten und dass nach positiven emotionsregulierenden Bewältigungsstrategien kaum gefragt wird (Lohaus & Klein Hessling, 2001).

5. Fragestellungen

Sobald verschiedene soziodemographische Variablen kontrolliert werden, finden sich in der Literatur nur in leistungsnahen Variablen Unterschiede zwischen hoch Begabten und durchschnittlich Begabten.Aber auch zwischen hoch begabten Kindern mit überdurchschnittlichen Schulleistungen und jenen mit durchschnittlichen

Leistungen finden sich Unterschiede nur in den leistungsnahen Variablen. Trotzdem werden immer mehr Kindern aufgrund einer vermuteten oder diagnostizierten Hochbegabung besondere pädagogische Bedürfnisse zugeschrieben. Es liegt nahe, die Gründe dafür in der Konstellation der Persönlichkeitsmerkmale des Kindes im Sinne eines internen Misfits zu suchen oder aber in den Beziehungen zu seiner Umwelt, also aufgrund eines externen Misfits. In dieser Teilstudie wird primär nach den möglicherweise unterschiedlich ausgeprägten Persönlichkeitsmerkmalen des Kindes gefragt. Dazu werden zwei verschiedene Gruppen von hoch begabten Kindern befragt und miteinander verglichen. Kennzeichen für die Zuteilung zur einen oder andern Gruppe ist, dass die einen besondere pädagogische Bedürfnisse haben und deshalb teil- oder vollzeitlich an einem Förderprogramm für Begabte teilnehmen, die anderen dagegen keine besonderen pädagogischen Bedürfnisse haben und in Regelklassen der Volksschule gefördert werden. Die Anzahl der hoch begabten Kinder in den einzelnen Spezialprogrammen ist jeweils zu klein, um Daten zu erhalten, die eine statistische Auswertung erlauben. Deshalb wurden Kinder aus drei teil- oder vollzeitlichen Förderprogrammen zu einer Gruppe zusammengezogen (vgl. Teil 2).

Die Fragestellungen beziehen sich auf die folgenden Persönlichkeitsmerkmale: Allgemeine Merkmale der Persönlichkeit, Selbstkonzepte, Attributionen von Erfolg und Misserfolg, Zielorientierungen sowie Sozialverhalten und -erfahrung, Stress-Erleben und -bewältigung. Zu den Fragestellungen werden keine Hypothesen formuliert, da die hoch Begabten in Regelklassen in der Forschung bisher kaum untersucht wurden. Im Folgenden sind die Fragestellungen dargestellt, welche sich auf den Vergleich der Kinder untereinander, zwischen den Geschlechtern der verschiedenen Gruppen und auf jüngere verglichen mit älteren Kindern beziehen.

Fragestellung A: Unterscheiden sich die hoch begabten Kinder untereinander und im Vergleich mit den durchschnittlich begabten Kindern?

- Fragestellung A1: Unterscheiden sich hoch begabte Kinder in Spezialprogrammen und hoch begabte Kinder in Regelklassen bezüglich ihrer Persönlichkeitsmerkmale?
- Fragestellung A2: Unterscheiden sich hoch begabte Kinder in Spezialprogrammen und hoch begabte Kinder in Regelklassen bezüglich ihrer Persönlichkeitsmerkmale von den durchschnittlich begabten Kindern?

- Fragestellung A3: Unterscheiden sich die hoch begabten Kinder der drei verschiedenen Spezialprogramme bezüglich ihrer Persönlichkeitsmerkmale voneinander?

Ein wesentliches Merkmal bezüglich der Persönlichkeit ist ohne Zweifel auch das Geschlecht. So kritisieren verschiedene Autorinnen und Autoren, dass deutlich weniger Mädchen mit besonderen Bedürfnissen in die Beratungsstellen kommen, da ihre Bedürfnisse nicht erkannt werden, obwohl ihre Hochbegabung spezielle Problemlagen aufwerfe (Stapf 2003; Langenmayr 1987; Elbing & Heller, 1996; Callahan 1991; Kerr 1994a; Kitano 1996; Silverman 1991). Um Aussagen zur Befindlichkeit von hoch begabten Mädchen machen zu können, wurde eine entsprechende zweite Fragestellung verfolgt:

Fragestellung B: Gibt es unterschiedliche Persönlichkeitsmerkmale bei Mädchen und Knaben, die besondere pädagogischen Massnahmen nahe legen?

- Fragestellung B1: Unterscheiden sich hoch begabte Mädchen und Knaben in Regelklassen bezüglich ihrer Persönlichkeitsmerkmale?
- Fragestellung B2: Unterscheiden sich durchschnittlich begabte Mädchen und Knaben in Regelklassen bezüglich ihrer Persönlichkeitsmerkmale?
- Fragestellung B3: Unterscheiden sich hoch begabte Mädchen und Knaben der Gruppe 1, in der die Kinder aus den verschiedenen Spezialprogrammen zusammengefasst sind bezüglich ihrer Persönlichkeitsmerkmale?
- Fragestellung B4: Unterscheiden sich hoch begabte Mädchen und Knaben in den drei verschiedenen Spezialprogramme (Gruppe 1a, Gruppe 1b und Gruppe 1c) bezüglich ihrer Persönlichkeitsmerkmale?

Da Kinder im Alter zwischen 9,7 und 13,4 Jahren befragt wurden, ist es ratsam, zu überprüfen, ob die Daten durch einen Alterseffekt verzerrt werden könnten. Über die ganze Stichprobe von 303 Kindern wurden deshalb zwei Gruppen – jünger als 12 Jahre und älter als 12 Jahre – gebildet:

Fragestellung C: Unterscheiden sich jüngere und ältere Kinder bezüglich ihrer Persönlichkeitsmerkmale?

6. Persönlichkeitsmerkmale von hoch begabten Kindern in Regelklassen und in Spezialprogrammen

Die Antworten auf die Fragestellungen zu den unterschiedlichen Persönlichkeitsmerkmalen werden im Folgenden einzeln beschrieben. Dafür sind einleitend die Kennwerte der Itemanalyse zu den Fragebogen aufgeführt, die Skalenhomogenität nach Cronbach-Alpha und die Trennschärfe der Items. Die Ergebnisse beziehen sich jeweils auf alle drei Gruppen. Die Gruppe der hoch begabten Kinder in Spezialprogrammen (Gruppe 1) wird darüber hinaus in eine Gruppe hoch begabter Kinder im vollzeitlichen Spezialprogramm (Gruppe 1a), in eine Gruppe hoch begabter Kinder im stundenweisen Spezialprogramm (Gruppe 1b) und in eine Gruppe hoch begabter Kinder im tageweisen Spezialprogramm (Gruppe 1c) unterschieden. Statistisch erfolgen die Vergleiche in t-Tests und Man-Whitney-U-Tests, da die Daten meist nicht normalverteilt und die Stichproben teilweise klein sind. Die t-Tests sind in den Abbildungen dargestellt und im Text erläutert. Die Prozentangaben sind mit Signifikanzen von $p \leq .10$ bis $p \leq .001$ angegeben. Im Gegensatz zu knapp nicht signifikanten t-Tests werden die eigentlich zu verwendenden Rangkorrelationen vielfach signifikant. Deshalb wird $p \leq .10$ als „Tendenz" interpretiert, obschon dies sonst nicht üblich ist. Die signifikanten Ergebnisse sind mit Kommentaren zur praktischen Bedeutsamkeit von signifikanten Unterschieden versehen.

6.1 Allgemeine Persönlichkeitsmerkmale

In diesem Kapitel geht es um die allgemeinen Persönlichkeitsmerkmale, die mit dem Hapef-K erhoben wurden. Im Folgenden sind einige Gütekriterien des Fragebogens und anschliessend die Ergebnisse dargestellt.

Die Reliabilität der sechs Skalen des Hapef-K (Wagner 1978) liegt nach Cronbach-Alpha zwischen $.83 < \alpha < .90$ in sehr gutem Bereich. Die Trennschärfen der Items sind fast alle brauchbar bis gut ($.24 < r_{it} < .64$, [s. Hampson 2005]). Der Hapef-K ist normiert und zur Interpretation der C-Werte ist gemäss Handbuch folgendes empfohlen: C-Werte zwischen 0 und 1 sind als weit unterdurchschnittlich, C-Werte zwischen 2 und 3 als unterdurchschnittlich, C-Werte zwischen 4 und 6 als durchschnittlich, C-Werte zwischen 7 und 8 als überdurchschnittlich und C-Werte zwischen 9 und 10 als weit überdurchschnittlich zu beurteilen.

Die hoch begabten Kinder in der Regelklasse zeigen verglichen mit jenen in den Spezialprogrammen signifikant mehr Angst bei Leistungsanforderungen, mehr somatische Symptome und sind aggressiver. Im Vergleich zur Normierung des Tests sind jedoch alle dargestellten C-Werte der Persönlichkeitsskalen im Durchschnitt. Es zeigt sich dass die Aggression der hoch begabten Kinder in Spezialprogrammen auch im Vergleich mit den durchschnittlich begabten tendenziell erhöht ist. Die folgende Abbildung zeigt die Unterschiede zwischen den Persönlichkeitsmerkmalen der hoch begabten Kinder in Spezialprogrammen und der hoch begabten Kinder in der Regelklasse (Fragestellung A1) sowie die Unterschiede zwischen den hoch begabten Kinder dieser beiden Gruppen und den durchschnittlich begabten Kinder (Fragestellung A2).

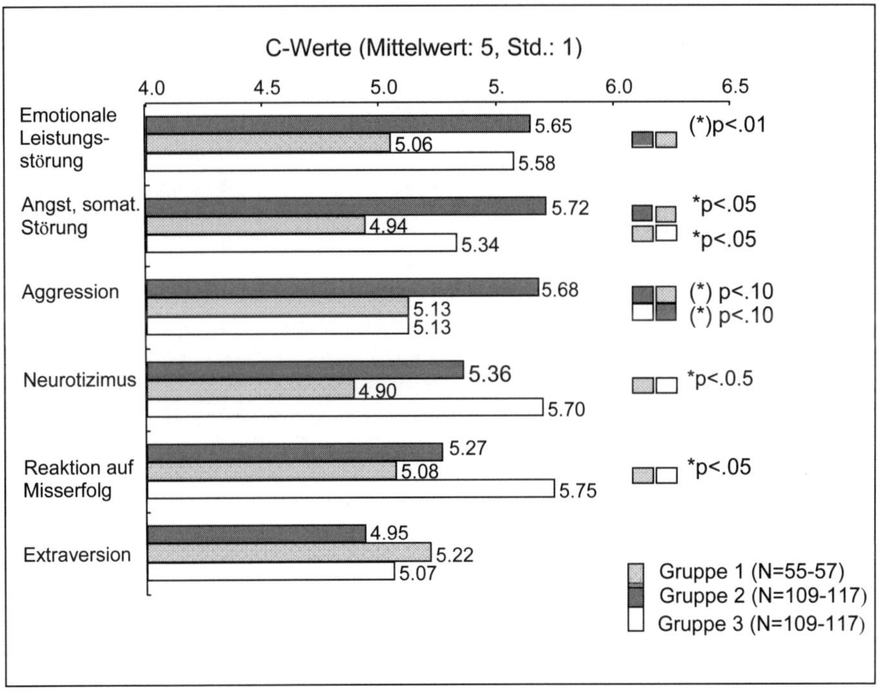

Abb. 9: Persönlichkeitsmerkmale (Hapef-K) bei hoch begabten Kindern in Spezialprogrammen (Gruppe 1), bei hoch begabten Kindern in Regelklassen (Gruppe 2) und bei durchschnittlich begabten Kindern in Regelklassen (Gruppe 3)

Die Aggressionsbereitschaft der hoch Begabten in Spezialprogrammen ist auch im Vergleich mit durchschnittlich Begabten tendenziell erhöht. Dieses Ergebnis ist vorwiegend auf die Gruppe der hoch begabten Kinder im vollzeitlichen Spezialprogramm zurückzuführen, wie die folgende Abbildung zeigt (Fragestellung A3):

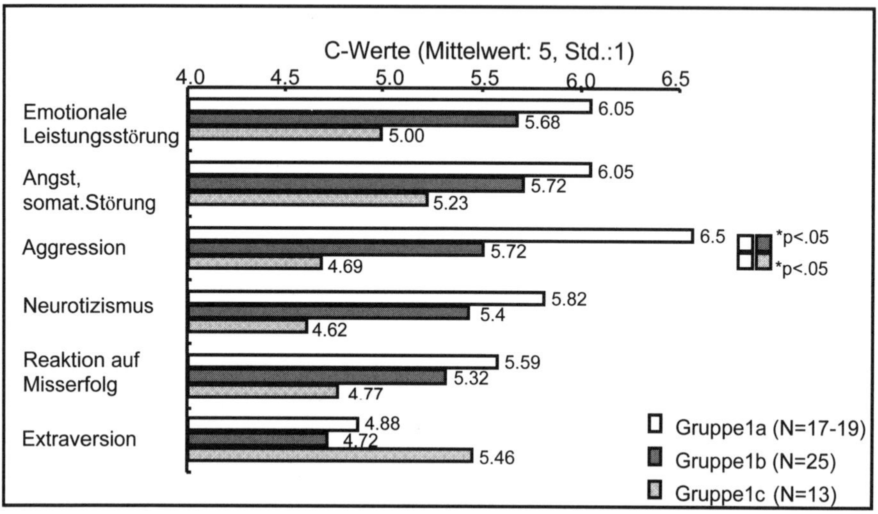

Abb. 10: Persönlichkeitsmerkmale (Hapef-K) hoch begabter Kinder im vollzeitlichen Spezialprogramm (Gruppe 1a), im stundenweisen Spezialprogramm (Gruppe 1b) und im tageweisen Spezialprogramm (Gruppe 1c)

Die Gruppe der hoch begabten Kinder im vollzeitlichen Spezialprogramm sind verglichen mit den Kindern der anderen Spezialprogramme am aggressivsten und auch auf der Grundlage der Normierung des Fragebogens überdurchschnittlich aggressiv (C = 6.58). Sie berichten ebenfalls vermehrt über emotionale Leistungsstörungen (C = 6.05) und somatische Symptome wie zum Beispiel Bauchweh (C = 6.05). Betrachtet man die Persönlichkeitsmerkmale der Mädchen und Knaben in den Spezialprogrammen, fallen die Mädchen mit erhöhter Aggressionsskala auf und sie zeigen zudem im Vergleich mit der Normierung eine erhöhte Empfindsamkeit (Neurotizismus). Unterschiede bezüglich der Persönlichkeitsmerkmale bei den Mädchen und Knaben innerhalb der drei Untergruppen der hoch begabten Kinder in Spezialprogrammen (Fragestellung B4) ergeben sich nur für jene im tageweisen Spezialprogramm, wobei diese Stichproben sehr klein sind. Im tageweisen Spezialprogramm zeigen sich bei den Mädchen vermehrt emotionale Leistungsstörungen, somatische Angst (C-Wert = 6.75), Aggression (C-Wert = 6.5), eine erhöhte Neurotizismus-Skala (C-Wert = 6.0) sowie eine stärkere Reaktion auf Misserfolge (C-Wert = 6.0). Bei den hoch begabten Kindern im vollzeitlichen und im stundenweisen Spezialprogramm sind zwischen den Mädchen und Knaben keine Unterschiede in diesen Merkmalen festzustellen.

In der folgenden Abbildung sind die Unterschiede zwischen den Persönlichkeitsmerkmalen der hoch begabten Mädchen und Knaben in Spezialprogrammen ersichtlich (Fragestellung B3):

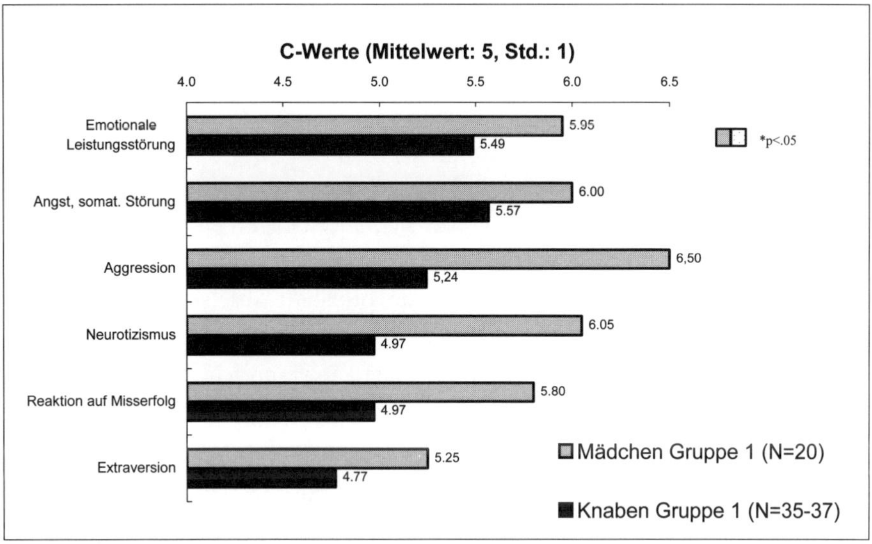

Abb. 11: Persönlichkeitsmerkmale (Hapef-K): Geschlechtsspezifische Unterschiede bei den hoch begabten Mädchen und Knaben in Spezialprogr. (Gruppe 1)

Im Vergleich mit der Normierung des Fragebogens erweisen sich jedoch die Werte einiger Skalen der Kinder im vollzeitlichen Spezialprogramm als überdurchschnittlich: Mädchen in den Skalen emotionale Leistungsstörung (C-Wert = 6.29), Aggression (C-Wert = 7.14), Neurotizismus (C-Wert = 6.86) und Jungen in den Skalen Angst/ somatische Störung (C-Wert = 6.10) und Aggression (C-Wert = 6.25).Im Kontrast zur Gruppe der hoch begabten Kinder in Spezialprogrammen zeichnen sich weder bei der Gruppe der hoch begabten Kinder in Regelklassen noch bei der Gruppe der durchschnittlich begabten Kinder signifikante Unterschiede zwischen Mädchen und Knaben ab (Fragestellungen B1 und B2). Auch im Vergleich mit der

Eichstichprobe des Tests liegen diese Mädchen und Knaben in durchschnittlichem Bereich.

Im Vergleich der Kinder bis 12 Jahre und der Kinder über 12 Jahre berichten letztere von stärkeren emotionalen Leistungsstörungen, vermehrten physischen Angstsymptomen, geringerer Extravertiertheit und tendenziell stärkerer Reaktion auf Misserfolg (Fragestellung C1). Die Effekte sind allerdings klein und mögen einerseits mit zunehmenden Anforderungen aufgrund des Übertritts in die Oberstufe zusammenhängen und andererseits mit Veränderungen durch die Pubertät.

- **Zusammenfassung der Ergebnisse zur Persönlichkeit**

Die hoch begabten Kinder in Spezialprogrammen und in Regelklassen haben in ihrer Persönlichkeit, beschrieben mit dem Hapef-K, sicherlich einige Gemeinsamkeiten, dies in den Skalen Neurotizismus, Reaktion auf Misserfolg und Extraversion. Im Vergleich mit der Normierung des Fragebogens bewegen sie sich in durchschnittlichem Bereich. Daneben zeichnen sich aber einige Persönlichkeitsfaktoren ab, in denen sich die hoch begabten Kinder in den Spezialprogrammen von den hoch begabten Kindern in Regelklassen unvorteilhaft absetzen, wenn auch die meisten gefundenen Effekte eher klein sind (d = .33). Die hoch begabten Kinder in Spezialprogrammen reagieren insbesondere stärker verunsichert auf Leistungsanforderungen, sie entwickeln mehr Angst vor Anforderungen und somatische Symptome wie Bauchweh und sind aggressiver oder dominanter.

Die Skala Aggression ist bei den hoch Begabten in Spezialprogrammen gegenüber der Gruppe der durchschnittlich Begabten in der Regelklasse erhöht. Zwischen den hoch begabten und der durchschnittlich begabten Kindern in der Regelklasse zeigen sich Unterschiede in leistungsnahen Persönlichkeitsfaktoren (d = .33). Die hoch begabten Kinder in Regelklassen sind weniger verunsichert bei Leistungsanforderungen, weniger irritierbar (Skala Neurotizismus) und reagieren gelassener bei Misserfolgen. Die gefundenen Unterschiede betreffen leistungsnahe Faktoren, wie sie auch andere Studien bestätigen (Rost & Hanses, 2000). Die hoch begabten Kinder in der Regelklasse erleben vermutlich mehr schulische Erfolgsmomente als die durchschnittlich begabten, was ihr Kompetenzgefühl weiter stärkt und sie auch vor zukünftigen Leistungsanforderungen weniger Angst, sei es psychisch oder physisch, empfinden lässt.

Bei den hoch begabten Kindern in den drei verschiedenen Spezialprogrammen zeigt einzig die Skala Aggression Unterschiede. Am höchsten ist sie bei der Gruppe der hoch begabten Kinder im vollzeitlichen Spezialprogramm (Gruppe 1a). Zwischen dieser Gruppe und der Gruppe der Kinder im stundenweisen Spezialprogramm (Gruppe 1b) besteht ein Unterschied von $d = .50$ und zur Gruppe der Kinder im tageweisen Spezialprogramm (Gruppe 1c) $d = .88$.

Zwischen allgemeinen Persönlichkeitsmerkmalen der Mädchen und Knaben in Spezialprogrammen gibt es wiederum mehr Gemeinsamkeiten als Unterschiede. Allerdings ist die Skala Aggression bei den Mädchen erhöht. Dies ist erstaunlich, da aggressives Verhalten in der Literatur häufiger bei Knaben (z.B. Ludwig & Cullinan, 1984) vermerkt wird und bei den Mädchen dagegen häufiger Rückzugsreaktionen beobachtet werden (z.B. Leroux 1994). Auch im Vergleich mit der Normierung des Fragebogens fallen zwei Skalen der hoch begabten Mädchen in Spezialprogrammen überdurchschnittlich hoch aus, nämlich Aggression und Neurotizismus.

Zwischen allgemeinen Persönlichkeitsmerkmalen der hoch und der durchschnittlich begabten Mädchen und Knaben in Regelklassen ergaben sich keine geschlechtsspezifischen Unterschiede.

Bei den hoch begabten Mädchen und Knaben in den drei verschiedenen Spezialprogrammen haben die Mädchen im tageweisen Spezialprogramm in allen Skalen bis auf die Skala Extraversion höhere Werte als die Knaben, wenn auch die Stichproben klein sind. Bei den hoch begabten Mädchen und Knaben im vollzeitlichen und bei jenen im stundenweisen Spezialprogramm gibt es keine Unterschiede der Persönlichkeitsmerkmale.

Beim Vergleich der jüngeren mit den älteren Kindern finden sich unterschiedliche Persönlichkeitsmerkmale nur in geringem Mass.

6.2 Selbstkonzepte

Zunächst werden einige Gütekriterien und Angaben zum Fragebogen dargestellt und anschliessend die Ergebnisse zu den Fragestellungen bezüglich der Selbstkonzepte. Zum Erfassen der Selbstkonzepte wurde der bislang unveröffentlichte Fragebogen FKSI verwendet (Deusinger 2004). Die Skalenhomogenität ist nach Cronbach-Alpha mit Reliabilitäten von $.36 < \alpha < .79$ nur teilweise befriedigend. Entsprechend sind auch die Trennschärfen der Items nicht zufrieden stellend ($.03 < r_{it} < .69$, [s. Hampson 2005]). Aufgrund der Itemanalyse hätten zwar Items eliminiert werden können; es wurde jedoch darauf verzichtet, da Cronbach-Alpha nur gering hätte gesteigert werden können. Angesichts dieser Werte wurden die drei Skalen mit den schlechtesten Cronbach-Alphas ($.36 < \alpha < .56$) von weiteren Auswertungen ausgeschlossen. Insgesamt stellen die Ergebnisse der Reliabilitätsanalyse die Genauigkeit der Messung der Merkmale in Frage. Die Daten entsprechen nicht einer Normalverteilung, deshalb werden wiederum parameterfreie Man-Whitney-U-Tests verwendet. Für die einzelnen Skalen werden die Antworten aufsummiert und durch die Anzahl Items dividiert. Damit erhält man die durchschnittlichen Antworten jeder Skala.

Im Folgenden sind nur jene Skalenmittelwerte dargestellt, deren Skalen Reliabilitäten mit Cronbach-Alpha ab 0.64 aufweisen. Die Skala Angsterleben wurde für die Abbildungen in „Angstfreiheit“ umbenannt, da die Originalbenennung missverständlich ist: Eine hohe Ausprägung in der Skala Angsterleben drückt nämlich eine hohe Angstfreiheit aus. Als Erstes ist in der folgenden Abbildung dargestellt, inwiefern sich die Selbstkonzepte der hoch begabten Kinder in Spezialprogrammen, der hoch begabten Schülerinnen und Schüler in Regelklassen und der durchschnittlich begabten Schülerinnen und Schüler unterscheiden (Fragestellungen A1 und A2):

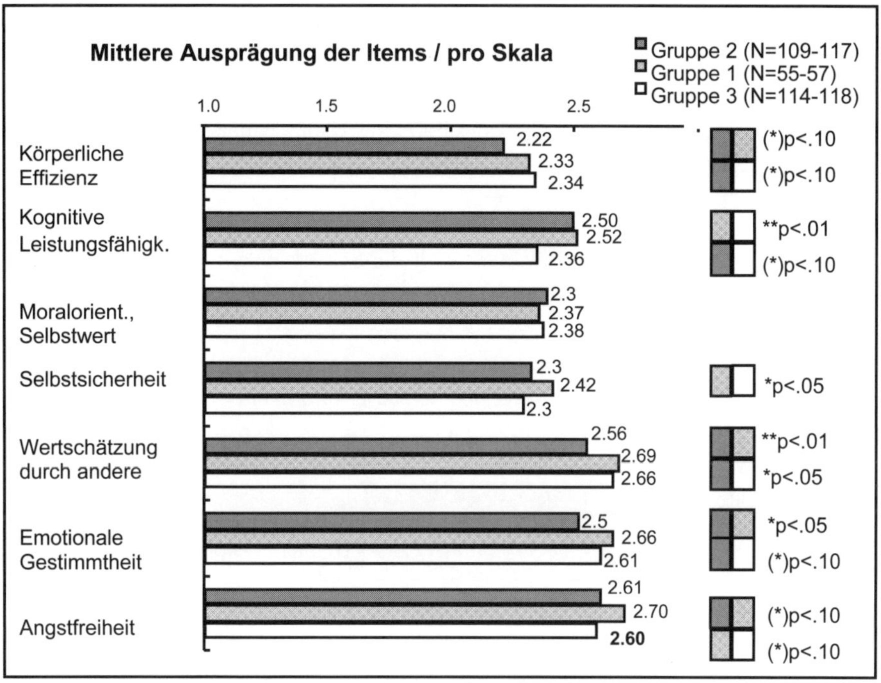

Abb. 12: Selbstkonzepte (FKSI) bei den hoch begabten Kindern mit besonderen pädagogischen Bedürfnissen (Gruppe 1), in Regelklassen (Gruppe 2) und bei durchschnittlich begabten Kindern in Regelklassen (Gruppe 3)

Der Vergleich zwischen hoch begabten Kindern in Spezialprogrammen und in Regelklassen ergab bei letzteren tendenziell eine als höher eingeschätzte körperliche Effizienz, eine ebenso grössere Wertschätzung, eine fröhlichere Gestimmtheit und grössere Angstfreiheit. Die hoch begabten Kinder in Spezialprogrammen fühlen sich hingegen verglichen mit durchschnittlich begabten Schülerinnen und Schülern zwar intellektuell leistungsfähiger, jedoch tendenziell körperlich weniger effizient, weniger wertgeschätzt sowie tendenziell weniger fröhlich. Die hoch begabten Kinder in der Regelklasse beurteilen ihre kognitive Leistungsfähigkeit als besser und ihr Auftreten als selbstsicherer als die durchschnittlich begabten Kinder und sie beschreiben sich als weniger ängstlich. Die Selbstkonzepte der hoch begabten Kinder in den verschiedenen Spezialprogrammen unterscheiden sich kaum voneinander (Fragestellung A3). Die hoch begabten Mädchen in den Spezialprogrammen beschreiben sich als körperlich weniger effizient und tendenziell ängstlicher als die Knaben (Fragestellung B3). Die hoch begabten Mädchen in Regelklassen schätzen sich als intellektuell leistungsfähiger ein als die Knaben. Sie orientieren sich tendenziell stärker an moralischen Grundsätzen und erleben mehr Wertschätzung von aussen (Fragestellung B1). Die durchschnittlich begabten Mädchen nehmen sich als körperlich weniger effizient, selbstunsicherer und ängstlicher wahr als die durchschnittlich begabten Knaben und orientieren sich tendenziell stärker an moralischen Grundsätzen (Fragestellung B2).

Im Folgenden ist dargestellt, inwiefern sich die Selbstkonzepte der hoch begabten Mädchen und Knaben in Regelklassen unterscheiden (Fragestellung B1):

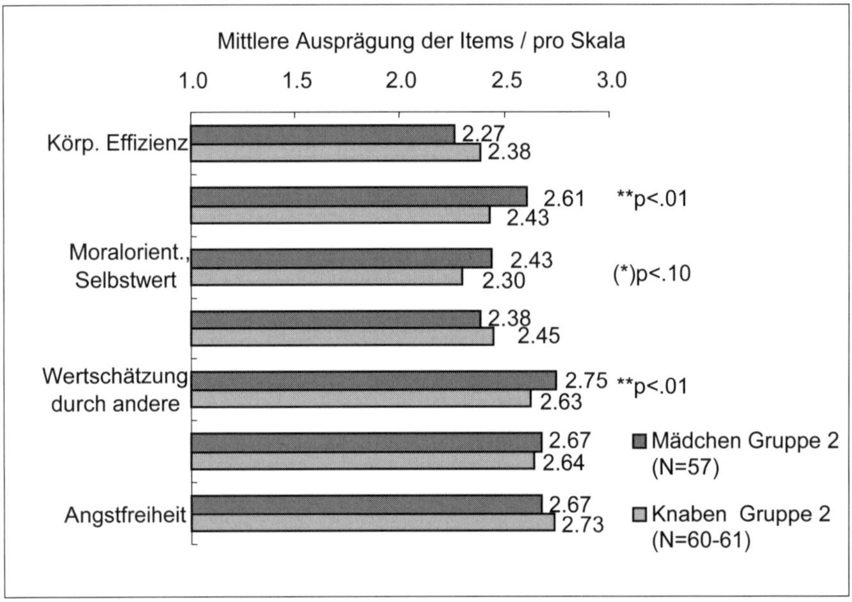

Abb. 13: Selbstkonzepte (FKSI) bei hoch begabten Mädchen und Knaben der Regelklassen (Gruppe 2)

Bei den hoch begabten Kindern im vollzeitlichen Spezialprogramm schätzen hingegen die Knaben ihre körperliche Effizienz schlechter ein als die Mädchen. Die hoch begabten Mädchen im stundenweisen Spezialprogramm schätzen ihre intellektuelle Leistungsfähigkeit tendenziell schlechter ein als die Knaben (Fragestellung B4). Interessant sind Unterschiede zwischen den hoch begabten Mädchen und Knaben im tageweisen Spezialprogramm. Hier beschreiben sich die Knaben als körperlicher effizienter, selbstsicherer, sie fühlen sich mehr durch andere wertgeschätzt und sind fröhlicher gestimmt als die Mädchen. Aber für diesen Befund gilt wiederum, dass er auf einer sehr kleinen Stichprobe basiert. Zwischen den Selbstkonzepten von jüngeren und älteren Kindern sind keine signifikanten Unterschiede zu verzeichnen (Fragestellung C).

- **Zusammenfassung der Ergebnisse zu den Selbstkonzepten**

Die Selbstkonzepte von hoch begabten Kindern in Spezialprogrammen und in Regelklassen weisen einige Ähnlichkeiten, aber – in geringem Mass – auch Unterschiede auf. Hoch begabte Kinder in Spezialprogrammen schätzen ihre körperliche Effizienz weniger positiv ein – zum Beispiel im Rennen – fühlen sich weniger wertgeschätzt und beschreiben sich als weniger fröhlich und als ängstlicher. Diese Unterschiede werden von anderen Autoren bestätigt (Rodgers 1979; Stopper 1978). Bezüglich der Einschätzung ihrer eigenen Begabung unterscheiden sich die hoch begabten Kinder in Spezialprogrammen und in Regelklassen nicht. Beide Gruppen schätzen aber ihre Begabung höher ein als die durchschnittlich begabten Kinder. Entsprechende Einschätzungen haben auch andere Autoren festgestellt: Hoch Begabte schätzen ihre Begabung höher ein (Bouffard, Markovits et al., 1998) und hoch begabte Kinder in Spezialprogrammen fühlen sich körperlich weniger effizient als durchschnittlich begabte Kinder (Milgram & Milgram , 1976).

Die Selbstkonzepte der Mädchen und Knaben sind sehr ähnlich. Innerhalb der Gruppe der hoch begabten Kinder in den drei verschiedenen Spezialprogrammen beschreiben sich die Mädchen als ängstlicher und körperlich weniger effizient als die Knaben. Bei den hoch begabten Kindern der Regelklassen schätzen die Mädchen ihre Begabung höher ein und geben zudem an, sich stärker an moralischen Grundsätzen zu orientieren und sich mehr wertgeschätzt zu fühlen als die Knaben. Bei den durchschnittlich begabten Kindern beurteilen sich die Mädchen ebenfalls als körperlich weniger effizient – z.B. im Rennen oder Klettern –, als ängstlicher und weniger selbstsicher, jedoch stärker an moralischen Grundsätzen interessiert als die Knaben. Damit wird indirekt deutlich, dass für die meisten Knaben – unabhängig von ihrer Begabung – ihre körperliche Effizienz wichtig ist. Gerade in der Pubertät dürfte ein starker Körper für Knaben zur Selbstbehauptung von Vorteil sein.

Zwischen den Selbstkonzepten der hoch begabten Kinder in den drei verschiedenen Spezialprogrammen zeichnen sich praktisch kaum Unterschiede ab. Unerwartet ist jedoch, dass die hoch begabten Mädchen im stundenweisen Spezialprogramm ihre intellektuelle Leistungsfähigkeit geringer beurteilen als die Knaben im selben Programm und dagegen die Knaben im vollzeitlichen Spezialprogramm ihre körperliche Effizienz geringer einschätzen als die Mädchen. Die hoch begabten Mädchen im tageweisen Spezialprogramm fallen dahingehend auf, dass sie in vielen Bereichen ein deutlich schlechteres Bild von sich zeichnen als die Knaben: Sie beschreiben sich als körperlich weniger effizient, weniger selbstsicher, weniger wertgeschätzt und ebenso weniger fröhlich gestimmt.

6.3 Zielorientierungen

In Folgenden sind die Angaben zu Gütekriterien des Fragebogens bezüglich den Zielorientierungen als Auffassung von Leistungsmotivation dargestellt und im Anschluss daran die Ergebnisse zu den Fragestellungen erläutert. Die Reliabilitätsanalysen der zwei Skalen zu den Zielorientierungen sind mit der Skalenhomogenität nach Cronbach-Alpha zwischen $.85 < \alpha < 87$ und damit in guten Bereichen. Auch die Trennschärfe der Items ergab eine gute Qualität ($.49 < r_{it} < .74$, [s. Hampson 2005]). Die Ergebnisse zur Zielorientierung liegen nur von 275 Kindern vor, da ein Teil der Stichprobe im Rahmen des Pre-Screenings andere Items beantwortete. Bei den Vergleichen zur Zielorientierung ergaben sich praktisch keine Unterschiede. Deshalb sind die Ergebnisse im Folgenden nicht in Graphiken dargestellt, sondern gleich auf die Fragestellungen ausgerichtet zusammenfassend beschrieben.

- **Ergebnisse zu den Zielorientierungen**

Die Zielorientierungen der hoch begabten Kinder in Spezialprogrammen und in Regelklassen sowie der durchschnittlich begabten Kinder unterscheiden sich nicht. Diese Feststellung ist interessant, da in vielen Modellen zur Hochbegabung die Motivation als wichtiger Bestandteil aufgeführt wird und die Zielorientierung auch im Schulalltag als ein wesentliches Merkmal für eine hohe Begabung erachtet wird. Immerhin wurden aber auch in der Münchner Studie zwischen verschiedenen Intelligenzgruppen keine Unterschiede bezüglich Motivation und Leistungsstreben gefunden (Heller 1992).

Die hoch begabten Mädchen und Knaben in den verschiedenen Spezialprogrammen unterscheiden sich bezüglich ihrer Zielorientierung nicht. Doch bei den Zielorientierungen der Kinder in den Regelklassen ergeben sich geschlechtsspezifische Unterschiede. Da sind die hoch begabten Knaben stärker ich-orientiert als die Mädchen; sie möchten in Leistungssituationen also vermehrt zeigen, was sie können und wollen andere damit auch beeindrucken. Dagegen sind die durchschnittlich begabten Mädchen in Regelklassen tendenziell stärker aufgabenorientiert als die Knaben.

Der Altersvergleich zeigt, dass sich Kinder unter 12 Jahren stärker ich-orientiert beschreiben, wobei der Unterschied aber schwach ist.

6.4 Attribution von Erfolg und Misserfolg

Dieses Kapitel befasst sich mit Attributionsmustern, den Erklärungen von schulischen Erfolgen und Misserfolgen. Eingangs sind einige Angaben zum Fragebogen dargelegt, dann folgen die Ergebnisse, aufgeteilt nach den Fragestellungen.

Insgesamt kann auf 275 gültige Fragebogen zur Attribution zurückgegriffen werden; beim Pre-Screening wurde ein anderer Fragebogen verwendet.

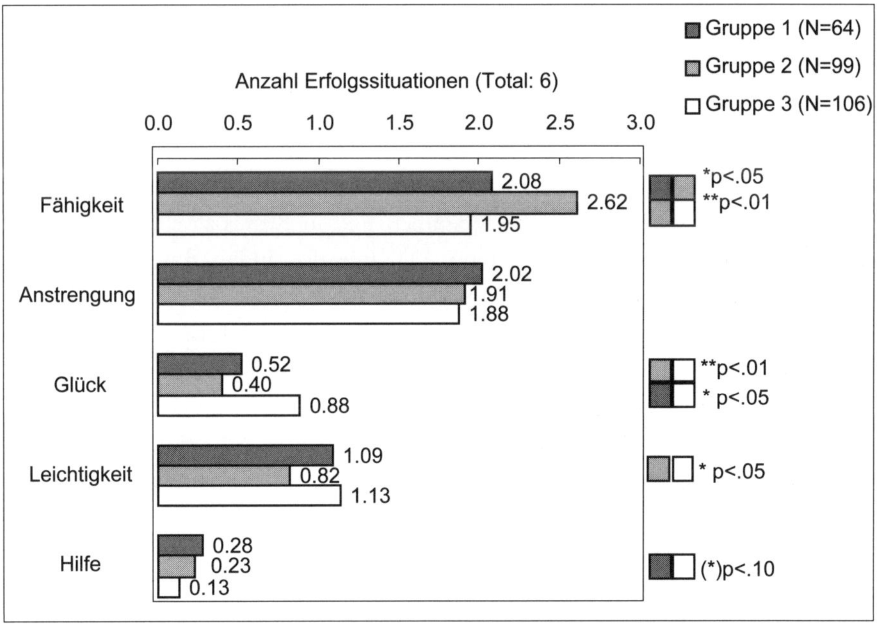

Abb. 14: Erfolgssituationen bei hoch begabten Kindern mit besonderen pädagogischen Bedürfnissen (Gruppe 1), hoch begabten Kindern in Regelklassen (Gruppe 2) und durchschnittlich begabten Kindern (Gruppe 3)

Die Kinder wurden vorerst um eine Einschätzung gebeten, wie wichtig sie die verschiedenen Situationen im Fragebogen finden, denn eine Bewertung unwichtiger Situationen hätte ihre Antworten verfälschen können. Da die Spielsituationen bezüglich Erfolg und Misserfolg vorwiegend als unwichtig erachtet wurden bzw. die Fragestellung inhaltlich mehrdeutig ist, wurden diese beiden Situationen des Fragebogens für die Skalenwerte nicht verwendet. Aus den verbleibenden zwölf Situationen wurden anhand der Antwortmöglichkeiten je fünf Skalen zu Erfolg und Misserfolg gebildet. Sie weisen Ausprägungen zwischen 1 und 6 auf. Es wurden keine Reliabilitäten berechnet, da die Skalen nicht zusammenhängen.

Fast alle Kinder erklären Erfolge mit „Fähigkeit" oder „Anstrengung", dennoch gibt es interessante Unterschiede. Die hoch begabten Kinder in Regelklassen schreiben mehr Situationen eigenem Können zu als die hoch begabten Kinder in Spezialprogrammen und die durchschnittlich begabten Kinder. Auffallend ist bei der Gruppe der durchschnittlich begabten Kinder die erhöhte externe Attribuierung – „Glück" und „Leichtigkeit der Aufgabe". Dies stimmt mit Befunden anderer Studien (z.B. Borkowski & Kurtz, 1987). Die hoch begabten Kinder in Spezialprogrammen machen tendenziell häufiger Hilfestellungen für Erfolge verantwortlich als die Gruppe der durchschnittlich begabten Kinder. Möglicherweise sind dafür Lernformen in Spezialprogrammen mitverantwortlich, in denen die Lehrpersonen Beraterfunktion haben.

Misserfolge verbinden alle Kinder mit mangelnder Anstrengung. Die Gruppen der hoch begabten Kinder in Spezialprogrammen und in Regelklassen unterscheiden sich untereinander nicht (Fragestellung A1). Für die durchschnittlich begabten Kinder sind jedoch externe Faktoren wie Pech oder schwierige Aufgaben für ein Scheitern ebenso relevant (Fragestellung A2). Sowohl die hoch begabten Kinder in Spezialprogrammen als auch jene in Regelklassen erklären Misserfolge häufiger als durchschnittlich begabte Kinder damit, sich zu wenig angestrengt zu haben. Umgekehrt machen die hoch begabten Kinder seltener als die durchschnittlich begabten Pech oder (tendenziell) auch die Schwierigkeit der Aufgaben dafür verantwortlich. Die hoch begabten Kinder im vollzeitlichen Spezialprogramm geben häufiger als die Kinder im stundenweisen Programm an, Misserfolg zu haben, weil sie etwas nicht können (Fragestellung A3). Hingegen geben hoch begabte Kinder im stundenweisen Spezialprogramm häufiger externe Ursachen für Erfolg an als hoch begabte Kinder im tageweisen Programm. Sie nennen „Glück" und tendenziell auch „Leichtigkeit der Aufgaben", jedoch tendenziell weniger häufig ihr eigenes

Können. Dagegen unterscheiden sich die hoch begabten Kinder im vollzeitlichen Spezialprogramm von jenen im stundenweisen Spezialprogramm einzig dadurch, dass sie in höherem Ausmass Glück für ihre Erfolge verantwortlich machen.

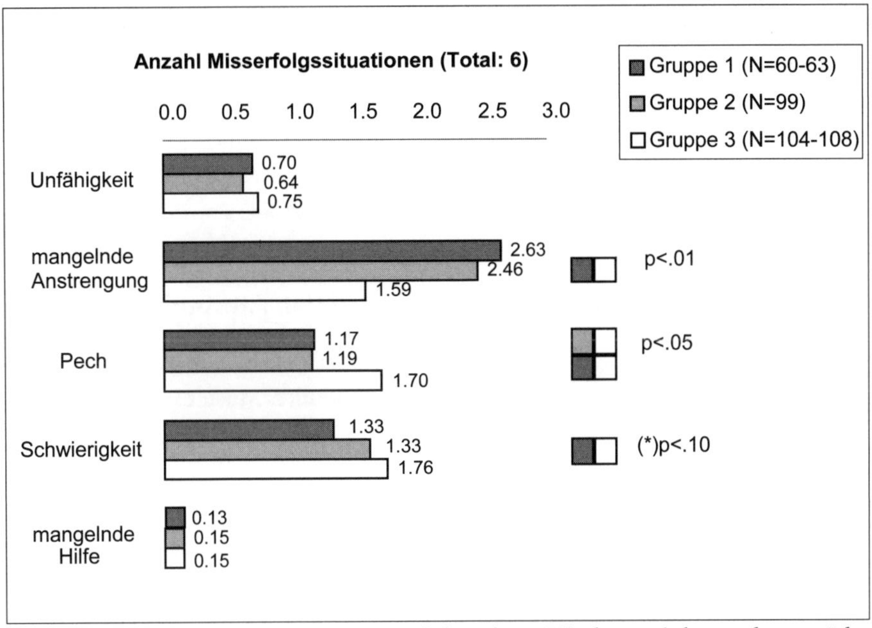

Abb. 15: Misserfolgssituationen bei hoch begabten Kindern mit besonderen pädagogischen Bedürfnissen (Gruppe 1), hoch begabten Kindern in Regelklassen (Gruppe 2) und durchschnittlich begabten Kindern (Gruppe 3)

Vergleicht man die Attributionen der hoch begabten Mädchen und Knaben in Spezialprogrammen und in Regelklassen sowie der durchschnittlich begabten Mädchen und Knaben miteinander (Fragestellung B), so zeigt sich, dass einzig die hoch begabten Mädchen in Regelklassen als Grund für Erfolge tendenziell seltener „Hilfe“ und für Misserfolge tendenziell seltener „Nicht-Können“ angeben als die Knaben (Fragestellung B1). Innerhalb der Gruppe der hoch begabten Kinder in Spezialprogrammen führen die Mädchen im vollzeitlichen Spezialprogramm Erfolge tendenziell weniger oft auf ihre Fähigkeiten zurück und die Mädchen im tageweisen Spezialprogramm begründen Misserfolg häufiger mit eigener Unfähigkeit (Fragestellung B4). Diese Substichproben sind zwar sehr klein, die Ergebnisse haben aber bedeutsame Effektstärken. Deshalb kann berechtigterweise angemerkt werden, dass sich diese Muster als ungünstig erweisen können für das Selbstwertgefühl der Mädchen.

Betrachtet man die Attributionen bezüglich Erfolge und Misserfolge bei den zwei Altersgruppen, so zeigt sich, dass die über 12-jährigen Kinder häufiger als die unter 12-jährigen angeben, Erfolg durch Anstrengung und weniger durch Glück zu erreichen. Entsprechend führen die über 12-Jährigen Misserfolge auch auf mangelnde Anstrengung zurück, während die jüngeren Kinder Pech dafür verantwortlich machen. Diese Befunde deuten auf einen Alterseffekt hin, der zeigt, dass sich Kinder mit zunehmendem Alter verantwortlicher fühlen für Erfolge und Misserfolge (Fragestellung C).

- **Zusammenfassung der Ergebnisse zu den Attributionen**

Die meisten Kinder begründen Erfolge und Misserfolge mit „Fähigkeit" oder „Anstrengung", was einem internen, selbstwertoptimierenden Muster entspricht. Dennoch unterscheiden sich die Attributionsmuster. Zwar nennen auch die durchschnittlich begabten Kinder „Fähigkeit" und „Anstrengung" als wichtigste Gründe für Erfolg, im Unterschied zu den hoch Begabten in Regelklassen und in Spezialprogrammen dienen als Erklärung aber doch vermehrt auch externale Erklärungen wie „Glück" und „leichte Aufgaben". Es war zwar zu erwarten, dass hoch begabte Kinder in Regelklassen ihre Erfolge deutlicher auf ihr Können zurückführen als durchschnittlich begabte Kinder (vgl. Kurtz & Weinert, 1989). Unerwartet ist aber, dass dieser Unterschied auch im Vergleich zwischen den hoch Begabten in Regelklassen und denjenigen in den Spezialprogrammen gilt.

Misserfolge verbinden alle Kinder mit mangelnder Anstrengung, die hoch begabten jedoch mehr als die durchschnittlich begabten und am deutlichsten attribuieren die hoch begabten Kinder in Regelklassen internal. Ein Grund dafür könnte sein, dass sie nicht viel Erfahrung mit Misserfolgen haben. Für die durchschnittlich begabten Kinder ist eine externale Attribuierung – „Pech" oder „schwierige Aufgaben" – genauso wichtig wie „mangelnde Anstrengung". Das externale Erklärungsmuster dieser Gruppe deutet darauf hin, dass durchschnittlich begabte Kinder sich für die Schule zwar anstrengen, schulische Situationen aber trotzdem als wenig kontrollierbar erleben.

Innerhalb der drei Gruppen hoch begabter Kinder in den verschiedenen Spezialprogrammen zeichnen sich bedeutsame Unterschiede ab. Erstens führen die Kinder im vollzeitlichen Spezialprogramm Erfolge mehr auf „Glück" und Misserfolge auf „Nichtkönnen" zurück und zweitens erklären die Kinder im stundenweisen Spezialprogramm im Gegensatz zu den Kindern im tageweisen Spezialprogramm Erfolge extern mit „Glück" und „Leichtigkeit der Aufgaben".

Bei den hoch begabten Kindern in Spezialprogrammen und bei den durchschnittlich begabten Kindern zeigen sich keine geschlechtsspezifischen Unterschiede bezüglich Attributionen auf Erfolg und Misserfolg. Auch bei den hoch begabten Kindern in Regelklassen gibt es diesbezüglich nur minime Unterschiede. Dort geben hoch begabte Mädchen an, für Erfolge weniger oft Hilfe erhalten zu haben und finden weniger häufig als Knaben, sie hätten Misserfolge, weil sie etwas nicht verstehen. Damit bestätigt sich wiederum das positive Bild, das hoch begabte Mädchen in der Regelklasse von sich selber zeichnen.

Bei den hoch begabten Mädchen und Knaben innerhalb der verschiedenen Spezialprogramme gibt es zwar wenige, jedoch aufgrund der Effektstärke bedeutsame Attribuierungsunterschiede. So führen hoch begabte Mädchen im vollzeitlichen Spezialprogramm Erfolge weniger oft auf ihre Fähigkeit zurück als Knaben und hoch begabte Mädchen im tageweisen Spezialprogramm geben ebenfalls häufiger als die Knaben an, Misserfolge zu erleben, weil sie etwas nicht können. Zwar sind die Stichproben jeweils klein, aber sie deuten doch auf Attributionen hin, die sich für die Mädchen ungünstig und demotivierend auswirken können.

Alterseffekte gibt es zwar dahingehend, dass ältere Kinder zunehmend ihre Anstrengung als relevanten Faktor für Erfolg und Misserfolg betrachten, aber dies nur mit geringen Effekten.

6.5 Sozialverhalten und Sozialerfahrung

Inhalt dieses Kapitels ist das soziale Erleben und Verhalten der hoch und der durchschnittlich begabten Kinder. Eingangs sind einige Angaben zu den Gütekriterien des Fragebogens dargestellt, dann folgen Ausführungen zu den Ergebnissen. Zum Fragebogen gibt es Normierungen in T-Werten. Petillon (1984) kennzeichnet die T-Werte folgendermassen: T-Wert 20 – 30 sehr gering ausgeprägt, T-Wert 30 – 40 gering ausgeprägt, T-Wert 40 – 60 durchschnittlich ausgeprägt, T-Wert 60 – 70 stark ausgeprägt und T-Wert 70 – 80 sehr stark ausgeprägt. Alle in der Abbildung 16 dargestellten Gruppen weisen durchschnittliche Werte auf.

Der Sozialfragebogen erweist sich in allen sechs Skalen als sehr reliabel (Cronbach-Alphas zwischen $.85 < \alpha < .95$). Dennoch hätten aus methodischer Sicht einige wenig trennscharfe Items eliminiert werden müssen – vor allem in der Skala „Soziale Angst" und „Strenge der Lehrperson". Da dadurch Cronbach-Alpha jedoch kaum gesteigert werden könnte und inhaltlich die Items sinnvoll sind, bleiben die Skalen gemäss Fragebogen bestehen. Die Trennschärfe ergab meist brauchbare bis gute Items ($.24 < r_{it} < .68$, [s. Hampson 2005]).

Die hoch begabten Kinder in Spezialprogrammen erweisen sich verglichen mit jenen in Regelklassen weniger kontaktbereit gegenüber Mitschülerinnen und Mitschülern und machen offenbar auch weniger gute Sozialerfahrungen. Hoch begabte Kinder in Spezialprogrammen erleben zudem ihre Lehrpersonen als strenger als die hoch begabten Kinder in Regelklassen und – leicht weniger ausgeprägt – auch die durchschnittlich begabten Kinder. Die gleichen Unterschiede treten auch im Vergleich zwischen der Gruppe der hoch begabten Kinder in Spezialprogrammen und der Gruppe der durchschnittlich begabten Kinder zu Tage, jedoch mit leicht geringeren Effekten (Fragestellungen A1 und A2).

Im Folgenden sind zunächst die Ergebnisse zusammengefasst, welche die Unterschiede des Sozialverhaltens und der Sozialerfahrungen zwischen den hoch begabten Kindern in Spezialprogrammen und in Regelklassen sowie den durchschnittlich begabten Kindern in Regelklassen aufzeigen (Fragestellungen A1 und A2).

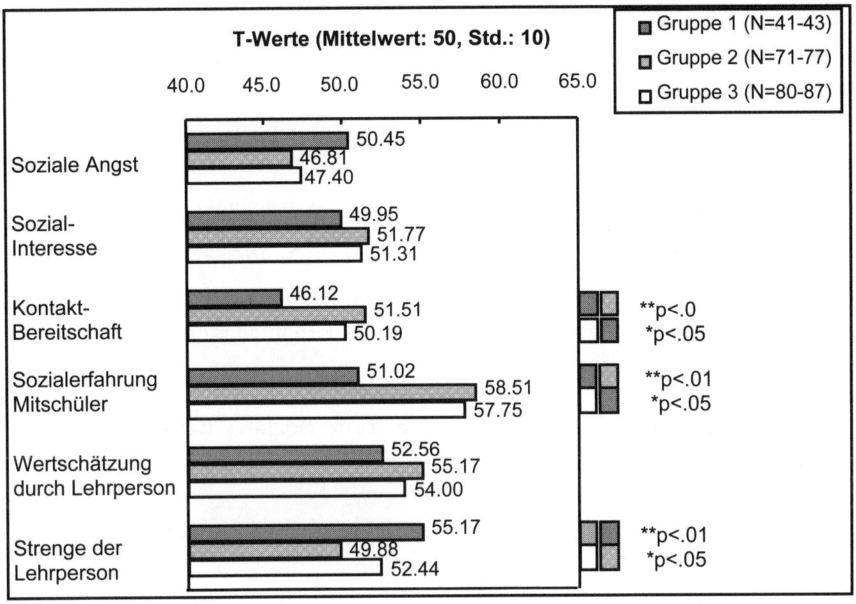

Abb.16: Sozialfragebogen bei hoch begabten Kindern mit besonderen pädagogischen Bedürfnissen (Gruppe 1), hoch begabten Kindern in Regelklassen (Gruppe 2) und bei durchschnittlich begabten Kindern (Gruppe 3)

Innerhalb der Gruppe der hoch begabten Kinder in Spezialprogrammen liegt die Kontaktbereitschaft der Kinder im vollzeitlichen Programm mit einem Mittelwert von 42.7 zwar noch im durchschnittlichen Bereich der Normierung; sie unterscheidet sich jedoch signifikant von der Kontaktbereitschaft der hoch begabten Kinder im stundenweisen Spezialprogramm. Dasselbe gilt auch in Bezug auf die wahrgenommene Strenge der Lehrperson. Bei den hoch begabten Kindern im tageweisen Spezialprogramm wurde dieser Fragebogen nicht eingesetzt (Fragestellung A3). Das Sozialinteresse ist bei den hoch begabten Mädchen in Spezialprogrammen deutlicher als bei den Knaben in denselben Programmen (Fragestellung B3). Geschlechtsspezifische Unterschiede im sozialen Erleben und Verhalten gibt es auch bei den hoch begabten Kindern in der Regelklasse: hier zeigen die Mädchen ein grösseres Sozialinteresse und eine tendenziell grössere Kontaktbereitschaft und machen bessere Sozialerfahrungen als die Knaben (Fragestellung B1). Sie machen vor dem Hintergrund der normierten Stichprobe sogar überdurchschnittlich positive Sozialerfahrungen. Bei den durchschnittlich begabten Kindern nehmen die Knaben im Vergleich zu den Mädchen eine grössere Wertschätzung durch die

Lehrperson wahr (Fragestellung B2). Innerhalb der Spezialprogramme zeichnen sich Unterschiede im sozialen Erleben und Verhalten ab. Die hoch begabten Mädchen im stundenweisen Spezialprogramm machen tendenziell positivere Sozialerfahrungen als die Knaben. Interessanterweise beschreiben sich die hoch begabten Mädchen im vollzeitlichen Spezialprogramm tendenziell als sozial ängstlicher als die Knaben. Dieser Unterschied hat eine grosse Effektstärke (Fragestellung B4).

Im Altersvergleich nehmen die über 12-Jährigen die Lehrperson als signifikant strenger wahr als die unter 12-Jährigen, was wiederum mit dem Übertritt in die Oberstufe zusammenhängen könnte. Hier ist der Effekt allerdings klein (Fragestellung C).

- **Zusammenfassung der Ergebnisse zum Sozialverhalten und zu den Sozialerfahrungen**

Insgesamt ergeben sich einige Ähnlichkeiten zwischen den Gruppen der hoch begabten Kinder in Spezialprogrammen und in Regelklassen sowie der Gruppe der durchschnittlich begabten Kinder. Alle haben ein grundsätzliches soziales Interesse, eine (geringe) soziale Angst und erleben die Wertschätzung durch ihre Lehrperson ähnlich. Es gibt aber auch deutliche Unterschiede zwischen den Gruppen. Sie zeigen sich mit mittleren statistischen Effekten wie folgt: Die hoch begabten Kinder in Spezialprogrammen sind weniger kontaktbereit als jene in Regelklassen, sie machen weniger gute Sozialerfahrungen mit Mitschülerinnen und Mitschülern und nehmen die Lehrperson als strenger wahr. Dieser Unterschied manifestiert sich auch im Vergleich der hoch begabten Kinder in Spezialprogrammen mit den durchschnittlich begabten Kindern, jedoch mit noch geringeren Effekten.

Innerhalb der Gruppe der hoch begabten Kinder in den drei Spezialprogrammen fällt einzig auf, dass sich jene im vollzeitlichen Spezialprogramm am wenigsten kontaktbereit zeigen und die Lehrperson als strenger wahrnehmen.

Insgesamt sind viele Mädchen sozial interessierter als die Knaben. Dies ist sowohl bei den hoch begabten Mädchen in den Spezialprogrammen als auch bei jenen in den Regelklassen festzustellen. Die hoch begabten Mädchen in der Regelklasse machen auch positivere Sozialerfahrungen als die Knaben und sogar überdurchschnittlich positive im Vergleich mit der Normierung des Fragebogens. Bei den durchschnittlich begabten Kindern fällt dagegen auf, dass sich die Mädchen weniger wertgeschätzt fühlen als die Knaben. Die hoch begabten Mädchen im stundenweisen Spezialprogramm machen positivere Sozialerfahrungen als die Knaben, während die hoch begabten Mädchen im vollzeitlichen Spezialprogramm – geschlechtsuntypisch – sozial ängstlicher sind als die Knaben.

Im Sozialverhalten der jüngeren und älteren Kinder gibt es kaum Unterschiede. Einzig im Ausmass der wahrgenommenen Strenge der Lehrperson unterscheiden sich die älteren von den jüngeren Kindern. Dies könnte mit erhöhten Leistungsanforderungen hinsichtlich des Übertritts in die Oberstufe zusammenhängen. Der statistische Effekt ist allerdings klein.

6.6 Stress-Erleben und Stress-Bewältigung

In diesem Kapitel wird beschrieben, wie hoch begabte und durchschnittlich begabte Kinder Stress erleben und wie sie ihn bewältigen. Einleitend sind einige Kennzahlen zum Fragebogen dargestellt, anschliessend folgen die Ergebnisse zu den einzelnen Fragestellungen.

Die Reliabilität der fünf Skalen des SSK liegt gemessen mit der Skalenhomogenität nach Cronbach-Alpha zwischen $.69 < \alpha < .90$ in einem guten Bereich. Die Trennschärfe ergab mit wenigen Ausnahmen brauchbare bis gute Items ($.24 < r_{it} < .68$, [s. Hampson 2005]). Die Rohwerte der einzelnen Skalen werden zu Gesamtrohwerten (pro Skala) aufsummiert und anhand von Normierungstabellen in Stanine-Werte umgerechnet (Normbereich zwischen 3.4 und 6.5). Zur Interpretation der Befunde wird Folgendes angegeben: Hohe Werte in der Skala „Stress-Erleben“ weisen auf ein hohes Ausmass an Stress hin, hohe Werte in den Skalen „Suche nach sozialer Unterstützung“, „Problemlösendes Handeln“ und „Emotionsregulierende Aktivitäten“ auf bevorzugte Strategien im Umgang mit Stress, und ein hoher Wert der Skala „Physische Stresssymptome“ auf ein erhöhtes Ausmass physischer Stresssymptome. Die Autoren des Fragebogens weisen darauf hin, dass die Skala „Physische Stresssymptome“ unscharf sei, weil insbesondere Kinder kaum zwischen stressbedingten und anderen physischen Symptomen differenzieren könnten (Lohaus et al., 1996).

Im Folgenden sind als Erstes die Ergebnisse zu den Fragen zusammengefasst, ob die hoch begabten Kinder in Spezialprogrammen und in Regelklassen sowie die durchschnittlich begabten Kinder Stress unterschiedlich erleben und bewältigen (Fragestellungen A1 und A2).

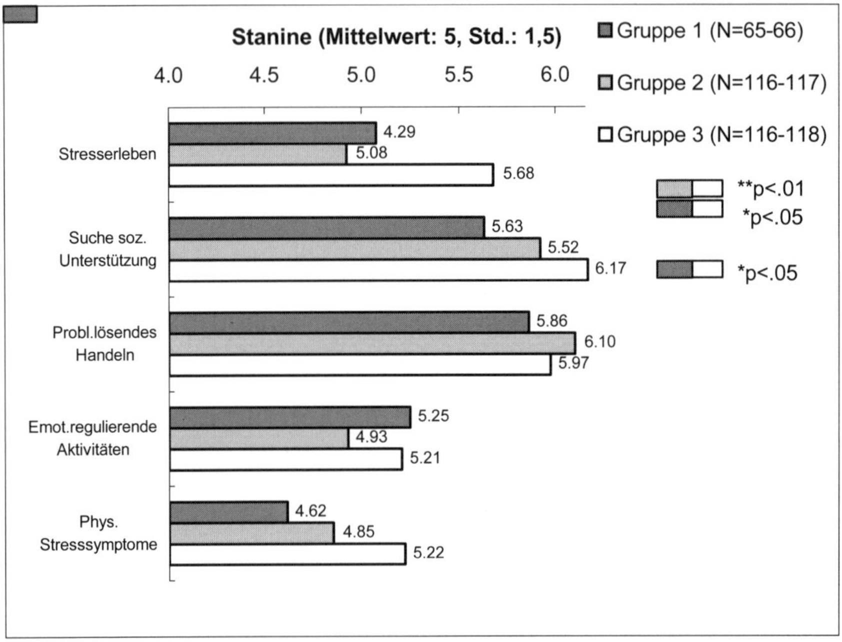

Abb. 17: Stressfragebogen (SSK) bei hoch begabten Kindern mit besonderen pädagogischen Bedürfnissen (Gruppe 1), hoch begabten Kindern in Regelklassen (Gruppe 2) und bei durchschnittlich begabten Kindern (Gruppe 3)

Es zeigt sich, dass die hoch begabten Kinder in Spezialprogrammen und die hoch begabten Kinder in Regelklassen in ähnlichem Ausmass Stress erleben. Sie verwenden auch vergleichbare Strategien, durch die sie sich aber von den durchschnittlich begabten Kindern unterscheiden. Beide Gruppen der hoch Begabten empfinden weniger Stress und weniger physische Stresssymptome. Interessanterweise suchen die hoch begabten Kinder in Spezialprogrammen signifikant weniger häufig als die durchschnittlich begabten Kinder nach sozialer Unterstützung, wenn sie Stress erleben. Die Werte aller drei Gruppen befinden sich in einem durchschnittlichen Bereich des Stressfragebogens (Fragestellungen A1und A2*).* Die hoch begabten

Kinder in den drei Spezialprogrammen unterscheiden sich weder im Erleben von Stress noch bei deren Bewältigung signifikant voneinander (Fragestellung A3).

Hinsichtlich der Frage nach Unterschieden im Erleben und Bewältigen von Stress bei Mädchen und Knaben zeigt sich, dass die hoch begabten Mädchen stärker als Knaben problemlösendes Handeln zur Stress-Bewältigung einsetzen. Dies trifft tendenziell sowohl bei den hoch begabten Mädchen in Spezialprogrammen als auch bei den hoch begabten Mädchen in Regelklassen zu (Fragestellungen B1 und B3), bei den durchschnittlich begabten Mädchen jedoch nicht (Fragestellung B2).

Vergleicht man hoch begabte Mädchen und Knaben innerhalb der Spezialprogramme, bestätigen sich die genannten Besonderheiten der Stress-Bewältigung der hoch begabten Mädchen: Die Mädchen im stundenweisen Spezialprogramm wenden mehr problemlösendes Handeln an – verglichen mit der normierten Stichprobe sogar überdurchschnittlich oft – und suchen tendenziell auch häufiger soziale Unterstützung. Die hoch begabten Mädchen im vollzeitlichen Spezialprogramm geben tendenziell weniger als die Knaben emotionsregulierende Aktivitäten an – dazu zählt zum Beispiel, eine Türe zu zuschlagen. Keine signifikanten geschlechtsspezifischen Unterschiede beim Erleben und Bewältigen von Stress ergeben sich dagegen bei den hoch begabten Kindern im tageweisen Spezialprogramm (Fragestellung B4).

Ein Alterseffekt zeigt sich insofern, dass die über 12-Jährigen signifikant mehr Stress erleben als die unter 12-Jährigen. Dies wiederum könnte mit dem Übertritt in die Oberstufe zusammenhängen; der statistische Effekt ist aber klein.

- **Zusammenfassung der Ergebnisse zu Stress-Erleben und Stress-Bewältigung**

Hinsichtlich der Merkmale, wie Stress erlebt und bewältigt wird, ergeben sich viele Gemeinsamkeiten zwischen den hoch begabten Kindern in Spezialprogrammen und in Regelklassen: Das Empfinden von Stress sowie physische Stresssymptome werden in ähnlichem Ausmass beschrieben und ebenso die Bewältigungsstrategien und die Suche nach sozialer Unterstützung. Auch werden emotionsregulierende Aktivitäten vergleichbar häufig angewendet. Die beiden Gruppen der hoch begabten Kinder unterscheiden sich aber von der Gruppe der durchschnittlich Begabten, die mehr aktuellen Stress und auch mehr physische Stresssymptome beklagt. Dieses Ergebnis bestätigt die Befunde von Metha und McWhirter (1997). Die durchschnittlich begabten Kinder suchen bei Stress mehr soziale Unterstützung als die hoch begabten Kinder in Spezialprogrammen. Es könnte sein, dass letztere grundsätzlich weniger Hilfe annehmen, weil sie ihre Probleme selbst lösen wollen oder aber tatsächlich weniger Hilfe benötigen. Zwischen den hoch begabten Kindern im vollzeitlichen, tageweisen und stundenweisen Spezialprogramm sind keine Unterschiede im Stress-Erleben und Umgang mit Stress festzustellen.

Unterschiede zwischen Mädchen und Knaben beim Erleben und Bewältigen von Stress gibt es bei den hoch begabten Kindern in Spezialprogrammen und in Regelklassen. Die Mädchen geben häufiger an, problemlösendes Handeln zur Stress-Bewältigung einzusetzen als die Knaben. Dieser Unterschied trifft aber auf die Gruppe der durchschnittlich begabten Mädchen und Knaben nicht zu. Bei den hoch begabten Kindern in Spezialprogrammen suchen die Mädchen auch vermehrt soziale Unterstützung in problematischen Situationen. Die häufigere Bewältigung von Stress durch problemlösendes Handeln könnte auf einen Entwicklungsvorsprung der hoch begabten Mädchen hindeuten, der entweder auf reiferen Problemlösestrategien basiert oder auf der Fähigkeit, sich besser als die Knaben in die soziale Erwünschtheit der Antworten auf die Fragen des Fragebogens hineinversetzen zu können. Innerhalb der drei Untergruppen der Kinder in Spezialprogrammen fällt auf, dass die hoch begabten Mädchen im stundenweisen Spezialprogramm verglichen mit der Normierung des Fragebogens überdurchschnittlich oft problemlösendes Handeln anwenden. Im Vergleich mit den Knaben suchen sie häufig soziale Unterstützung. Die hoch begabten Knaben im vollzeitlichen Spezialprogramm reagieren häufiger mit emotionsregulierenden Handlungen als die Mädchen.

6.7 Zusammenfassung der gesamten Ergebnisse

Zwischen den hoch begabten Kindern in Spezialprogrammen und in Regelklassen ergeben sich deutlich mehr Gemeinsamkeiten als Unterschiede. Wenn Persönlichkeitsunterschiede auftreten, dann fallen sie zugunsten der hoch begabten Kinder in Regelklassen aus. Zwischen hoch begabten und durchschnittlich begabten Schülerinnen und Schülern in Regelklassen differieren leistungsnahe Persönlichkeitsfaktoren jeweils zum Vorteil der hoch begabten Kinder. Die hoch begabten Kinder in den Spezialprogrammen unterscheiden sich von den durchschnittlich begabten ebenfalls durch positivere Ergebnisse in einigen leistungsnahen Persönlichkeitsfaktoren. Ausgenommen davon sind die Merkmale soziales Verhalten und Erleben sowie Aggression. Die durchschnittlich begabten Kinder schätzen ihr Sozialverhalten – anhand der Skalen Kontaktbereitschaft, Sozialerfahrungen und Strenge der

Lehrperson – höher ein und bei den hoch begabten Kindern in Spezialprogrammen ist die Skala Aggression auffallend erhöht. Innerhalb der Gruppe der hoch begabten Schülerinnen und Schüler in den verschiedenen Spezialprogrammen sind Gemeinsamkeiten bezüglich ihrer Selbstkonzepte, ihrer Zielorientierungen, dem Stress-Erleben und der Stress-Bewältigung festzustellen. Sie unterscheiden sich jedoch mit grosser Effektstärke voneinander in den Bereichen Aggression, Attributionen auf Erfolg und Misserfolg, sind ungleich kontaktbereit und nehmen die Strenge der Lehrperson verschieden wahr.

Bei den hoch begabten Mädchen in den Spezialprogrammen fällt auf, dass die Skalen „emotionale Leistungsstörung" und „Angst / somatische Störung" im Vergleich mit der Normierung des Fragebogens überdurchschnittlich hoch sind. Hoch begabte Mädchen und Knaben in der Regelklasse haben mehr ähnlich ausgeprägte als unterschiedliche Persönlichkeitsmerkmale, wobei die Unterschiede zugunsten der Mädchen ausfallen. Bei den durchschnittlich begabten Mädchen und Knaben zeichnen sich nur sehr wenige Unterschiede ab: In einigen Selbstkonzepten sind die Mädchen kritischer mit sich selbst, und die Knaben fühlen sich wertgeschätzter durch ihre Lehrperson.

Tabelle 10: Übersicht über die durchschnittlichen Effektgrössen (d) der Unterschiede zwischen allen Gruppen

	Gruppe 1	Gruppe 2	Gruppe 3	Gruppe 1a	Gruppe 1b	Gruppe 1c
Gruppe 1	-	-	d = .34	-	-	-
Gruppe 2	d = .40	-	d = .35	-	-	-
Gruppe 1a	-	-	-	-	d = .53	d = .74
Gruppe 1b	-	-	-	-	-	d = .73
Gruppe 1c	-	-	-	-	d = .73	-

Anmerkung: Gruppe 1: Hoch begabte Kinder mit besonderen pädagogischen Bedürfnissen / Gruppe 2: Hochbegabte Kinder in der Regelklasse / Gruppe 3: Durchschnittlich begabte Kinder in der Regelklasse /
Gruppe 1a: Hoch begabte Kinder im vollzeitlichen Spezialprogramm / Gruppe 1b: Hoch begabte Kinder im stundenweisen Spezialprogramm / Gruppe 1c: Hoch begabte Kinder im tageweisen Spezialprogramm.

Die Hauptergebnisse weisen darauf hin, dass numerisch betrachtet die Anzahl Unterschiede zwischen den untersuchten Gruppen kleiner ist als die Anzahl der Gemeinsamkeiten. Dennoch dürfen die Unterschiede nicht unterschätzt werden. Als Mass für ihre praktische Bedeutung gilt ihre Effektgrösse, die zudem einen direkten Vergleich zwischen den Ergebnissen ermöglicht. In der folgenden Tabelle sind die durchschnittlichen Effektgrössen der Unterschiede bei allen Persönlichkeitsmerkmalen im Vergleich zwischen den Gruppen der hoch begabten und der Gruppe der durchschnittlich begabten Kinder zusammengestellt (Fragestellungen A1 bis A3).

Es fällt auf, dass sich die hoch begabten Kinder in Spezialprogrammen und in Regelklassen mit mittleren Effekten voneinander unterscheiden und die Effektgrössen beider Gruppen im Vergleich mit den durchschnittlich begabten Kindern etwas geringer ausfallen. Interessant ist aber auch, dass zwischen den hoch begabten Kindern in den verschiedenen Spezialprogrammen die Anzahl der Unterschiede zwar geringer ist, dass sie jedoch mittlere bis grosse Effekte erreichen. Die Unterschiede zwischen den Kindern in den verschiedenen Spezialprogrammen sind demnach wichtig. Im Folgenden sind die Unterschiede bei den Mädchen und Knaben dargestellt.

Tabelle 11: Übersicht über die durchschnittlichen Effektgrössen der Unterschiede bei Mädchen und Knaben

			Mädchen			
Knaben	Gruppe 1	Gruppe 2	Gruppe 3	Gruppe 1a	Gruppe 1b	Gruppe1c
Gruppe 1	d = .51	-	-	-	-	-
Gruppe 2	-	d = .45	-	-	-	-
Gruppe 3	-	-	d = .45	-	-	-
Gruppe 1a	-	-	-	d = .78	-	-
Gruppe 1b	-	-	-	-	d = .83	-
Gruppe 1c	-	-	-	-	-	d = 1.46

Anmerkung: Gruppe 1: Hoch begabte Kinder mit besonderem sonderpädagogischen Förderbedarf / Gruppe 2: Hoch begabte Kinder in der Regelklasse / Gruppe 3: Durchschnittlich begabte Kinder / Gruppe 1a: Hoch begabte Kinder im vollzeitlichen Spezialprogramm / Gruppe 1b: Hoch begabte Kinder im stundenweisen Spezialprogramm / Gruppe 1c: Hoch begabte Kinder im tageweisen Spezialprogramm.

Zwischen den hoch begabten und den durchschnittlich begabten Mädchen und Knaben der Regelklassen pendeln die durchschnittlichen Effekte (d) in einem mittleren Bereich. Demgegenüber nehmen die Unterschiede zwischen den hoch begabten Mädchen und Knaben in Spezialprogrammen zu und pointieren sich weiter, wenn man die Unterschiede zwischen den Mädchen und Knaben in den verschiedenen Spezialprogrammen betrachtet. Es fällt ausserdem auf, dass die grössten Unterschiede zwischen Mädchen und Knaben festzustellen sind und nicht zwischen hoch und durchschnittlich begabten Kindern.

7. Diskussion

In diesem Teil der Studie wurde die Frage untersucht, welche Persönlichkeitsmerkmale der Schülerinnen und Schüler dazu beitragen, dass hoch begabten Kindern und Jugendlichen besondere pädagogische Bedürfnisse zugeschrieben werden, beziehungsweise sonderpädagogischer Förderbedarf attestiert wird. Darauf hin werden im Folgenden zuerst allfällige Selektionsergebnisse sowie die Generalisierbarkeit der Ergebnisse diskutiert. Dann können einige interessante Persönlichkeitskonstellationen bei verschiedenen Gruppen hoch begabter Kinder vorgestellt werden. Dabei werden zuerst die Gemeinsamkeiten der untersuchten hoch begabten Schülerinnen und Schüler im Zentrum stehen. Es werden dafür anhand von Unterschieden zwischen hoch begabten Kindern in Spezialprogrammen und in Regelklassen diejenigen Persönlichkeitsmerkmale herausgearbeitet, die relevant zu sein scheinen für die Zuschreibung besonderer pädagogischer Bedürfnisse. Abschliessend werden einige Persönlichkeitsmerkmale diskutiert, welche insbesondere bei hoch begabten Mädchen wichtig zu sein scheinen.

7.1 Zur Wahl der Tests

Zentral für die vorliegende Teilstudie ist die Beantwortung der Frage, ob die richtigen Gruppen von Kindern ausgewählt und befragt wurden. Für die Auswahl der Kinder wurde der CFT 20 verwendet. Es gibt viele Gründe, die für seine Verwendung sprechen. Der CFT 20 ist reliabel, valide, sprachfrei sowie ökonomisch durchführbar und auswertbar. Es gibt aber auch schwerwiegende Gründe dagegen, insbesondere der von Baving und Schmidt erwähnte Deckeneffekt für Kinder im oberen Leistungsbereich (vgl. Baving & Schmidt, 2000). Einige Autoren warnen auch davor, dass das Anspruchsniveau für hoch Begabte zu tief und die Motivation für den 2. Teil dementsprechend zu klein sein könnte (Neitzke & Röhr-Sendlmeier, 1996; Weiss 1997). Bemerkt wird zudem, dass die Testanweisung für fremdsprachige Kinder zu schwierig sei (Klein 1995). Positiv ins Gewicht fiel für die vorliegende Untersuchung, dass gerade die Durchführung der beiden Testteile auch Auskunft über die Konzentrationsfähigkeit der Kinder gibt, die beim Lernen allgemein wichtig ist, aber auch für das Beantworten der zahlreichen Fragen der Gesamtstudie sehr erwünscht war. Insgesamt ist wohl nie ein Instrument zu finden, das allen Anforderungen gerecht wird. Alles in allem überwiegen unseres Erachtens die positiven Kriterien.

Auch alle Fragebogen für die Persönlichkeitsmerkmale müssen bestimmte Testgütekriterien erfüllen, um als geeignete Instrumente zu gelten. Prüfungen der Reliabilität mittels Skalenhomogenität nach Cronbach-Alpha zeigten praktisch durchgehend gute Werte – Hapef-K: $.83 < \alpha < .90$; Zielorientierungen: $.85 < \alpha < 87$; Sozialfragebogen $.85 < \alpha < .95$; Stress-Erleben und -Bewältigung: $.69 < \alpha < .90$. Die Itemanalyse ergab mit wenigen Ausnahmen brauchbare bis gute Items. Es wurden alle Items beibehalten, da sie inhaltlich Sinn machten und nach ihrem Entfernen aus der jeweiligen Skala Cronbach-Alpha kaum hätte gesteigert werden können. Einzig beim Erfassen der Selbstkonzepte sind die Trennschärfen der Items nicht zufrieden stellend und entsprechend die Reliabilitäten der Skalen ebenfalls nur teilweise befriedigend. Einige Skalen wurden deshalb nicht ausgewertet, die Ergebnisse anderer nur unter Vorbehalten.

7.2 Zur Generalisierbarkeit der Ergebnisse

Bei jeder Untersuchung muss mit einer positiv gefärbten Auswahl gerechnet werden. In diesem Fall bedeutet es, dass Kinder teilnehmen, bei denen erstens einmal ihre Lehrpersonen einer (weiteren) wissenschaftlichen Untersuchung gegenüber zumindest nicht negativ eingestellt sind und zweitens auch die Eltern nicht, die der Befragung ihrer Kinder zustimmten. Dies kann die Generalisierbarkeit der Ergebnisse beeinflussen. Anhand diverser Selektionsschritte wurde untersucht, ob sich die Erwerbstätigkeit der Eltern der teilnehmenden Kinder – als ein Hinweis auf ihre Bildung – von derjenigen der nicht teilnehmenden Kinder unterscheidet. Die Analysen zur Selektion zeigen auf, dass wohl geringe Unterschiede beim sozioökonomischen Hintergrund der Kinder festzustellen ist, dies aber nicht auf die Selektionsschritte zurückzuführen ist. Dennoch ist zu vermuten, dass hoch begabte Kinder aus immigrierten Familien für die Untersuchung nicht erreicht werden konnten, weil sie bzw. ihre Eltern die Informationen zur Untersuchung sowie die Testanweisungen und Fragestellungen aus sprachlichen Gründen zu wenig verstehen konnten oder weil ihnen der gesamte Untersuchungszweck nicht einsichtig war beziehungsweise nicht wichtig genug erschien (vgl. Teil 4).

Die Analyse der untersuchten Stichprobe von 303 Kindern zeigt auf, dass mehr Väter von hoch begabten Kindern über eine akademische Ausbildung verfügen als Väter der durchschnittlich begabten Kinder. Diese Feststellung ist nicht neu (z.B. Sayler & Brookshire, 1993). In der vorliegenden Untersuchung zeigt sich allerdings eine Differenzierung dahingehend, dass Väter hoch begabter Kinder in Spezialprogrammen häufiger leitende Positionen innehaben als Väter hoch begabter Kinder in den Regelklassen. Es ist denkbar, dass die Väter aufgrund ihrer hohen beruflichen Stellungen vermehrt in der Lage sind, ihre Anliegen einzubringen und dies auch dazu nutzen können, sich besonders für die von ihnen als wesentlich erachteten Bedürfnisse ihrer Kinder einzusetzen.

Die Auswahl der Stichprobe erfolgte so repräsentativ wie möglich. Für diese Studie sind die durchschnittlich begabten und die hoch begabten Kinder der Regelklassen in einem umfangreichen Screening-Verfahren mit vorgängig geschulten Fachpersonen getestet und aus rund 2000 Kindern ermittelt worden. Damit sind die Kriterien der Repräsentativität bestmöglich erreicht und die Ergebnisse erhalten einen hohen Generalisierbarkeitsgrad.

7.3 Zu den Gemeinsamkeiten zwischen hoch begabten Kindern

Die Ergebnisse dieser Teilstudie zeigen, dass deutlich mehr Gemeinsamkeiten als Unterschiede die Persönlichkeit der hoch begabten Kinder in Regelklassen und in Spezialprogrammen prägen. Beide Gruppen von hoch begabten Schülerinnen und Schülern haben definitionsgemäss vergleichbare kognitive Voraussetzungen – ausgehend von einem vergleichbar hohen Intelligenz-Quotienten – und in der vorliegenden Studie haben sie – weil anhand verschiedener Merkmale parallelisiert – auch eine ähnliche soziale Herkunft.

Die hoch begabten Kinder wissen offensichtlich um ihre (schulischen) Fähigkeiten und können sie realistisch einschätzen. Dieser Befund mit mittleren Effekten wird durch zahlreiche andere Studien gestützt (Chan 1996; Brounstein, Holahan et al., 1991; Davis & Connell, 1985; Heller 1992; Marsh et al., 1995; Kelly and Collangelo 1984; Mönks 1996; Pyrit and Mendaglio, 1994; Rogers and Smith 1978; Wright 1997). Für alle hoch begabten Kinder stellt Anstrengung eine zentrale Erklärung für schulische Erfolge und Misserfolge dar, ausreichende Anstrengung begründet Erfolge und zu geringe Anstrengung Misserfolge (Dai et al., 1998). Auch in den motivationalen Orientierungen sind sich die hoch begabten Kinder in Regelklassen und Spezialprogrammen ähnlich: Je nach Situation zeigen sich die Kinder stärker ich-orientiert oder aufgabenorientiert, möchten also Kompetenzen demonstrieren oder Kompetenzen vertiefen. Ob die jeweilige Zielorientierung der Situation tatsächlich adäquat angepasst ist, bleibt jedoch offen. Auch Befunde aus andern Studien bestätigen solche Ergebnisse zu den Zielorientierungen (Gross 1997; Ablard 2002). In ähnlichem Ausmass beschreiben sich die hoch begabten Kinder der beiden Gruppen als extravertiert und sozial ängstlich bzw. nichtängstlich, zeigen Interesse an anderen Kindern und fühlen sich durch die Lehrperson wertgeschätzt. Auch ihr Stress-Erleben und ihr Umgang mit stressauslösenden Ereignissen sind vergleichbar. Beide Gruppen verschaffen sich aus ihrem sozialen Umfeld die nötige Unterstützung. Sie werden gleichfalls selbst aktiv, indem sie beispielsweise darüber nachdenken, was sie tun könnten oder auch einmal Dampf ablassen, indem sie eine Türe zuschlagen. Man könnte daraus schliessen, dass sich eine hohe Begabung durchaus stressreduzierend auswirkt, denn die durchschnittlich begabten Kinder berichten über mehr Stresssymptome als die hoch begabten. Möglicherweise sind es die besonderen intellektuellen Fähigkeiten der hoch begabten Kinder, welche ihnen früher als anderen Kindern die Einsicht erlauben, wie Stress verursacht oder verhindert wird (Sowa et al., 1994). Möglicherweise ist es aber auch so, dass hoch begabte Kinder im Vergleich zu durchschnittlich begabten Kindern deutlich weniger Stressfaktoren ausgesetzt sind.

Hoch begabte Kinder in Regelklassen und in Spezialprogrammen verfügen über zahlreiche ähnliche Persönlichkeitsmerkmale. Dennoch sind die identifizierten Unterschiede in ihrer Persönlichkeit relevant: Sie werden in sozialen Interaktionen wirksam, sei es in der Schule, im Elternhaus oder in den Peers und tragen letztendlich zur Zuschreibung von besonderen pädagogischen Bedürfnissen bei. Es ist bemerkenswert, dass die Unterschiede in der Persönlichkeit zwischen den hoch begabten Kindern in Spezialprogrammen und in Regelklassen stets zugunsten der hoch begabten Kinder in Regelklassen ausfallen, das heisst, die Kinder in den Spezialprogrammen beschreiben sich in vielerlei Hinsicht weniger positiv. Dies weist noch deutlicher darauf hin, dass die gefundenen Unterschiede die Grundlage bilden, auf der die Zuschreibung besonderer pädagogischer Bedürfnisse durch Lehrpersonen, Eltern und schulpsychologische Dienste erfolgt.

7.4 Mögliche Zusammenhänge zwischen Persönlichkeitskriterien und der Zuschreibung besonderer pädagogischer Bedürfnisse

Neben den Ähnlichkeiten lassen sich aber auch Unterschiede hinsichtlich der Persönlichkeitsmerkmale hoch begabter Kinder in Spezialprogrammen und in Regelklassen erkennen. Hoch begabte Schülerinnen und Schüler in Regelklassen haben einen guten Umgang mit Leistungsanforderungen, integrieren Erfolge in angemessene Selbstkonzepte und machen gute soziale Erfahrungen. Das Wohlbefinden dieser Gruppe hoch begabter Kinder ist in psychischer und sozialer Hinsicht insgesamt gut ausbalanciert. Dennoch ist natürlich nicht auszuschliessen, dass dies auf einzelne Kinder nicht zutrifft und ihre Befindlichkeit schlechter ist als das statistische Mittel über die ganze Gruppe betrachtet. Hoch begabte Kinder in Spezialprogrammen hingegen unterscheiden sich in den Bereichen „Leistung" und „Sozialverhalten" mit mittleren Effekten (d = .40) von den hoch begabten Schülerinnen und Schülern in Regelklassen.

Es zeigt sich, dass hoch begabte Schülerinnen und Schüler in Spezialprogrammen mit Leistungsanforderungen ungünstig umgehen. Hierzu sprechen die Ergebnisse aus dem klinischen Fragebogen der allgemeine Persönlichkeitsmerkmale (Hapef-K) eine deutliche Sprache. Die hoch begabten Kinder in Spezialprogrammen lassen sich durch Leistungsanforderungen stärker verunsichern als hoch begabte Kinder in Regelklassen (Skala emotionale Leistungsstörung). Sie entwickeln deswegen auch Ängste und somatische Symptome (Skala Angst / somatische Störung). Dieser Befund kann vorsichtig dahingehend interpretiert werden, dass die hoch begabten Kinder in Spezialprogrammen sich ihre Leistungen gar nicht recht zutrauen. Auf diese Möglichkeit geben ihre Attributionen für Erfolg einen deutlichen Hinweis. Zwar bezeichnen alle hoch begabten Kinder die Anstrengung als wichtigsten Faktor für Erfolg, aber die hoch begabten Kinder in Regelklassen schreiben Erfolge deutlicher als die hoch begabten in Spezialprogrammen ihren Fähigkeiten zu, wobei die hoch begabten Kinder in Spezialprogrammen ihre Erfolge immerhin noch stärker als die durchschnittlich begabten mit Können erklären. Ob diese Attributionen und Befindlichkeiten auf unterschiedliche Schullaufbahnen zurückzuführen sind oder auf manifeste schulische Leistungsunterschiede, muss hier offen bleiben.

Wenn Erfolge auf eigene Fähigkeiten zurückgeführt werden – so nimmt man in der Literatur an – habe dies einen bestärkenden Einfluss auf Leistungskonzepte, wirke sich jedoch wenig motivierend auf die Anstrengung für zukünftige Leistungen aus (Ryckman & Beckham, 1987). Dies trifft aber auf die hier befragten hoch begabten Kinder in Regelklassen offenbar nicht zu. Im Unterschied dazu ist für die hoch begabten Kinder in Spezialprogrammen Anstrengung bzw. mangelnde Anstrengung die zentrale Begründung für Erfolge und Misserfolge. Man könnte dies als Bescheidenheit würdigen, wenn sich die hoch begabten Kinder in Spezialprogrammen damit nicht in einer Leistungsspirale bewegen würden, die irgendwann einmal in einem Erschöpfungszustand zum Stillstand kommen könnte. Autoren wie Pyrit (2003) sprechen sich zu Recht dafür aus, hoch Begabte frühzeitig aus dieser negativen Spirale herauszuholen und sie darin zu bestärken, Erfolge vermehrt auch mit eigenen Fähigkeiten zu begründen. Wie die vorliegende Studie zeigt, ist nicht grundsätzlich damit zu rechnen, dass die Kinder dann jegliche Anstrengung vermeiden würden.

Es bleibt zu fragen, wie die beschriebene Verunsicherung hinsichtlich der „Leistung" zustande kommt. Es sind mehrere Erklärungen denkbar: Entweder erweisen sich die hoch begabten Kinder in Regelklassen im Sinne eines externen Misfits im Umgang mit den Leistungsanforderungen von Eltern und Lehrpersonen gewandter oder die an sie gestellten Leistungsanforderungen sind implizit oder explizit anders. Dies schliesst allerdings im Sinne eines internen Misfits nicht aus, dass die Leistungserwartungen der hoch begabten Kinder in Spezialprogrammen nicht schon zu Beginn der schulischen Karriere überhöht waren und sie den eigenen Ansprüchen gar nie gerecht werden konnten. Diese Diskrepanz könnte sich ganz grundlegend auf die Lerngeschichte auswirken und zusammen mit schlechten schulischen Erfahrungen zu einer weiteren Verunsicherung der Kinder beitragen. Im Sinne einer unzureichenden Passung zwischen Lernbedürfnissen und Kompetenzen des Kindes und den Erwartungen und Anforderungen seiner Umwelt sind sicherlich beide Seiten – Kind und Umwelt – sowohl bei der Entstehung als auch Aufrechterhaltung von Schwierigkeiten im Umgang mit (schulischer) Leistung beteiligt. Die aufgeführten Ergebnisse bilden die Grundlage für die nachfolgenden Thesen:

These 1: Der Umgang mit Leistung und die sich möglicherweise daraus entwickelnden psychischen und physischen Symptome bieten sich für die Zuschreibung von besonderen pädagogischen Bedürfnissen an.

Für die hoch begabten Kinder in Regelklassen stellt sich natürlich die Frage, ob sie sich in der Regelklasse auf Leistungen ausruhen, die viel besser sein könnten als sie de facto sind. Objektive Schulleistungskriterien wurden in dieser Studie nicht erhoben, aber insgesamt sind hoch begabte Kinder tatsächlich erfolgreich in der Schule (Schilling 2000). Manche geben an, in homogenen Gruppen mehr zu lernen, einige ziehen es vor, in Regelklassen wenig arbeiten zu müssen und doch die Besten zu sein (Adams-Byers, Saviller et al., 2004). Sie schätzen aber offenbar sowohl das Zusammensein mit ähnlich Begabten in homogenen Gruppen als auch die Vielfalt in heterogenen Klassen. Ob diese allgemeine Aussage auf die in dieser Studie befragten hoch begabten Kinder in Regelklassen auch zutrifft, kann nicht abschliessend beantwortet werden.

Neben ihrem Umgang mit Leistung gehören auch das soziale Verhalten und die sozialen Erfahrungen zu den interessanten Unterschieden zwischen hoch begabten Kindern in Spezialprogrammen und in Regelklassen. Obschon die Ausprägungen des sozialen Interesses und der sozialen Angst bei hoch begabten Kindern in Spezialprogrammen und in Regelklassen vergleichbar sind, zeigen sich die Kinder in den Spezialprogrammen deutlich weniger kontaktbereit und geben auch an, weniger gute Sozialerfahrungen mit Mitschülerinnen und Mitschülern zu machen. Obwohl jene hoch begabten Kinder, die nur teilzeitlich in Spezialprogrammen unterrichtet werden, nach ihren Erfahrungen in der Regelklasse gefragt wurden, ist damit zu rechnen, dass eine gewisse Konfundierung der Antworten auf ihre Situation in den Spezialprogrammen und in den Regelklassen stattgefunden haben könnte. Es ist demnach nicht einwandfrei zu schliessen, worauf die geringere Kontaktbereitschaft und die schlechteren Sozialerfahrungen zurückzuführen sind. Besteht ein Misfit aufgrund einer sozialen Asynchronie mit den anderen Kindern der Regelklasse? Oder aber vermag der Kontakt, den sie nun zu anderen hoch begabten Kindern mit ähnlichen Interessen haben, ihr soziales Erleben und Verhalten wider Erwarten nicht zu verbessern? Die Befunde der Kinder, die in einer vollzeitlichen Begabtenförderung sind und trotzdem noch immer eine geringere Kontaktbereitschaft zeigen als die hoch begabten Kinder in teilzeitlichen Förderprogrammen, deuten auf diesen Aspekt hin. Kognitiv gleich Begabte, also Kinder mit ähnlichen Fähigkeiten und Interessen um sich zu haben, bewirkt demnach keine erhöhte Kontaktbereitschaft. Freund-Braier (2000, 2001) konstatiert bei hoch Begabten im Vergleich mit durchschnittlich Begabten ebenfalls eine tiefere Kontaktbereitschaft. Sie und andere Autorinnen vermuten aber dahinter ein reiferes Freundschaftskonzept, das die Qualität des Kontakts über die Quantität stellt (Schilling 2000; Kovaltchouk 1998; Freund-Braier 2000).

Es liegt jedoch auch eine andere Vermutung nahe. Auf der Grundlage der vorliegenden Ergebnisse der Untersuchung zeigt sich, dass die Kinder in vollzeitlichen Spezialprogrammen zwar untereinander genügend Gleichgesinnte finden, die ihre kognitiven Interessen teilen. Dies heisst aber noch nicht, dass diese Kinder auch emotional von ihren Klassenkameraden und –kameradinnen angesprochen sind und sich auf dieser Grundlage Freundschaften entwickeln. Möglicherweise entsprechen nicht die gleichen Kinder den intellektuellen und emotionalen Erwartungen und die Kontaktbereitschaft der Kinder im vollzeitlichen Spezialprogramm ist aus diesem Grund geringer. Hoch begabte Kinder befriedigen ihre unterschiedlichen intellektuellen und emotionalen Bedürfnisse vermutlich in verschiedenen Freundeskreisen, was übrigens weitgehend auch der Meinung von Fachexperten entspricht. Dazu müssen hoch begabte Kinder jedoch auch ausserhalb der Schule auf andere Kinder zugehen können. Ob und inwiefern sie dabei erfolgreich sind, kann mit den vorliegenden Untersuchungsergebnissen nicht beantwortet werden. Es ist aber zu sagen, dass aufgrund der vorliegenden Resultate den hoch begabten Kindern in Spezialprogrammen die Möglichkeit dazu geboten werden sollte.

Ein weiterer Grund für die Diskrepanz zwischen sozialer Kontaktbereitschaft und Sozialerfahrungen hoch begabter Kinder in vollzeitlichen oder stundenweisen Spezialprogrammen könnte im unzureichenden Wissen und Verständnis zwischenmenschlicher Vorgänge liegen. Damit ist jene soziale Fähigkeit gemeint, welche das kognitive Erfassen von innerpsychischen Prozessen eines anderen Menschen beinhaltet. Dazu gehören beispielsweise seine Absichten, Einstellungen und Gedanken. Weiter zählen auch psychologische Qualitäten von Beziehungen zwischen Menschen wie Freundschaft, Liebe und Macht dazu (Flavell 1977). Es geht also um grundsätzliche Bausteine des sozialen Wissens und Verständnisses. Davon unterscheidet sich der Begriff der sozialen Kompetenz, wenn ihm auch eine gewisse Unschärfe eigen ist. Die soziale Kompetenz bezieht sich auf diejenigen Verhaltensweisen, die kontextbezogen die soziale Interaktion erleichtern (Silbereisen 1995). Dies führt zu These 2:

These 2: Schwierigkeiten im Sozialverhalten und im sozialen Erleben werden für die Zuschreibung von besonderen pädagogischen Bedürfnissen als wichtig erachtet.

Schwierigkeiten im Verständnis von zwischenmenschlichen Prozessen erklären teilweise die erhöhte Skala „Aggression“ bei den hoch Begabten in Spezialprogrammen. Das ungenügende Verständnis sozialer Vorgänge kann zu Frustrationsgefühlen und Aggression führen. Aggressive Verhaltensweisen erschweren den sozialen Umgang mit den Kindern und den Erwachsenen weiter und das inadäquate Verhalten wird vermutlich durch Sanktionen in der Schule und in der Familie weiter verstärkt – hoch Begabte als trotzige Einzelkämpfer. Nicht erstaunlich ist dann, dass die hoch begabten Kinder in Spezialprogrammen ihre Lehrpersonen als besonders streng erleben. Dies dürfte Ausdruck davon sein, dass sie stark strukturiert geführt werden wollen und dies auch wahrnehmen und auf ihre Weise honorieren, indem sie die Beziehung mit der Lehrperson als grundsätzlich positiv beurteilen.

Mit der beschriebenen Diskrepanz im sozialen Erleben und Verhalten von hoch begabten Kindern ist auch eine weitere Asynchronie auszumachen. Diese Asynchronie betrifft ein Spannungsfeld innerhalb des Kindes, das sich auf die Interaktion mit seiner Umwelt massiv auswirkt. Solange ein hoch begabtes Kind sein vorhandenes soziales Interesse nicht in adäquate Kontaktbereitschaft und gute soziale Erfahrungen umsetzen kann, führt dies beim betroffenen Kind zu Frustrationsgefühlen. Zudem weiss sein Umfeld oft nicht, wo genau die Schwierigkeiten des Kindes liegen und wie darauf zu reagieren ist.

Zusammenfassend kann nochmals darauf hingewiesen werden, dass die Ergebnisse dieser Teilstudie anzeigen, dass sowohl der Umgang des Kindes mit seiner Leistung als auch seine Kontaktfähigkeit und seine Sozialerfahrungen jene Merkmale sein könnten, welche zur Zuschreibung von besonderen Bedürfnissen beitragen. Vor dem Gesamthintergrund der Studie ist dann zu prüfen, inwiefern diese Merkmale auf die hoch begabten Kinder in den einzelnen Förderprogrammen zutreffen (vgl. Teil 6).

7.5 Zu den Unterschieden zwischen den hoch begabten Kindern in den Spezialprogrammen

Die angebotenen Spezialprogramme für hoch begabte Schülerinnen und Schüler sind methodisch-didaktisch sehr verschieden ausgerichtet und sprechen darum vermutlich auch unterschiedliche Kinder an. So sind sie beispielsweise auf zwei Stunden bis zu einem ganzen Tag pro Woche konzipiert oder auf die ganze Schulzeit bezogen. Für die vorliegende Studie wurden drei verschiedene teil- oder vollzeitliche Förderprogramme in den Schweizer Kantonen Zürich und Thurgau ausgewählt, da diese drei Programme explizit als sonderpädagogisch orientierte Angebote deklariert sind und für diese Programme ähnliche Zuweisungskriterien bestanden. Es konnte also prima fache davon ausgegangen werden, dass das Angebot dieser Spezialprogramme sich in einer gewissen Bandbreite an vergleichbare Kinder richtet. Dennoch musste geprüft werden, wie ähnlich sich die Kinder auch tatsächlich in ihren Persönlichkeitsmerkmalen sind.

Die Ergebnisse aus den Vergleichen zwischen den hoch begabten Kindern im vollzeitlichen, im stundenweisen und im tageweisen Spezialprogramm unterscheiden sich kaum signifikant. Das Zusammenlegen dieser Untergruppen zur Gruppe der „hoch begabten Kinder in Spezialprogrammen ist demnach gerechtfertigt. Die grosse Ähnlichkeit – beispielsweise bei den Selbstkonzepten, den Zielorientierungen, im Erleben und Bewältigen von Stress – ist aus unserer Sicht eher erstaunlich. Auf einige Besonderheiten im Vergleich der hoch begabten Kinder in den Spezialprogrammen kann aber hingewiesen werden. Denn einerseits sind gewisse Unterschiede statistisch sehr bedeutsam und andererseits zeichnen sich verglichen mit den jeweiligen Normierungen der Fragebogen bedeutsame Auffälligkeiten ab.

Bei den Kindern in vollzeitlichem Spezialprogramm fallen im Vergleich zu den Kindern in stunden- oder tageweisen Spezialprogrammen eine höhere Ausprägung in der Skala Aggression auf, überdurchschnittliche Werte in den Skalen „emotionale Leistungsstörung“ und „Angst / somatische Störung“ sowie eine gering ausgeprägte Kontaktbereitschaft. Daraus lässt sich schliessen, dass womöglich die Besonderheiten in ihrer Persönlichkeit ausschlaggebend dafür gewesen sein könnten, dass besondere pädagogische Massnahmen erforderlich schienen. Die Persönlichkeitsmerkmale, die sie von den anderen Kindern unterscheiden, erschweren ihnen sicherlich einen adäquaten sozialen Umgang und begründen zumindest teilweise, weshalb die Schulung in einer Regelklasse nicht mehr möglich zu sein schien.

Trotz psychosozialer Ähnlichkeiten bei den hoch begabten Schülerinnen und Schülern in Spezialprogrammen und in Regelklassen findet sich auch eine Vielfalt von unterschiedlichen Merkmalen. Dies zeigt sich nicht nur anhand der beschriebenen Besonderheiten der kleinen Gruppe von hoch begabten Kindern in einem der drei Spezialprogramme, sondern auch anhand von Ergebnissen bei Vergleichen der Persönlichkeitsmerkmale von hoch begabten Mädchen und Knaben im folgenden Kapitel.

7.6 ... und die hoch begabten Mädchen?

Immer wieder wird in der Literatur auf die besondere Situation von hoch begabten Mädchen hingewiesen. Gerade aufgrund ihrer hohen Begabung scheinen sie vielfach spezielle Probleme zu haben und werden trotzdem seltener als hoch begabt identifiziert (Wieczerkowski & Prado, 1990; Stapf 1990; Kerr 1994, 2000). In der vorliegenden Studie wurden auch Persönlichkeitsfaktoren gesucht, welche insbesondere bei Mädchen zur Zuschreibung von besonderen pädagogischen Bedürfnissen beitragen könnten. Die Ergebnisse legen den Schluss nahe, dass die Befindlichkeit hoch begabter Mädchen in Spezialprogrammen und in Regelklassen unterschiedlich ist.

Die Mädchen, die Spezialprogramme besuchen, weisen einige emotionale Besonderheiten auf. Sie sind überdurchschnittlich aggressiv – auch aggressiver als die hoch begabten Knaben in Spezialprogrammen – und überdurchschnittlich empfindsam im Vergleich mit der Normierung des Fragebogens. Bereits 1942 hat Hollingworth hoch begabten Mädchen eine dominante Komponente attestiert „this merely means that girls of a high degree of intelligence are, as a group, more competitive, aggressive, and active than girls are supposed to be"(p. 276).

Die Befindlichkeit hoch begabter Mädchen in Regelklassen ist gut. Sie sind emotional unauffällig, schätzen ihre intellektuelle Leistungsfähigkeit sogar höher ein als die Knaben und fühlen sich stärker als diese wertgeschätzt. Ihr soziales Interesse und ihre Kontaktbereitschaft sind grösser als bei den hoch begabten Knaben in Regelklassen und ihre sozialen Erfahrungen mit Mitschülerinnen und Mitschülern sind besser. Ihre sozialen Erfahrungen fallen sogar im Vergleich mit der Normierung des Fragebogens überdurchschnittlich positiv aus. Vermutlich sind diese ausgeprägten sozialen Stärken der hoch begabten Mädchen in Regelklassen auf einen Reifungsvorsprung zurückzuführen, denn im Vergleich mit den Knaben wenden sie zur Stress-Bewältigung auch häufiger Problemlösestrategien an. Dies führt zu folgender These:

These 3: Auffälliges emotionales Verhalten wird bei hoch begabten Mädchen zum Anlass genommen, ihnen besondere pädagogische Bedürfnisse zuzuschreiben.

Die grössten, an ihren Effekten gemessenen Unterschiede zwischen Mädchen und Knaben finden sich beim Vergleich zwischen den hoch begabten Kindern in den einzelnen Spezialprogrammen. Die Antworten fallen teilweise entgegengesetzt zu den allgemeinen Aussagen der Mädchen und Knaben aus. Es finden sich zum Beispiel aggressive und sozial ängstlichere hoch begabte Mädchen im vollzeitlichen Spezialprogramm. Auch die Ergebnisse der hoch begabten Kinder im tageweisen Spezialprogramm lassen sich – obwohl die Stichproben klein sind – dahingehend interpretieren, dass die Mädchen emotional auffällig sind: Sie berichten von somatischen Angstsymptomen, starken Reaktion auf Misserfolge und erhöhter Aggression.

Waren die Mädchen kritischer in der eigenen Beurteilung? Möglicherweise trifft dies zu, allerdings werden unterschiedliche Antworttendenzen zumindest teilweise durch geschlechtergetrennte Normierungen der Fragebogen aufgefangen. Auch damit zeigt sich jedoch eindrücklich, dass die hoch begabten Mädchen im vollzeitlichen Spezialprogramm deutlich überdurchschnittliche Werte in den Skalen „emotionale Leistungsstörung", „Aggression" und „Neurotizismus" aufweisen, was auf die Knaben in den Skalen „Angst / somatische Störung" und „Aggression" ebenfalls zutrifft. Vermutlich sind die Auffälligkeiten in der Persönlichkeit einiger Mädchen keine Forschungsartefakte, sondern entsprechen vielmehr genau den kritischen Faktoren, welche Eltern und Lehrpersonen zur Zuschreibung von sonderpädagogischem Förderbedarf veranlasst.

Von These 3 explizit ausgeschlossen sind die hoch begabten Mädchen im stundenweisen Spezialprogramm. Die in diesem Programm geförderten Mädchen fallen nicht durch emotionale Besonderheiten auf. Sie weisen – abgesehen von einer den Knaben gegenüber geringer eingeschätzten kognitive Leistungsfähigkeit – überwiegend positive Persönlichkeitsmerkmale auf: Sie wenden die Problemlösung zur Stress-Bewältigung überdurchschnittlich oft an und machen im Vergleich mit den Knaben positivere soziale Erfahrungen. Unbeantwortet bleibt an dieser Stelle, welche sozialen Kriterien bei ihnen ausschlaggebend waren für die Zuschreibung von sonderpädagogischem Förderbedarf.

8. Wiederholungsmessung

8.1 Einleitung

Die zweite Messung wurde möglichst identisch zur ersten Datenerhebung gestaltet. Der Intelligenzquotient wurde in Anbetracht des relativ kurzen Zeitintervalls zwischen den Messzeitpunkten nicht erneut erhoben. Es kann davon ausgegangen werden, dass der Intelligenzquotient von Kindern im Grundschulalter bereits sehr stabil ist (Weinert, 1998; Asendorpf 1999). Für eine ausführliche Auseinandersetzung mit methodischen Möglichkeiten und Problemen allgemeiner schulbezogener Längsschnittforschung sei auf Schneider (1991) verwiesen.

Aufgrund der sehr kleinen Stichproben wird darauf verzichtet, die Schülerinnen und Schüler der Oberstufe nach Schultypen (Niveau der Sekundarklasse, Gymnasium oder allenfalls Privatschule) zu differenzieren. Die Kinder der Oberstufe werden lediglich bezüglich der Klassenstufe unterschieden. Dabei verweist die Zahl sieben auf die erste Klasse der Oberstufe.

8.2 Persönlichkeitsentwicklung im Jugendalter

Die Entwicklung der Persönlichkeit vollzieht sich durch die Interaktion von Entwicklungsmerkmalen des Kindes und Umweltmerkmalen, wie das im Sonderpädagogischen Modell in Teil 1 zum Ausdruck kommt. Weinert (1998) hält fest, dass sich bezüglich Persönlichkeitsmerkmale keine generellen alterstypischen Veränderungen feststellen lassen. Er konstatiert, dass bezüglich der Entwicklung persönlicher Merkmale im Verlauf der Kindheit geeignete Längsschnittstudien fehlen. Befunde aus der LOGIK-Studie von Aken und Asendorpf (1999, 2003) lassen vermuten, dass sich das Persönlichkeitsbild im Verlauf der Kindheit tendenziell den Erwartungen erwachsener Bezugspersonen angleicht. „Zusätzlich gilt: je grösser die Übereinstimmung zwischen den schematisierten Erwartungen gegenüber einem ‚idealen' und dem Verhalten des ‚realen Kindes' sind, um so stabiler erweist sich das individuelle Gefüge seiner Eigenschaften, d.h. um so weniger verändert sich im Verlauf der Zeit das Persönlichkeitsprofil des Kindes." (Weinert 1998, 30).

Asendorpf und Aken (2003) fokussieren die Resultate der LOGIK-Studie auf die zentrale Frage: Wie und warum stabilisieren sich Persönlichkeitsunterschiede zwischen früher Kindheit und spätem Jugendalter? Hier halten die Autoren fest, dass zwischen dem an sich statischen Persönlichkeitsbegriff und dem dynamischen Begriff der Entwicklung kein Widerspruch besteht, betrachtet man die Persönlichkeit als einen "kurz- bis mittelfristig stabilen Zustand eines dynamischen Systems, das von der Zeugung bis zum Tod in ständiger Veränderung begriffen ist" (Asendorpf und Aken, 2003, 110). Roberts und DelVecchio (2000) fassen alle vorhandenen Studien zur Stabilität von Basistendenzen in einer Metaanalyse zusammen und kommen zum Schluss, dass sich die Stabilität diskontinuierlich bis zum Alter von 50 Jahren erhöht und da ein sehr hohes Niveau erreicht. Als Schwellen mit Stabilitätszuwachs erwiesen sich das Kindergartenalter (ab 3 Jahren), das Alter beim Verlassen des Elternhauses (ab 18 Jahren) und zuletzt das Alter, in dem die Töchter und Söhne das Haus verlassen (ab 50 Jahren). Diese zunehmende Stabilisierung lässt sich für praktisch alle untersuchten sozial-emotionalen Persönlichkeitsmerkmale beobachten. Weiter zeigt die Analyse von Roberts und DelVecchio (2000), dass erst im höheren Erwachsenenalter wirklich von einer hohen Stabilität gesprochen werden kann.

Was die Stabilität der Persönlichkeitsmerkmale in der Kindheit betrifft, sind die empirischen Befunde widersprüchlich. Auch Weinert (1998) konstatiert für die Persönlichkeit eine Tendenz zu niedrigen Stabilitäten während der Kindheit und zu höheren Stabilitäten im Erwachsenenalter. Für die relative Instabilität von Persönlichkeitsmerkmalen in der Kindheit führt Weinert (1998, 31) folgende möglichen Gründe an:

– Stabilität respektive Instabilität der Umwelt des Kindes
– sozialer Druck (Ablehnung aggressiver Kinder durch die Altersgenossen)
– kritische Lebensereignisse
– zunehmende Selbstkontrolle (vor allem im frühen Jugendalter)

Die Ausführungen belegen, dass sich die Persönlichkeitsentwicklung in der Interaktion zwischen Individuum und Umwelt vollzieht, und identifizieren Faktoren mit potentiell destabilisierendem Einfluss.

McCrae et al. (2002) geben eine Übersicht über den aktuellen Forschungsstand, die Persönlichkeitsentwicklung in der Adoleszenz betreffend. Dabei verwenden sie als Messinstrument den NEO-FFI (Costa & McCrae, 1992). Hier wird nicht weiter auf diese Befunde eingetreten, da sich der NEO-FFI nicht direkt mit dem HAPEF-K vergleichen lässt. Zudem beziehen sich die Befunde meist auf Kinder über 14 Jahre und zeichnen Verläufe über längere Zeiträume – mehr als ein Jahr – mit mehreren Messwiederholungen nach. Die Autoren halten denn auch fest, dass die Persönlichkeit jüngerer Kinder und die Persönlichkeitsveränderung während der Pubertät noch wenig erforscht sind (McCrea et al. 2002, 1457).

8.3 Erhebungsmethodik

Sämtliche Befunde basieren auf der Selbsteinschätzung der Schülerinnen und Schüler. Zur Orientierung werden die verwendeten Messinstrumente hier nochmals aufgeführt. Für die ausführliche Beschreibung der Fragebogen und der zugrunde liegenden theoretischen Konzepte sei auf Kapitel 4 dieses Projektteils verwiesen:

– Hamburger Persönlichkeitsfragebogen für Kinder (HAPEF-K, Wagner & Baumgärtel, 1978)

- Frankfurter Kinder-Selbstkonzept-Inventar (FKSI, Deusinger 2004)
- Attributionsfragebogen
- Fragebogen zur Erhebung von Stresserleben und Stressbewältigung im Kindesalter (SSK) (Lohaus et al., 1996),
- Fragebogen Zielorientierung (Köller & Baumert, 1998) Sozialfragebogen für Schüler der 4.- 6. Klassen (SFS 4-6) (Petillon 1984).

Da für die Wiederholungsmessung die gleichen Fragebogen wie bei der ersten Erhebung verwendet wurden, sind so genannte "Testing-Effekte" nicht auszuschliessen. Durch den bloßen Vorgang des Messens, also durch das Ausfüllen der zahlreichen Fragebogen, kann eine Sensibilisierung gegenüber den relevanten Themen erfolgen, welche das erneute Ausfüllen der gleichen Fragebogen ein Jahr später, beeinflussen. Weiter ist das Phänomen der "statistischen Regression" zu bedenken: Werden – meist unbeabsichtigt – Extremgruppen zur Messung herangezogen, verändern sich die Werte der Gruppe aus rein wahrscheinlichkeitstheoretischen Gründen zur Mitte hin.

8.4 Fragestellungen

Es werden ausgewählte Resultate präsentiert, im Hinblick auf die zentrale Fragestellung, ob sich hoch begabte Kinder mit sonderpädagogischen Massnahmen in ihrer Persönlichkeitsstruktur von hoch begabten Kindern in Regelklassen unterscheiden. Auf die Wiederholungsmessung bezogen lautet die Frage, ob und in welche Richtung im Verlauf eines Jahres individuelle Persönlichkeitsveränderungen zu beobachten sind und ob sich zwischen den hoch begabten Kindern in Spezialprogrammen (Gruppe 1), den hoch begabten Kindern in Regelklassen (Gruppe 2) und den durchschnittlich begabten Kindern (Gruppe 3) diesbezüglich Unterschiede beobachten lassen. Zusätzlich interessieren auch allfällige geschlechtsspezifische Unterschiede sowie Kohorteneffekte. Die Kinder der Stichprobe N2 sind zum Zeitpunkt der Wiederholungsmessung (t2) ein Jahr älter und stellen somit eine andere Alterskohorte dar als die Stichprobe N1 bei der ersten Messung (t1). Die einzelnen Fragestellungen lauten:

- Unterscheiden sich die hoch begabten Schülerinnen und Schüler in Spezialprogrammen von den hoch begabten Kindern in Regelklassen bezüglich ihrer Persönlichkeitsentwicklung?

- Unterscheiden sich die hoch begabten von den durchschnittlich begabten Kindern?
- Zeigen sich Unterschiede in der Persönlichkeitsentwicklung bei Mädchen und Knaben, bei Kindern bestimmter Klassenstufen sowie bei Schülerinnen und Schülern nach dem Übertritt in die Oberstufe?

In der Folge stehen die Resultate des Hamburger Persönlichkeitsfragebogens für Kinder, HAPEF-K (Wagner und Baumgärtel, 1978), des Sozialfragebogens für Schüler der 4. - 6. Klasse (SFS 4-6, Petillon 1984) und des Selbstkonzepts (FKSI) im Vordergrund. Die Resultate der anderen Skalen werden zusammengefasst dargestellt und jene der Skala Zielorientierung wird mangels relevanter Befunde weggelassen.

Als Ausgangspunkt für das Eruieren allfälliger Persönlichkeitsveränderungen der Kinder wurde der HAPEF-K (Wagner und Baumgärtel, 1978) gewählt. Der HAPEF-K ermöglicht das Erfassen eines breiten Spektrums an (schulisch) relevanten Aspekten, einschliesslich somatischer Symptome psychogener Art. Die Skala "emotional bedingte Leistungsstörung" erfasst Unsicherheits- und Minderwertigkeitsgefühle und Konzentrationsschwierigkeiten bei Leistungsanforderungen. Die Skala "Angst" erfasst eine wahrgenommene existentielle Bedrohung, Angst vor Anforderungen und Konflikten des Alltags, sowohl in der Schule, im Elternhaus, als auch im Freundeskreis. Weiter werden Funktionsbeeinträchtigungen des vegetativen Bereichs im Sinne somatischer Beschwerden erfragt. Die Skala "Aggression" erfasst das Ausmass der Erregbarkeit sowie aggressives und dominantes Verhalten gegenüber Erwachsenen, Gleichaltrigen und Objekten. Die Skala "Neurotizismus" misst die emotionale Stabilität. Hohe Punktwerte auf dieser Skale drücken eine übermässige Empfindsamkeit und gefühlsmässige Labilität aus. Weiter weist ein hoher Skalenwert auf übermässige Aktivität, Ungeduld, innere Anspannung, Selbstzweifel sowie leichte Irritierbarkeit hin. Hohe Werte auf der Skala "Furcht vor Misserfolg" sind Indikator für eine ausgeprägte Furcht vor Misserfolg und negativen Gefühlen nach Misserfolg. Auch Aspekte der Arbeitshaltung, wie Selbständigkeit, Ehrgeiz und längerfristige Zeitperspektiven werden erhoben. Zum Schluss beschreibt die Skala "Extraversion" die Dominanz und Durchsetzungsfähigkeit, aber auch die Geselligkeit und Abenteuerlust, Unbekümmertheit und Aktivität, sozusagen die "Lebenslust".

9. Ergebnisse

9.1 Persönlichkeit (HAPEF-K)

- **Mittelwertsdifferenzen und Effektstärke**

Die Reliabilität der sechs Skalen des HAPEF-K liegen, gemessen mit der Skalenhomogenität nach Cronbach-Alpha, im guten Bereich zwischen r = .80 und .83. Abbildung 18 veranschaulicht sämtliche Mittelwertsdifferenzen (M2 - M1), zwischen den zwei Messzeitpunkten (t2 - t1) bei allen Stichproben der drei untersuchten Gruppen:

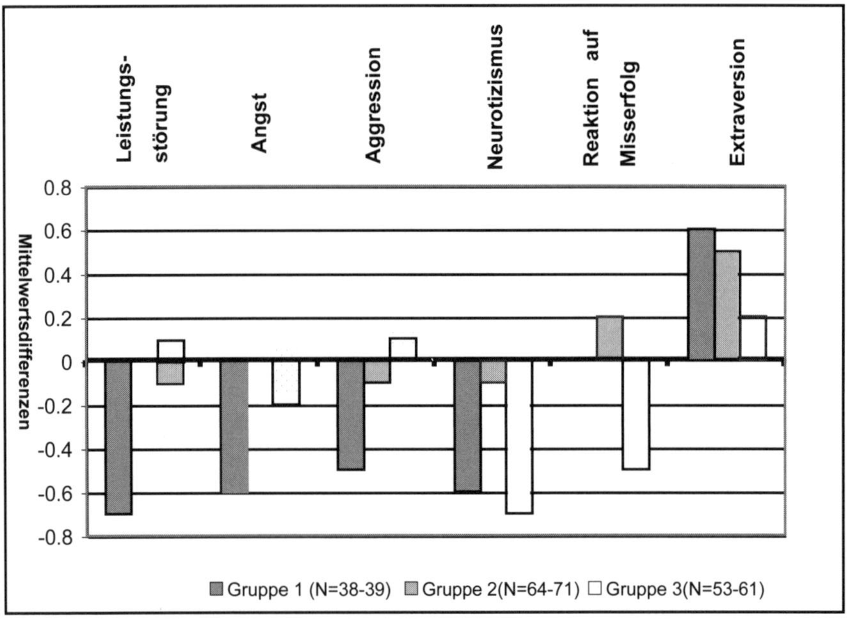

Abb. 18: Veränderung von Persönlichkeitsmerkmalen (HAPEF-K): Mittelwertsdifferenzen (M2-M1) für die Stichproben der drei Gruppen: hoch Begabte in Spezialprogrammen (Gruppe 1), hoch Begabte in Regelklassen (Gruppe 2) und durchschnittlich Begabte in Regelklassen (Gruppe3)

Im vorliegenden Kontext ist bemerkenswert, dass sich insbesondere bei den hoch begabten Kindern in Spezialprogrammen signifikante Mittelwertsdifferenzen über fast alle Dimensionen des HAPEF-K zeigen. Alle Mittelwerte weisen zu beiden Messzeitpunkten eine Spannweite im Normbereich zwischen 4 und 6 (C-Werte:

M = 5; SD = 1) auf. Die maximalen Mittelwertsdifferenzen liegen in einem Bereich um 0.7 Punktwerte. Die Veränderungen dürfen in Anbetracht der geringen Punktwertdifferenz nicht überschätzt werden. Auffällig ist die – im Vergleich zu den beiden andern Gruppen – höhere Veränderungsrate dennoch. Für die hoch begabten Kinder in Spezialprogrammen zeichnet sich anhand der Mittelwertsdifferenzen eine tendenzielle Veränderung in Richtung Mitte (Normbereich) ab. Innerhalb des kurzen Zeitraums von einem Jahr zeigen sie weniger Mühe im Umgang mit Leistung, weniger Angstsymptome, sind weniger aggressiv, weniger irritierbar und empfindlich und zeigen eine verstärkte Orientierung nach Aussen (Extraversion: Geselligkeit, Aktivität, Dominanz).

Bei der Gruppe der durchschnittlich begabten Schülerinnen und Schüler sind eine Reduktion des Mittelwerts bei der Skala Neurotizismus, eine Reduktion der Empfindsamkeit im Sinne der Irritation, ein adäquaterer Umgang mit Misserfolg, dagegen eine leichte Steigerung der Aggression zu beobachten. Betrachtet man die Effektstärken, so bleiben die Veränderungen, was die hoch begabten Kinder in Spezialprogrammen betrifft, bestehen. Sie sind von mittlerer Bedeutung.

Abbildung 19 zeigt die Effektstärken d signifikanter Mittelwertsunterschiede für die hoch begabten Kinder in Spezialprogrammen, (Gruppe 1), die hoch begabten Kinder in Regelklassen (Gruppe 2) und die durchschnittlich begabten Kinder (Gruppe 3):

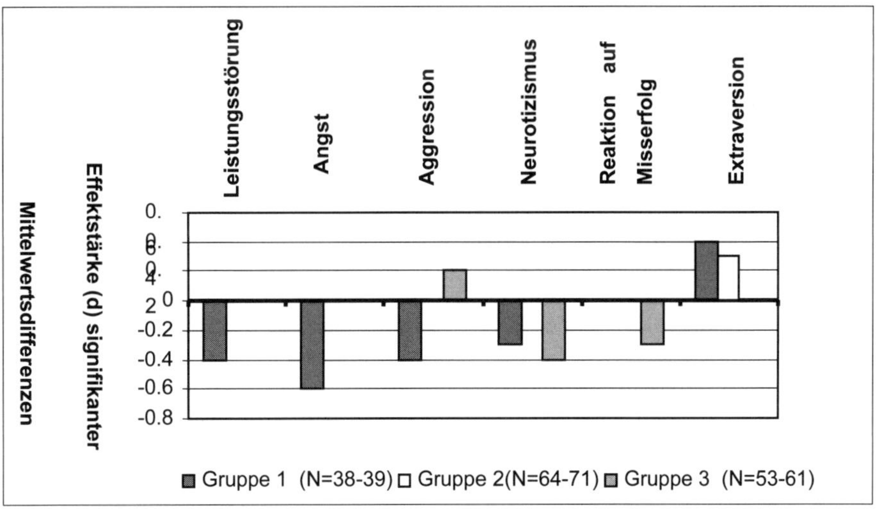

Abb. 19: Effektstärke d (M2-M1/SD), Persönlichkeit (HAPEF-K)

Diese Befunde bedürfen weiterer Analysen, da nicht klar wird, welche Förderprogramme die Veränderung ausmachen, ob geschlechtsspezifische Unterschiede vorliegen und ob die Alters- und die Klassenstufe eine Rolle spielen. Eine detaillierte Analyse der Stichproben der drei Gruppen der Spezialprogramme ist leider nur bedingt möglich, da sie teilweise sehr klein sind. Mit Sicherheit kann festgehalten werden, dass sich die hoch begabten Schülerinnen und Schüler in Spezialprogrammen über die meisten Dimensionen hinweg verändert respektive entwickelt haben oder – anders ausgedrückt – eine relativ instabile Persönlichkeit aufweisen.

- **Geschlechtsspezifische Unterschiede**

Betrachtet man die Ergebnisse aller Gruppen, so ist bei den Mädchen eine Reduktion der Angst (d = .2) und neurotischer Symptome (d = .3) und eine Zunahme auf der Skala Extraversion (d = .3) feststellbar. Bei den Knaben zeigt sich lediglich eine Zunahme der Extraversion (d = .3).

In der Gruppe der hoch begabten Kinder in den Spezialprogrammen finden sich für die Mädchen signifikante Mittelwertsdifferenzen bezüglich der verminderten Angstsymptomatik (d = .7) und einem verbesserten Umgang mit Misserfolg (d = .6). Für die Knaben wird ein verbesserter Umgang mit Leistungsanforderungen (d = .4) und eine gesteigerte Extraversion (d = .5) signifikant. Betrachtet man die Schülerinnen und Schüler im vollzeitlichen, stundenweisen und tageweisen Förderprogramm getrennt, so zeigen sich nur noch bei den Kindern im stundenweisen Spezialprogramm (Gruppe 1b) signifikante Mittelwertsdifferenzen, was allerdings primär in den kleinen Substichproben der beiden andern Untergruppen (Gruppen 1a / 1c) begründet ist. Bei Anwendung des t-Test, trotz kleiner Stichprobe (n = 13), wird bei den hoch Begabten in Spezialprogrammen (Gruppe 1a) die Verringerung der Aggression (d=.4), insbesondere bei den Mädchen (d = .7) signifikant. Beim stundenweisen Pull-Out-Programm (Gruppe 1b, n = 16) wird der Umgang mit Leistung verbessert (d = .5), insbesondere bei Knaben (d = .7) und somatische Angstsymptome verringern sich (d = .6). Bei den hoch begabten Kindern im tageweisen Spezialprogramm (Gruppe 1c) ist keine Mittelwertsdifferenz von bemerkenswerter Effektstärke.

Bei den hoch begabten Kindern in Regelklassen ist bei den Knaben ein Zuwachs an Extraversion festzustellen (d =.3). Bei den durchschnittlich begabten Kindern zeigt sich für die Knaben ein Zuwachs an Aggression (d = .4). Bei den Mädchen sind eine Abnahme neurotischer Symptome (d = .5), ein verbesserter Umgang mit

Misserfolg (d = .4) und ausserdem eine Zunahme der Extraversion (d = .3) feststellbar.

- **Alterskategorien**

Die Variable Alterskategorie teilt die Stichprobe in zwei Gruppen: Kinder bis 12 Jahre und Kinder älter als 12 Jahre. Für den HAPEF-K zeigt sich, dass die Jüngeren (n = 91-96) bei der Wiederholungsmessung weniger Angstsymptome aufweisen, weniger neurotisch sind und die Extraversion zunimmt. Bei den Älteren (n = 65-74) ist eine Abnahme der Aggression und gleichfalls eine Zunahme der Extraversion zu verzeichnen. Bei der Interpretation von Alterseffekten ist der systematische Stichprobenausfall ebenfalls zu überprüfen.

- **Klassenstufen und Übertritt in die Oberstufe**

Betrachtet man die gesamte Gruppe1, so zeigt sich lediglich für die Verringerung somatischer Angstsymptome bei 4. / 5.-Klässlern eine signifikante Mittelwertsdifferenz (d = .5). Differenziert man zwischen den Gruppen der drei Spezialprogramme zeigen sich keine signifikanten Mittelwertsdifferenzen mehr – die Stichproben sind zu klein.

Die hoch begabten Schülerinnen und Schüler in der 7. Regelklasse (Oberstufe) zeigen signifikant mehr Mühe im Umgang mit Misserfolg (d = .5).

Die durchschnittlich begabten Schülerinnen und Schüler zeigen bedeutsame Veränderungen im Hinblick auf den Übertritt in die Oberstufe (6. / 7. Klasse). Angstsymptome verringern sich (d = 1.2), Neurotizismus wird geringer (d = .4), sowohl bezüglich der 4. / 5.-Klässler, als auch der 6. / 7.-Klässler. Weiter zeigt sich ein verbesserter Umgang mit Misserfolg (d = .4). Auch bei diesen Befunden dürfte der systematische Stichprobenausfall eine Rolle spielen. Schülerinnen und Schüler mit vermehrten Problemen blieben der zweiten Befragung vermutlich eher fern als andere.

9.2 Selbstkonzept (FKSI)

- **Mittelwertsdifferenzen und Effektstärke**

Das Frankfurter Kinder-Selbstkonzept-Inventar FKSI (Deusinger 2004) erfasst folgende Aspekte des Selbstkonzepts:

- Die Skala "körperliche Effizienz" erfasst die Selbstwahrnehmung der körperlichen Erscheinung, des körperlichen Befindens und der körperlichen Effizienz.
- Die Skala "Leistungsfähigkeit" erfasst die wahrgenommene allgemeine kognitive Leistungsfähigkeit.
- Die Skala "Moralorientierung" erfasst Einstellungen zur Moral und die Einschätzung des Selbstwerts.
- Die Skalen "Selbstsicherheit" und "emotionale Gestimmtheit" erfassen emotionale Aspekte und Stimmungen im Zusammenhang mit dem Selbstkonzept.
- Schliesslich misst die Skala "Angsterleben" ein generelles Grundgefühl der Angst. Da hohe Skalenwerte auf dieser Skale eine wahrgenommene Angstfreiheit bedeuten, wird die Skala jeweils mit "Angstfreiheit" betitelt.

Die Reliabilität der sieben Skalen – körperliche Effizienz, kognitive Leistungsfähigkeit, Moralorientierung/Selbstwert, Selbstsicherheit, Wertschätzung durch andere, emotionale Gestimmtheit, Angstfreiheit – liegt, gemessen mit der Skalenhomogenität nach Cronbach-Alpha, im akzeptablen Bereich zwischen r = .68 - .83.

Die folgende Abbildung veranschaulicht sämtliche Mittelwertsdifferenzen (M2-M1) bei hoch Begabten in Spezialprogrammen (Gruppe 1) bei hoch Begabten in Regelklassen (Gruppe 2), und bei durchschnittlich Begabten (Gruppe 3):

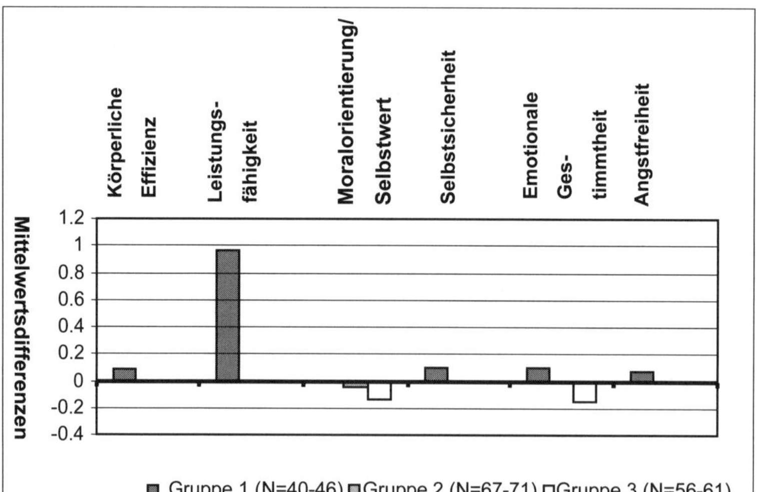

Abb.20: Veränderungen im Selbstkonzept (FKSI), Mittelwertsdifferenzen (M2-M1)

Auch hier zeigt sich eine beinahe lückenlose bedeutsame Veränderung über alle Selbstkonzepte, besonders stark bei den Kindern in den Spezialprogrammen. Allerdings handelt es sich um minimale Differenzen eher schwacher Reliabilität und nicht normierter Skalen. Auf eine detaillierte Darstellung der Effektstärken wird verzichtet, sie bewegen sich in einem tiefen Bereich von d = .1 bis .3. Trotz der genannten Relativierung ist bemerkenswert, dass die hoch begabten Kinder in den Spezialprogrammen sich körperlich effizienter erleben, ihre kognitive Leistungsfähigkeit höher einschätzen, mehr Selbstsicherheit, eine bessere Stimmung und weniger Angst zeigen. Die Daten der hoch begabten Kinder in der Regelklasse können vernachlässigt werden. Die durchschnittlich begabten Kinder orientieren sich weniger an moralischen Grundsätzen (d = .3) und die Stimmung wird etwas trüber (d = .3).

- **Geschlechtsspezifische Unterschiede**

Unterschiede der Selbstkonzepte von Mädchen und Knaben zeigen sich vor allem in den Substichproben:

Die Mädchen im vollzeitlichen Spezialprogramm (1a) schätzen ihre kognitive Leistungsfähigkeit besser ein (d=.4) und berichten von einer etwas besseren Stimmung (d = .1). Die Knaben im stundenweisen Spezialprogramm (1b) berichten ebenfalls von einer erhöhten kognitiven Leistungsfähigkeit (d = .6) und einer besseren Stimmung (d=.4) und sie fühlen sich signifikant mehr wertgeschätzt von der Lehrperson. Die Knaben im tageweisen Spezialprogramm (1c) berichten von einer gesteigerten körperlichen Effizienz (d = .4).

Bei den hoch begabten Knaben in Regelklassen zeigt sich mehr Angst (d = .4), die Mädchen berichten von reduzierter kognitiver Leistungsfähigkeit (d=.3) und einer Verringerung der Orientierung an moralischen Grundsätzen (d = .3).

Die Knaben orientieren sich weniger an moralischen Grundsätzen (d = .5) und berichten von einem Zuwachs an Selbstsicherheit (d = .4). Die Mädchen schätzen ihre kognitive Leistungsfähigkeit schlechter ein (d = .3) und orientieren sich, wie die Knaben, weniger an moralischen Grundsätzen.

- **Alterskategorien**

Die Variable Alterskategorie teilt die Stichprobe in zwei Gruppen: Kinder, die bei der Wiederholungsmessung (t2) bis 12 Jahre alt sind (n = 67 - 73) und solche, die älter als 12 Jahre sind (n = 49 - 52). Es zeigt sich für beide Altersgruppen lediglich eine Verminderung der Orientierung an moralischen Grundsätzen. Somit sind fast keine spezifisch altersabhängigen Veränderungen zu beobachten.

- **Klassenstufe und Übertritt in die Oberstufe**

Betrachtet man die gesamte Gruppe 1 – also alle hoch begabten Schülerinnen und Schüler, die eines der Spezialprogramme besuchen – getrennt nach Klassenstufen, ergeben sich folgende Veränderungen: Kinder, die bei der Wiederholungsmessung die 5. Klasse besuchten, berichten von einem Zuwachs ihrer kognitiven Leistungsfähigkeit (d = .7). Schülerinnen und Schüler der 6. Klasse schätzen ihre körperliche Effizienz besser ein (d = .2), vermelden einen Zuwachs an Selbstsicherheit (d = .9) und haben eine fröhlichere Stimmung (d = .9). Schülerinnen und Schüler, die zwischen den Messzeitpunkten in die Oberstufe wechselten (7. Klasse), berichten von einer besseren körperlichen Effizienz (d = .2). Die Stichproben sind jedoch sehr klein.

Hoch begabte Kinder in der Regelklasse, die zum Zeitpunkt der Wiederholungsmessung die 5. Klasse besuchten, empfinden mehr Angst (d = .3). 6.-Klässler zeigen keine signifikanten Veränderungen. Die Schülerinnen und Schüler, welche in die Oberstufe übergetreten sind (n = 15) berichten von einer verringerten körperlichen Effizienz (d = .6), einer Einbusse an kognitiver Leistungsfähigkeit (d = .5) und einer schlechteren Stimmung (d = .4).

Die durchschnittlich begabten Schülerinnen und Schüler, welche bei der Wiederholungsmessung die 5. oder 6. Klasse besuchten, zeigen eine verringerte Orientierung an moralischen Grundsätzen (d = .4) und eine Einbusse was die Stimmung betrifft (d = .4). Die Schülerinnen und Schüler, welche in die Oberstufe wechselten (7. Klasse), zeigen keine signifikanten Veränderungen.

9.3 Soziale Aspekte (SFS 4-6)

- **Mittelwertsdifferenzen und Effektstärke**

Der Sozialfragebogen SFS 4-6 (Petillon 1984) erfasst die Wahrnehmung der Sozialkontakte durch die Schülerinnen und Schüler. Dabei wird sowohl nach der Beziehung zu Gleichaltrigen als auch zur Lehrperson gefragt:

- Die Skala "soziale Angst" beschreibt Unsicherheit im Umgang mit Gleichaltrigen. Darunter fallen Befürchtungen vor negativer Fremdwahrnehmung die mit Symptomen der Schüchternheit verbunden sind wie Erröten oder andere Zeichen der Verlegenheit.
- Die Skala "Kontaktbereitschaft" erfasst, wie die Kinder Kontaktmöglichkeiten nutzen, selber Kontakt suchen und ob sie Kontakte als positiv bewerten.
- Die Skala "Sozialerfahrungen mit Mitschülern und Mitschülerinnen" erfasst die Quantität und Qualität sozialer Gruppenkontakte. Sie fragt nach wahrgenommenen Reaktionen von Mitschülerinnen und Mitschülern und nach Gefühlen der Gruppenzugehörigkeit.
- Die Skala "Wertschätzung Lehrperson" erfasst das Erleben der Lehrperson bezüglich Aspekten wie Geduld, Zuwendung Verständnis und Rücksichtnahme.
- Die Skala "Strenge Lehrperson" erfasst, ob die Lehrperson als streng, strafend und verunsichernd erlebt wird.

Die Reliabilität der sechs Skalen des SFS liegt, gemessen mit der Skalenhomogenität nach Cronbach-Alpha, im guten Bereich zwischen .80 und .83.

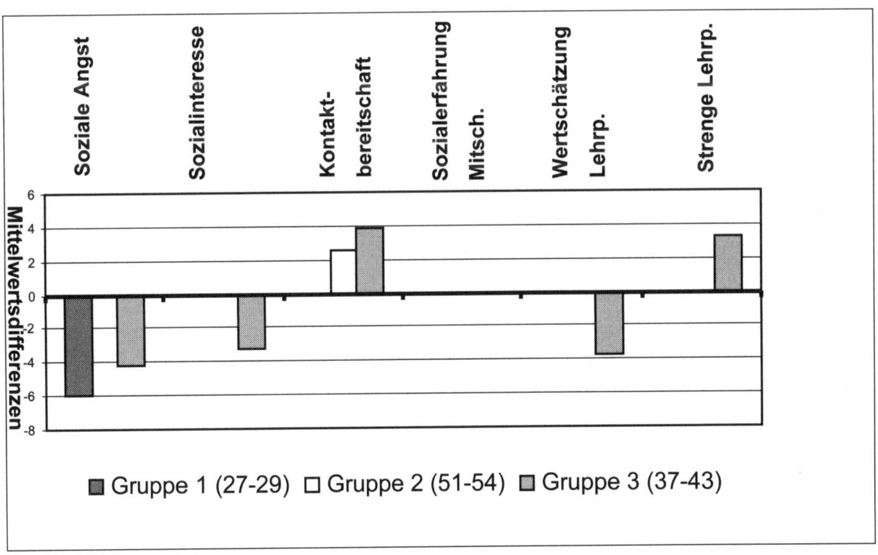

Abb. 21: Veränderungen im sozialen Bereich (SFS [4-6]): Mittelwertsdifferenzen (M2-M1) bei hoch begabten Kindern in Spezialprogrammen und Regellklassen und bei durchschnittlich begabten Kindern

Bei den durchschnittlich begabten Kindern zeigen sich die meisten signifikanten Mittelwertsdifferenzen. Die Mittelwerte liegen im Normbereich der Skala, zwischen 4 und 6 (T-Werte: M = 5; SD = 1). Die maximalen Mittelwertsdifferenzen liegen bei 0.6 Punktwerten. Die Effektstärken liegen im mittleren Bereich zwischen d = .3 - .4. Die hoch begabten Kinder in den Spezialprogrammen zeigen weniger Angst vor Sozialkontakten, gleich wie die durchschnittlich begabten Kinder.

Weiter ist bei der Gruppe der durchschnittlich begabten Kinder ein leicht vermindertes Sozialinteresse bei einer gesteigerten Kontaktbereitschaft festzustellen. Sie erleben die Lehrperson als strenger und deren Wertschätzung als geringer. Die hoch Begabten in Regelklassen zeigen als einzige Veränderung eine grössere Kontaktbereitschaft.

- **Geschlechtsspezifische Unterschiede**

Insgesamt zeigen die Mädchen seit der 1. Messung eine bedeutsame Verringerung sozialer Angst (d = .6) und die Knaben eine erhöhte Kontaktbereitschaft (d = .4).

Sowohl die Mädchen wie die Knaben in den Spezialprogrammen zeigen weniger soziale Angst (d = .4). Knaben im stundenweisen Spezialprogramm (Gruppe 1b) fühlen sich mehr wertgeschätzt von der Lehrperson. Die Mädchen im vollzeitlichen Spezialprogramm (Gruppe 1a) zeigen weniger soziale Angst und bei den Knaben steigt die Kontaktbereitschaft.

Bei den hoch begabten Kindern in Regelklassen sind keine bemerkenswerten Veränderungen zu vermerken.

Bei den durchschnittlich begabten Mädchen ist eine deutliche Verringerung sozialer Angst zu verzeichnen (d = .8) und vermehrte Sozialerfahrungen mit Mitschülerinnen und Mitschülern (d = .4). Auffällig gestaltet sich die Entwicklung bei den durchschnittlich begabten Knaben. Sie zeigen ein vermindertes soziales Interesse (d = .4) und schlechtere Sozialerfahrungen mit Mitschülerinnen und Mitschülern. Dabei fühlen sie sich weniger wertgeschätzt durch die Lehrperson (d = .8) und empfinden die Lehrperson als strenger (d = .5).

- **Alterskategorien**

Im Sozialfragebogen zeigen sich beim Betrachten der zwei Altersgruppen – jünger als 12 Jahre / älter als 12 Jahre – folgende Veränderungen: Die Jüngeren zeigen weniger soziale Angst (d = .4) und eine erhöhte Kontaktbereitschaft (d = 2). Bei den Älteren zeigt sich eine zunehmende Kontaktbereitschaft (d = .4).

- **Klassenstufe und Übertritt in die Oberstufe**

Betrachtet man die gesamte Gruppe der hoch begabten Kinder in den Spezialprogrammen getrennt nach Klassenstufen, so zeigt sich keine nennenswerte Veränderung, was jedoch auch mit den sehr kleinen Stichproben zusammenhängt.

Hoch begabte Schülerinnen und Schüler, die zum Zeitpunkt der Wiederholungsmessung die 5. Regelklasse besuchten, empfinden die Lehrperson als strenger (d = .4). 6.-Klässler zeigen eine erhöhte Kontaktbereitschaft (d = .4). Für die hoch Begabten in der Regelklasse, welche in die Oberstufe übergetreten sind (n = 11) zeigt sich keine bedeutsamen Veränderung.

Bei den durchschnittlich begabten Schülerinnen und Schülern sind lediglich Veränderungen bei jenen Kindern festzustellen, die zum Zeitpunkt der Wiederholungsmessung die 5. Klasse besuchten. Sie zeigen eine Verminderung sozialer Angst (d = .4) sowie sozialer Interessen (d = .4) und fühlen sich weniger wertgeschätzt durch die Lehrperson (d = .5).

9.4 Attribution

Hier wird an Situationsbeispielen des Schulalltags nach den Ursachen für Erfolg und Misserfolg gefragt, getrennt nach Erfolgs- und Misserfolgssituationen. Die Schülerinnen und Schüler hatten zwischen Zufall (Glück, Pech), Hilfe, Begabung (Fähigkeit, Unfähigkeit) und Einsatz (Anstrengung, keine Anstrengung) zu wählen. Weiter wurde der subjektive Schwierigkeitsgrad und die Bedeutsamkeit der verschiedenen Situationen erfasst. Abbildung 22 veranschaulicht sämtliche Effektstärken ab d = .20 bei allen drei Gruppen.

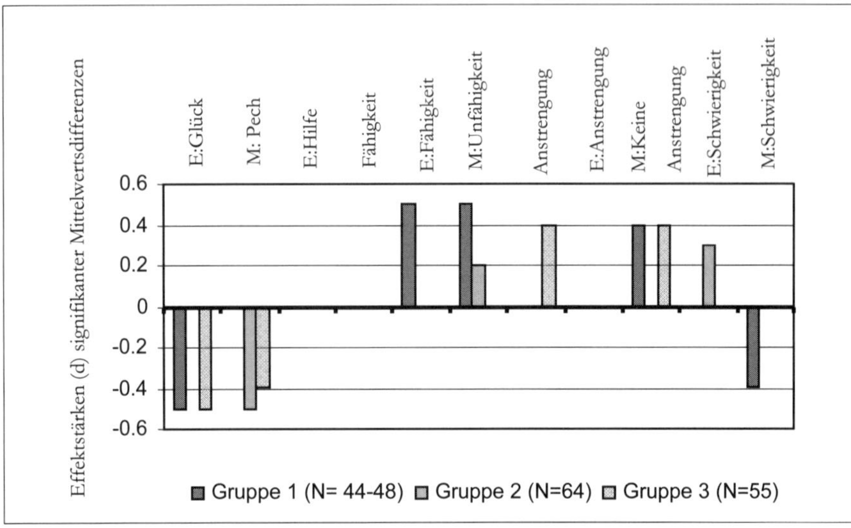

Abb. 22: Effektstärken d = (M2 - M1/ Sp) für die Attributionen der hoch begabten Kinder in Spezialprogrammen (Gruppe 1), der hoch begabten Kinder in Regelklassen (Gruppe 2) der durchschnittlich begabten Kinder in Regelklassen (Gruppe 3)

Wie einleitend bemerkt, ist eine ausführliche und umfassende Darstellung der Resultate der Wiederholungsmessung in diesem Rahmen nicht möglich. Für die Attribution werden die Resultate grafisch veranschaulicht, jedoch nur ausgeführt, wenn sie im Zusammenhang mit der Diskussion und den Schlussfolgerungen von Bedeutung sind. Die Skalen sind wie folgt zu lesen: M steht jeweils für Misserfolgssituationen und E für Erfolgssituationen. Die Gruppe der hoch begabten Kinder in Spezialprogrammen fällt bei der Attribution im Zusammenhang mit der Bewertung der Kapazität auf. Sowohl Erfolge als auch Misserfolge werden der eigenen Fähigkeit respektive Unfähigkeit zugeschrieben.

Allgemein lässt sich festhalten, dass die Effekte im mittleren Bereich, d = .3 bis d = .5 liegen. Weiter ist bemerkenswert, dass sich die Veränderungen für alle Gruppen in die gleiche Richtung bewegen, was auf einen Alterseffekt (Kohorteneffekt) hindeutet. Sowohl Erfolge als auch Misserfolge werden generell weniger external attribuiert. Es wurde bereits bei der ersten Messung im Zusammenhang mit den Altersgruppen (unter bzw. über 12-Jährige) festgestellt, dass die Kinder mit zunehmendem Alter vermehrt internal attribuieren. Dieser Befund bestätigt sich auch bei der Wiederholungsmessung.

9.5 Stress-Erleben (SSK)

Der Fragebogen "Stresserleben und Stressbewältigung SSK" (Lohaus et. al., 1996) erfasst, wie Stress erlebt wird und welche Bewältigungsformen zur Verfügung stehen. Die folgende Abbildung veranschaulicht sämtliche Effektstärken in allen drei Gruppen.

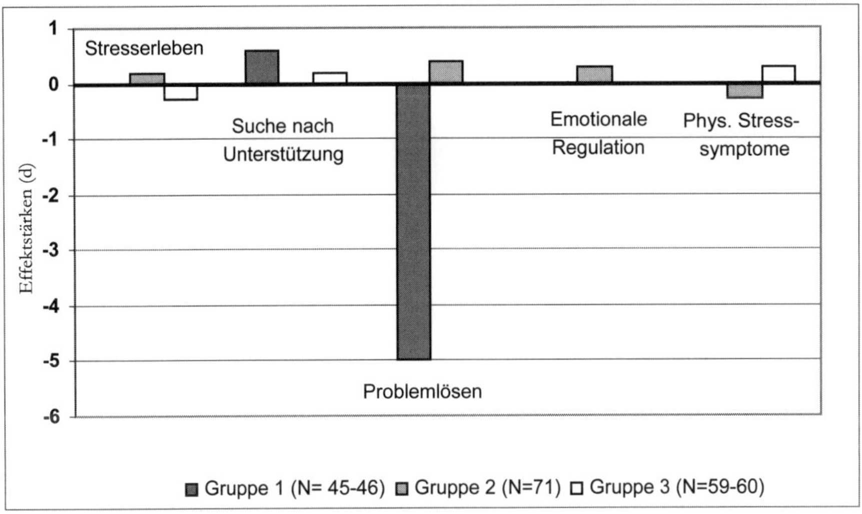

Abb. 23: Effektstärken für das Stress-Erleben bei hoch begabten Kindern in Spezialprogrammen (Gruppe 1) und in Regelklassen (Gruppe 2) und bei durchschnittlich begabten Kindern (Gruppen 3)

Die Zusammenhänge für das Stress-Erleben, die in Abbildung 23 grafisch veranschaulicht sind, werden im Folgenden nur ausgeführt, soweit sie im Zusammenhang mit der Diskussion und den Schlussfolgerungen von Bedeutung sind.

Es zeigt sich bei den hoch begabten Kindern in den Spezialprogrammen (Gruppe 1) eine vermehrte Suche nach sozialer Unterstützung und vermehrt problemlösendes Handeln. Für die hoch begabten Kinder in Regelklassen (Gruppe 2) zeigen sich die meisten Veränderungen bezüglich dem Umgang mit Stress. Es sind keine bemerkenswerten Unterschiede auf Grund des Geschlechts oder des Alters festzustellen.

Was die Klassenstufen betrifft, ist bei den hoch Begabten in Regelklassen und in Spezialprogrammen eine vermehrte Suche nach sozialer Unterstützung in der 6. und 7. Klasse, also nach dem Eintritt in die Oberstufe, bemerkenswert.

10. Zusammenfassung

Die Wiederholungsmessung – durch Selbsteinschätzungen mittels schriftlicher Befragung – zeigt bei den hoch begabten Kindern in den Spezialprogrammen folgende bedeutsamen Veränderungen im Laufe eines Jahres auf:

- besserer Umgang mit Leistung, als erhöht beurteilte kognitive Leistungsfähigkeit
- weniger Angstsymptome, grösserer Angstfreiheit, weniger soziale Angst
- verminderte Aggression
- weniger neurotische Symptome
- besserer Umgang mit Misserfolg, mehr Selbstsicherheit
- gesteigerte Extraversion
- bessere körperliche Effizienz
- fröhlichere Stimmung
- vermehrte Suche nach sozialer Unterstützung zur Stressbewältigung
- vermehrt problemlösendes Handeln bei der Stressbewältigung

Dabei zeigen die Mädchen einen verbesserten Umgang mit Misserfolg und weniger Angst, während die Knaben besser mit Leistungsanforderungen umgehen können und eine gesteigerte Extraversion zeigen. Die Mädchen im vollzeitlichen und die Knaben im stundenweisen Spezialprogramm schätzen ihre kognitive Leistungsfähigkeit besser ein und berichten von einer fröhlicheren Stimmung, die Knaben fühlen sich zudem von der Lehrperson mehr geschätzt. Bei den Kindern im vollzeitlichen Spezialprogramm steigt die Kontaktbereitschaft und die Mädchen zeigen deutlich weniger soziale Angst. Die Knaben im tageweisen Spezialprogramm schätzen ihre körperliche Effizienz besser ein.

Die hoch begabten Kinder, die Spezialprogramme besuchen, fühlen sich in der 5. Klasse kognitiv leistungsfähiger als vor einem Jahr in der 4. Klasse. Die 6.-Klässler schätzen ihre körperliche Effizienz besser ein und vermelden einen Zuwachs an

Selbstsicherheit und eine bessere Stimmung. Nach dem Eintritt in die Oberstufe beurteilen die 7.-Klässler ihre körperliche Effizienz durchwegs als besser.

In den Regelklassen berichten die hoch begabten Kinder von einer erhöhten Kontaktbereitschaft. Sie geben an, mehr Stress zu erleben, zur Stressbewältigung vermehrt problemlösendes und auch vermehrt emotionsregulierendes Handeln anzuwenden, dies bei geringerer physischer Stresssymptomatik. Die Knaben berichten von mehr Angst, die Mädchen von einer reduzierten kognitiven Leistungsfähigkeit und einer Verringerung der Orientierung an moralischen Grundsätzen. Kinder der 5. Klasse haben mehr Angst und empfinden die Lehrperson als strenger. 6.-Klässler zeigen eine erhöhte Kontaktbereitschaft. Schülerinnen und Schüler, welche in die Oberstufe eingetreten sind (7.-Klässler), schätzen ihre körperliche Effizienz, ihre kognitive Leistungsfähigkeit und ihre Stimmung schlechter ein und bekunden vermehrt Mühe im Umgang mit Misserfolg, Dabei ist die Stichprobenverzerrung, bedingt durch die hohe Ausfallquote (75%) zu bedenken.

Die durchschnittlich begabten Kinder zeigen weniger Angst vor Sozialkontakten als vor einem Jahr, bei einem leicht verminderten Sozialinteresse und einer gesteigerten Kontaktbereitschaft. Sie erleben die Wertschätzung der Lehrperson als geringer und empfinden die Lehrperson als strenger. Doch schätzen sie den aktuellen Stress als geringer ein, ebenso die physischen Stresssymptome. Die Angstsymptome und neurotische Symptome werden bei Schülerinnen und Schülern in der ersten Oberstufe (7. Klasse) geringer. Zudem lässt sich ein besserer Umgang mit Misserfolg beobachten. Es muss jedoch auf die Stichprobenverzerrung hingewiesen werden (Ausfallquote in der Oberstufe von 75%). Die Stimmung der durchschnittlich Begabten wird etwas schlechter und sie orientieren sich weniger an moralischen Grundsätzen, insbesondere die Knaben. Dafür berichten sie von einer besseren Selbstsicherheit. Was die Sozialerfahrungen betrifft, berichten die Knaben von einem verminderten sozialen Interesse und von schlechteren sozialen Erfahrungen mit Mitschülerinnen und Mitschülern. Sie fühlen sich von der Lehrperson weniger wertgeschätzt und empfinden sie als strenger. Die Mädchen schätzen ihre kognitive Leistungsfähigkeit schlechter ein. Sie berichten von weniger sozialer Angst und vermehrten Sozialerfahrungen mit Mitschülerinnen und Mitschülern.

11. Diskussion

Die vorliegenden Daten dienen hauptsächlich als Grundlage für die Hypothesenbildung weiterführender Forschung. Es zeigen sich diesbezüglich interessante Zusammenhänge, insbesondere für die Gruppe der hoch begabten Kinder in Spezialprogrammen (Gruppe 1). Abschliessend wird versucht, Antworten auf die grundlegenden Fragestellungen des Teilprojekts zu geben.

Es kann konstatiert werden, dass die hoch begabten Kinder in den Spezialprogrammen (Gruppe 1) die Umwelt als instabiler erleben als die hoch begabten Kinder in Regelklassen (Gruppe 2). Dies hängt möglicherweise mit ihren weniger guten sozialen Erfahrungen ihrer geringeren sozialen Anpassung zusammen. Weshalb sich bei der Wiederholungsmessung eine durchwegs positive Veränderung bezüglich der Persönlichkeitsprofile zeigt, ist nicht geklärt. Neben dem Zufall, der auch nicht ganz ausgeschlossen werden kann oder allfälligen statistischen Messfehlern sind folgende Ursachen denkbar:

- Spezielle Förderprogramme zeigen Wirkung
- Selbsthilfegruppen-Effekt, Austausch unter gleich Begabten
- Reduktion der Spannung zwischen Schule und Elternhaus
- Altersbedingt gesteigerte Selbstkontrolle
- andere Faktoren

Es sind mit Sicherheit mehrere Faktoren ursächlich. Interessant wäre zu eruieren, welcher Stellenwert den speziellen Förderprogrammen von den Kindern, Eltern und Lehrperson zugeschrieben wird. In diesem Zusammenhang ist das Zitat einer 13-Jährigen, ehemaligen Schülerin in einem Spezialprogramm bemerkenswert, die das seinerzeit besuchte Förderprogramm als "voll der Schrott" qualifizierte (NZZ, 2004, 26). Es wäre nun interessant zu erfahren, wie die an der Untersuchung beteiligten hoch begabten Kinder ihre Spezialprogramme qualifizieren. Es könnte durchaus sein, dass die sonderpädagogischen Massnahmen genau dort ansetzen, wo Unterstützung notwendig ist – im sozialen Bereich – und dies unter Umständen von den Schülerinnen und Schülern als mühsam und daher abwehrend als "voll der Schrott" erlebt wird. Antwort auf diese Frage können nur Evaluationen der verschiedenen Förderprogramme geben.

Bezüglich unterschiedlicher Persönlichkeitsentwicklungen zwischen hoch begabten Kindern in Spezialprogrammen und in Regelklassen lassen die Resultate aus bereits genannten Gründen – kleine Stichproben, systematische Fehler auf Grund des Stichprobenausfalls bei der Wiederholungsmessung – kaum Schlussfolgerungen zu. Einzig beim Übertritt der hoch begabten Kinder in Regelklassen lässt sich der bekannte "Fischteich-Effekt" (Marsh, 1987) beobachten: Ist plötzlich eine neue Bezugsgruppe relevant, verändert sich die eigene Position und es kommt zu Anpassungen relevanter Persönlichkeitsmerkmale. Die hoch begabten Schülerinnen und Schüler in Regelklassen zeigen in der ersten Klasse der Oberstufe mehr Mühe im Umgang mit Misserfolg als die hoch begabten Schülerinnen und Schüler in den Spezialprogrammen.

Fazit

In der kurzen Zeitspanne eines Jahres vermochten sich die hoch begabten Schülerinnen und Schüler in den Spezialprogrammen bezüglich ihres Persönlichkeitsprofils in bemerkenswerter Weise zu verändern. Dies kann als Indikator dafür gewertet werden, dass sie einen besonderen Förderbedarf haben, obwohl dies auf Grund der vorliegenden Daten – also ohne eine gezielte Evaluation der verschiedenen Förderprogramme – nicht bewiesen werden kann. Wie die involvierten Faktoren zu gewichten sind und wie sie zusammen spielen, bedarf weiterer Forschung, insbesondere auch qualitativer Art.

TEIL 4: FAMILIEN HOCH BEGABTER KINDER UND JUGENDLICHER

1. Positionierung im Projekt

In dieser Teilstudie werden entwicklungsförderliche und entwicklungsbeeinträchtigende familiäre Faktoren bei Kindern mit vermuteter oder diagnostizierter Hochbegabung analysiert und beschrieben. Dabei interessiert insbesondere die Perspektive der Eltern.

2. Abstract

Es werden in dieser Studie einerseits Familien hoch begabter Kinder mit Familien durchschnittlich begabter Kinder verglichen. Insbesondere interessieren Besonderheiten in den Familienstrukturen und in den innerfamiliären Beziehungen. Andererseits werden Unterschiede analysiert zwischen Familien, deren hoch begabtes Kind die Regelklasse besucht und Familien, deren hoch begabtes Kind sonderpädagogische Massnahmen beansprucht. Dabei interessieren insbesondere die bisherigen Schulerfahrungen aus Sicht der Eltern, ihr Umgang mit der Diagnose Hochbegabung und ihre Wertorientierungen gegenüber der Schule.

Dafür werden quantitative und qualitative Methoden verwendet. Einerseits wird per Post eine schriftliche Fragebogenuntersuchung durchgeführt, andererseits wird ein Teil der Eltern hoch begabter Kinder zu einem halbstrukturierten, mündlichen Interview eingeladen.

Es bestätigt sich, dass hoch begabte Kinder häufiger aus Familien mit höherer Schulbildung und höherem Berufsstatus der Eltern stammen. Besonderheiten im familiären Beziehungsgeflecht hoch begabter Kinder lassen sich nicht nachweisen. In der Wahrnehmung der Eltern zeigt sich, dass weder aufgrund von Langeweile während des Unterrichts noch aufgrund von Verhaltens- und/oder Leistungsschwierigkeiten zwingend Konsequenzen bezüglich der Schulung gezogen werden müssen. Jedoch erweisen sich die Beziehung zur Lehrperson des Kindes, der Umgang mit der Diagnose Hochbegabung und gemeinsame resp. unterschiedliche Wertorientierungen zwischen Eltern und Lehrpersonen als zentrale Faktoren, die zu sonderpädagogischen Massnahmen für das hoch begabte Kind führen können. Die Untersuchung zeigt, dass zukünftig insbesondere dem Umfeld hoch begabter Kinder – vorrangig der Beziehung zwischen Eltern und Lehrperson sowie den Ansichten beider Parteien bezüglich Hochbegabung und „gutem Unterricht" – vermehrt Beachtung zu schenken ist und die Schulschwierigkeiten des Kindes immer im Bezug dazu analysiert werden müssen.

3. Theoretische Überlegungen

Die Untersuchung familiärer Systeme ist komplex und vielschichtig. Erst in jüngerer Zeit sind im Zug familientherapeutischer Strömungen vermehrt Modelle zu Organisation und Struktur von Familien entwickelt worden. Nachfolgend werden drei umfassende, theorieübergreifende Familienmodelle erläutert, die operationalisiert in Form von Fragebögen vorliegen. Bestehende Untersuchungen zum familiären Umfeld hoch begabter Schülerinnen und Schüler werden anschliessend referiert und Forschungsdesiderate formuliert. Eingangs wird der Begriff „Familie" erläutert, um im Anschluss daran die für diese Arbeit geltende Begriffsbestimmung zu präsentieren.

3.1 Begriff Familie

Die Phänomene, die familiendiagnostisch erfasst werden sollen, sind unter anderem davon abhängig, wie Familie definiert wird. Den Begriff Familie zu bestimmen, ist aber nicht einfach. Jede wissenschaftliche Disziplin definiert ihn anders. In Anlehnung an Schneewind (1999) werden im Folgenden 4 Definitionsmöglichkeiten von Familie skizziert:

Bei der Definition nach strukturellen Merkmalen stehen hauptsächlich familien- und gesellschaftspolitische Interessen im Vordergrund. Es werden verschiedene Familienformen unterschieden, die grob in traditionelle Formen und in nicht traditionelle Formen unterteilt werden können. In traditionellen Familienformen sind die Eltern beispielsweise verheiratet, führen einen Zwei-Erwachsenen-Haushalt und der Mann ist der primäre Erwerbstätige. Dem gegenüber werden zum Beispiel Konkubinatspaare, geschiedene oder wiederverheiratete Familien und Zweikarrieren-Ehen als nicht traditionell bezeichnet (Schneewind 1999).

Petzold (1999) stellt 14 als ökopsychologisch bezeichnete Merkmale zur Unterscheidung verschiedener Familienformen zusammen. Dabei gruppiert er diese Merkmale nach unterschiedlichen Systemebenen, in Anlehnung an die auf Bronfenbrenner (1981) zurückgehende Unterscheidung zwischen Exo-, Makro-, Meso- und Mikrosystem. Folgende vier Merkmale werden dem Exosystem zugerechnet: Blutsverwandtschaft vs. durch Heirat erfolgte Verwandtschaft, eigenständige vs. pflegebedürftige Personen, ökonomisch unabhängige vs. abhängige Partner, Personen aus der gleichen Kultur vs. Personen aus unterschiedlichen Kulturen. Dem Makrosystem werden die vier Merkmale: legal verheiratete vs. unverheiratete Paare, lebenslanges vs. zeitlich begrenztes Arrangement, gemeinsames vs. getrenntes Einkommen bzw. Vermögen und Zusammenleben vs. Getrenntleben zugeordnet. Auf der Ebene des Mesosystems sind es die drei Merkmale: kinderlos vs. mit Kind(ern), mit leiblichen vs. adoptierten Kindern, mit leiblicher vs. Stiefelternschaft. Dem Mikrosystem werden drei Merkmale zugeordnet: ein Lebensstil als Zweiergemeinschaft vs. als Einzelperson, heterosexuelle vs. homosexuelle Beziehungen und egalitäre vs. dominante resp. sich unterordnende Rollenaufteilung. Durch Verknüpfung dieser 14 Merkmale lassen sich 196 Familienformen bilden (Schneewind 1999).

Durch die Art, Dauer und Intensität des gemeinschaftlich verbrachten Lebens entstehen Bindungen, die einen Einfluss auf die Personen und ihre Beziehungen untereinander haben, unabhängig von strukturellen Merkmalen. Karpel und Strauss (1983) unterscheiden folgende fünf Arten von Bindungen:

- die funktionale Familie ist hauptsächlich dadurch gekennzeichnet, wie sie die praktischen Anforderungen des Alltags meistert
- die rechtliche Familie definiert ihre Bindungen vor allem von aussen durch die Normen des Rechtssystems
- die Familie, wie sie von den Mitgliedern gesehen wird bezieht sich auf die subjektive Wahrnehmung ihrer Mitglieder und es werden subjektive Abgrenzungen ersichtlich, die in der Familie variieren können
- die Familie mit langfristigen Verpflichtungen, die hohe Erwartungen bezüglich Dauerhaftigkeit und Stabilität der familiären Beziehungen hat und
- die biologische Familie, die ihre Bindungen durch die Blutsverwandtschaft kennzeichnet (Karpel & Strauss, 1983, zit. nach Schneewind 1999).

Familiäre Beziehungssysteme lassen sich durch ein enges Zusammenleben und durch enge Zusammenarbeit kennzeichnen, wodurch das Individuum in der Folge für viele Zwecke in dieser Gemeinsamkeit und in den Zielen der Familie aufgeht.

Die Familie kann in diesem Sinne als intimes Beziehungssystem bezeichnet werden, da sie durch die spezifische Art ihres gemeinschaftlichen Lebens einen relativ hohen Grad an interpersonaler Involviertheit aufweist, im Gegensatz zu anderen Beziehungssystemen (z.B. Beziehungen im Berufsleben) mit geringerer interpersonaler Involviertheit. Somit ist weniger entscheidend, ob die Familie hinsichtlich ihrer personellen Zusammensetzung vorgegebenen Kriterien entspricht, sondern vielmehr, welche Voraussetzungen erfüllt sein müssen, damit sie den sich wandelnden Entwicklungsaufgaben gerecht werden kann. Anhand folgender Kriterien lassen sich Familien als intime Beziehungssysteme von anderen sozialen Beziehungssystemen unterscheiden:

- Die Familie gestaltet ihr Leben in raumzeitlicher Distanz von anderen Personen nach bestimmten Regeln in wechselseitiger Bezogenheit
- Die Familie verfügt über einen umgrenzten Lebensraum – z.B. eine Wohnung – oder zumindest über ein Medium – z.B. Telefon – , womit ein Austausch möglich ist
- Die Beziehungen sind längerfristig angelegt, was sich aufgrund wechselseitiger Bindung, Verpflichtungen und Zielorientierung ergibt
- Die Familie ist ein Ort der physischen, geistigen und emotionalen Intimität (Cierpka 1996; Schneewind 1999).

Im Rahmen der vorliegenden Studie interessieren insbesondere die innerfamiliären Beziehungen, unbeachtet struktureller Merkmale. Die Familie wird im Sinne eines intimen Beziehungssystems definiert, das sich durch Abgrenzung, Privatheit, Dauerhaftigkeit und Nähe auszeichnet. Die Begriffsbestimmung nach Beziehungskennzeichen löst aber nicht alle definitorischen Probleme, denn langfristige Freundschaften fallen beispielsweise auch unter diese Definition. Die an den Untersuchungen teilnehmenden Familien müssen daher durch allgemeine Angaben zu ihrer Familie selber spezifizieren, wen sie als Mitglied ihres intimen Beziehungssystems betrachten.

3.2 Familiendiagnostik

Die Familiendiagnostik geht von Überlegungen aus, wie eine Familie organisiert ist und welche innerfamiliären Wirkfaktoren berücksichtigt werden müssen. Sie untersucht und beschreibt Interaktionen und ihre Veränderungen zwischen den Familienmitgliedern. Die aktuelle Familiendynamik ist aber nicht nur durch die Interaktionen gekennzeichnet, sondern ebenso durch die Tradition der Familie und den kulturellen Kontext, in dem sie sich bewegt (Cierpka 1996).

Die Familiendiagnostik kann auf drei Ebenen ansetzen: auf der Ebene des Individuums, der Ebene der Dyaden bzw. Triaden und der Ebene des Gesamtsystems. Die individuelle Ebene berücksichtigt die physischen und psychischen Austauschprozesse zwischen dem Kind und seiner Umwelt. Lange Zeit ist das Kind in biologischen und psychischen Reifungs- und Wachstumsprozessen von seinem Umfeld abhängig. Die dyadische, interpersonelle Ebene konzentriert sich auf verschiedene innerfamiliäre Parameter – z.B. Emotionalität und Kommunikation –, die Organisation und Funktion einer Familie erklären helfen und miteinander interagieren. Die Ebene des Gesamtsystems umfasst die Organisation der familiären Funktionen, die jeder Familie zur Eigenständigkeit verhilft. Der Gesamtwirkungsmechanismus des Familiensystems wird erhoben, wie beispielsweise der Informationsaustausch, die familiären Regeln, die Hierarchien oder die Stabilität des Systems. Alle individuellen und interpersonellen Dimensionen können als Teilaspekte des Gesamtsystems beschrieben werden und beeinflussen sich gegenseitig (Cierpka 1996).

In der vorliegenden Studie werden die zentralen Funktionen innerhalb des familiären Beziehungsgeflechtes systematisch erfasst und analysiert. Fokussiert wird die Familie als Ganzes, um Stärken und Schwächen als Teilfunktionen innerhalb des Systems zu eruieren. Im Folgenden werden drei Familienmodelle vorgestellt, die aufgrund theoretischer Überlegungen ähnliche und unterschiedliche Dimensionen zur Beschreibung des innerfamiliären Beziehungssystems postulieren.

- **Der Familienklima-Ansatz**

Der Familienklima-Ansatz – entwickelt von Moos (1974) – basiert auf einem sozialpsychologischen Modell. Das Individuum wird als in seine Umwelt eingebettet und mit ihr in ständiger Wechselwirkung stehend gesehen. Diese Wechselwirkung verändert die individuellen kognitiven Vorstellungen der Familie, was sich in einem reziproken Prozess wiederum auf die Familie auswirkt. Es wird die wahrgenommene Familienumwelt ermittelt, d.h. das subjektive Erleben des Individuums und nicht die objektive Gestaltung der Umwelt. Der Familienklima-Ansatz unterscheidet drei Dimensionen zur Beschreibung der Wahrnehmungen der einzelnen Familienmitglieder bezüglich ihrer Familie:

- Positiv-emotionales Klima: Mit einer hohen Ausprägung auf dieser Skala kann das Bild eines harmonischen, auf wechselseitigem Verständnis und emotionaler Zuwendung beruhendes Familienleben beschrieben werden. Entsprechend finden sich Familien mit geringer gegenseitiger Solidarität und hohem Konfliktpotential bei tiefer Ausprägung der Skala.
- Anregendes Klima: Familien, die auf dieser Dimension hohe Wert erzielen, zeigen ein hohes Mass an Offenheit nach innen und aussen. Bei Familien mit niedrigen Werten ist das Familienleben durch ein hohes Mass an Eintönigkeit, Passivität und emotionaler Ausdruckslosigkeit geprägt.
- Normativ-autoritäres Klima: Diese Dimension bezieht sich auf das Ausmass der Normorientierung in der Familie. Familien mit einer starken Normorientierung wollen familieninterne Regeln einhalten und überwachen, während Familien mit geringer Normorientierung flexibel und weniger konsequent mit internen Regeln umgehen.

Im Familienklima-Ansatz bleibt unklar, wie die drei Konstrukte miteinander in Zusammenhang stehen. Der Schwerpunkt des Ansatzes liegt auf der Interaktion des Individuums und der Familie mit der Umwelt (Cierpka 1996; Schneewind 1999).

- **Das Circumplex-Modell**

Das von Olson, Sprenkle und Russell (1983) entwickelte Circumplex-Modell versucht das komplexe System Familie auf überschaubare Konzepte zu reduzieren, um sowohl Paare als auch Familien einer empirischen Untersuchung zugänglich zu machen. Es entstand mit der Absicht, eine Brücke zwischen der allgemeinen Familienforschung einerseits und der Familientherapie andererseits zu schlagen. Das Modell basiert auf den drei Dimensionen Kohäsion, Adaptabilität und Kommunikation.

- Kohäsion ist definiert als das „Ausmass emotionaler Verbindung, die Familienmitglieder miteinander haben“ (Olson, Sprenkle & Russell, 1983, S. 70, zit. nach Cierpka 1996, S. 415). Der Dimension Kohäsion werden vier Ausprägungen zugeschrieben: losgelöst, getrennt, verbunden und verstrickt.
- Adaptabilität bezeichnet die Fähigkeit eines Paares oder einer Familie, seine Machtstrukturen, Rollenbeziehungen und Beziehungsregeln entsprechend den situations- und entwicklungsbezogenen Belastungen zu verändern. Das Circumplex-Modell arbeitet mit der Hypothese, dass zu viel Veränderung zum Chaos führt und zu wenig Veränderung Rigidität nach sich zieht. Beides wird

als dysfunktional für das Familiensystem angesehen. Entsprechend wird die Dimension Adaptabilität in vier Bereiche unterteilt: chaotisch, flexibel, strukturiert und rigide. Die mittleren Bereiche – Flexibilität und Strukturiertheit – entsprechen einem Gleichgewicht zwischen Stabilität und Veränderung.

– Kommunikation wird als unterstützende Dimension für die Bereiche Kohäsion und Adaptibilität verstanden.

Kombiniert man die beiden Dimensionen Kohäsion und Adaptabilität mit ihren je vier Ausprägungen, so ergeben sich 16 Felder. Olson, Sprenkle und Russell (1983) postulieren eine kurvilineare Beziehung zwischen den beiden Dimensionen im Bezug auf die Funktionsfähigkeit eines Familiensystems. Sowohl extrem hohe als auch extrem tiefe Ausprägungen beider Dimensionen (chaotisch losgelöst, chaotisch verstrickt, rigide losgelöst, rigide verstrickt) werden als pathologisch angesehen. Die im Zentrum liegenden Felder – flexibel getrennt, flexibel verbunden, strukturiert getrennt, strukturiert verbunden – repräsentieren moderate Ausprägungen beider Dimensionen. Es wird postuliert, dass Paare und Familien in diesem mittleren Bereich am besten funktionieren und dass sie sich tendenziell durch einen positiveren Kommunikationsstil auszeichnen – Senden von klaren, kongruenten Botschaften, Empathie, effiziente Problemlösungsmöglichkeiten – als Paare und Familien in den Extremen des Modells. Ausserdem wird davon ausgegangen, dass es Paaren und Familien im Zentrum aufgrund ihres positiveren Kommunikationsstiles leichter fällt, ihre Ausprägungen von Kohäsion und Adaptabilität zu verändern (Cierpka 1996; Schneewind 1999). Empirische Untersuchungen bestätigen, dass die Konzepte Kohäsion und Adaptabilität für die Funktionsfähigkeit von Familiensystemen eine wichtige Rolle spielen (Cierpka 1996).

- **Das Familienmodell**

Epstein, Sigal und Rachoff (1962) haben ein Organisationsmodell der Familie entwickelt, das „Family Categories Schema“. Dieses Familienmodell hat als theoretische Basis einer ganzen Reihe von Modellen gedient, auch dem „Familienmodell“ nach Cierpka (1996). Dieses Modell erhebt den Anspruch, einen systematischen Überblick über die grundlegenden Funktionen einer Familie zu liefern und die zentralen Wirkgrössen zu beschreiben. Es können Stärken und Schwächen in der Familie als Teilfunktionen eines Ganzen erkannt und analysiert werden. Dieses Familienmodell besteht aus folgenden 7 Dimensionen (Cierpka 1996):

- Um die psychosoziale Entwicklung der Familienmitglieder zu garantieren muss die Familie verschiedene psychosoziale Entwicklungsaufgaben bewältigen. Die Familie wird vor basale, existentielle Aufgabenstellungen – z.B. Ernährung, Schutz –, vor Entwicklungsaufgaben – entsprechend den lebenszyklischen Phasen – und vor Bewältigungsaufgaben in Krisensituationen gestellt.
- Rollen sind durch tradierte Werte und Normen bestimmt und durch sich wiederholende Verhaltensmuster definiert. Ein effektives Rollenverhalten in einer Familie ist dann anzunehmen, wenn die Rollenübernahme der einzelnen Mitglieder gewährleistet ist. Dies bedingt Aushandlungsprozesse zwischen Rollenzuweisung und Rollenübernahme.
- Ziel der Kommunikation ist ein gegenseitiger Informationsaustausch, der möglichst aus klaren, kongruenten und direkten Botschaften bestehen soll, um ein gegenseitiges Verständnis zu erreichen.
- Die Dimension der Emotionalität bezieht sich auf das Ausmass der Gefühle, die gezeigt und zugelassen werden. Die Intensität der Gefühle kann unterschiedlich ausgeprägt sein, von sehr stark – gefühlsmässigem Überengagement, Einmischung – bis zu sehr schwach – geringes Interesse, Distanzierung.
- Bezüglich der affektiven Beziehungsaufnahme steht die Qualität des Interesses der einzelnen Familienmitglieder für einander im Zentrum. Das Modell geht von einem Spannungsverhältnis zwischen der Aufrechterhaltung der Gesamtfamilie und der Autonomie jedes einzelnen Mitgliedes aus. Beispielsweise investiert ein narzisstisches Familienmitglied weniger Gefühle in Beziehungen mit anderen.
- Die Dimension der Kontrolle kennzeichnet den Prozess, durch den Konformität im Verhalten erreicht wird. Das Kontrollverhalten kann in die Aufrechterhaltung von bestimmten Funktionen und in Anpassungsprozesse unterschieden werden.
- Die vorgängig beschriebenen Dimensionen werden alle von familiär und gesellschaftlich determinierten Wertorientierungen und Normen beeinflusst. Die Diagnostik dieser Dimension ist daher unerlässlich.

Das Modell basiert auf systemtheoretischen Annahmen und geht davon aus, dass durch Veränderungen an den einzelnen Wirkgrössen auch Veränderungen an den anderen Funktionen hervorgerufen werden.

3.3 Familiendiagnostische Fragebogeninventare

Es existieren drei Arten von familiendiagnostischen Selbstbeschreibungsinstrumenten: (1) Fragebögen, die ein einzelnes Konstrukt einer Theorie operationalisieren, (2) Verfahren, die einen bestimmten theoretischen Ansatz empirisch erfassen und (3) Instrumente, die Familiensysteme umfassend und theorieübergreifend untersuchen (Cierpka 1996).

Die vorliegende Arbeit strebt eine umfassende Analyse zentraler Wirkfaktoren innerhalb des familiären Gesamtsystems an. Dies erfordert ein Verfahren, das folgende Bedingungen erfüllt: 1) Der Fragebogen beruht auf einem theorie- und schulenübergreifenden Familienmodell; 2) Das Instrument untersucht den Funktionsgrad in der Familie in unterschiedlichen Bereichen; 3) Die Untersuchungseinheit ist primär das familiäre Gesamtsystem und schliesslich 4) das Instrument ist auf Deutsch erhältlich. Im Folgenden werden drei Fragebogenverfahren vorgestellt – basierend auf den vorgängig beschriebenen theoretischen Ansätzen –, die diesen Ansprüchen genügen (Cierpka 1996).

- **Die Familienklimaskalen (FKS)**

Die Familienklimaskalen (FKS), eines der ersten Selbstbeschreibungsinstrumente, das spezifisch zum Erfassen familiärer Faktoren entwickelt wurde, basiert auf dem Familienklima-Ansatz von Moos (1974); es wurde von Schneewind (1987) ins Deutsche übersetzt und modifiziert. Die drei Dimensionen des Familienklima-Ansatzes wurden in 10 Aspekte aufgeschlüsselt:

a) Positiv-emotionales Klima: Kohäsion, Offenheit und Konfliktneigung
b) Anregendes Klima: Selbständigkeit, Leistungsorientierung, intellektuelle, kulturelle Orientierung, aktive Freizeitgestaltung und moralisch-religiöse Normen und Werte
c) Normativ-autoritäres Klima: Organisation und Kontrolle

Das Familienklima kann aus der Perspektive beider Eltern und des Kindes erfasst werden. Zu diesem Zweck existieren drei Versionen: Die Realeinschätzung erfasst die gegenwärtige Familiensituation, die Idealversion versucht Wunschvorstellungen zu erfassen und die Erwartungsversion konzentriert sich auf die Erwartungen der einzelnen Familienmitglieder an die Familienumwelt.

Die FKS wurden von den Autoren systematisch im Zusammenhang mit Alkoholikerfamilien eingesetzt (Moos & Moos, 1981), womit die klinische Nützlichkeit der

FKS belegt werden konnte. Das Instrument weist gute Validitäts- und Reliabilitätswerte (r = .45 - .86) auf und kann bei Kindern ab 14 Jahren eingesetzt werden. Eine theoriegeleitete Interpretation der gefundenen statistisch bedeutsamen Unterschiede zwischen funktionalen und dysfunktionalen Familien fehlt, wodurch unklar bleibt, für welche Fragen sich das Instrument in der Praxis eignet (Cierpka 1996; Schneewind 1987, zit. nach Schneewind 1999).

- **Die Family Adaptability and Cohesion Evaluation Scales (FACES III)**

Die Family Adaptability and Cohesion Evaluation Scales (FACES) sind die bekanntesten familiendiagnostischen Fragebogeninstrumente und liegen heute – nach zweimaliger Revision – in der Form FACES III vor. Sie basieren auf dem Circumplex-Modell und operationalisieren die Dimensionen Kohäsion und Adaptabilität mittels folgender sechs resp. vier Subskalen:

- Kohäsion: emotionale Bindung, Familiengrenzen, Zeiteinteilung, Freundschaften, Entscheidungsfindung, Interessen und Freizeitgestaltung;
- Adaptabilität: Kontrolle und Familienführung, Disziplin, Rollenaufteilung, Regeln.

Beide Subskalen bestehen aus je zehn Items. Die Werte, welche die Familien in den Dimensionen Kohäsion und Adaptabilität erreichen, können vier unterschiedlichen Familientypen zugeordnet werden (Cierpka 1996):

Kohäsion	*Adaptabilität*	*Familientyp*
sehr verbunden	sehr flexibel	balanciert
verbunden	flexibel	gemässigt balanciert
etwas verbunden	strukturiert	Mittelregion
losgelöst	rigide	extrem

Mit höheren Werten für Kohäsion und Adaptabilität steigt die Funktionalität von Familien. Funktionale Familiensysteme können als ausbalanciert beschrieben werden, dysfunktionale Familien entsprechen einem extremen Familientyp. Die FACES III sind in vielen Forschungsprojekten angewendet worden, was u.a. als Ergebnis einer gelungenen theorieübergreifenden Testkonstruktion gewertet werden kann. Sie verfügen über gute Testgütekriterien (Kohäsion: r = .77, Adaptabilität: r = .62). Im deutschen Sprachraum sind die FACES III als Familien-Fragebogen (FFBO-III) veröffentlicht worden (Hank, Hahlweg & Klann, 1990). Durch die Einstufung der Familie in einen bestimmten Familientyp kann die Funktionalität resp. Dysfunktionalität von Familien relativ einfach beurteilt werden. Die Informationen, die FACES III liefert sind jedoch durch die Kürze des Verfahrens wenig detailliert und in ihrer Aussagekraft begrenzt (Cierpka 1996; Schneewind 1999).

- **Die Familienbögen (FB)**

Im Instrument die Familienbögen werden die sieben Dimensionen des Familienmodells – Aufgabenerfüllung, Rollenverhalten, Kommunikation, Emotionalität, affektive Beziehungsaufnahme, Kontrolle, Werte und Normen – mit vier Items pro Dimension operationalisiert. Ausserdem erfassen die Fragebögen mittels zweier Kontrollskalen – „Abwehr" und „soziale Erwünschtheit" – die Tendenz der Befragten, sozial erwünscht zu antworten. Sind die Ausprägungen in den Kontrollskalen zu hoch, können die Werte der übrigen Dimensionen nur bedingt interpretiert werden. Die wahrgenommenen familiären Stärken und Schwächen können auf drei Systemebenen eingeschätzt werden: auf der Ebene der gesamten Familie (allg. FB), auf der Ebene der dyadischen Beziehungen innerhalb der Familie (Zweier-FB, z.B. Beziehung Mutter – Kind) und auf individueller Ebene (ind. FB). Auf allen Ebenen werden dieselben theoretischen Konstrukte erfasst und ermöglichen somit Vergleiche über verschiedene Systemebenen hinweg. In den Familienbögen sind Referenzwerte für fünf lebenszyklische Phasen erarbeitet worden – von Phase 1: Paare, die ihr erstes Kind erwarten bis Phase 5: Paare nach Auszug der Kinder –, was eine entwicklungsorientierte Familiendiagnostik ermöglicht und den Veränderungen und Anpassungen im Leben einer Familie Rechnung trägt. Der Entwicklungscharakter von Familien über mehrere Generationen wird damit betont und kritische Phasen werden definiert. Die Familienbögen werden sowohl im klinischen Setting als auch in der Forschung häufig angewendet. Die Befunde zeigen, dass das Instrument zwischen klinischen und nichtklinischen Gruppen unterscheidet und familiäre Prozesse differenziert abzubilden vermag (Cierpka & Frevert, 1995). Die Familienbögen erwiesen sich als reliabel (allg. FB: r = .88, Zweier-FB: r = .90, ind. FB: r = .84) und valide (Cierpka 1996). Sie eigenen sich für Kinder ab 12 Jahren. Insgesamt geben die Familienbögen eine Übersicht über Funktionalität und Ressourcen einer Familie, identifizieren problematische Bereiche und erlauben die Diagnostik familiärer Veränderungen. Durch ihre theorieübergreifende Konstruktion sind sie vielseitig verwendbar (Cierpka 1996; Schneewind 1999).

Die beschriebenen Fragebogeninstrumente erfüllen alle einleitend formulierten Bedingungen. Bezüglich Reliabilität und Validität unterscheiden sie sich nicht wesentlich (Cierpka 1996). Ein inhaltlicher Vergleich der erfragten Bereiche zeigt, dass die drei Instrumente ähnliche Dimensionen als relevant für das Beschreiben der Funktionalität von Familien erachten. In allen Verfahren werden erhoben:

- emotionale Aspekte: Kohäsion, Offenheit (FKS), emotionale Bindung (FACES), Emotionalität, affektive Beziehungsaufnahme (FB)
- strukturelle Kriterien: Konfliktneigung, Organisation (FKS), Rollenaufteilung, Familiengrenzen, Zeiteinteilung, Entscheidungsfindung (FACES), Aufgabenerfüllung, Rollenverhalten, Kommunikation (FB)
- Macht und Kontrolle: Kontrolle, Selbständigkeit (FKS), Kontrolle und Familienführung, Disziplin, Regeln (FACES), Kontrolle (FB).

Diese Übereinstimmungen in relevanten Dimensionen besagen aber noch nicht, dass die Verfahren auch tatsächlich dieselben Konstrukte messen. Unterschiede zwischen den Verfahren zeigen sich im Bereich kultureller Kriterien: moralisch-religiöse Normen und Werte, intellektuelle und kulturelle Orientierung, Leistungsorientierung (FKS), Freundschaften, Interessen, Freizeitgestaltung (FACES), Werte und Normen (FB). Die Konvergenz in zentralen familiendiagnostischen Kategorien erstaunt aber nicht, denn die Instrumente wurden auf dem Hintergrund theorieübergreifender Modelle entwickelt (Cierpka 1996).

Aus folgenden Gründen wird in der vorliegenden Arbeit das Instrument Familienbögen (FB) verwendet:

- Die Familienbögen bieten eine wertvolle Möglichkeit, zusätzlich zum Erfassen der Familie als Ganzes auch familiäre Dyaden in denselben Dimensionen zu erheben.
- Das Verfahren hat sich sowohl im klinischen Setting als auch in der Forschung bewährt. Es eignet sich nicht nur für die Untersuchung von klinischen Gruppen, sondern ebenso für nicht klinische Familiensituationen.
- Die Familienbögen sind von mittlerer Länge (FKS: 116 Items, FACES: 20 Items, FB: 28 Items) und ermöglichen detaillierte Aussagen in den erhobenen Dimensionen.

- Die ausgewerteten Familienbögen können den Eltern in Form eines Stärken-Schwächen-Profils zur Validierung vorgelegt werden, wodurch sich zeigen wird, ob das Instrument das familiäre Beziehungsgeflecht aus elterlicher Sicht abzubilden vermag.
- Der Fragebogen ist für Kinder bereits ab 12 Jahren normiert.

3.4 Familien hoch begabter Kinder

Die Erkenntnisse bisheriger Untersuchungen zum Familiensystem hoch Begabter sind heterogen, was in erster Linie auf Methodikunterschiede (hinsichtlich Fragestellungen, Untersuchungsgruppen, methodischer Ansätze) in den Studien zurückzuführen ist und die Vergleichbarkeit erschwert. Für die vorliegende Arbeit interessieren insbesondere die Forschungserkenntnisse bezüglich Familienstruktur und familiärem Beziehungsgeflecht in Familien mit hoch Begabten sowie Schulerfahrungen hoch begabter Kinder aus Sicht der Eltern, Umgang mit der Diagnose Hochbegabung und Unterschiede in Wertorientierungen bezüglich der Schule.

- **Sozioökonomischer Hintergrund und Familienstruktur**

Untersuchungen zu strukturellen Unterschieden zwischen Familien mit durchschnittlich begabten Kindern und Familien hoch Begabter zeigen, dass hoch begabte Kinder häufiger Erstgeborene oder Einzelkinder sind (Tettenborn 1996). Als erstgeborenes Kind kann es mindestens eine Zeit lang die ungeteilte Aufmerksamkeit der Eltern in Anspruch nehmen und hat als ältestes Kind eine Sonderstellung inne, was möglicherweise die Entwicklung seines kognitiven Potentials begünstigt. Nach Parker (1998) spielt jedoch weniger die Geschwisterrangfolge die zentrale Rolle für die Entwicklung des hoch begabten Kindes, sondern vielmehr die Familiengrösse. Er weist einen negativen Zusammenhang zwischen dem Intelligenzquotienten (IQ) des Kindes und Anzahl Kinder in der Familie aus. Je tiefer die soziale Schicht der Familie, desto grösser sind die Effekte auf Familiengrösse und IQ. Dieser Effekt wird auch konstatiert, wenn die soziale Schicht kontrolliert wird.

Viele Studien belegen, dass hoch begabte Kinder überzufällig häufig aus mittleren und oberen sozioökonomischen Schichten stammen und überdurchschnittlich gut und länger ausgebildete Eltern haben (Benbow et al., 1983; Roedell, Jackson & Robinson, 1989; Tettenborn 1996). Slater (1995) stellt fest, dass der kindliche IQ am meisten durch den IQ der Eltern, deren Ausbildungsniveau und durch den sozioökonomischen Status der Familie beeinflusst wird (Slater 1995, zit. nach Freeman 2000).

Vergleiche zwischen in sozioökonomischer Hinsicht parallelisierten Untersuchungsgruppen werden aber in der Mehrzahl der Studien nicht vorgenommen. Die Untersuchung von Tettenborn (1996) bildet hier eine Ausnahme. Sie vergleicht Familien durchschnittlich begabter Kinder mit Familien hoch begabter Kinder, ohne eine Vorselektion vorzunehmen. Eine Vorselektion heisst z.B., nur hoch begabte Kinder zu untersuchen, die an einem speziellen Schulprogramm teilnehmen. Die Untersuchung zeigt, dass sich Familien mit einem hoch begabten Kind von Familien mit einem durchschnittlich begabten Kind gleichen Geschlechts und gleicher Schulklasse in den untersuchten Strukturvariablen – Familiengrösse, Geschwisterposition, Alter der Eltern bei der Geburt des Kindes – nicht unterscheiden (Tettenborn 1996). Aufgrund der bisherigen Studien lässt sich also vermuten, dass sich keine strukturellen Unterschiede zwischen Familien hoch begabter Kinder und Familien durchschnittlich begabter Kinder nachweisen lassen, wenn die Untersuchungsgruppen in sozioökonomischer Hinsicht vergleichbar sind.

- **Familienbeziehungen**

In Untersuchungen zu den innerfamiliären Beziehungen in Familien mit hoch Begabten werden häufig besondere Stärken konstatiert. Hoch begabte Kinder stammen vor allem aus Elternhäusern, in denen verbale mündliche und schriftliche Anregung sowie intellektuelle und kulturelle Aktivitäten einen hohen Stellenwert haben (Colangelo & Assouline, 2000; Freeman 1993; 2000; Moon, Jurich & Feldhusen, 1998). Die Familien mit hoch begabten Kindern zeigen eine höhere Ansprechbarkeit für die Bedürfnisse der Kinder und weniger restriktive Erziehungshaltungen verglichen mit Familien durchschnittlich begabter Kinder. Sie können als ansprechbarer, flexibler und weniger restriktiv in der Erziehung beschrieben werden (Robinson & Weinberg, 1998). Familien mit hoch begabten Kindern verfügen mehrheitlich über gesunde Interaktionsmuster und positive Coping-Strategien (May 2000). Verglichen mit Familien durchschnittlich begabter Kinder zeigen sie ein tieferes Konfliktniveau und ein höheres Niveau bezüglich Planung und Organisation (Caplan et al., 2002).

Weniger positive familiäre Einflüsse zeigen sich bei Familien mit einem niedrigen sozioökonomischen Status. Hoch begabte Kinder aus einkommensschwachen Familien scheinen besonders anfällig für psychische Schwierigkeiten und Minderleistung zu sein (Moon, Jurich & Feldhusen, 1998; Wittmann 2003). Einkommensschwache Familien, deren hoch begabte Kinder aber in der Schule reüssieren, betonen weniger den Bildungsaspekt innerhalb der Familie, sondern legen besonderen Wert auf Organisation, emotionale Stabilität und Unabhängigkeit (Moon, Jurich & Feldhusen, 1998). Freeman (2000) konstatiert jedoch, dass sich Familien mit niedrigem sozioökonomischem Status ebenfalls durch hohe verbale Anregung auszeichnen, wenn die hoch begabten Kinder reüssieren.

Bisher wurde immer wieder bestätigt, dass es durchschnittlich begabte Geschwister in Familien mit einem hoch begabten Kind schwieriger haben (Chamrad, Robinson & Janos, 1995; Colangelo & Assouline, 2000; Moon, Jurich & Feldhusen, 1998). Sie zeigen ein tieferes Selbstwertgefühl als ihre hoch begabten Geschwister, spüren mehr Konkurrenzdruck und kommen sich minderwertig vor, was zu verstärkter Eifersucht führen kann (Chamrad, Robinson & Janos, 1995; Keitel, Kopala & Schroder, 2003; Moon, Jurich & Feldhusen, 1998; Wittmann 2003). Nach Cornell und Grossberg (1989) zeigen die nicht hoch begabten Geschwister aber nur vorübergehend ein tieferes Selbstwertgefühl, nachdem das hoch begabte Kind identifiziert und in ein Förderprogramm für Begabte eingeschult wurde. Über eine längere Zeit gesehen, erleidet ihr Selbstwertgefühl aber keinen Einbruch. Silverman (1991) postuliert, dass weniger die Hochbegabung des Kindes per se zu Spannungen bei den Geschwistern führt, sondern vielmehr die erhöhte Aufmerksamkeit der Eltern dem hoch begabten Kind gegenüber (Silverman 1991, zit. nach Moon, Jurich & Feldhusen, 1998). Eltern fühlen sich oft enger verbunden mit dem hoch begabten Kind und sind stolzer auf seine Leistungen als mit den nicht hoch begabten Geschwistern und deren Leistungen (Webb 1993). Jedoch stellt Webb (1993) fest, dass die Konkurrenz zwischen den Geschwistern abklingt und harmonische Geschwisterbeziehungen zunehmen, je grösser die IQ-Differenz zwischen den Kindern ist.

Verschiedene Studien weisen aber keine Besonderheiten im familiären Beziehungsgeflecht nach (Tettenborn 1996). In der Marburger Studie zeigt sich, dass die „typische Hochbegabtenfamilie“ nicht existiert: Die Familien hoch begabter Kinder unterscheiden sich von Familien mit durchschnittlich begabten Kindern nicht bezüglich der vom Kind wahrgenommenen positiven und negativen Gefühle gegenüber seinen Familienmitgliedern. Ebenso wenig finden sich Unterschiede auf der Ebene des Familiensystems bei der elterlichen Einschätzung des familiären Zusammenhaltes und der Flexibilität des Miteinander-Umgehens (Tettenborn 1996).

Die widersprüchlichen Ergebnisse sind hauptsächlich auf methodische Unterschiede zurückzuführen. Werden die Eltern hoch begabter Kinder befragt, so besuchen diese Kinder in den meisten Fällen entweder bereits ein Förderprogramm für Begabte oder die Eltern haben eine spezialisierte Beratungsstelle aufgesucht, was somit einer Vorselektion entspricht. Ausserdem werden meist nur die Kinder zur familiären Situation und seltener die Eltern direkt befragt. Die Untersuchung von Tettenborn (1996) bildet hier eine Ausnahme.

Aus den bisherigen empirischen Untersuchungen kann daher die Schlussfolgerung gezogen werden, dass sich Besonderheiten in den innerfamiliären Beziehungen von Familien mit hoch begabten Kindern – die vor allem in den Bereichen Kommunikation und Emotionalität konstatiert werden – insbesondere dann nachweisen lassen, wenn die Eltern ausdrücklich die aussergewöhnliche Begabung ihres Kindes bestätigt bekommen haben, d.h. wenn das Kind beispielsweise an einem Förderprogramm für Begabte teilnimmt, oder wenn die Eltern aufgrund familiärer Schwierigkeiten Beratung in Anspruch genommen haben. Wird hingegen auf eine Vorselektion verzichtet, so sind keine Unterschiede zwischen Familien hoch begabter und Familien durchschnittlich begabter Kinder bezüglich der Wahrnehmung ihrer innerfamiliären Beziehungen zu erwarten.

- **Schulerfahrungen**

Was ist aus Sicht der Eltern ausschlaggebend für den schulischen Erfolg ihres hoch begabten Kindes? Nach Borland, Schnur und Wright (2000) stammen schulisch erfolgreiche hoch Begabte vorwiegend aus Familien, in welchen kein Druck zu „Assimilation ohne Akkomodation" besteht und in welchen positive Rollenvorbilder vorhanden sind. Ausserdem anerkennen die Eltern die Hochbegabung ihres Kindes und ermutigen es, seine Begabungen zu entwickeln. In der Studie von Dunn et al. (1987) zeigt sich, dass hoch begabte Jugendliche die wahrgenommene familiäre Unterstützung hauptsächlich als erfolgreich im Zusammenhang mit schulischen Kriterien sehen – z.B. Noten, unentschuldigte Absenzen –, während sie die Unterstützung durch die Peer-Gruppe mehr als psychologische Hilfe empfinden. Ein Vergleich zwischen schulisch erfolgreichen und schulisch nicht erfolgreichen hoch Begabten zeigt, dass die Erfolgreichen über angemessenere Lernstrategien und bessere Organisation verfügen, die Erziehungskompetenz der Eltern grösser ist und die Unterrichtsqualität der Lehrpersonen höher ist. Ebenfalls scheint die Beziehung zwischen Lehrperson und Kind einen wichtigen Einfluss auf den Schulerfolg hoch Begabter auszuüben (Baker, Bridger & Evans, 1998). Schulprobleme können auch dann entstehen, wenn in der Schule Mittelmässigkeit akzeptiert wird, Exzellenz aber nicht anerkannt und höhere Leistungen ignoriert werden (Mönks, Heller & Passow, 2000). Aus Sicht der Eltern hoch begabter Kinder bestehen in der Schule hauptsächlich folgende drei Probleme:

- das Kind langweilt sich und zeigt schlechte Leistungen
- Fortschritte sind nicht möglich, weil die Klasse zu langsam vorwärts geht und
- der Unterricht bietet dem Kind zu wenig Herausforderungen (Wiecerkowski & Prado, 1996).

In der Forschung wird insbesondere oft die Frage nach möglichen familiären Einflüssen bei Kindern gestellt, die trotz hoher intellektueller Begabung nicht die erwarteten schulischen Leistungen erbringen, bei so genannten Minderleistern. Sie berichten häufiger von familiären Schwierigkeiten als hoch Begabte mit guten Schulleistungen (Keitel, Kopala & Schroder, 2003). Ihre Familien werden als weniger anpassungsfähig, mehr gestresst und mit weniger Interesse an der Schule beschrieben als Familien hoch Begabter mit guten schulischen Leistungen (Moon, Jurich & Feldhusen, 1998; Reis & McCoach, 2000). Die Familien hoch begabter Kinder mit schlechten Schulleistungen drücken tendenziell weniger positive Affekte aus, ihr Erziehungsstil ist häufiger autoritär oder inkonsistent und ihre Beziehungen sind konflikthafter im Vergleich zu Familien hoch Begabter mit guten schulischen Leistungen (Moon, Jurich & Feldhusen, 1998; Reis & McCoach, 2000; Tettenborn 1996). Jedoch stellt sich dabei die Frage, ob die schlechten Schulleistungen die Familie negativ beeinflusst oder ob die schwierigen Familienverhältnisse schlechte Schulleistungen zur Folge haben (Tettenborn 1996; Reis & McCoach, 2000). Emerick (1992) hat untersucht, was aus familiärer Sicht dazu beiträgt, dass sich die schlechten Schulleistungen hoch Begabter verbessern. Es hilft, wenn die Eltern kindliche Interessen ausserhalb der Schule unterstützen, wenn sie angesichts kindlichen Versagens eine positive Haltung bewahren und wenn die Eltern sich ruhig und konsistent verhalten während der Zeit der schlechten Schulleistungen (Emerick 1992, zit. nach Moon, Jurich & Feldhusen, 1998). Eine typische Reaktion bei Eltern und Lehrpersonen ist aber, die hoch Begabten mit schlechten Schulleistungen zu forcieren, damit sie die Aufgaben gemäss den Erwartungen erfüllen, was zu einem Teufelskreis von Machtkämpfen führen kann (Colangelo & Assouline, 2000).

Um Schulschwierigkeiten bei hoch begabten Kindern zu begegnen, werden sie oft zusätzlich in Förderprogrammen für Begabte unterrichtet. Moon (1995) hat untersucht, ob die Teilnahme des Kindes an einem Pull-Out-Programm zu familiären Veränderungen geführt hat. Es zeigt sich, dass sich in einigen Fällen die familiären Interaktionen und Beziehungen verbessert haben. Die Kommunikation zwischen Eltern und Kind hat zugenommen, der Familienzusammenhalt ist grösser geworden und die Beziehung zwischen Schule und Elternhaus hat sich verbessert. Diese Effekte mögen auch mit jenem Inhalt des Pull-Out-Programms zusammenhängen, mit dem den Kindern angemessenere Arbeitstechniken vermittelt wurden.

- **Wertorientierungen und Umgang mit der Diagnose Hochbegabung**

Familien hoch begabter Kinder scheinen sich mehr für schulische Belange zu interessieren als Familien nicht hoch begabter Kinder (Robinson & Weinberg, 1998). Sie stellen allgemein hohe Erwartungen an Schule und Unterricht, zeigen sich aber weniger zufrieden damit, wie die Schule auf die emotionalen und sozialen Bedürfnisse der Kinder reagiert, als die Eltern nicht hoch begabter Kinder (Colangelo & Assouline, 2000; Robinson & Weinberg, 1998). Louis und Lewis (1992) weisen auch bei Familien mit hoch begabten Vorschulkindern nach, dass deren Eltern höhere Erwartungen an ihre Kinder haben, als Eltern nicht hoch begabter Vorschulkinder, beispielsweise bezüglich Unabhängigkeit.

Eltern hoch begabter Schulkinder haben insbesondere hohe Erwartungen an die *Leistungen* ihrer Kinder, bewerten schulische Leistung positiv, erwarten von den Kindern hohe Bildungsabschlüsse und verwenden einen die kognitive Entwicklung fördernden Erziehungsstil – z.B. viel sprachliche Kommunikation (Caplan et al., 2002; Colangelo & Assouline, 2000; Moon, Jurich & Feldhusen, 1998; Mönks, Heller & Passow, 2000; Tettenborn 1996). In der Studie von Robinson und Weinberg (1998) äussern die hoch begabten Kinder signifikant stärker – verglichen mit nicht hoch begabten Kindern – dass ihren Eltern Schulerfolg wichtig ist. Im Laufe der Primarschulzeit kann dieser Effekt verschwinden, wie eine erneute Untersuchung der Kinder zwei Jahre später zeigt (Robinson, Lanzi & Weinberg, 2002). Nach Webb (1993) tendieren insbesondere Väter dazu, die Hochbegabung ihres Kindes durch dessen Leistungen wahrzunehmen, was zu Machtkämpfen führen kann, wenn das Kind die Leistungen nicht zu erbringen vermag. Eine Überbetonung der Leistungen im familiären Umfeld kann beim Kind zu Perfektionismus und oberflächlichen sozialen Beziehungen führen, weil es die Wichtigkeit der Leistungserfüllung internalisiert und ungenügend lernt, die Personen als solche wertzuschätzen (Webb 1993). Ausserdem kann eine Überbetonung des Leistungsaspektes durch die Eltern zu Verstrickung mit dem hoch begabten Kind und in der Folge zu mangelhaft ausgebildeter kindlicher Selbstidentität führen, wenn die Eltern ihre eigenen Leistungsansprüche durch das hoch begabte Kind verwirklicht sehen wollen (Webb 1993).

Übereinstimmend stellen verschiedene Untersuchungen fest, dass Veränderungen im familiären Beziehungsgeflecht durch eine Etikettierung der Kinder als hoch begabt mitbedingt werden. Tettenborn (1996) konstatiert, dass Veränderungen in den familiären Beziehungen bereits durch den hohen Status ausgelöst werden können, den hoch begabte Kinder innerhalb der Familie geniessen. Eltern, die ihr Kind als hoch begabt bezeichnen sind leistungsorientierter, weniger offen für die Gefühle der anderen Familienmitglieder und beurteilen ihre Kinder als weniger gut angepasst (Cornell & Grossberg, 1989). Im Gegensatz dazu zeigen sich hoch begabte Kinder, deren Eltern sie nicht öffentlich als hoch begabt bezeichnen, besser angepasst (Chamrad, Robinson & Janos, 1995). Die Studie von Keitel, Kopala und Schroder (2003) zeigt aber auch, dass sich viele Eltern durch das Etikett Hochbegabung verunsichert fühlen. Einerseits befürchten sie, dass sich ihr hoch begabtes Kind durch die Diagnose von seiner Peer-Gruppe entfremden könnte, andererseits fühlen sie sich verlegen durch den speziellen Status, den das Kind durch die Diagnose erhält. Nach Meckstroth (1992) nehmen die Eltern hoch begabter Kinder nach der Diagnose ihre Rolle seriöser wahr, wodurch sie verstärkt unter Erwartungsdruck geraten können, als Eltern gut zu sein (Meckstroth, 1992, zit. nach Keitel, Kopala & Schroder, 2003). Besonders bei unterschiedlichen Ansichten der Eltern über die Hochbegabung ihres Kindes kann es zu familiären Spannungen kommen (Keitel, Kopala & Schroder, 2003; Moon, Jurich & Feldhusen, 1998). Missverständnisse entstehen oft, weil die Eltern unter Hochbegabung nicht dasselbe verstehen. Väter tendieren dazu, Hochbegabung in erster Linie unter dem Leistungsaspekt zu sehen, während Mütter unter Hochbegabung eher eine frühreife Entwicklung verstehen (Moon, Jurich & Feldhusen, 1998). Ausserdem können sich Eltern, die sich selber nicht als hoch begabt bezeichnen, durch die Hochbegabung ihres Kindes gestresst fühlen (Silverman 1991, zit. nach Moon, Jurich & Feldhusen, 1998). Bei der Beratung ist jedoch zu berücksichtigen, dass in Familien mit einem hoch begabten Kind oftmals auch die Geschwister und/oder die Eltern hoch begabt sind. Zu sehen, wie sie mit ihrer Hochbegabung umgehen, kann hilfreich sein

(Fornia & Frame, 2001). Es zeigt sich, dass Familien mit niedrigem sozioökonomischem Status grössere Schwierigkeiten haben im Umgang mit ihrem hoch begabten Kind als Familien mit höherem sozioökonomischen Status. Einerseits berichten die Eltern, dass das hoch begabte Kind zuviel von ihnen verlange und dass sie andererseits befürchten, in ihrem Umfeld als übertrieben ehrgeizig zu gelten, wenn sie dem Kind spezielle Hilfe zukommen lassen.

Eine Untersuchung von Colangelo und Kelly (1983) zeigt, dass die hoch begabten Kinder selber eine positive Einstellung zur Diagnose haben, wobei sie aber wahrnehmen, dass ihre nicht hoch begabten Peers und die Lehrperson negativ darüber denken (Colangelo & Kelly, 1983, zit. nach Colangelo & Assouline, 2000). Im Gegensatz dazu kommt die Studie von Kolesaric und Koren (1996) zum Schluss, dass die hoch begabten Kinder mehr negative Konsequenzen durch die Identifizierung ihrer Hochbegabung befürchten, als dies Lehrpersonen und Eltern tun. Insbesondere wünschen die hoch begabten Kinder – im Gegensatz zu den Lehrpersonen – keine Spezialschulen für hoch Begabte.

Es zeigt sich aber, dass die negativen Effekte der Etikettierung – insbesondere wenn Beratung in Anspruch genommen wird - mit der Zeit verschwinden (Colangelo & Assouline, 2000; Silverman 1991, zit. nach Moon, Jurich & Feldhusen, 1998). Zusammenfassend liegt der Schluss nahe, dass das Wissen der Eltern um die Hochbegabung ihres Kindes bedeutsamer für familiäre Interaktionen und entstehende Schwierigkeiten sein könnte als die Begabung selber. Es bleibt offen, ob eine attestierte Hochbegabung möglicherweise auch als „angenehme" Erklärung für Erziehungsprobleme anderen Ursprungs dient.

- **Ansätze für die Analyse familiärer Umfeldbedingungen hoch begabter Kinder**

Die bisherigen Studien zum familiären Umfeld hoch begabter Kinder gehen meist von stark selegierten Stichproben aus – z.B. Eltern von Teilnehmenden eines Pull-Out-Programms. Es ist daher wünschenswert, bei der Erforschung familiärer Besonderheiten mindestens teilweise auf stark selegierte Stichproben zu verzichten, um nicht nur Aussagen über eine spezifische Gruppe von Familien mit hoch Begabten machen zu können. Vielmehr interessiert, ob sich die in der Literatur beschriebenen Unterschiede zwischen Familien mit hoch begabten Kindern und Familien mit durchschnittlich begabten Kindern zeigen, wenn innerfamiliäre Funktionen in wenig selegierten Stichproben systematisch erhoben werden. Ausserdem fokussieren nur wenige Untersuchungen die Sicht der Eltern, weitaus häufiger werden die Kinder zu ihrer Familie befragt. Das familiäre Umfeld hoch begabter Kinder soll in der vorliegenden Untersuchung daher vor allem aus der Perspektive der Eltern analysiert werden.

Zu Schulerfahrungen und spezifischen Lernbedürfnissen hoch begabter Kinder aus der Perspektive der Eltern gibt es erst wenige empirische Untersuchungen. Zwar zeigen verschiedene Studien, dass Förderprogramme für Begabte sowohl die Beziehungen innerhalb der Familie als auch die Beziehungen des Elternhauses zur Schule beeinflussen, aber ein Vergleich zwischen Familien, deren hoch begabtes Kind die Regelklasse besucht und Familien, deren hoch begabtes Kind sonderpädagogische Massnahmen beansprucht, fehlt. Was führt aus Sicht der Eltern dazu, dass überhaupt sonderpädagogische Massnahmen notwendig werden? Schreiben die Eltern ihrem als hoch begabt identifizierten Kind andere schulische Bedürfnisse zu als die Eltern ihrem bisher nicht als hoch begabt bezeichneten Kind?

Verschiedene Studien – meistens auf standardisierten Fragebogenuntersuchungen beruhend – konstatieren Veränderungen in den familiären Beziehungen durch die Diagnose Hochbegabung und stellen bei Eltern hoch begabter Kinder erhöhte Erwartungen an Schule und Unterricht sowie insbesondere an die Leistungen der Kinder fest. Eine umfassende Untersuchung, wie die Erwartungen aussehen, welche die Eltern hoch begabter Kinder an die Lehrpersonen, an den Unterricht und an ihre Kinder im Bezug auf die Schule haben, fehlt jedoch. Was bezeichnen die Eltern hoch Begabter als „guten" Unterricht? Was erachten sie in der Zusammenarbeit zwischen Schule und Elternhaus als wichtig? In der vorliegenden Untersuchung sollen insbesondere diese elterlichen Wertorientierungen, d.h. die handlungsrelevanten Wunsch- und Zielvorstellungen eines Individuums im Bezug auf die Schule, analysiert werden, um familiäre Einflussfaktoren zu eruieren, wie z.B. Etikettierungseffekte. Wertorientierungen sind emotional besetzt und das Individuum ist sich dieser inneren Bilder nicht immer bewusst (Hierdeis & Hug, 1992; Hüsser & Schellenbaum, 1997). Um auch unreflektierte Vorstellungen zu erfassen eignet sich eine standardisierte Fragebogenuntersuchung nicht. Vielmehr sollen die Eltern im Rahmen eines mündlichen Interviews provoziert werden, emotional auf vorgegebene Stimuli zu reagieren und auch teils unbewusste Wertorientierungen im Bezug auf die Schule zu äussern.

4. Fragestellungen

Die Fragestellungen zum familiären Umfeld hoch begabter Kinder gliedern sich in zwei Bereiche. Die einen betreffen die familiären Beziehungen. Hier werden zentrale Wirkgrössen im familiären Beziehungsgeflecht und strukturelle Familienmerkmale erhoben. Dies ermöglicht einen Vergleich der Strukturen von Familien mit hoch begabten Kindern und Familien mit durchschnittlich begabten Kindern. Die andern Fragestellungen beziehen sich auf die Schulerfahrungen, Wertorientierungen und Diagnose. Hier werden die Erfahrungen in der Schule und die spezifischen Lernbedürfnisse hoch begabter Kinder aus Sicht der Eltern erfragt, die Wertorientierungen der Eltern gegenüber der Schule untersucht und die Auswirkungen der Diagnose Hochbegabung auf das Familiensystem analysiert, ebenfalls aus elterlicher Perspektive.

Die vorliegende Untersuchung erfasst den Themenbereich 1 (familiäre Beziehungen) mittels quantitativer Methoden, den Themenbereich 2 (Schulerfahrungen, Diagnose und Wertorientierungen) mittels qualitativer Methoden.

- **Themenbereich 1: familiäre Beziehungen**

Fragestellung: Zeigen sich besondere Stärken im Beziehungsgeflecht von Familien mit einem hoch begabten Kind verglichen mit Familien mit durchschnittlich begabten Kindern, insbesondere bezüglich Kommunikationsfähigkeit und emotionaler Verbundenheit?

- **Themenbereich 2: Schulerfahrungen, Diagnose und Wertorientierungen**

Fragestellung A: Welche spezifischen Lernbedürfnisse betonen die Eltern bei ihrem hoch begabten Kind aufgrund der bisherigen Schulerfahrungen? Gibt es Unterschiede zwischen Familien, deren Kind als hoch begabt identifiziert wurde im Vergleich mit Familien, deren hoch begabtes Kind nicht als hoch begabt identifiziert wurde?

Fragestellung B: Welche Veränderungen im familiären und schulischen Umfeld aufgrund der Diagnose Hochbegabung beschreiben die Eltern?

Fragestellung C: Welche Wertorientierungen gegenüber der Schule äussern die Eltern hoch begabter Kinder? Zeigen sich Unterschiede in den Wertorientierungen zwischen Eltern, deren hoch begabtes Kind die Regelklasse (ohne sonderpädagogische Massnahme) besucht und Eltern, deren hoch begabtes Kind sonderpädagogische Massnahmen beansprucht?

5. Methodik

Die Analyse familiärer Umfeldbedingungen besteht aus einer Verflechtung quantitativer und qualitativer Methoden. Dadurch wird eine grösstmögliche Quantifizierung einzelner Ergebnisse ebenso gewährleistet wie die exemplarische Ausdifferenzierung bestimmter Aspekte. Die Untersuchungen zur Familienstruktur in Familien mit hoch begabten im Vergleich zur Struktur in Familien mit durchschnittlich begabten Kindern sowie die Analysen zu Besonderheiten im familiären Beziehungsgeflecht werden mittels Fragebögen durchgeführt (Kap. 5.1) Die Fragen zu Schulerfahrungen der hoch begabten Kinder aus Sicht der Eltern, zum Umgang mit der Diagnose in Familien mit hoch begabten Kindern und zu Wertorientierungen der Eltern gegenüber der Schule werden mittels Interviews angegangen (Kap. 5.2). Die verwendete Interview-Methode wird im Anschlusskapitel skizziert (Kap. 5.3), bevor abschliessend die quantitativen und qualitativen Analyseschritte diskutiert werden (Kap. 5.4).

5.1 Familienstruktur und Familien mit hoch begabten Kindern

Die Familien werden einerseits zu soziodemografischen Daten befragt und andererseits wird das innerfamiliäre Beziehungsgeflecht aus Sicht von Mutter, Vater und Kind erforscht. Die umfassende, quantitative Fragebogenuntersuchung bezieht unterschiedliche Familiengruppen mit ein und beschränkt sich nicht auf stark selegierte Stichproben. Im Folgenden werden die Zusammensetzung der Stichprobe und die Fragebogeninstrumente diskutiert.

- **Zusammensetzung der Stichprobe**

Für die postalische Familienbefragung werden alle Familien derjenigen Kinder und Jugendlichen angeschrieben, die an den Persönlichkeitsuntersuchungen teilgenommen haben. Dies sind Familien, deren hoch begabtes Kind an einem Förderprogamm für Begabte teilnimmt (Pull-Out-Programm) oder eine Sonderklasse für hoch Begabte besucht sowie Familien, deren hoch begabtes Kind die Regelklasse besucht und keine zusätzliche Fördermassnahme durch die Schule erhält und schliesslich Familien durchschnittlich begabter Kinder, die in der Regelklasse unterrichtet werden. Die Fragebögen werden von den Lehrpersonen der Kinder an die betreffenden Familien weitergeleitet und die teilnehmenden Familien retournieren die ausgefüllten Bögen direkt an die Forschungsgruppe.

- **Fragebogeninstrumente**

Die Erhebungen zu den Unterschieden im Beziehungsgeflecht zwischen Untersuchungsgruppen und Kontrollgruppe erfolgen schriftlich mittels Fragebogen. Als Messinstrument werden die „Familienbögen“ (s. Kap. 3.3) eingesetzt. Über die sieben Skalen – Aufgabenerfüllung, Rollenverhalten, Kommunikation, Emotionalität, affektive Beziehungsaufnahme, Kontrolle, Werte und Normen – lässt sich grafisch ein Profil der Familie erstellen, das Stärken und Schwächen in den einzelnen Bereichen ausweist.

Einerseits werden Mutter, Vater und das an den Untersuchungen beteiligte Kind zu ihrer Familiensituation befragt. Andererseits werden zudem folgende Dyaden mittels separatem Fragebogen erhoben: Beziehung der Mutter zum Kind, Beziehung des Vaters zum Kind und die Beziehungen des Kindes zu Mutter und Vater. Die schriftliche Befragung ist für die Familien, insbesondere für die Kinder, mit erheblichem zeitlichem Aufwand verbunden. Den Familien wird ausserdem ein von der Forschungsgruppe entworfenes Frageblatt zu soziodemografischen Daten zugestellt. Die teilnehmenden Familien werden um folgende Angaben gebeten: Anzahl und Alter der Geschwister, Ausbildung von Vater und Mutter, berufliche Tätigkeit von Vater und Mutter. Die Fragebögen stehen nur auf Deutsch zur Verfügung. Die Übersetzung in verschiedene Sprachen war im für diese Studie vorgegebenen Rahmen leider nicht möglich. Es ist sehr bedauerlich, dass einige immigrierte Familien mit hoch begabten Kindern sich deswegen nicht an dieser Studie beteiligen konnten.

5.2 Schulerfahrungen, Diagnose und Wertorientierungen in Familien mit hoch begabten Kindern

Für die mündlichen Befragungen werden nur Familien mit hoch begabten Kindern berücksichtigt. Im Folgenden werden die Zusammensetzung der Stichprobe und die Inhalte der halbstrukturierten Interviews mit Mutter und Vater beschrieben.

- **Zusammensetzung der Stichprobe**

Für die mündlichen Befragungen wird die Stichprobe gemäss folgenden Kriterien zusammengesetzt:

- Die Familien haben sich an der postalischen Familienbefragung beteiligt
- das Kind ist bereits als hoch begabt identifiziert worden oder
- das Kind erreicht im Intelligenzscreening den von der Projektgruppe festgesetzten Schwellenwert (IQ im CFT-20 von mindestens 122).

Die qualitativen Untersuchungen umfassen also Familien mit hoch begabten Kindern, welche entweder vollumfänglich in Regelklassen unterrichtet werden oder zusätzliche sonderpädagogische Förderung erhalten resp. eine Sonderschule für hoch Begabte besuchen. Aus ökonomischen Überlegungen wird eine Stichprobengrösse von 20 Interviews für die qualitativen Analysen angestrebt. Angefragt werden doppelt so viele Elternpaare.

- **Interview**

Um Unterschiede in den Wertorientierungen der Familien, um eine Einschätzung der Schulerfahrungen und spezifischen Lernbedürfnisse ihres Kindes und um Implikationen der Diagnose Hochbegabung auf Schule und Familie zu erfassen, wurden halbstrukturierte Interviews geführt. Ausserdem wurden die Resultate der Fragebogen-Untersuchung verwendet. Das Interview wurde auf dem Hintergrund einer Voruntersuchung entworfen, die im Rahmen der wissenschaftlichen Begleitung eines Schulprojektes für hoch Begabte (1998 - 2000) stattgefunden hat. Insgesamt wurden in dieser Voruntersuchung 22 Gespräche mit Eltern geführt und aufgezeichnet. Sie bildeten die Grundlage für die Planung der Interviews. Die Halbstrukturierung der Interviews ermöglicht einerseits die auf theoretischen Überlegungen basierenden Fragen zu stellen und andererseits entsteht dadurch die Möglichkeit, von Interviewten spontan aufgeworfene Themen zu vertiefen.

Die Interviews wurden mit Mutter und Vater getrennt durchgeführt, um die individuellen Sichtweisen und nicht die Perspektive als Elternpaar zu erforschen. Sie dauerten ca. 75 Minuten und bestanden aus folgenden Sequenzen: Als Einleitung wurden die Beteiligten über Ziel und Ablauf des Interviews informiert. Dann folgten in einem ersten Teil des Interviews offene Fragestellungen. Mit Vater und Mutter wurde über die Themen Entwicklung des Kindes, Verhalten und Leistungen in der Schule, Verhalten zu Hause und Diagnose Hochbegabung gesprochen. Folgende Fragen dienten als Einstieg in den Themenbereich: Welche Entwicklungsbesonderheiten haben die Eltern bei ihrem Kind erlebt? Wie beurteilen die Eltern die schulische Entwicklung ihres Kindes? Welche Schwierigkeiten hat das Kind in der Schule? Welche spezifischen Lernbedürfnisse schreiben die Eltern ihrem Kind zu? Welche Schwierigkeiten haben die Eltern zu Hause? Betrachten die Eltern ihr Kind als hoch begabt? Woran erkennen die Eltern die Hochbegabung ihres Kindes? In einem zweiten Teil wurden den Vätern und Müttern Fotografien von unterschiedlichen Unterrichtssituationen zur Einschätzung vorgelegt. Dieser Gesprächsteil diente dem Erfassen der Wertorientierungen der Eltern gegenüber der Schule, d.h. den handlungsrelevanten elterlichen Wunsch- und Zielvorstellungen. Die Interviewten wurden gebeten, die ihnen vorgelegten Fotografien emotional einzuschätzen. Sie sollten berichten, ob die präsentierten Bilder auf sie eher „angenehm“ oder „unangenehm“ wirken. Mit diesem Verfahren beschränkt sich die Untersuchung nicht auf das Erfassen reflektierter und bewusster Wertorientierungen. Vielmehr werden die Eltern angeregt, auch unreflektierte, teilweise unbewusste Vorstellungen zu äussern. Die Fotografien rufen bei den Befragten emotionale Reaktionen hervor, die Erinnerungen wecken und sie über eigene Erfahrungen in ähnlich erlebten Situationen berichten lassen. Das Fotoset – bestehend aus 10 Bildern – thematisiert ein breites Spektrum schulrelevanter Themen. Die Bilder geben aber die Thematik nicht klar vor, sondern ermöglichen den Interviewten, sich über die für sie relevanten Aspekte schulischen Unterrichts zu äussern. Im Interview wurde ein Teil des Verfahrens verwendet, das zur Erforschung von pädagogischen Leitbildern entwickelt worden ist (Hüsser & Schellenbaum, 1997) und sich im Rahmen der wissenschaftlichen Begleitung des Schulprojektes für hoch Begabte auch für das Gespräch mit Eltern bewährt hat. Nach diesem Gesprächsteil folgten Rückmeldungen zur Fragebogenuntersuchung. Den Eltern wurde das aus der Fragebogen-Untersuchung resultierende Profil ihrer familiären Stärken und Schwächen präsentiert. Einzelne Aspekte des Profils wurden anschliessend mit den Eltern besprochen. Zum Abschluss des Interviews wurden die Eltern noch über das weitere Vorgehen der Untersuchung informiert.

5.3 Datenaufbereitung und Datenbereinigung

Von jedem Interview mit Eltern wurde ein Transkriptionsprotokoll erstellt. Um eine einheitliche Verschriftung zu gewährleisten wurden detaillierte Transkriptionsregeln beschrieben. Diese orientieren sich an allgemeinen Grundsätzen nach Dittmar (2002) und Mergenthaler (1992). Ergänzend erhielten die Transkribierenden einen Leitfaden, der die zu beachtenden Aspekte ausführlich erläutert (Hüsser, in Vorbereitung).

5.4 Datenauswertungen

Für die statistischen Auswertungen der quantitativen Erhebung zu Familien- und Beziehungsstrukturen (Themenbereich 1) wurde das Programm SPSS verwendet. Die inhaltsanalytischen Auswertungen der qualitativen Daten zu den Themen Schulerfahrungen, Diagnose und Wertorientierungen in Familien mit hoch Begabten (Themenbereich 2) wurden mit Hilfe des Programms Atlas-ti durchgeführt.

• Soziodemografische Daten

Die Stichprobenanalyse soll zeigen, ob sich die an der Familienbefragung teilnehmenden Familien von der Gesamtheit der einbezogenen Familien resp. deren Kinder hinsichtlich Nationalität, Sprache, Ausbildung und jetziger beruflicher Tätigkeit der Eltern unterscheiden. Dazu wurden Signifikanzüberprüfungen mittels Chi-Quadrat-Tests durchgeführt.

Es wurde ein Vergleich zwischen den verschiedenen Untersuchungsgruppen – Familien mit hoch begabten Kindern in Spezialprogrammen, Familien mit hoch begabten Kindern in Regelklassen und Familien mit durchschnittlich begabten Kindern – hinsichtlich ihrer Familienstruktur angestrebt. Dazu wurden die Ausprägungen folgender Variablen mittels Chi-Quadrat-Test auf ihre Signifikanz hin überprüft: Ausbildung der Mutter / Ausbildung des Vaters / jetzige berufliche Tätigkeit der Mutter / jetzige berufliche Tätigkeit des Vaters / Nationalität / Sprache / Einzelkind / Erstgeborenes. Ausbildung und Berufstätigkeit von Mutter und Vater wurden nach der Internationalen Standardklassifikation der Berufe (ISCO-88 COM) codiert.

• Die Familienbögen

Die Befragungen zu den innerfamiliären Beziehungsstrukturen umfassten sowohl die Familie als Gesamtsystem (Allgemeiner Familienbogen FB-A), als auch die Beziehungen des Kindes zu Mutter und Vater resp. der Eltern zum Kind (Zweierbeziehungsbogen FB-Z). Die Fragebögen erheben sieben zentrale Wirkgrössen innerhalb des familiären Beziehungsgeflechts. Es werden Mittelwerte der Antworten von Müttern, Vätern und Kindern in beiden Fragebögen (FB-A und FB-Z) berechnet. Aufgrund der Fragestellung interessieren insbesondere folgende Wirkgrössen:

- Kommunikationsfähigkeit: Variable KOM (Kommunikation)
- emotionale Verbundenheit: Variablen E (Emotionalität) und AB (affektive Beziehungsaufnahme)
- Gesamteinschätzung: Variable SUMME (alle sieben Wirkgrössen des Fragebogens)

Dabei unterscheidet das Messinstrument bei der Normierung zwischen Familien mit jüngeren Kindern, d.h. das älteste Kind ist jünger als 12 Jahre alt, und Familien mit älteren Kindern, d.h. das Älteste ist mindestens 12 Jahre alt. Erstere Familien werden als „Phase 3 Familien" bezeichnet, letztere als „Phase 4 Familien". Obwohl der Fragebogen erst für Kinder ab 12 Jahren normiert ist, wurde er in der vorliegenden Untersuchung auch für jüngere Kinder verwendet.

Zur Überprüfung der Reliabilität der Fragebögen Allgemeiner Familienbogen (FB-A) und Zweierbeziehungsbogen (FB-Z) wurden der Koeffizient Cronbach-Alpha und die Trennschärfekoeffizienten aller Items berechnet. Die Reliabilitätswerte der 7 Skalen des Allgemeinen Familienbogens (FB-A) liegen zwischen .43 und .78 (s. Tabelle 12). Die beiden Kontrollskalen (Soziale Erwünschtheit und Abwehr) weisen höhere Reliablitätswerte auf (von .69 bis .83). Die erzielten Werte bewegen sich auf dem gleichen Niveau wie die Reliabilitäten, die mit der Eichstichprobe erzielt wurden: Für die 7 Skalen liegen die Werte in der Eichstichprobe zwischen .45 und .75. (Cierpka & Frevert, 1995) Die Reliabilitäten des Zweierbeziehungsbogens (FB-Z) sind insgesamt vergleichbar hoch, wie die Konsistenzen des FB-A (s. Tabelle 13). Bei zwei Skalen wurden unzureichende Werte erreicht, weshalb sie bei der Dateninterpretation nicht berücksichtigt werden dürfen (Skala Aufgabenerfüllung Kind-Mutter mit .00, Skala Emotionalität Vater-Kind mit .39). Bei den übrigen Skalen bewegen sich die Reliabilitätswerte zwischen .46 und .75 und sind somit leicht höher als die Werte in der Eichstichprobe (zwischen .43 und .65).

Tabelle 12: Interne Konsistenz der Skalen des Allgemeinen Familienbogens (FB-A)

Skalen des FB-A	*Cronbach-Alpha Kind*	*Cronbach-Alpha Mutter*	*Cronbach-Alpha Vater*
Aufgabenerfüllung (AE)	.78	.70	.68
Rollenverhalten (RV)	.56	.78	.66
Kommunikation (KOM)	.60	.64	.57
Emotionalität (E)	.44	.57	.58
Affektive Beziehungs-aufnahme (AB)	.65	.66	.60
Kontrolle (K)	.43	.59	.56
Wert und Normen (WN)	.61	.48	.52
Soziale Erwünschtheit (SE)	.80	.83	.82
Abwehr (A)	.72	.70	.69

Tabelle 13: Interne Konsistenz der Skalen des Zweierbeziehungsbogens (FB-Z)

Skalen des FB-Z	*Cr.- Alpha Mutter-Kind*	*Cr.- Alpha Kind-Mutter*	*Cr.- Alpha Kind-Vater*	*Cr.- Alpha Vater-Kind*
Aufgabenerfüllung (AE)	.57	.00	.64	.56
Rollenverhalten (RV)	.63	.54	.61	.55
Kommunikation (KOM)	.56	.50	.52	.54
Emotionalität (E)	.50	.51	.71	.39
Affektive Beziehungsaufnahme (AB)	.59	.57	.75	.63
Kontrolle (K)	.57	.46	.71	.67
Wert und Normen (WN)	.56	.51	.60	.58

Beim Allgemeinen Familienbogen (FB-A) korrelieren 76 Items (63%) mit ihrer Skala zu mindestens .40. Der Trennschärfekoeffizient von 14 Items (11%) liegt unter .30. Diese Items müssen als unzureichend angesehen werden. Die Trennschärfekoeffizienten der Items des FB-A liegen insgesamt in den Bereichen 0.00-0.29 (14 Items), 0.30-0.39 (30 Items), 0.40-0.49 (41 Items), 0.50-0.59 (22 Items), 0.60-0.69 (8 Items) sowie 0.70-0.79 (5 Items). Die Trennschärfekoeffizienten des Zweierbeziehungsbogens (FB-Z) liegen insgesamt tiefer. Nur 44 Items (39%) korrelieren mit ihrer Skala zu mindestens .40. Bei 34 Items (30%) liegt die Trennschärfe zwischen .30 und .39 und bei exakt gleich vielen Items liegt der Koeffizient sogar unter .29. Beim Zweierbeziehungsbogen (FB-Z) müssen demzufolge 30% der I-tems als unzureichend angesehen werden. Die Trennschärfekoeffizienten der Items des FB-Z liegen insgesamt in den Bereichen 0.00-0.29 (34 Items), 0.30-0.39 (34 Items), 0.40-0.49 (34 Items), 0.50-0.59 (9 Items) sowie 0.60-0.69 (1 Item).

Die Überprüfung der Skalenkonsistenzen und die Itemanalyse zeigten, dass bei beiden Fragebögen einzelne Skalen und verschiedene Items ausgeschlossen resp. überarbeitet werden müssten. Ausser den Kontrollskalen – Abwehr und soziale Erwünschtheit, mit je 6 Items – bestehen alle Skalen lediglich aus 4 Items. Der Ausschluss einzelner Items ist daher kein gangbarer Weg. Vielmehr müssten einzelne Fragen überarbeitet und neu geprüft werden. Die vorliegenden Analysen erzielten aber mindestens gleich gute Ergebnisse, wie sie von den Autorinnen und Autoren im Testhandbuch beschrieben werden, welche die Reliabilitäten insgesamt als befriedigend bewerten (Cierpka & Frevert, 1995). Insbesondere haben inhaltliche Gründe dafür gesprochen, dieses Instrument einzusetzen (s. Kap. 3.3).

- **Die Interviews**

Die transkribierten Interviews mit den Eltern wurden inhaltsanalytisch ausgewertet. Es wurde die „Technik der inhaltlichen Strukturierung“ angewendet, d.h. das Material wurde zu bestimmten Inhaltsbereichen extrahiert und zusammengefasst (Flick 2000; Mayring 2003; Lissmann 2001). Die Auswertung erfolgte in sechs Schritten: Analyse des Ausgangsmaterials, Fragestellungen der Analyse, Ablaufmodell, Kategoriensystem (Codes), Codierregeln und inhaltsanalytische Gütekriterien (Hüsser, in Vorbereitung). Die klassischen Gütekriterien Reliabilität (Zuverlässigkeit) und Validität (Gültigkeit) werden bei inhaltsanalytischen Untersuchungen oft nicht angewendet. Vielmehr werden sie von qualitativ arbeitenden Forscherinnen und Forschern häufig in Frage gestellt. Krippendorff (1980) beschreibt die Schwierigkeiten, die bei der Anwendung klassischer Gütekriterien auf Inhaltsanalysen entstehen, als Trilemma: „Wenn der Inhaltsanalytiker kein direktes Wissen über seinen Gegenstand besitzt, dann kann er tatsächlich nichts über die Validität seiner Ergebnisse aussagen. Wenn er einiges Wissen über den Kontext des Materials besitzt und er dies zur Entwicklung seiner analytischen Konstrukte benutzt, dann ist dieses Wissen nicht länger unabhängig von seiner Untersuchung und kann nicht zur Validierung der Ergebnisse benutzt werden. Und wenn er es fertig bringt, das Wissen über den Untersuchungsgegenstand unabhängig von der eigenen Untersuchung zu bewahren, dann ist die Anstrengung, dieses durch das Material zu erschliessen, eigentlich überflüssig und liefert bestenfalls einen Fall zur Generalisierung des Untersuchungsverfahrens" (Krippendorff 1980, zit. nach Mayring 2003, S. 110 f.). Oft werden daher eigene inhaltsanalytische Gütekriterien vorgeschlagen. Dabei wird davon ausgegangen, dass nicht nur die Anwendung der Kategorien auf das Material zuverlässig erfolgen muss, sondern auch die Konstruktion der Kategorien selbst (Mayring 2003). Krippendorff (1980) unterscheidet sechs inhaltsanalytische Gütekriterien:

- Als Kriterien für die Reliabilität unterscheidet er Stabilität, die sich durch nochmaliges Anwenden des Analyseinstrumentes auf das Material überprüfen lässt, Reproduzierbarkeit, die sich durch Intercodereliabilität messen lässt und Exaktheit, die den Grad meint, zu dem die Analyse einem bestimmten funktionellen Standard entspricht. Exaktheit ist am schwersten überprüfbar und meint konkret, ob Unstimmigkeiten bei bestimmten Kategorien besonders häufig vorkommen resp. klarere Definitionen und Differenzierungen der Kategorien nötig sind.
- Im Bereich Validität unterscheidet er zwischen materialorientierter, ergebnisorientierter und prozessorientierter Validität. Materialorientierte Validität meint einerseits semantische Gültigkeit, die sich auf die Richtigkeit der Bedeutungskonstruktion des Materials bezieht und sich in der Angemessenheit der Kategoriendefinitionen ausdrückt. Durch Vergleich aller gesammelten Textstellen einer Kategorie auf ihre Homogenität kann die semantische Gültigkeit überprüft werden. Andererseits bezieht sich materialorientierte Validität auf Stichprobengültigkeit, d.h. eine exakte Stichprobenziehung. Ergebnisorientierte Validität meint erstens korrelative Gültigkeit, d.h. die Validierung durch Korrelation mit einem Aussenkriterium, z.B. einem Vergleich mit existierenden Untersuchungsergebnissen. Zweitens beinhaltet ergebnisorientierte

Validität Vorhersagegültigkeit, die als Gütekriterium nur anwendbar ist, wenn sich sinnvoll Prognosen aus dem Material ableiten lassen. Prozessorientierte Validität meint schliesslich Konstruktgültigkeit, die sich an Erfahrungen mit dem Kontext des vorliegenden Materials, mit etablierten Theorien und Modellen überprüfen lässt (Krippendorff 1980, zit. nach Mayring 2003).

In der Auswertung der qualitativen Interviews wird diesen Gütekriterien Rechnung getragen. Die Inhaltsanalyse folgte einem exakten Ablaufmodell (Hüsser, in Vorbereitung). Nach der endgültigen Fassung des Codierschemas wurden die ersten drei Interviews recodiert. Da nur geringfügige Anpassungen im Codierschema nötig waren, konnte durch die Recodierung das Analyseinstrument nochmals auf das Material angewendet werden (Stabilität). Die Intercodereliabilität nach der Recodierung der ersten drei Interviews durch zwei Auswerterinnen betrug R=.83 (Reproduzierbarkeit). Bei der Revision des Codierschemas mussten einzelne Kategorien klarer definiert und enger eingegrenzt werden (Exaktheit). Insbesondere musste zwischen „spezifischen Lernbedürfnissen des Kindes“ und „Persönlichkeitseigenschaften des Kindes“ unterschieden werden. Ausserdem wurde die Codierung „schulische Prognose“ bei der Revision neu aufgenommen. Vereinzelt wurden Haupt- und Unterkategorien auf ihre Homogenität hin getestet. Dazu wurden alle Textstellen dieser Kategorien auf ihre inhaltliche Verwandtschaft überprüft (semantische Gültigkeit). Die Homogenitätsüberprüfung wurde bei folgenden Kategorien vorgenommen: „aktuelle schulische Situation“, „Diagnose Hochbegabung“ und „Wertorientierungen gegenüber der Lehrperson“. Dabei erwiesen sich die überprüften Textstellen einer Kategorie als in hohem Masse homogen. Die Stichprobenziehung erfolgte gemäss klar formulierten Kriterien (Stichprobengültigkeit).

6. Ergebnisse

Die Ergebnisse zum familiären Umfeld der hoch begabten Kinder gliedern sich in die folgenden zwei Bereiche:

– familiäre Strukturen und Beziehungen, die mittels eines Fragebogens erhoben wurden und
– Schulerfahrungen, Umgang mit Diagnose und Wertorientierungen der Eltern, die aufgrund eines Elterngesprächs analysiert wurden.

6.1 Familienstrukturen und Beziehungsgeflechte in den Familien mit hoch begabten Kindern

- **Ergebnisse zur Familienstruktur**

An der schriftlichen Familienbefragung haben sich insgesamt 52% der angefragten Familien beteiligt (N=157). Tabelle 14 zeigt die Verteilung dieser Stichprobe auf die untersuchten familiären Untergruppen:

– Stichprobe: Familien mit hoch begabten Kindern in Spezialprogrammen und in der Regelklasse und Familien mit durchschnittlich begabten Kindern.

– Substichprobe: Familien mit hoch begabten Kindern in vollzeitlichem, in stundenweisem und in tageweisem Spezialprogramm (Gruppe 1c)

Tabelle 14: Stichproben-Gruppen für die schriftliche Familienbefragung

Stichproben-Untergruppen	*Anzahl (N)*	*Anzahl in %*
Fam. Gruppe 2	63	40.1 %
Fam. Gruppe 1, davon:	30	19.1 %
Fam. Gruppe 1a	16	10.3 %
Fam. Gruppe 1b	8	5.2 %
Fam. Gruppe 1c	6	3.9 %
Fam. Gruppe 3	64	40.8 %
Total Familien	157	100 %

Anmerkung: Gruppe 1: Hoch begabte Kinder in Spezialprogrammen / Gruppe 1a: Kinder in vollzeitlichem Programm / Gruppe 1b: Kinder in stundenweisem Programm / Gruppe 1c: Kinder in tageweisem Programm / Gruppe 2: Hoch begabte Kinder in Regelklassen / Gruppe 3: Durchschnittlich begabte Kinder

Von allen Familien, die für die Teilnahme an der Studie angefragt wurden (N = 302) waren signifikant mehr Schweizer Familien (93%; N = 145; $\chi 2 = 17.7$; df = 1; $p < .001$) und Familien deutscher Sprache (86%; N = 134; $\chi 2 = 10.1$; df = 1; $p < .001$) bereit mit zu machen. Ausserdem haben diese Eltern eine signifikant höhere berufliche Position inne (Väter: T = -2.2; $p < .05$; Mütter: T = -1.9; $p < .05$).

Hinsichtlich der Ausbildung beider Eltern unterscheiden sich die teilnehmenden Familien nicht bedeutsam von allen angefragten Familien.

Der Vergleich zwischen den Familien der hoch begabten Kinder in Spezialprogrammen und in Regelklassen (N = 93) und den Familien der durchschnittlich begabten Kinder (N = 64) zeigt, dass sowohl die Mütter als auch die Väter hoch begabter Kinder eine höhere Ausbildung haben als die Eltern der durchschnittlich begabten Kinder. Sie sind signifikant häufiger Akademikerinnen und Akademiker (Väter: 77%, N = 42, $\chi 2 = 11.7$, df = 1, $p< .001$ / Mütter: 75%, N = 70, $\chi 2 = 9.1$, df =1, $p< .01$). Ausserdem haben die Eltern hoch begabter Kinder signifikant häufiger eine leitende berufliche Position inne und/oder arbeiten in der Wissenschaft (Väter: 66%, N = 56, $\chi 2 = 3.4$, df = 1, $p< .05$ / Mütter: 69%, N = 48, $\chi 2 = 4.6$, df = 1, $p< .01$.) Keine bedeutsamen Unterschiede zwischen den Familien hoch begabter Kinder und den Familien der durchschnittlich begabten Kinder lassen sich bezüglich der Familiensprache, der Nationalität und der Familienbetreuung durch nicht erwerbstätige Mütter resp. Väter nachweisen.

Der Vergleich zwischen den Familien der hoch begabten Kinder in Spezialprogrammen (N = 30) und den Familien der hoch begabten Kinder in Regelklassen (N = 63) zeigt für die untersuchten Variablen – Ausbildung und berufliche Position der Eltern, Nationalität, Sprache, Familienbetreuung – keine bedeutsamen Unterschiede.

Bei der Ausbildung der Eltern zeigen sich tendenziell Unterschiede: Mehr Mütter von hoch begabten Kindern in vollzeitlichem Spezialprogramm (Gruppe 1a) und in stundenweisem Spezialprogramm (Gruppe 1b) haben eine akademische Ausbildung (33%, N = 5 resp. 31%, N = 2) als Mütter von hoch begabten Kindern in tageweisem Spezialprogramm (Gruppe 1c; 12%, N = 1). Bei den Vätern sind die Differenzen bezüglich akademischer Ausbildung geringer (Gruppe 1a: 44% Akademiker, N = 7 / Gruppe 1b: 33%, N = 2 / Gruppe 1c: 50%, N = 4). Ein Vergleich zwischen den Berufen der Väter der hoch begabten Kinder aller Gruppen zeigt, dass die Väter der Kinder, die im vollzeitlichen und im tageweisen Spezialprogramm (N = 10 / N = 6) unterrichtet werden, zu rund 70% und die Väter der hoch begabten Kinder, welche die Regelklasse (N = 37) oder das stundenweise Spezialprogramm (N = 3) besuchen, zu rund 60% resp. 50% in Wissenschaft und/oder Kaderpositionen tätig sind. Bei den Müttern zeigt sich folgende Verteilung betreffend beruflicher Position: Die Mütter der hoch begabten Kinder im vollzeitlichen Spezialprogramm sind zu rund 30% (N = 5), die Mütter der hoch begabten Kinder im stundenweisen und im tageweisen Spezialprogramm zu unter 10% (N = 2 / N = 1) und die Mütter der Kinder in Regelklassen zu rund 20% (N = 11) wissenschaftlich und/oder in Kaderpositionen tätig. Hinsichtlich der Familiensprache und der Nationalität zeichnen sich in Familien mit Kindern in den verschiedenen Spezialprogrammen keine Unterschiede ab. Mehr als 80% der Familien sind deutschsprachig und zwischen 90% und 100% sind schweizerischer Nationalität.

Die hoch begabten Kinder sind weder signifikant häufiger Erstgeborene noch signifikant häufiger Einzelkinder als die durchschnittlich begabten Kinder. Hoch begabte Kinder in Spezialprogrammen sind – verglichen mit den hoch begabten Kindern in Regelklassen – signifikant weniger häufig Erstgeborene (Gruppe 1: 26%, N = 8; / Gruppe 2: 57%, N = 36, $\chi 2 = 7.6$, df = 1, $p < .01$). Der Vergleich zwischen den hoch begabten Kindern in den verschiedenen Spezialprogrammen zeigt weiter, dass es nur unter jenen im vollzeitlichen Spezialprogramm Einzelkinder gibt (31%, N = 5).

- **Ergebnisse zum familiären Beziehungsgeflecht**

Die Frage, ob sich Familien mit hoch begabten Kindern in ihrer familiären Beziehungswahrnehmung von Familien mit durchschnittlich begabten Kindern unterscheiden, wurde auf der Ebene des familiären Gesamtsystems sowie auf der Ebene der Dyaden Eltern-Kind resp. Kind-Eltern mit Hilfe des Fragebogeninstrumentes „Die Familienbögen“ untersucht.

In der Einschätzung der allgemeinen familiären Beziehungen sowie in der Beurteilung der Emotionalität und der Kommunikation zeigen sich zwischen Familien mit hoch begabten und Familien mit durchschnittlich begabten Kindern sowohl aus Sicht von Vater und Mutter als auch aus Sicht des Kindes nur wenige bedeutsame Unterschiede. Die Väter von jüngeren durchschnittlich begabten Kindern schätzen die familiären Beziehungen allgemein als signifikant besser ein als die Väter jüngerer hoch begabter Kinder ($T = 2.1$; df = 55.; $p< .05$)[1] und sie zeigen auch eine signifikant weniger ausgeprägte Abwehrhaltung als die Väter jüngerer hoch begabter Kinder ($T= -2.6$; df = 55.; $p< .05$). Bei den Müttern jüngerer Kinder kommt ein

---

[1] Ebenfalls signifikant besser ist die Einschätzung dieser Väter im Bereich Emotionalität in der Vater-Kind-Beziehung. Die interne Konsistenz dieser Skala ist allerdings ungenügend (Cr.-Alpha = .39), weshalb sie nicht in die Analyse einbezogen wird.

anderes Bild zum Vorschein: Die Kommunikation zwischen Mutter und Kind wird von den Müttern jüngerer hoch begabter Kinder als signifikant besser eingeschätzt als von den Müttern jüngerer durchschnittlich begabter Kinder ($T = -2.4$; $df = 64.$; $p < .05$). Insbesondere verstehen sich die Mütter mit ihren hoch begabten Töchtern signifikant besser.

Aufgrund der Aussagen der Mütter, Väter und Kinder sind bei den Familien mit älteren hoch begabten Kindern und bei den Familien mit älteren durchschnittlich Kindern weder in der Einschätzung des familiären Beziehungsgeflechtes noch in der Beurteilung der Zweierbeziehungen bedeutsame Unterschiede hinsichtlich Emotionalität, Kommunikation und Gesamtsituation festzustellen. Auch die familiären Beziehungen zwischen Familien, deren hoch begabtes Kind sonderpädagogische Massnahmen beansprucht, d.h. ein Spezialprogramm besucht, und Familien, bei denen das hoch begabte Kind die Regelklasse besucht, unterscheiden sich insgesamt nur wenig bedeutsam in den zentralen familiären Wirkgrössen. Eine signifikant bessere Einschätzung der allgemeinen familiären Beziehungen zeigt sich aber bei den Vätern der jüngeren hoch begabten Kinder in Regelklassen im Vergleich zu den Vätern der jüngeren hoch begabten Kinder in Spezialprogrammen ($T = -1.8$; $df = 30$; $p < .1$). Insbesondere besteht eine signifikante Differenz bezüglich Emotionalität ($T = -1.8$; $df = 30$; $p < .1$). Ausserdem beurteilen die Väter der jüngeren hoch begabten Kinder in Spezialprogrammen ihre Beziehung zum Kind hinsichtlich Kommunikation als signifikant weniger gut als die Väter der jüngeren hoch begabten Kinder in Regelklassen ($T = -1.7$; $df = 30$; $p < .1$). In den Familien der hoch begabten Kinder in Spezialprogrammen ist also die Zufriedenheit der Väter mit den familiären Beziehungen deutlich geringer und die Vater-Kind-Beziehung belasteter als in Familien, in welchen das hoch begabte Kind die Regelklasse besucht. Bei den Familien mit älteren hoch begabten Kindern zeigen sich aufgrund der Angaben von Mutter, Vater und Kind wiederum keine bedeutsamen Unterschiede hinsichtlich Emotionalität, Kommunikation und Gesamtsituation, weder in der Einschätzung des familiären Beziehungsgeflechtes noch in den Beurteilungen der Eltern-Kind- resp. Kind-Eltern-Beziehungen.

Den an den Interviews teilnehmenden Müttern und Vätern wurden die Ergebnisse der Fragebogenuntersuchung in Form eines grafisch veranschaulichten Stärken-Schwächen-Profils zur Validierung vorgelegt. Häufig konnten die Eltern die Interpretationen der Interviewerin durch ein konkretes Beispiel illustrieren, wodurch die Grundaussagen in der Regel bestätigt wurden. Die stichprobenartige Überprüfung im Rahmen der Interviews mit den Eltern zeigte, dass die Familienbögen ihrer Meinung nach ihre familiäre Situation mehrheitlich angemessen abbilden.

6.2 Schulerfahrungen, Diagnose und Wertorientierungen

Einerseits nahmen Eltern hoch begabter Regelklassen-Kinder an den Interviews teil, andererseits beteiligten sich Eltern hoch begabter Kinder, die sonderpädagogische Massnahmen in Anspruch nehmen. Nachfolgend werden die Ergebnisse zu den Unterschieden zwischen diesen Elterngruppen erläutert. Dafür wird zuerst die Stichprobe beschrieben, dann folgen eine Typisierung der Interviews mit den Eltern, ausgehend vom Symptom „Langeweile in der Schule" und die Beantwortung der Fragestellungen zu den Schulerfahrungen hoch begabter Kinder und ihren spezifischen Lernbedürfnissen, zum Umgang der Eltern mit der Diagnose Hochbegabung und zu den Wertorientierungen der Eltern bezüglich Schule und Lehrperson.

Aus allen Interviews mit den Eltern der hoch begabten Kinder in den verschiedenen Spezialprogrammen (Gruppen 1a, 1b und 1c) und mit den Eltern der hoch begabten Kinder in Regelklassen (Gruppe 2) wurden 20 Gespräche ausgewählt und transkribiert. Die Stichprobe setzt sich wie folgt zusammen:

Tabelle 15: Stichprobenzusammensetzung für die Elterngespräche

Stichproben-Gruppen	*Anzahl Mütter*	*Anzahl Väter*	*Anzahl Töchter*	*Anzahl Söhne*	*Anzahl Familienphase 3*	*Anzahl Familienphase 4*
Fam. Gruppe 2	4	4	2	2	2	2
Fam. Gruppe 1a	3	2	1	2	2	1
Fam. Gruppe 1b	1	2	1	1	2	0
Fam. Gruppe 1c	2	2	1	1	0	2
Total	10	10	5	6	6	5

Anmerkung: Gruppe 2: Kinder in der Regelklasse, Gruppe 1a: Kinder in vollzeitlichem, Gruppe 1b: Kinder in stundenweisem, Gruppe 1c: Kinder in tageweisem Spezialprogramm

Die angestrebte Ausgewogenheit in den verschiedenen Untersuchungsgruppen wurde nicht vollständig erreicht: Es nahmen mehr Eltern von hoch begabten Kindern aus Regelklassen an der Befragung teil. Bei zwei Familien nahm nur die Mutter resp. der Vater am Interview teil. Insgesamt wurden die Eltern aus elf Familien befragt, wovon fünf Familien eine hoch begabte Tochter und sechs Familien einen hoch begabten Sohn haben. Das Verhältnis zwischen Familien mit jüngeren Kindern (Familienphase 3) und Familien mit älteren Kindern (Familienphase 4) konnte ausgewogen berücksichtigt werden.

- **Typisierung der Eltern-Interviews anhand inhaltlicher Kriterien**

In der Beschreibung der aktuellen oder früheren Schulsituation ihres hoch begabten Kindes berichten die Eltern übereinstimmend, dass sich ihr Kind in der Schule langweilt resp. langweilte: In 19 der 20 analysierten Interviews wird dieser Aspekt als wichtiges Charakteristikum der schulischen Situation geschildert. Es ist das einzige Merkmal, das übereinstimmend erwähnt wird. Dieses Faktum bildet den Ausgangspunkt für eine Typisierung der Interviews entlang den folgenden, inhaltlichen Kriterien: Situation in der Schule, Beziehung zu Lehrperson, Umgang mit Diagnose und aktuelle Schulung des Kindes. Das Verlaufsschema zeigt diese Ergebnisse in der Übersicht. Nachfolgend einige Erläuterungen dazu:

Langeweile im Unterricht

Umgang mit Langeweile	Kinder können Leerräume selber ausfüllen	**Langeweile wird in der Schule wahrgenommen**	
Situation in der Schule	• Keine Leistungs- oder Verhaltensprobleme in der Schule	• Lehrperson findet, das Kind brauch mehr Herausforderung	• Schulschwierigkeiten vorhanden: Entwicklungsungleichgewicht: Leistungen hoch, Sozialkompetenz tief • Wollen dazu gehören. Keine Sonderstellung
Diagnose	• Diagnose ist kein Thema, ist unwichtig • Begabung überdurchschnittlich, aber nicht hoch begabt	• Diagnose als Bestätigung für intuitives Gefühl • Eltern stossen in ihrem Umfeld auf Unverständnis	• Diagnose steht nicht im Vordergrund, zusätzliche Förderung wird nicht diskutiert
Beziehung zur Lehrperson	• Hohe Schulzufriedenheit, Zufriedenheit mit der Lehrperson	• Fördermassnahmen bringen deutliche Entspannung in Familie und Schule • Zusammenarbeit zwischen Lehrpersonen des Förderunterrichts und der Regelklasse und zwischen Schule-Eltern ist positiv • Lehrperson ist interessiert, begleitet, nimmt Rücksicht	• Lehrperson wird als kompetent erlebt, sie geht auf das Kind ein
Schulung	• **Regelklasse** > Passung Schule – Kind funktioniert	• **Regelklasse mit Förderunterricht** > Die Schul reagiert adäquat auf Bedürfnisse des Kindes, Passung funktioniert	• **Regelklasse** > Das Kind hat Schwierigkeiten mit den schulischen Anforderungen

Langeweile im Unterricht

Kinder artikulieren Langeweile vorwiegend zu Hause — *Umgang mit Langeweile*

• Keine Leistungs- oder Verhaltensprobleme in der Schule	• Leistungs- oder Verhaltensprobleme sind vorhanden: - Minderleistungen - Psychosomatische Reaktionen - Rückzugsverhalten	• Verhaltensprobleme sind vorhanden: - psychosomatische Reaktionen zu Hause		*Situation in der Schule*
• Diagnose als Absicherung für die Eltern	• Die Diagnose überrascht, aber bestätigt auch intuitives Gefühl: Schulschwierigkeiten werden jetzt teilweise auf dem Hintergrund der Diagnose erklärt.	• Die Begabung ist zwar überdurchschnittlich, aber nicht sehr. • Eltern befürchten Unverständnis aus ihrem Umfeld.	• Die Begabung ist überdurchschnittlich, jedoch nicht hoch begabt. • Frage der Diagnose stellt sich nicht, ist unwichtig.	*Diagnose*
• Die Lehrperson zweifelt an der Diagnose, reagiert mit Unverständnis, hat wenig Kenntnisse, ihre Vorschläge zeigen keinen Erfolg. • Die Schulumgebung wird als nicht ideal wahrgenommen. • Die Eltern wünschen mehr Anforderungen für ihr Kind, mehr Kontrolle über das Unterrichtsgeschehen.	• Die Lehrperson reagiert mit Unverständnis, hat wenig Kenntnisse, zweifelt an Diagnose, ihre Vorschläge zeigen keinen Erfolg.	• Die Lehrperson zeigt Verständnis, Eltern zeigen Zufriedenheit mit der Lehrperson.	• Die Lehrperson kann Schwierigkeiten nicht sehen, weil sie nicht gezeigt werden • Die Lehrperson zeigt Verständnis, die Eltern sind zufrieden mit der Lehrperson	*Beziehung zur Lehrperson*
• **Privatschulung** > Schwierigkeiten der Volksschule im Umgang mit dem Kind, sie kann auf seine Bedürfnisse nicht adäquat reagierten.	• **Sonderklasse** > Schwierigkeiten der Regelschule im Umgang mit dem Kind, auf die Bedürfnisse des Kindes kann nicht adäquat reagiert werden.	• **Regelklasse mit Förderunterricht** > Schule reagiert adäquat auf Bedürfnisse des Kindes, Passung funktioniert.	• **Regelklasse** > Passung Schule – Kind ist zurzeit nicht optimal.	*Schulung*

Das Gefühl der Langeweile zeigt sich bei den hoch begabten Kindern unterschiedlich. Die Eltern beschreiben es mit folgenden Merkmalen: zu viele Wiederholungen, Unlust in der Schule, zu geringes Tempo, mangelndes Wohlbefinden, zu wenig an Leistungsgrenze geführt, zuviel Alltagsroutine, Entwicklung psychosomatischer Symptome, zu einfache Unterrichtsinhalte, unbefriedigende Hausaufgabensituation, Kompensationstätigkeiten zu Hause. Die hoch begabten Kinder gehen aber unterschiedlich mit Langeweile um. Es gibt Kinder, welche die Leerräume selber ausfüllen können, Kinder, welche die Langeweile vorwiegend zu Hause artikulieren und Kinder, deren Langeweile hauptsächlich in der Schule wahrgenommen wird.

Hoch begabte Kinder, die mit Leerräumen in der Schule selber einen Umgang finden, zeigen keine Leistungs- oder Verhaltensschwierigkeiten in der Schule. Die Eltern schildern hohe Zufriedenheit mit der schulischen Situation. Hingegen wird bei Kindern, die Langeweile vorwiegend zu Hause artikulieren, teilweise von Leistungs- und/oder Verhaltensproblemen in der Schule berichtet. Auf der Leistungsebene werden schlechte Schulleistungen der Kinder beschrieben, auf der Verhaltensebene erleben die Eltern psychosomatische Reaktionen oder Rückzugsverhalten bei ihrem Kind. Die Zufriedenheit mit der schulischen Situation ist bei diesen Eltern unterschiedlich. Aber es werden auch hoch Begabte beschrieben, die zwar zu Hause von Langeweile in der Schule berichten, die aber weder Leistungs- noch Verhaltensprobleme zeigen. Die schulische Situation dieser Kinder wird von den Eltern als nicht ideal wahrgenommen, denn die Eltern wünschen sich grössere Herausforderungen für ihr Kind.

Die Eltern bringen einerseits Langeweile ihres Kindes, die hauptsächlich in der Schule wahrgenommen wird, mit Schulschwierigkeiten des Kindes in Verbindung. Die Lehrperson beobachtet ein Ungleichgewicht der Entwicklung – z.B. hohe intellektuelle Kompetenzen und vergleichsweise tiefe Sozialkompetenzen –, was zu Schwierigkeiten im Schulalltag führen kann. Andererseits beschreiben die Eltern auch Lehrpersonen, die sich für das hoch begabte Kind grössere Herausforderungen wünschen. Gleichzeitig sehen diese Lehrpersonen aber die Grenzen des Schulsystems, die eine ihrer Ansicht nach angemessene Förderung einschränken. Hier hat nicht das Kind Schwierigkeiten mit den schulischen Anforderungen wie im ersten Fall, sondern die Schule hat Schwierigkeiten, adäquat auf die spezifischen Lernbedürfnisse des hoch begabten Kindes reagieren zu können.

Von zwanzig befragten Eltern äussern sich fünfzehn zufrieden über die Lehrperson ihres hoch begabten Kindes. Unzufrieden sind Eltern mit der Lehrperson, wenn sie den Eindruck haben, dass diese mit ihrem Unterricht nicht angemessen auf die spezifischen Lernbedürfnisse ihres Kindes reagieren kann. Aus ihrer Perspektive hat die Schule Schwierigkeiten im Umgang mit dem Kind und seiner hohen Begabung. Sie konstatieren bei der Lehrperson wenig Verständnis für das Kind und Zweifel an der Diagnose Hochbegabung. Die Unzufriedenheit zeigt sich entweder durch Äusserungen über Leistungs- und Verhaltensschwierigkeiten ihrer Kinder oder durch den Wunsch nach mehr Herausforderungen für ihr Kind und mehr Kontrolle ihrerseits über das Unterrichtsgeschehen. In beiden Fällen wird eine Alternative zur Regelklassenschulung – eine Privat- oder Sonderschulung – gesucht.

Zufriedenheit mit der Arbeit der Lehrpersonen äussern jene Eltern, die das Gefühl haben, dass auf die spezifischen Lernbedürfnisse des Kindes angemessen reagiert wird, indem z.B. zusätzlicher Förderunterricht angeboten wird. Aber es äussern sich auch Eltern positiv über die Arbeit der Lehrpersonen bei deren Kindern sich Schulschwierigkeiten zeigen, die sie aber als Schwierigkeiten des Kindes mit den schulischen Anforderungen interpretieren. Die Lehrpersonen reagieren aus Sicht dieser Eltern kompetent und verständnisvoll auf die Schulschwierigkeiten des Kindes. Eine alternative Schulung steht für sie nicht zur Diskussion.

Die Eltern der drei befragten Gruppen – jene mit hoch begabten Kindern im vollzeitlichen Spezialprogramm (Gruppe 1a) und in zeitweisen Spezialangeboten (Gruppen 1b und 1c) oder jene mit hoch begabten Kindern in der Regelklasse ohne Zusatzangebot (Gruppe 2) – beurteilen die Arbeit der Lehrpersonen sowohl unterschiedlich als auch ähnlich:

- Übereinstimmend schätzen alle Elterngruppen die Bemühungen der Lehrpersonen zur Zusammenarbeit mit ihnen und mit den an der Schule Beteiligten. Die Grenzen des Schulsystems resp. die Grenzen der speziellen Förderung ihres Kinder durch die Lehrpersonen betonen sowohl die Eltern der Gruppe 1a als auch die Eltern der Gruppen 1b und 1c. Jedoch berichten die Eltern der Gruppen 1b und 1c von Regelklassen-Lehrpersonen, die im Unterschied zu den Eltern schulinterne Lösungen als machbar erachten und sich im Stande fühlen würden, das hoch begabte Kind angemessen zu fördern. Im Gegensatz dazu berichten die Eltern der Gruppe 1a, dass die ehemaligen Regelklassen-Lehrpersonen ihnen gegenüber die Grenzen des Schulsystems ebenso wahrnehmen wie sie selber.

– In weiten Teilen unzufrieden mit der Arbeit der Lehrpersonen in Regelklassen zeigen sich einzig Eltern der Kinder, die das vollzeitliche Spezialprogramm besuchen (Gruppe 1a). Insbesondere berichten sie von unangemessenem Umgang der ehemaligen Regelklassen-Lehrpersonen mit der Diagnose Hochbegabung sowie von inadäquater Leistungsbewertung. Dies steht im Gegensatz zur Einschätzung der Eltern von hoch begabten Kindern in der Regelklasse (Gruppe 2), die in beiden Bereichen von positiven Erfahrungen berichten und ausserdem das gute Einvernehmen in der Beziehung zwischen der Lehrperson und ihrem Kind betonen. Insbesondere scheint die Zufriedenheit der Eltern der Gruppe 2 mit der Arbeit der Lehrpersonen auch dadurch hoch, dass sie Kongruenz zwischen ihren Wertorientierungen bezüglich der Schule und den Handlungen der Lehrperson im Unterrichtsalltag erleben.

Für Eltern, die mit der Schulsituation des Kindes zufrieden sind, stellt sich die Frage nach der Diagnose Hochbegabung nicht. Aber auch Eltern, deren Kinder zwar Schulschwierigkeiten zeigen, die jedoch mit der Arbeit der Lehrpersonen zufrieden sind, finden eine Diagnosestellung unwichtig. Eltern, bei deren Kindern sich Schulschwierigkeiten zeigen, die aber von den Lehrpersonen nicht befriedigend wahrgenommen werden, fühlen sich durch die Diagnose in ihrer eigenen Einschätzung bestätigt. Sie erklären die Schulschwierigkeiten ihres Kindes in der Folge im Zusammenhang mit der Hochbegabung. Manche Eltern befürchten oder erleben nach Bekanntwerden der Diagnose Unverständnis aus ihrem Umfeld. Dies berichten ausschliesslich Eltern, deren Kinder die Regelklasse und zusätzlichen Förderunterricht besuchen.

- **Sicht der Familien bezüglich den Schulerfahrungen ihres Kindes und der Diagnose Hochbegabung**

Eltern schreiben ihrem hoch begabten Kind generell sehr unterschiedliche spezielle Bedürfnisse zu – soziale Bedürfnisse sowie Bedürfnisse bezüglich des Unterrichts – und sie stellen entsprechende Ansprüche an die Lehrperson. Alle Eltern hoch begabter Kinder betonen das Bedürfnis ihres Kindes, zur (Schul)Gruppe zu gehören und nicht anders zu sein. Alle Eltern formulieren aber auch, dass ihr Kind das Bedürfnis hat, mit Kindern zusammen zu sein, die ähnliche Fähigkeiten bzw. Interessen haben beziehungsweise auch mit Erwachsenen zusammen sein zu wollen.

In der Tendenz zeigt sich, dass Eltern hoch begabter Kinder im vollzeitlichen Spezialprogramm (Sonderschule für hoch Begabte) und Eltern hoch begabter Kinder in Regelklassen unterschiedliche Ansprüche an die Lehrperson stellen. Die Eltern hoch begabter Kinder im Spezialprogramm betonen in erster Linie die ihrer Ansicht nach vorhandenen intellektuellen Bedürfnisse ihrer Kinder und stellen dementsprechende methodisch-didaktische Ansprüche an die Lehrperson. Die Eltern hoch begabter Kinder in Regelklassen stellen hingegen vor allem Ansprüche an die Persönlichkeit der Lehrperson und betonen die ihrer Meinung nach vorhandenen emotionalen und sozialen Bedürfnisse ihrer Kinder.

Diejenigen Eltern hoch begabter Kinder, die besondere Fördermassnahmen für ihre Kinder beanspruchen, betonen, dass ihre Kinder klare Führungsstrukturen und ein hohes Tempo im Unterricht brauchen. Im Gegensatz dazu thematisieren die Eltern der hoch begabten Kinder in der Regelklasse die gute Übereinstimmung zwischen ihrem Kind und seiner Lehrperson. Insbesondere bei diesen Kindern scheint aus Sicht der Eltern die Passung zwischen Lehrperson und Kind zu stimmen. Sie schreiben ihren Kindern keine besonderen Bedürfnisse zu und ihre Wertauffassungen stimmen mit jenen der Regelklassenlehrperson im grossen Ganzen überein.

Auch auf die Diagnose Hochbegabung reagieren die Eltern unterschiedlich. Sie berichten von folgenden Situationen, die sie wahrnehmen:

- die Diagnose weckt positive Gefühle, beispielsweise Bestätigung und Sicherheit
- die Diagnose weckt negative Gefühle, beispielsweise Unsicherheit und Überforderung
- die Suche nach Fördermöglichkeiten beginnt
- die Diagnose wird vom Umfeld angezweifelt und nicht ernst genommen
- aus der Diagnose werden keine Konsequenzen gezogen, da die Eltern mit dem Unterricht zufrieden sind
- die Diagnose wird zum Thema in der Familie

Nicht für alle Eltern besteht also nach der Diagnosestellung zwingend Handlungsbedarf. Vielmehr kann zusammenfassend davon ausgegangen werden, dass die Diagnose von den Eltern zwar einerseits als Klärungsfaktor bezüglich der gegenwärtigen Schulsituation des Kindes bewertet wird. Andererseits fühlen sich die

Eltern aber in der postdiagnostischen Situation immer noch verunsichert und überfordert, da sie nicht wissen, wie sie mit der Diagnose umgehen sollen.

In den Werthaltungen gegenüber der Schule spiegelt sich – sozusagen als Spiegelbild des zwiespältigen Umgangs mit der Diagnosestellung – eine grosse Heterogenität bei Eltern hoch begabter Kinder.[2] Die teilweise auch widersprüchlichen Haltungen der Eltern zeigen überdies auf, wie schwierig es für Lehrpersonen sein kann, den an sie gestellten Ansprüchen gerecht zu werden. So haben beispielsweise alle Eltern eine klare Vorstellung, wie eine „gute Schule" sein soll und vertreten auch eine dezidierte Meinung zu methodisch-didaktischen Fragen:

- Alle Eltern sind der Meinung, dass Lehrpersonen im bestehenden Schulsystem an Grenzen stossen können, die sie daran hindern, den ihrer Meinung nach speziellen Lernbedürfnissen hoch begabter Kinder gerecht zu werden. Die Eltern der Kinder im vollzeitlichen Spezialprogramm für hoch Begabte begrüssen es darüber hinaus, dass sie (aufgrund des Privatschulstatus des Programms) eine höhere Kontrollfunktion gegenüber der Schule ausüben können und berechtigt sind, höhere Forderungen zu stellen.
- Die Eltern der hoch begabten Kinder im vollzeitlichen Spezialprogramm betonen, dass Kinder in ihren Stärken gefordert werden müssen und empfinden Leistungsdruck, der nicht übermässig ist, als positiv. Auf spielerische Art sollen Kinder mit Forderungen konfrontiert werden, ohne dass daraus eine zu starke Leistungsorientierung erwächst. Sie befürworten dementsprechend eine individualisierte Beschulung ihrer Kinder. Die Eltern hoch begabter Kinder in der Regelklasse und die Eltern der Kinder in zeitweisen zusätzlichen Spezialprogrammen hingegen betonen die Wichtigkeit gleicher Chancen für alle Kinder. Sie befürchten durch vermehrte Förderangebote die Ausbildung einer Elite und befürworten tendenziell eine gemeinschaftlich orientierte Beschulung ihrer Kinder. Ein Teil der Eltern hoch begabter Kinder in der Regelklasse betonen, dass nicht nur erbrachte Leistungen bewertet, sondern dass auch der Arbeitsprozess und die Leistungsbereitschaft honoriert werden sollen. Auch sollen die Kinder Erfahrungen machen können, ohne gleich bewertet

---

[2] Die grosse Heterogenität ist auch ein Effekt der Interviewmethode: Die Äusserungen der Interviewten sind nicht Antworten auf vorgegebene Fragen. Die Eltern beschreiben sozusagen ihr persönliches Bild einer „guten Schule".

zu werden. Sie finden es positiv, wenn Kinder von der Lehrperson aufgefordert werden sich bezüglich ihrer Leistungen und ihres Verhaltens selber einzuschätzen. Andere Eltern hoch begabter Kinder in Regelklassen hingegen erachten es als nicht sinnvoll, wenn der Weg zum Ziel als wichtiger beurteilt wird als das Endresultat.

- Neuere Unterrichtsformen werden von allen Eltern eher positiv beurteilt. Eltern der hoch begabten Kinder in Spezialprogrammen bewerten Frontalunterricht übereinstimmend tendenziell negativ und neuere Unterrichtsformen positiv. Die Eltern der Kinder in der Regelklasse – mit und ohne Zusatzprogramme – betonen, dass eine Vielfalt an Unterrichtsformen wichtig sei, dass verschiedene Zugänge und Methoden angewandt werden sollen, um den Unterricht abwechslungsreich zu gestalten. Ein Teil der Eltern hoch begabter Kinder in der Regelklasse erachtet neuere Unterrichtsformen als zeitraubend.
- Die Eltern der Kinder im vollzeitlichen Spezialprogramm für Hochbegabte betonen die Wichtigkeit kleiner Klassen und äussern sich nur vereinzelt negativ über die Koedukation in höheren Klassen. Eltern der hoch begabten Kinder, die in der Regelklasse und zusätzlich zeitweise in Spezialprogrammen unterrichtet werden, werten den Umstand, dass die Kinder in der Regel sechs Jahre gemeinsam unterrichtet werden als förderlich für das Klassenklima. Die Aufsplitterung der Pensen auf verschiedene Lehrpersonen beurteilen Eltern der hoch begabten Kinder in der Regelklasse teilweise aus unterrichtsorganisatorischen Gründen als nicht sinnvoll, da dadurch die Entwicklung der Gemeinschaft erschwert sei.
- Ein Teil der Eltern hoch begabter Kinder in der Regelklasse finden es wichtig, dass in der Mittelstufe ein Grundstock an Wissen vermittelt wird und dass die Inhalte höher gewichtet werden als gruppendynamische Prozesse. Es wird auch betont, dass die Schule Arbeits- und Lerntechniken vermitteln soll. Ausserdem schreiben Eltern hoch begabter Kinder in der Regelklasse und die Eltern der Kinder, die zusätzlich zeitweise Spezialprogramme besuchen, den musischen Fächern eine hohe Wichtigkeit zu und bedauern die aktuellen Sparbemühungen in diesem Bereich.
- Den Lehrpersonen schreiben alle Eltern eine grosse Palette unterschiedlicher Rollen und Funktionen zu. Die Lehrpersonen sollen Autorität verkörpern, ohne sie demonstrieren zu müssen, sollen Moderator sein, nicht Pauker, sollen Selbständigkeit fördern, Hilfe zur Selbsthilfe ermöglichen; sie sollen

Grenzen setzen und Kontrolle ausüben, Führung übernehmen, der Boss sein; sie sollen Beobachter sein ohne gleich einzugreifen und sie sollen auch eine Identifikationsfigur sein. Hier ist besonders interessant, dass die Äusserungen zum Thema Autorität – Boss sein, Autorität verkörpern, Grenzen setzen, kontrollieren, Führung übernehmen – ausschliesslich von Eltern hoch begabter Kinder in der Regelklasse und von Eltern hoch begabter Kinder in den zeitweisen Spezialprogrammen stammen.

- Bei Konfliktsituationen zeigen sich in allen Elterngruppen mehrere unterschiedliche Erwartungen. Die einen Eltern erwarten von den Lehrperson, dass sie bei Konflikten unter den Kindern nicht die Augen verschliessen, sondern eingreifen, mit den Kindern nach Lösungen suchen. Andere Eltern erwarten, dass die Lehrperson die Kinder in Konfliktsituationen – soweit möglich – sich selber überlassen, damit die Kinder notwendige soziale Erfahrungen machen können. Wieder andere Eltern äussern die Erwartung an die Lehrperson, dass Konflikte eingedämmt werden können, bevor Handgreiflichkeiten entstehen.
- Alle Eltern bewerten die soziale Kompetenz als wichtig. Übereinstimmend betonen sie, dass die Entwicklung sozialer Kompetenzen – beispielsweise Teamfähigkeit, Verantwortungsbewusstsein, Empathiefähigkeit, Verhandlungsgeschick – in der Schule einen zentralen Stellenwert einnehmen soll.
- Alle Eltern sind sich auch einig darüber, dass die Entwicklung der Selbständigkeit in der Schule im Hinblick auf das spätere Leben zentral sei.
- Das Wohlbefinden der Kinder in der Schule ist für alle Eltern prioritär. Eltern der hoch begabten Kinder in der Regelklasse und in zusätzlichen Spezialprogrammen betonen, dass die Kinder vor allem gerne zur Schule gehen sollten.

- **Zusammenfassung der Tendenzen, die sich zwischen den Elterngruppen zeigen**

Eltern von Kindern im vollzeitlichen Spezialprogramm für hoch Begabte sind leistungsorientierter als Eltern der hoch begabten Kinder in der Regelklasse: Kinder sollen in ihren Stärken gefordert werden und mässiger Leistungsdruck wird als positiv bewertet. Eltern hoch begabter Kinder in den Regelklassen zeigen in ihren Wertorientierungen ein weniger progressives Bild der Schule im Vergleich zu Eltern der Kinder im vollzeitlichen Spezialprogramm für hoch Begabte. Die Eltern der Kinder in der Regelklasse finden die Schule wichtig zur Wissensvermittlung, die

Aufsplitterung der Pensen als nicht sinnvoll, sehen Lehrpersonen hauptsächlich als Autorität, neue Unterrichtsformen als zeitintensiv und mit unklarem Endresultat. Eltern der hoch begabten Kinder in der Regelklasse zeigen sich offener gegenüber der Schule als Eltern der Kinder im vollzeitlichen Spezialprogramm: verschiedene Unterrichtsformen sollen Platz haben, auch der Arbeitsprozess soll honoriert werden.

Im Zusammenhang mit den Schulerfahrungen heben die Eltern der hoch begabten Kinder in der Regelklasse die gute Beziehung ihres Kindes zur Lehrperson hervor, die unter anderem auf einer Übereinstimmung zwischen den Wertorientierungen der Eltern und den von ihnen wahrgenommenen Handlungen der Lehrperson zu beruhen scheint.

7. Diskussion

Im Folgenden wird zusammenfassend diskutiert, welche Faktoren aus Sicht der Eltern dafür ausschlaggebend sind, dass bei einem hoch begabten Kind besondere Erziehungs- und Bildungsmassnahmen erforderlich sein können. Vorgängig wird auf dem Hintergrund der Ergebnisse erörtert, inwiefern in Familien mit hoch begabten Kindern spezifische strukturelle und funktionale Charakteristika vorliegen.

7.1 Gibt es die „typische" Familie hoch begabter Kinder?

Aufgrund des komplexen Untersuchungsinstrumentes haben sich an der schriftlichen Familienbefragung vorwiegend Schweizer Familien mit höherem sozioökonomischem Status beteiligt. Im Bezug auf die Gesamtheit der Kinder, die an der Untersuchung teilgenommen haben, muss also von einer ungewollten Selektion gesprochen werden, die jedoch zu erwarten war.[3] Die geringere Beteiligung fremdsprachiger Eltern und von Familien mit tieferem sozioökonomischem Status ist insbesondere bei den erfassten Familien mit einem hoch begabten Kind bedauerlich, da diese Kinder häufig als besonders anfällig für psychische Schwierigkeiten

[3] In der Literatur zeigt sich, dass Personen, die sich an einer schriftlichen Fragebogenuntersuchung beteiligen, in der Regel höhere Schulbildung sowie ein stärkeres Interesse am Untersuchungsthema haben (Binder, Sieber & Angst, 1979, zit. nach Wittmann, 2003).

und schlechte Schulleistungen beschrieben werden und aus Beratungsstellen berichtet wird, dass diese Familien grosse Schwierigkeiten im Umgang mit ihrem hoch begabten Kind haben. Diesen Befunden kann nun aufgrund der Datenlage weder widersprochen werden noch finden sie Bestätigung (vgl. dazu Kap. 5.1)

Trotz der realisierten Parallelisierung bezüglich elterlicher Berufstätigkeit zeigen sich zwischen der Gruppe hoch begabter Kinder in der Regelklasse und der Gruppe der durchschnittlich begabten Kinder bedeutsame Unterschiede hinsichtlich des sozioökonomischen Status bei den teilnehmenden Familien. Es bestätigt sich, dass hoch begabte Kinder – ob sie Teilnehmende an einem Spezialprogramm sind oder in Regelklassen unterrichtet werden – aus Familien mit höherer elterlicher Ausbildung und höherem Berufsstatus der Eltern stammen. Eine Sonderschulung kommt weit häufiger hoch begabten Einzelkindern zuteil. Dies erklärt sich vermutlich auch durch den hohen organisatorischen und in der Regel auch höheren finanziellen Aufwand für die Familie. Ein Zusammenhang zwischen der Wahl des vollzeitlichen Spezialprogramms und einem höheren sozioökonomischem Status der Familie ist aber nicht gegeben.

Die vorliegenden Ergebnisse zum Beziehungsgeflecht bei Familien mit einem hoch begabten Kind bestätigt ansatzweise die aus der Literatur gewonnene Erkenntnis, dass sich tendenziell Besonderheiten in den innerfamiliären Beziehungen in denjenigen Familien zeigen, die ausdrücklich auf die aussergewöhnliche Begabung ihres Kindes hingewiesen worden sind. In den Familien der Kinder in den Spezialprogrammen – aber nur bei Familien mit jüngeren Kindern – zeigen nämlich die Väter deutlich grössere Unzufriedenheit mit den familiären Beziehungen und erleben die Vater-Kind-Beziehung als belasteter. Ungeklärt sind die Gründe für diese Unzufriedenheit. Die Frage, ob dafür in erster Linie die Persönlichkeit des hoch begabten Kindes und die ihm zugeschriebenen besonderen Bedürfnisse ausschlaggebend sind oder ob umgekehrt die Familiensituation der bestimmende Faktor für die Unzufriedenheit in der Familie ist, kann nicht beantwortet werden.

7.2 Interpretation

Die Langeweile des hoch begabten Kindes in der Schule ist ein häufig genannter Grund für die Zuschreibung von besonderen pädagogischen Bedürfnissen. In unserer Befragung bejahten alle Eltern von hoch begabten Kindern, dass sich ihre Kinder in der Schule zeitweise langweilen. Es zeigte sich aber auch, dass die Eltern hoch begabter Kinder deswegen nicht zwingend schulische Konsequenzen einfordern. Denn solange die tatsächlich vorhandenen schulischen Probleme als Schwierigkeiten des Kindes mit den schulischen Anforderungen interpretiert werden und die Eltern gleichzeitig zufrieden mit der Arbeit der Lehrperson sind, besteht aus der Sicht der Eltern kein Bedarf für spezielle Fördermassnahmen. Mit anderen Worten erfordern aus der Sicht der Eltern Verhaltens- und Leistungsschwierigkeiten des Kindes nicht zwingend sonderpädagogische Massnahmen. Die Eltern formulieren dazu drei Gründe:

- Im Gespräch zwischen den Eltern und den Lehrperson können gemeinsam Lösungen erarbeitet werden.
- Die Hochbegabung hat aufgrund des kindlichen Verhaltens nicht erste Priorität.
- Die Eltern beurteilen die Schulprobleme nicht als Folge der hohen Begabung.

Als zentrale Gründe dafür, ob besondere schulische Massnahmen erforderlich sind, geben die Eltern einerseits ihre Beziehung zur Lehrperson an, andererseits den Umgang mit der Diagnose Hochbegabung und übereinstimmende resp. unterschiedliche Wertorientierungen zwischen ihnen und Lehrpersonen. Kongruente Wertorientierungen und eine der Lehrperson zugeschriebene Fähigkeit, auf die emotionalen und sozialen Bedürfnisse des hoch begabten Kindes angemessen einzugehen, führen bei den Eltern also zu einer zufrieden stellenden Einschätzung der Beziehung zwischen Schule und Elternhaus und besondere Fördermassnahmen stehen nicht zur Diskussion. Es sind also diejenigen Eltern, die – möglicherweise wegen eines beeinträchtigten Vertrauensverhältnisses – unzufrieden sind mit der Arbeit der Lehrpersonen, die auf besondere pädagogischen Massnahmen drängen. Dabei konzentrieren sich ihre Ansprüche an die Lehrperson vorrangig auf die Notwendigkeit der Befriedigung intellektueller Bedürfnisse des Kindes und auf methodisch-didaktische Anpassungen.

Diese Konstellation legt es nahe, dass Eltern hoch begabter Kinder besondere pädagogische Massnahmen wegen eines beeinträchtigten Vertrauensverhältnisses zwischen ihnen und der Lehrperson einfordern. So charakterisieren auch Colangelo und Dettmann (1982) vier unterschiedliche Typen von Beziehung zwischen der Schule und dem Elternhaus eines hoch begabten Kindes:

- Kooperationsbeziehung: Sowohl die Schule als auch die Eltern sind aktiv und es findet ein offener Informationsaustausch statt.

- Konfliktbeziehung: Die Schule verhält sich passiv, die Eltern dagegen aktiv. Die Lehrperson denkt, dass der reguläre Unterricht dem hoch begabten Kind genügen müsste. Die Eltern machen die Schule für die auftretenden Probleme verantwortlich und sie werden – unter Umständen auf privater Basis – selber aktiv.
- Interferenzbeziehung: Die Schule ist aktiv, die Eltern hingegen passiv. Die Eltern befürchten negative Folgen durch die Etikettierung als hoch begabt und haben Angst vor negativen Konsequenzen für die Geschwister und für die Beziehungen zur Peer-Gruppe.
- Natürliche Entwicklung: Sowohl Schule als auch Elternhaus sind passiv. Beide sind der Meinung, dass die Entwicklung gut verläuft, im Sinne „high ability will take care of itself" (Colangelo & Dettmann, 1982, zit. nach Colangelo & Assouline, 2000).

Eine konstruktive Zusammenarbeit zwischen Eltern und Schule findet nur unter der Voraussetzung statt, dass beide sich gleichermassen aktiv resp. passiv verhalten. Sobald schulischen Probleme auftreten und nur von einer Seite als Schwierigkeiten der Schule im Umgang mit dem Kind oder als Schwierigkeiten des Kindes mit den Anforderungen der Schule wahrgenommen werden, ist das Finden von Lösungen deutlich erschwert. Hoffmann (1999) postuliert deswegen den Dialog zwischen Schule und Elternhaus als Grundlage für eine konstruktive Zusammenarbeit. „Das Fehlen eines auf Verstehen und Verständigung zielenden Dialoges zwischen der Institution Familie und der Institution (Grund-)Schule (bzw. zwischen Eltern/-teil und Lehrer/in) führt oft zu unrealistischen gegenseitigen Erwartungen, was potentielle Unzufriedenheit, Unsicherheit und Konfliktpotential auf beiden Seiten erzeugt" (Hoffmann 1999, S. 416). Im Umgang mit der Diagnose Hochbegabung zeigen sich hier drei unterscheidbare Positionen:

- Die Diagnose wird von der Lehrperson angezweifelt. Sie reagiert mit Unverständnis und will die Sichtweise der Eltern, dass die Schulschwierigkeiten vor allem auf dem Hintergrund der Hochbegabung gesehen werden müssen, nicht akzeptieren. Die Zufriedenheit der Eltern mit der Schule ist gering und von den Eltern werden besondere pädagogische Massnahmen eingefordert.
- Den Eltern ist die Diagnosestellung unwichtig. Sie gehen nicht davon aus, dass die Diagnosestellung besondere pädagogische Massnahmen nach sich zieht.

- Die Eltern und die Lehrperson akzeptieren die Diagnose. Auf dem Hintergrund der Diagnose wird diskutiert, ob spezielle Fördermassnahmen ergriffen werden sollen. Dabei können die Haltungen bezüglich der Diagnosestellung verschieden sein und auch die Szenarien zu möglichen Auswirkungen der Diagnose auf die Entwicklung des Kindes. Während sich ein Teil der Eltern erleichtert fühlt und weitgehend von positiven Auswirkungen berichtet, werden andere durch die Diagnosestellung eher verunsichert und äussern negative Gefühle.

Die Einforderung besonderer pädagogischer Massnahmen ist vornehmlich geleitet durch divergierende Einschätzungen von Eltern und Lehrperson bezüglich guten Unterrichts. Dabei ist nicht klar, ob sich die unterschiedliche Bewertung der Eltern aufgrund von Divergenzen mit der Lehrperson erst aufgebaut haben oder von vorneherein bestanden. Für die zweite Interpretation spricht beispielsweise die Untersuchung von Hofer (1992). Er zeigt in seiner Studie, dass Kinder in der Schule dann besser zu Recht kommen, wenn sie dort ähnliche Bedingungen wie in der Familie vorfinden. „Als Ergebnis zeigte sich ein Abfall in den Schulleistungen der Schüler mit dem Ausmass an Diskontinuität der Beziehungen zwischen Familie und Schule: in kohäsiven Klassen erhielten Kinder aus kohäsiven Familien durchschnittlich die besten Noten. In autoritären Klassen leisteten Kinder aus autoritären Familien gleich viel wie erstere. Kinder aus laissez-faire Familien machten in ebensolchen Klassen die grössten Fortschritte in den letzen zwei Jahren“ (Hofer, Klein-Allermann & Noack, 1992, S. 224).

Auch Petzold (1999) betont, dass Einstellungen und Erwartungen der Schule einerseits und der Familie andererseits im Interesse des Kindes vereinbar sein müssen, weil diskrepante Erwartungen und Anforderungen schwerwiegende Störungen hervorrufen können. Aus seiner Sicht müssen sich Schule und Elternhaus gegenseitig respektieren und um Zusammenarbeit bemüht sein (Petzold 1999, S. 100). Auf der Grundlage der Ergebnisse der vorliegenden Studie kann dementsprechend gefragt werden, wie sich elterliche Leistungserwartungen herausbilden. Nach Seginer (1983) sind hauptsächlich drei Faktoren dafür verantwortlich:

- Die Rückmeldungen zu schulischen Leistungen, die den Eltern ein wichtiges Korrektiv ihrer eigenen Erwartungen anbieten.
- Die Bildungsaspirationen der Eltern, die ihre Leistungserwartung beeinflussen.

- Das allgemeine Wissen über die Bedingungen von Schulleistungen bzw. über die Fähigkeit zum Erkennen der kindlichen Begabung, die für die Herausbildung elterlicher Leistungserwartungen zentral sind. Die Verbindung zwischen den elterlichen Erwartungen und den Leistungen des Kindes geschieht im Modell nach Seginer einerseits über leistungsförderndes Erziehungsverhalten, z.B. durch hohes Interesse und Eingebundensein in die Lernaktivitäten der Kinder, andererseits auch über die bekannten Verstärkungsmechanismen Lob und Tadel. Als weiteren Faktor leistungsfördernden Erziehungsverhaltens vermutet Seginer einen eher indirekten Zusammenhang zwischen elterlichen Erwartungen und den realisierten Leistungen der Kinder durch deren eigene Leistungserwartungen (Seginer 1983, zit. nach Tettenborn 1996).

Die von uns befragten Eltern zeichnen hingegen – direkt danach gefragt, was aus ihrer Sicht dazu führte, dass bei ihrem Kind den Regelklassenunterricht ergänzende Fördermassnahmen notwendig wurden – ein anderes Bild. Sie geben an, das Kind sei mit den an es gestellten Anforderungen unzufrieden gewesen sei, die Lehrperson hätte Schwierigkeiten im Umgang mit den speziellen Bedürfnissen des Kindes gehabt und die Fördermassnahme sei von einer Fachperson vorgeschlagen worden. Die Eltern begründen die Notwendigkeit sonderpädagogischer Massnahmen also in erster Linie mit Schwierigkeiten des Kindes mit der Schule und mit Schwierigkeiten der Schule im Umgang mit dem Kind. Dieser klare Fokus änderte sich erst, als auch die Eltern hoch begabter Kinder in Regelklassen in die Beurteilung einbezogen wurden und die Erfahrungen und Wertorientierungen der Eltern differenzierter erfragt wurden. Es zeigte sich dann, dass besondere pädagogische Massnahmen hauptsächlich aufgrund von Schwierigkeiten des Umfeldes mit der hohen Begabung des Kindes eingeleitet wurden.

Fazit

Für die Beratung der Eltern und Lehrpersonen bedeutet dies konsequenterweise, dass zukünftig insbesondere dem Umfeld hoch begabter Kinder – vorrangig der Beziehung zwischen Eltern und Lehrperson sowie den Ansichten beider bezüglich „Hochbegabung“ und „gutem“ Unterricht – vermehrt Beachtung zu schenken ist und die schulischen Lern- und Verhaltensschwierigkeiten des Kindes immer im Bezug dazu analysiert werden müssen.

TEIL 5: DIE ZUSCHREIBUNG BESONDERER PÄDAGOGISCHER BEDÜRFNISSE DURCH DIE LEHRPERSONEN

1. Positionierung im Projekt

In den letzten Jahren ist in der deutschsprachigen Schweiz eine stetige Zunahme der Zuweisung hoch begabter Schülerinnen und Schüler in sonderpädagogische Angebote zu verzeichnen, sei es in integrierte Gruppierungsformen, Pull-Out-Programme oder Spezialklassen für hoch Begabte. In dieser Teilstudie wird untersucht, aus welchen Gründen Lehrpersonen hoch begabten Schülerinnen und Schülern besondere pädagogische Bedürfnisse zuschreiben und sonderpädagogische Massnahmen als erforderlich erachten.

2. Abstract

Aus welchen Gründen beantragen Lehrpersonen die Zuweisung hoch begabter Schülerinnen und Schüler in sonderpädagogische Angebote? In diesem Teil der Studie wird die Rolle der Lehrperson in diesem Prozess untersucht. Die Ergebnisse zeigen, dass die Schülerinnen und Schüler, bei denen sonderpädagogische Massnahmen als erforderlich erachtet werden, nicht deutlich häufiger Lernschwierigkeiten oder Verhaltensauffälligkeiten im schulischen Unterricht zeigen als hochbegabte Kinder, die vollumfänglich in der Regelklasse unterrichtet werden können. Eine mögliche Erklärung dafür ist, dass in der Gruppe der hoch begabten Kinder mit besonderen pädagogischen Bedürfnissen zwei verschiedene Teilgruppen zusammengefasst sind, deren Erscheinungsbild sich im schulischen Unterricht jedoch – bezüglich Schulleistungen und Schulschwierigkeiten –deutlich voneinander unterscheidet. Dabei handelt es sich einerseits um die Schülerinnen und Schüler mit hohen schulischen Leistungen, bei denen die Schwierigkeit der Schule darin besteht, deren Lernbedürfnissen gerecht zu werden. Andererseits gibt es aber auch eine Gruppe von Schülerinnen und Schülern, bei denen trotz hoher intellektueller Begabung Lernschwierigkeiten und Verhaltensauffälligkeiten auftreten. Am Beispiel der hohen Begabung kann gezeigt werden, dass die Zuweisung zu sonderpädagogischen Massnahmen zu einem wesentlichen Teil der äusserst weitgehenden Interpretation des Konzepts der „besonderen pädagogischen Bedürfnisse“ durch die Lehrpersonen entspringt.

3. Theoretische Überlegungen

3.1 Die Fragestellung

In den letzten Jahren ist in der deutschsprachigen Schweiz eine stetige Zunahme der Zuweisung hoch begabter Schülerinnen und Schüler in sonderpädagogische Angeboten zu verzeichnen. Gerade für den Bereich der Hochbegabung lädt diese Tendenz zu widersprüchlichen Bewertungen ein. Einerseits ist die verstärkte Wahrnehmung der schulischen Situation hoch begabter Schülerinnen und Schüler durch die Lehrpersonen begrüssenswert. Diese Wahrnehmung ist zumindest zum Teil das Ergebnis intensivierter Debatten innerhalb der Schulentwicklung, die unter dem Siegel der "Begabtenförderung" seit zehn Jahren geführt werden (vgl. dazu Grossenbacher 1999). Andererseits steht die steigende Zuweisung in sonderpädagogische Angebote den ebenfalls intensivierten Bemühungen der Bildungspolitik um eine integrative Erziehung und Bildung der Kinder und Jugendlichen diametral entgegen. Diesen Integrationsbemühungen ist bis heute allerdings wenig Erfolg beschieden, im Gegenteil. Der Anteil von Schülerinnen und Schüler, die während ihrer Primarschulzeit mindestens einmal eine sonderpädagogische Massnahme in Anspruch nehmen, wächst seit Jahren stetig an. Auch vor diesem Hintergrund ist die Zuweisung von hoch begabten Schülerinnen und Schülern in Spezialprogramme für hoch Begabte also kritisch zu hinterfragen.

In dieser Teilstudie wird die Rolle der Lehrpersonen in diesem Prozess beleuchtet. Es wird gefragt, aus welchen Gründen Lehrpersonen hoch begabten Schülerinnen und Schülern besondere pädagogische Bedürfnisse zuschreiben. Darüber hinaus wird auch gefragt, warum dies immer häufiger der Fall ist. Dabei kann nicht auf einen allgemeinen Forschungsstand zurückgegriffen werden, denn Untersuchungen zu diesem Thema gibt es nicht. In Teil 1 wurden die Gründe dafür erörtert.

Aus sonderpädagogischer Sicht liegen allerdings mindestens subjektive Überlegungen vor, die als Grundlage für diese Teilstudie herangezogen werden können. Denn zum einen existieren bildungspolitische Konzepte der "besonderen pädagogischen Bedürfnisse", auf die Lehrpersonen zurückgreifen, ungeachtet der spezifischen Ausrichtung auf hoch begabte Kinder und Jugendliche. Zum zweiten kann aus dem spezifischen Verständnis der Lehrpersonen von „besonderen pädagogischen Bedürfnissen“ das Bild von Hochbegabung abgeleitet werden, das sie ihrem Zuschreibungsprozess zugrunde legen.

Wenn man eruieren will, warum Lehrpersonen hoch begabten Schülerinnen und Schülern besondere pädagogische Bedürfnisse zuschreiben, muss man berücksichtigen, was Lehrpersonen unter "besonderen pädagogischen Bedürfnissen" (3.2) und unter einer "Hochbegabung" verstehen (3.3). Denn präzisierende Annahmen zum Zuweisungsprozess sind nur über die jeweiligen subjektiven Konzepte möglich, die Lehrpersonen mit dem Vorhandensein einer hohen Begabung verbinden.

3.2 Wie definieren Lehrpersonen den Begriff der "besonderen pädagogischen Bedürfnisse"?

Der Begriff der "besonderen pädagogischen Bedürfnisse" und die damit verbundene Grundidee ist im deutschsprachigen Raum – und insbesondere in der Schweiz – selbst im Bereich der sonderpädagogischen Theoriebildung noch relativ neu. Es liegen daher noch keine aussagekräftigen Ergebnisse darüber vor, wie Lehrpersonen diesen Begriff verstehen und anwenden. Es wird daher davon ausgegangen, dass Lehrpersonen prima facie von jener Begriffsbestimmung ausgehen, die in bildungspolitischen Leitlinien vorgegeben und auch in den entsprechenden Fachzeitschriften und Publikationsorganen der Berufsbildung für die Profession vertreten wird.

Der Begriff der "besonderen pädagogischen Bedürfnisse" ist im Rahmen der «Reorganisation des sonderpädagogischen Angebots» (RESA) des Kantons Zürich zentral. Mit diesem Begriff wird die Zielgruppe des sonderpädagogischen Angebots bestimmt:

"Schulschwierigkeiten werden nicht mehr nur als individuelle Probleme der Kinder gesehen. Die Wechselwirkung der individuellen Merkmale des Kindes mit dem Umfeld spielt eine ebenso wichtige Rolle. Dabei kommt insbesondere der Tragfähigkeit der Regelklassen eine besondere Bedeutung zu. Sonderpädagogische Hilfen richten sich folglich nicht wie bisher an Kinder mit bestimmten Problemen (Verhaltensauffällige, Lernbehinderte, Legastheniker...), sondern an Kinder mit besonderen pädagogischen Bedürfnissen. Pädagogische Bedürfnisse gelten dann als besonders, wenn sie im Regelunterricht nicht angemessen erfüllt werden können" (Bildungsdirektion des Kantons Zürich 1999, 22).

Im Teil 1 der vorliegenden Studie wurden allgemeine Kritikpunkte an dieser Konzeption bereits ausführlich diskutiert. Aus den vorangehenden Teilstudien geht hervor, dass Lehrpersonen immer dann besondere pädagogische Bedürfnisse zuschreiben, wenn sie ihren schulischen Unterricht für das betroffene Kind als nicht ausreichend betrachten. Im Folgenden soll nun diese Frage differenziert werden und weitergehend untersucht werden, welche Bedingungen für diese Zuschreibung erfüllt sein müssen. Dafür müssen neben den subjektiven Konzeptionen von besonderen pädagogischen Bedürfnissen auch die subjektiven Konzeptionen von ‚hoher Begabung' der Lehrpersonen näher betrachtet werden.

3.3 Wie definieren Lehrpersonen "Hochbegabung"?

Für die Antwort auf die Frage nach subjektiven Konzeptionen von „hoher Begabung" wurden für die Studie zwei Gruppen von Lehrpersonen gebildet. Der ersten Gruppe gehören jene Lehrpersonen einer Regelklasse an, die einem oder mehreren Kindern besondere pädagogische Bedürfnisse wegen hoher Begabung zugeschrieben haben. Dafür mussten sie das betroffene Kind selbstverständlich als hoch begabt (an-)erkennen. Der zweiten Gruppe gehören diejenigen Lehrpersonen einer Regelklasse an, die zwar – aufgrund eines vorgenommenen Screenings – darüber informiert waren, dass ein Kind oder mehrere Kinder der Klasse als hoch begabt qualifiziert waren, aber von ihnen nicht als hoch begabt beurteilt wurden. Für die theoretische Grundlegung der Studie waren zwei Fragen von zentraler Bedeutung:

- Wie zuverlässig erkennen Lehrpersonen hoch begabte Kinder?
- Wie begründen Lehrpersonen ihre Beurteilung?

Untersuchungen zur hochbegabungsdiagnostischen Kompetenz von Lehrpersonen wurden in den USA in den 1960er Jahren im Rahmen der Errichtung verschiedener spezifischer Förderprojekte für hoch begabte Schülerinnen und Schüler initiiert. Angeregt durch den Sputnik-Schock im Jahre 1957 und die darauf folgenden Intensivierungen im Bereich der Elitebildung, wurden in den Jahren danach zahlreiche Spezialprojekte zur Förderung von Hochbegabten ins Leben gerufen. Nach der Schaffung des Förderangebots ging es in einem nächsten Schritt darum, die entsprechenden Schülerinnen und Schüler zu rekrutieren, deren Lernvoraussetzungen diesem Angebot am besten entsprachen. Die Verfahren zur Rekrutierung der Zielgruppen hatten ökonomischen und validen Standards zu genügen und bestanden zunächst im wesentlichen aus den Intelligenztests, die in der Grundform bereits der

Terman-Studie in den 1920er Jahren als Selektionsinstrument dienten. Aus ökonomischen Gründen stellte sich in dieser Forschungstradition aber bald die Frage nach einer Optimierung des Identifikationsprozesses. Dafür musste untersucht werden, ob bzw. inwieweit eine hohe Begabung von Lehrpersonen erkannt wird und darum in den Identifikationsprozess integriert werden könnten. Der Einbezug der Lehrpersonen in diese Selektionsverfahren war zwar aus diesen Beweggründen erwünscht, wegen der Zweifel an der Reliabilität und vor allem der Validität des Urteils der Lehrpersonen aber von Anfang an stark umstritten. Aus diesen Bedenken heraus wurde in verschiedenen Studien in den nachfolgenden Jahren untersucht, wie gut die Identifizierungsquote der Lehrpersonen war (Pegnato & Birch, 1959; Jacobs 1971; Gear 1976).

Im deutschsprachigen Raum setzten die bildungspolitische Diskussion und entsprechende Untersuchungen zur hochbegabungsdiagnostischen Kompetenz der Lehrpersonen erst in den späten 1980er Jahren ein (Wild 1991). Das Erkenntnisinteresse zur hochbegabungsdiagnostischen Kompetenz von Lehrpersonen war von vorneherein auf die Qualität des Urteils der Lehrpersonen ausgerichtet und mündete in die Fragestellung, wie stark deren subjektives Urteil über die Intelligenz der Schülerinnen und Schüler mit den objektiven Ergebnissen von Intelligenztests übereinstimmte. Die Höhe der Übereinstimmung zwischen dem Urteil der Lehrperson und den Ergebnissen des Intelligenztests bestimmte dabei die Güte des Lehrerurteils, die anhand von zwei Kriterien gemessen wurde:

- mit dem Effektivitätskriterium: die Anzahl korrekt nominierter Schülerinnen und Schüler, gemessen an der Anzahl der in der Bezugspopulation „tatsächlich" vorhandenen hoch begabten Schülerinnen und Schüler beschrieben und
- mit dem Effizienzkriterium: die Anzahl korrekt nominierter Schülerinnen und Schüler, gemessen an der Gesamtzahl der nominierten Schülerinnen und Schüler.

Je höher die der Übereinstimmung zwischen dem Lehrerurteil und den Ergebnissen des Intelligenztests ausfiel, desto höher wurde die Qualität des Urteils der Lehrpersonen bzw. ihre hochbegabungsdiagnostische Kompetenz eingeschätzt. Ziel war dabei freilich nicht das Ersetzen der Intelligenztests durch das Urteil der Lehrpersonen, sondern die Einbettung der Lehrpersonen als erste Selektionsinstanz in ein mehrstufiges Verfahren der Identifikation hoch begabter Schülerinnen und Schüler.

Die Befunde der vorhandenen Studien zur Güte des Lehrerurteils stellen dem Urteil der Lehrpersonen in der Tendenz ein mässiges bis schlechtes Zeugnis aus. In allen Studien wurden nur schwache bis mässige Zusammenhänge zwischen den subjektiven Einschätzungen der Lehrpersonen und den objektiven Messwerten gefunden wurden (Pegnato & Birch, 1959; Jacobs 1971; Gear 1976; zusammenfassend vgl. Wild 1993). Gemäss diesen Studien scheinen Lehrpersonen nicht oder nur ungenügend in der Lage zu sein, eine durch einen bestimmten Intelligenzwert festgelegte Hochbegabung effektiv und effizient identifizieren zu können. Zum einen wurden zu wenige Schülerinnen und Schüler, die in den Tests einen hohen Intelligenzquotienten erzielten, von den Lehrpersonen als "hoch begabt" erkannt (mangelnde Effektivität), zum andern wiesen bei den von den Lehrpersonen als "hoch begabt" Nominierten zu wenige einen hohen Intelligenzquotienten auf (mangelnde Effizienz).

Wird die negative Evaluation des Lehrerurteils allerdings in enger Anlehnung an die forschungsmethodische Grundlage der betreffenden Studien betrachtet (Hoge & Cudmore, 1986; Wild 1993; Gagné 1994), so zeigt sich, dass in den meisten dieser Studien den nominierenden Lehrpersonen keine Kriterien des zu beurteilenden Merkmals "Hochbegabung" vorgegeben wurden oder als Grundlage der Identifikation dienten. In den wenigen Studien, in denen die Lehrpersonen die entsprechenden Kriterien der zum Vergleich herangezogenen Intelligenztests kannten, wurden weitaus höhere Korrelationen zwischen dem Lehrerurteil und den Werten der Intelligenztests gefunden (Ashman & Vukelich, 1983; Egan & Archer, 1985).

Unabhängig von dieser möglichen Verzerrung kann der Hauptbefund der Untersuchungen zur hochbegabungsdiagnostischen Kompetenz von Lehrpersonen – die Diskrepanz zwischen der subjektiven Einschätzung der Intelligenzhöhe der Schülerinnen und Schüler aus der Sicht der Lehrpersonen und dem gemessenen Intelligenzquotienten – in zweierlei Richtungen interpretiert werden. Dazu muss zunächst die objektive, als Korrektiv dienende Komponente des Intelligenzquotienten betrachtet und die Frage beantwortet werden, welche Eigenschaften ein Intelligenztest misst. Der Intelligenzquotient gilt als Mass der allgemeinen Intelligenz eines Menschen. Diese beinhaltet im Wesentlichen die Fähigkeit, abstrakt zu denken, Probleme zu lösen und Informationen schnell zu verarbeiten (vgl. Gottfredson 1999; Neisser et al., 1996). Die in den Studien ausgewiesene mässige Korrelation zwischen subjektivem Urteil der Lehrpersonen und objektiven Testergebnissen lässt damit zwei Interpretationsmöglichkeiten zu:

- Entweder sind die Lehrpersonen nicht in der Lage, eine hohe Ausprägung von abstraktem Denken, Problemlösen und Informationsverarbeiten bei ihren Schülerinnen und Schülern zu erkennen oder
- das Urteil der Lehrpersonen basiert auf anderen oder erweiterten subjektiven Indikatoren der hohen Intelligenz oder Hochbegabung, die nicht zum Messbereich der Tests gehören.

Zur Überprüfung der zweiten Interpretation werden Studien zu subjektiven Indikatoren für eine Hochbegabung aus der Sicht von Lehrpersonen herangezogen. Die Ergebnisse dieser Studien können in zwei Gruppen eingeteilt werden. In der einen Gruppe wird eine hohe Begabung als intellektuelle Kompetenz einer Person aufgefasst und zudem werden insbesondere leistungsförderliche Persönlichkeitsmerkmale unter den Begriff subsumiert. In der andern Gruppe werden sowohl intellektuelle Merkmale – wie z.B. eine "schnelle Auffassungsgabe" oder "abstrakt-logisches Denkvermögen" – als auch motivationale Faktoren als Indikatoren für eine Hochbegabung herangezogen. Zum einen wird also eine hohe Begabung durch überdurchschnittliche intellektuelle Fähigkeiten wie eine erhöhte Bearbeitungsgeschwindigkeit, grössere Verarbeitungskapazität oder aussergewöhnliches logisches Denken charakterisiert. Dies sind Merkmale, die in einem Intelligenztest gemessen werden. Es gibt aber auch Untersuchungen, die eine hohe Begabung ausserdem über motivationale und volitionale Merkmale bestimmen, beispielsweise über eine ausserordentliche Leistungsmotivation und intellektuelle Neugierde oder ein überdurchschnittliches Interesse an einer bestimmten, in der Regel schulisch relevanten Domäne.

Dieser Befund wird durch Untersuchungen zum Gebiet der hoch begabten Kinder mit Minderleistungen – „underachiever“ – zusätzlich gestützt. Im Gegensatz zur Identifikation der Gruppe hochintelligenter Schülerinnen und Schüler mit überdurchschnittlichen Schulleistungen erkennen Lehrpersonen Schülerinnen und Schüler mit überdurchschnittlichen Intelligenzwerten, aber nur durchschnittlichen Schulleistungen nur mässig gut und solche mit unterdurchschnittlichen Schulleistungen überhaupt kaum (Whitmore 1980; Hanses & Rost, 1998; Rost & Hanses, 1998).

Analog dazu stellt Rost (2000) im Rahmen des Marburger Hochbegabtenprojekts fest, dass Lehrpersonen ihre Schülerinnen und Schüler eher nach den gezeigten Leistungen als nach dem, was sie leisten könnten, beurteilen. Demnach setzt eine beträchtliche Anzahl von Lehrpersonen eine Hochbegabung mit der manifestierten hohen Schulleistung gleich (vgl. auch Koch 1999; Rost 2000; Endepohls-Ulpe 2004).

Die Güte des Lehrerurteils bei der Identifikation einer Hochbegabung stellt sich zusammenfassend damit als unbefriedigend dar. Bittet man Lehrpersonen, die schulische Intelligenz ihrer Kinder zu beurteilen und vergleicht ihre Bewertung mit den gemessenen Intelligenzwerten, ist eine ungenügende Übereinstimmung festzustellen. Das Erkennen überdurchschnittlicher Fähigkeiten bei Lehrpersonen ist vielmehr an überdurchschnittliche Schulleistungen und an bestimmte leistungsförderliche Persönlichkeitsmerkmale wie Motivation oder Neugierde gebunden. Hoch begabte Kinder mit schlechten Schulleistungen werden nur selten erkannt.

3.4 Fragestellungen

Die konzeptionellen Mängel des Konstrukts der "besonderen pädagogischen Bedürfnisse" bieten den Nährboden dafür, dass sich verschiedenste Auffassungen unter dem Konstrukt der „Hochbegabung“ und der „besonderen pädagogischen Bedürfnisse“ subsumieren lassen. Eine Folge davon ist die nach wie vor ansteigende Zuweisung in sonderpädagogische Massnahmen. In Bezug auf das Kriterium der Hochbegabung betrifft dies einerseits Schülerinnen und Schüler mit überdurchschnittlichen Schulleistungen, deren individuellen Lernvoraussetzungen und Bildungsbedürfnissen die Schule nicht mehr gerecht werden zu können glaubt. Andererseits gehören dazu aber auch hoch begabte Schülerinnen und Schüler mit Lernschwierigkeiten und/oder Verhaltensauffälligkeiten, bei denen deswegen sonderpädagogische Massnahmen als erforderlich erachtet werden.

Daraus können zwei zentrale Fragestellungen abgeleitet werden.

- Einerseits soll untersucht werden, ob sich aus der Sicht der Lehrpersonen die Schülerinnen und Schüler mit überdurchschnittlichen Schulleistungen und die hoch begabten Schülerinnen und Schüler mit Schulschwierigkeiten in ihrem Erscheinungsbild voneinander unterscheiden (Fragestellung A).
- Andererseits soll aber auch untersucht werden, welche Gründe Lehrpersonen angeben für die (Nicht)-Zuschreibung von besonderen pädagogischen Bedürfnissen bei hoch begabten Schülerinnen und Schüler (Fragestellung B).

Beiden Fragen wird in dieser Teilstudie nachgegangen. Dafür wurden zwei Gruppen von Lehrpersonen in die Untersuchung einbezogen: Zur einen Gruppe gehören jene Lehrpersonen, die einem hoch begabten Kind ihrer Klasse besondere pädagogische Bedürfnisse zuschreiben. Zur andern Gruppe gehören diejenigen Lehrpersonen, die ebenfalls ein hoch begabtes Kind unterrichten, diesem aber explizit keine besonderen pädagogischen Bedürfnisse zuschreiben.

4. Methodik

4.1 Messinstrumente

Es wurden zwei Messinstrumente eingesetzt: Zum einen wurde ein Fragebogen zur Vielfalt der Lernvoraussetzungen verwendet, der am Institut für Sonderpädagogik entwickelt wurde. Dieser Fragebogen enthält Fragen zu den vier Themenbereichen „überdurchschnittliche Fähigkeiten“, „Schulleistungen“, “Schulschwierigkeiten“ und „Entwicklung in den letzten Monaten“. Zum andern wurden die Lehrpersonen gebeten, entlang vorgegebener Themenbereiche einen Erfahrungsbericht zu verfassen. Zentrale Themen dieses Berichts sollten das Verhalten des hoch begabten Kindes im schulischen Unterricht und die Umstände sein, die eine Zuschreibung besonderer pädagogischer Bedürfnisse zur Folge hatten.

Mit dem «Fragebogen zur Vielfalt der Lernvoraussetzungen» wird das Erscheinungsbild hoch begabter Schülerinnen und Schüler im schulischen Unterricht erfasst. Er ist in vier Teile aufgegliedert: Im ersten Teil werden die Lehrpersonen gebeten, diejenigen Bereiche anzugeben, in denen das betreffende Kind überdurchschnittliche Fähigkeiten aufweist, wobei dieser Begriff gleichbedeutend mit jenem der Hochbegabung verwendet wird. Im zweiten Teil wurde nach den Schulleistungen in den Bereichen Deutsch mündlich, Deutsch schriftlich, Mathematik, Sport, Zeichnen und Handarbeit gefragt. Im dritten und grössten Teil wurden den Lehrpersonen 18 Aussagen zu verschiedenen Facetten von Schulschwierigkeiten vorgelegt, anhand derer sie einschätzen sollten, inwieweit diese Aussagen ihrer Ansicht nach zutreffen. Im vierten Teil wurden die Lehrpersonen gebeten, den kognitiven, emotionalen und sozialen Entwicklungsverlauf des Kindes hinsichtlich möglicher Veränderungen einzuschätzen. Für die vorliegende Auswertung sind indes nur die Teile 2 (Schulleistungen) und 3 (Schulschwierigkeiten) von Bedeutung.

Um die Gründe für die Zuschreibung besonderer pädagogischer Bedürfnisse von den Lehrpersonen direkt zu erfahren, wurde ein schriftliches Verfahren gewählt. Die teilnehmenden Lehrpersonen wurden gebeten, nach vorgegebenen Themenbereichen und Kriterien einen Erfahrungsbericht zu verfassen, in welchem sie ausführten, warum sie dem hoch begabten Kind in ihrer Klasse besondere pädagogische Bedürfnisse zuschrieben. In einem nächsten Schritt könnten die vorhandenen Befunde mit Interviews an wesentlich scheinenden Stellen vertieft werden. Dies wurde im Rahmen dieser Studie jedoch nicht gemacht. Im Leitfaden für den Bericht wurden den Lehrpersonen drei Themenbereiche vorgestellt, die sie im Erfahrungsbericht bearbeiten sollten:

– Erscheinungsbild des Kindes:
  · Beschreibung des Verhaltens des Kindes im schulischen Unterricht
  · Darstellung allfälliger Schwierigkeiten des Kindes in und mit der Schule
  · Vergleich mit den Mitschülerinnen und Mitschülern bezüglich der 18 vorgelegten Aussagen zu verschiedenen Facetten von Schulschwierigkeiten
– Interpretation des Verhaltens:
  · Beschreibung der Bedingungen, unter denen sich allfällige Schwierigkeiten manifestieren
  · Interpretation des Zustandekommens der Schwierigkeiten
  · Einfluss der Hochbegabung auf die Entwicklung bzw. deren allfällige Beeinträchtigung
– Erziehungs- und Bildungsziele:
  · Formulierung der Erziehungs- und Bildungsziele für das betreffende Kind
  · Darstellung der Erziehungs- und Bildungsziele, deren Erreichen beim Kind gefährdet sind

Die Lehrpersonen wurden gebeten, ihre Ausführungen zu den einzelnen Themenbereichen im Umfang von 3 bis 5 Seiten schriftlich abzugeben. Dies ergab Datenmaterial im Umfang von 162 Seiten, verteilt auf 54 unterschiedlich lange Erfahrungsberichte. Es ergaben sich 1'253 Analyseeinheiten.

4.2 Stichprobe

Die Stichprobe dieser Teilstudie besteht aus einer Auswahl der Gesamtstichprobe des Projekts (Teil 2). Ausgehend von der Gesamtstichprobe wurden drei Schritte durchgeführt, bei welchen erwartungsgemäss Einbussen in Kauf genommen werden mussten, sei es aus konzeptuellen Gründen oder weil die Lehrpersonen an der Untersuchung nicht während des ganzen Verlaufs teilnahmen. Eine Kontrollgruppe von Lehrpersonen durchschnittlich begabter Kinder war aus konzeptionellen Gründen nicht nötig. Es wurde ausschliesslich jenen Lehrpersonen ein Fragebogen zugestellt, die ein hoch begabtes Kind unterrichten. Diese Lehrpersonen wurden dann in einem weiterführenden Schritt gebeten, einen zeitlich aufwändigen Erfahrungsbericht zu verfassen. Hierbei erfolgten die meisten Ausfälle (vgl. Abbildung).

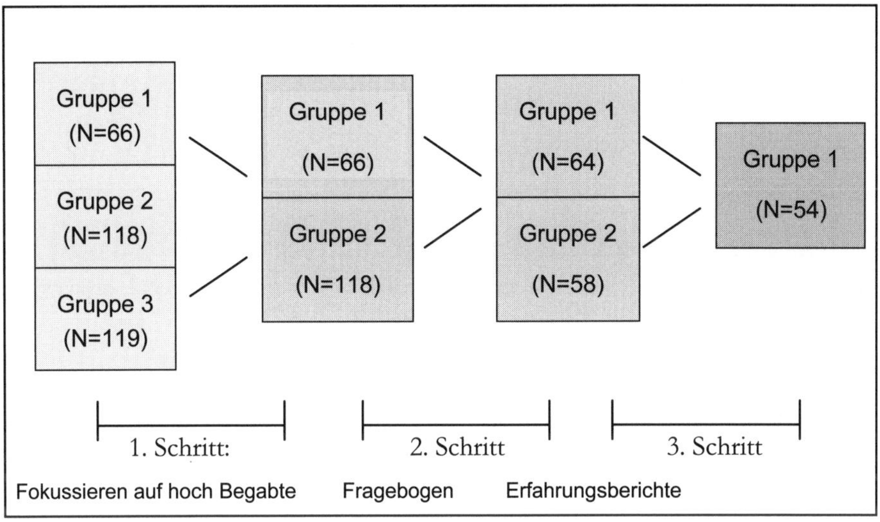

Abb. 24: Veränderung der Stichprobe während der einzelnen Verfahrensschritte

In Abbildung 24 sind jeweils die Anzahl Kinder der Stichprobe vermerkt. Nun ist diese Anzahl nicht deckungsgleich mit der Anzahl der Lehrpersonen, welche die Fragebogen und/oder Erfahrungsberichte bezüglich der Kinder ausgefüllt haben, weil manche Lehrpersonen mehreren hoch begabten Kindern in der Klasse besondere pädagogische Bedürfnisse zugeschrieben haben. Diese Lehrpersonen haben die Fragebogen und/oder Erfahrungsberichte dementsprechend mehrere Male, immer in Bezug auf ein bestimmtes hoch begabtes Kind, absolviert. Die Stichprobe beinhaltete in den einzelnen Fragestellungen die folgende Anzahl Kinder resp. Lehrpersonen (Tabelle 16):

Tabelle 16: Stichprobe: Anzahl Kinder resp. Lehrpersonen

	Gruppe 1		*Gruppe 2*		*Gesamt*	
	Kinder	Lp	Kinder	Lp	Kinder	Lp
Fragebogen	64	36	58	55	122	91
Erfahrungsbericht	54	31	--	--	54	31

Legende: Gruppe 1: hoch begabte Kinder in Spezialprogrammen / Gruppe 2: hoch begabte Kinder in Regelklassen / Lp = Lehrpersonen

Am Projekt nahmen 91 Lehrpersonen (60 Lehrerinnen und 31 Lehrer) im Alter von 22 bis 59 Jahren teil. Alle unterrichteten Schülerinnen und Schüler der 5. oder 6. Primarklasse. Die Stichprobe ist in zwei Gruppen unterteilt. Die Gruppe der Lehrpersonen hoch begabter Kinder in Spezialprogrammen (Gruppe 1) gilt als Untersuchungsgruppe, die Gruppe der Lehrpersonen hoch begabter Kinder in Regelklassen (Gruppe 2) als Kontrollgruppe. Die Kinder der Gruppe 1 besuchten zum Zeitpunkt der Erhebung ein spezielles Förderprogramm für hoch Begabte, weil (auch) ihre Lehrpersonen ihnen besondere pädagogische Bedürfnisse zuschreiben. Dieses Zuweisungskriterium wurde vor Beginn der Studie nochmals validiert, indem alle Lehrpersonen der Untersuchungsgruppe (Gruppe 1) die besonderen pädagogischen Bedürfnisse des von ihnen unterrichteten hoch begabten Kindes nochmals ausdrücklich konstatieren mussten. Gleichzeitig stellte die Zuschreibung besonderer pädagogischer Bedürfnisse für die Teilnahme an den jeweiligen Förderprogrammen ein Zulassungskriterium dar, ebenso die Diagnose Hochbegabung durch eine schulpsychologische Abklärungsstelle. In der Kontrollgruppe (Gruppe 2) sind 55 Lehrpersonen von hoch begabten Schülerinnen und Schülern vertreten. Diese Lehrpersonen unterrichteten zum Zeitpunkt der Erhebung ebenfalls ein vom schulpsychologischen Dienst als hoch begabt diagnostiziertes Kind; sie waren jedoch der Auffassung, dass dieses Kind keine besonderen pädagogischen

Bedürfnisse aufweise. Dementsprechend besuchte das Kind kein spezielles Förderprogramm, obwohl die Möglichkeit dazu bestanden hätte.

4.3 Datenerhebung und Datenauswertung

Die Fragebogen wurden allen Lehrpersonen der hoch begabten Schülerinnen und Schüler per Post zugestellt. Im Brief wurden keine Angaben über die Resultate des Kindes beim Intelligenztest gemacht. Die Lehrpersonen wurden lediglich darum gebeten, das Projekt mit weiteren Angaben zu unterstützen. Die Daten aus den Fragebogen wurden zwei Formen der Analyse unterzogen: Zum einen wurden die Angaben in den Bereichen "Schulleistungen" und "Schulschwierigkeiten" einer deskriptiven Analyse (Mittelwerte, Standardabweichungen) unterzogen. Zum anderen wurden Gruppenvergleiche mittels t-Test durchgeführt. Im Zentrum stand zunächst die Frage, ob sich die Lehrpersonen der beiden Gruppen in diesen Bereichen signifikant unterscheiden. Im weiteren Verlauf der Auswertung wurde diese Fragestellung dann bezüglich neu gebildeter Subgruppen der Hochleistenden und Minderleistenden durchgeführt (vgl. 5.1).

Im letzten Schritt wurden die Lehrpersonen gebeten, einen Erfahrungsbericht über das jeweilige hoch begabte Kind, das sie unterrichten, zu verfassen. Sie erhielten per Post einen Papierbogen mit schriftlichen Anweisungen zur Zielsetzung und zur Gliederung der Erfahrungsberichte und schickten diese ausgefüllt retour. Von den 58 ursprünglich in die Untersuchung aufgenommenen Lehrpersonen zogen vier Lehrpersonen ihre Zusage im Verlauf der Studie aus Zeitgründen zurück. Die Analyse der Erfahrungsberichte hatte zum Ziel, die Argumentation der Lehrpersonen für die Zuschreibung der besonderen pädagogischen Bedürfnisse zu eruieren und darzustellen. Dafür wurden Komponenten der Zuschreibung besonderer pädagogischer Bedürfnisse bzw. der Indikation besonderer Erziehungs- und Bildungsmassnahmen für hoch begabte Schülerinnen und Schüler erfasst und systematisch zueinander in Bezug gestellt. Die schriftlichen Erfahrungsberichte der Lehrpersonen wurden mittels qualitativer Inhaltsanalyse, in Anlehnung an Mayring (2000) ausgewertet.

Tabelle 17: Kategoriensystem für die Auswertung der Erfahrungsberichte

Hauptkategorien	*Kategorien*	*Unterkategorien*
Erscheinungsbild hoch begabter Kinder im schulischen Unterricht (bezüglich Schulschwierigkeiten)	Lernschwierigkeiten	relative Minderleistung
		absolute Minderleistung
	Verhaltensauffälligkeiten	soziale Isolation
		Störungen des Unterrichts
		Depression
	Schwierigkeiten der Schule mit dem Kind	arbeitet schneller als andere
		bearbeitet Themen tiefer als andere
		ist an anderen Themen interessiert
Gründe für die Entstehung der Schulschwierigkeiten hoch begabter Kinder	interner Misfit	Perfektionismus
		mangelnde soziale Anpassungsfähigkeit
		kognitiv-motorische Dissonanz
	klassischer Misfit	Unterforderung im Unterricht
		inadäquate elterliche Bildungserwartungen
	externer Misfit	ungleiche Wertvorstellungen des Umfelds
Ziele der Förderung hoch begabter Kinder (die gefährdet sind)	curriculare Erziehungs- und Bildungsziele	Sachkompetenz
		Sozialkompetenz
		Selbstkompetenz
	anderer Bezugsrahmen	bisherige Massnahmen unbefriedigend
		Potential des Kindes nicht ausgeschöpft

5. Ergebnisse

Die Darstellung der Ergebnisse erfolgt entlang der drei Kriterien „Erscheinungsbild hoch begabter Kinder im Unterricht", „Rolle der Hochbegabung" und „Ziel der Förderung hoch begabter Schülerinnen und Schüler". Im ersten Schritt wurden die Gruppe der "hoch begabten Kinder mit besonderen pädagogischen Bedürfnissen" (Gruppe 1) und die Gruppe der "hoch begabten Kinder ohne besondere pädagogische Bedürfnisse" (Gruppe 2) hinsichtlich ihrer Schulschwierigkeiten und hinsichtlich ihrer Schulleistungen miteinander verglichen. Aufgrund der Ergebnisse, die sich bei diesem Vergleich zeigen, wurde die Gruppe der hoch begabten Kinder mit besonderen pädagogischen Bedürfnissen näher betrachtet und in zwei Untergruppen aufgeteilt: in hoch begabte Kinder mit hervorragenden Schulleistungen („Hochleistende") und hoch begabte Kinder mit unterdurchschnittlichen Schulleistungen („Minderleistende"). Diese beiden Gruppen wurden wiederum hinsichtlich ihrer Schulschwierigkeiten und Schulleistungen miteinander verglichen. Im zweiten Schritt wurden die Gründe dargelegt, die ausschlaggebend waren, dass den Kindern der der Gruppe 1 besondere pädagogische Bedürfnisse zugeschrieben wurden. Die Darlegung erfolgte entlang verschiedener Formen von Schulschwierigkeiten und Formen des Misfits. Auch diesbezüglich wurden die Gruppen der Schülerinnen und Schüler mit über- bzw. unterdurchschnittlichen Schulleistungen miteinander verglichen. Im dritten Schritt wurde untersucht, welche Erziehungs- und Bildungsziele im Blick sind, wenn sonderpädagogische Massnahmen als erforderlich erachtet werden. Es wurde gefragt, ob die Persönlichkeitsentwicklung als normativer Hintergrund im Zuschreibungsprozess angegeben wurde oder ob Lehrpersonen damit argumentieren, dass die Begabungsentwicklung des Kindes gefährdet wäre, wenn keine sonderpädagogischen Massnahmen eingeleitet würden.

5.1 Erscheinungsbild im schulischen Unterricht

Zunächst wurden die Gruppen der hoch begabten Schülerinnen und Schüler, denen besondere pädagogische Bedürfnisse zugeschrieben wurden (Gruppe 1) mit der Gruppe der hoch begabten Schülerinnen und Schüler ohne Zuschreibung von besonderen pädagogischen Bedürfnissen (Gruppe 2) hinsichtlich ihrer Schulleistungen und ihrer Schulschwierigkeiten verglichen. Für das Erfassen von Schulschwierigkeiten hoch begabter Kinder wurden deren Lehrpersonen im ersten Schritt gebeten, bei 18 vorgelegten Aussagen zum Thema zu beurteilen, inwieweit diese bei jenem hoch begabten Kind zutreffen, das sie unterrichten. Insgesamt zeigten sich einige signifikante Unterschiede zwischen den beiden Gruppen. Die folgenden Aussagen gewichtete die Gruppe 1 signifikant höher als die Gruppe 2:

– "Das Kind zeigt bei den Schulleistungen im Bereich seiner Stärken nicht, was es kann." ($t = -1.44$, $p < .01$)
– "Das Kind scheint sich oftmals unterfordert zu fühlen." ($t = -2.15$, $p < .01$)
– "Ich kann den Bedürfnissen des Kindes unter den gegebenen Umständen nicht gerecht werden." ($t = -3.51$, $p < .01$)
– "Das Kind hat vorwiegend Interessen, denen im Unterricht nicht entsprochen werden." ($t = -2.91$, $p < .01$)

Bei anderen vorgelegten Aussagen sind ebenfalls bei der Gruppe 1 tendenziell höhere Werte zu verzeichnen, jedoch nicht signifikant. Die höheren Werte zeigten sich sowohl bei den Schwierigkeiten des Kindes – also bei Verhaltensweisen, die als Lernschwierigkeiten und Verhaltensauffälligkeiten beschrieben werden – als auch bei den Schwierigkeiten der Schule mit dem Unterrichten des Kindes. Letztere Schwierigkeiten sind zum Beispiel auch gemeint, wenn davon die Rede ist, dass die Schule nicht in der Lage ist, den spezifischen Interessen des Kindes zu entsprechen. Eine weitere Auffälligkeit betrifft die deutlich höheren Standardabweichungen bei der Gruppe 1. Schulschwierigkeiten scheinen demnach bei den hoch begabten Kindern, die Spezialprogramme besuchen, in weitaus variablerem Masse aufzutreten bzw. wahrgenommen zu werden als bei den hoch begabten Kindern in den Regelklassen, bei denen sich die Schwierigkeiten im Regelbereich befinden.

Im zweiten Schritt wurden die Schulleistungen in den Blick genommen. Um die Schulleistungen der beiden Gruppen vergleichen zu können, wurden die Lehrpersonen gebeten, die Leistungen in den Fächern Deutsch (mündlicher und schriftlicher Ausdruck separat), Mathematik, Sport, Zeichnen und Handarbeit zu beurteilen. Folgende Prädikate konnten verliehen werden: Sehr gut (6) – gut (5) – genügend (4) – bis ungenügend (3). Beide Gruppen erzielten in allen Fächern im Durchschnitt gute bis sehr gute Schulleistungen. In keinem der aufgeführten Leistungsbereiche wurden signifikante Unterschiede ersichtlich (vgl. Tabelle 18). Die höchsten Werte sind jeweils im Gebiet der Sprache, mündlicher Ausdruck, zu verzeichnen. Werden die Leistungen in den traditionellen Selektionsfächern Deutsch und Mathematik mit jenen in den Fächern Sport, Zeichnen und Mathematik verglichen, sind bei den Kindern in Spezialprogrammen (Gruppe 1) höhere Leistungen in Deutsch und

Mathematik zu erkennen, derweil die Kinder in Regelklassen (Gruppe 2) ein ausgeglichenes Profil aufweist.

Tabelle 18: Schulleistungen von Gruppe 1 und Gruppe 2 im Vergleich

	Gruppe 1 (N = 64)	*Gruppe 2 (N = 58)*
Deutsch (mündlicher Ausdruck)	5.5 (0.8)	5.6 (0.2)
Deutsch (schriftlicher Ausdruck)	5.4 (0.7)	5.5 (0.2)
Mathematik	5.2 (0.9)	5.2 (0.2)
Sport	5.3 (0.3)	5.2 (0.3)
Zeichnen	5.1 (0.2)	5.0 (0.3)
Handarbeit	5.3 (0.2)	5.1 (0.2)

Auffallend sind nicht die Mittelwerte der Schulleistungen, die sich kaum unterscheiden, sondern die Standardabweichungen, besonders in den Fächern Deutsch und Mathematik. Bei der Gruppe der hoch begabten Kinder, denen besondere pädagogische Bedürfnisse zugeschrieben wurden, ist eine deutlich höhere Streuung der Leistungen feststellbar als bei Gruppe der hoch begabten Schülerinnen und Schüler ohne Zuschreibung von besonderen pädagogischen Bedürfnissen. Dies kann nur schon anhand der Extremwerte angedeutet werden: So reichen die durchschnittlichen Mathematik-Noten der Gruppe jener Schülerinnen und Schüler, denen besondere pädagogische Bedürfnisse zugeschrieben werden, von 3.0 bis 6.0, derweil auch bei der andern Gruppe der Höchstwert von 6.0 angegeben wird, die tiefste Note aber eine 4.75 ist.

Für die nächsten Analyseschritte ist von Bedeutung, dass Lehrpersonen in der Regel nur die Kinder mit überdurchschnittlichen Schulleistungen als hoch begabt identifizieren, hoch begabte Kinder mit unterdurchschnittlichen Schulleistungen hingegen in den meisten Fällen nicht erkennen (vgl. Kap. 1.3.). Es kann dementsprechend angenommen werden, dass Lehrpersonen vorwiegend jenen Kindern besondere pädagogische Bedürfnisse zuschreiben, die durch ihre hervorragenden Schulleistungen auffallen. Um diese Tendenz zu überprüfen wurde die Gruppe der Kinder in den Spezialprogrammen in zwei Subgruppen unterteilt: in eine Gruppe hoch begabter Kinder mit überdurchschnittlichen oder hervorragenden Schulleistungen und eine Gruppe hoch begabte Kinder mit unterdurchschnittlichen Schulleistungen. Der Trennwert für diese Unterteilung wurde bei 5.0 festgelegt, wobei die Durchschnittsnoten in den Bereichen Deutsch mündlich, Deutsch schriftlich und Mathematik beigezogen wurden.[4]

Die Unterteilung der 64 hoch begabten Kinder in Spezialprogrammen nach den genannten Kriterien ergab eine etwas grössere Gruppe von Kindern mit überdurchschnittlichen schulischen Leistungen (n = 34) und eine etwas kleinere Gruppe von Kindern mit unterdurchschnittlichen schulischen Leistungen (n = 30). Den Kindern beider Gruppen werden von den Lehrpersonen besondere pädagogische Bedürfnisse zugeschrieben. Im nächsten Schritt wurde dann überprüft, ob sich die beiden Gruppen hinsichtlich des Vorhandenseins von schulischen Schwierigkeiten voneinander unterscheiden. Dies ist in gewisser Weise tatsächlich der Fall. Die Unterschiede beziehen sich zwar nicht auf das Vorhandensein oder Nicht-Vorhandensein von Schulschwierigkeiten, sondern auf verschiedene Formen von Schwierigkeiten in der Schule. So beschreiben die Lehrpersonen bei der Gruppe der Kinder mit hohen schulischen Leistungen eher Schwierigkeiten der Schule bzw. der Lehrperson, dem Kind gerecht zu werden, während bei der Gruppe der hoch begabten Kinder mit tieferen schulischen Leistungen die Schwierigkeiten des Kindes in der Schule, namentlich Verhaltensauffälligkeiten, im Vordergrund stehen.

Mit den Beurteilungen der vorgelegten Aussagen durch die Lehrpersonen und ihren Ausführungen in den Erfahrungsberichten lässt sich ein hinreichend klares Bild der beiden Gruppen zeichnen. Auf der einen Seite steht die Gruppe der hoch begabten Kinder, die zwar gute bis sehr gute Schulleistungen erbringen und hohe Anforderungen an sich selber stellen, deren Lehrpersonen aber dennoch meinen, dass sie noch bessere Leistungen erzielen könnten und die schulische Situation als eine Unterforderung für das Kind erleben. Auf der anderen Seite die Gruppe der hoch begabten Kinder, die durchschnittliche bis unterdurchschnittliche Leistungen erbringen, Schwierigkeiten bei der Kontaktaufnahme zu den Mitschülerinnen und -schülern aufweisen und teilweise sogar psychosomatische Beschwerden haben, die von den Lehrpersonen als mit der unbefriedigenden schulischen Situation zusammenhängend betrachtet werden.

[4] Die Unterteilung ist in jedem Fall kontingent. So hätte der Trennwert auch an einer anderen Stelle platziert werden können, beispielsweise bei einem Notendurchschnitt von 4.6, so wie dies im Marburger Hochbegabtenprojekt gemacht wurde (Rost 2000). Darüber hinaus hätte selbstverständlich auch eine dritte Gruppe eingerichtet und diese Gruppe als "hoch begabte Kinder mit durchschnittlichen Schulleistungen" etikettiert werden können. Die Zweiteilung wurde gewählt, weil man so der Unterscheidung zwischen relativ und absolut ungenügenden schulischen Leistungen noch am ehesten gerecht wurde.

Tabelle 19: Charakteristische Formen von Schulschwierigkeiten bei hoch begabten Kindern mit schulischen Hochleistungen (HB-HL) und hoch begabten Kindern mit schulischen Minderleistungen Leistungen (HB-ML)

	HB-HL (N = 34)		*HB-ML (N = 30)*
1.	Das Kind zeigt leistungsmässig im Bereich seiner Stärken nicht, was es kann.	2.	Das Kind bewegt sich leistungsmässig im Bereich seiner Stärken nicht im ersten Drittel der Klasse.
6.	Das Kind scheint sich oftmals unterfordert zu fühlen.	4.	Das Kind wirkt im Unterricht unkonzentriert und leicht ablenkbar.
11.	Mir fehlen geeignete Materialien, um das Kind angemessen zu fordern.	7.	Das Kind leidet unter erschwerter Kontaktaufnahme zu seinen Mitschülerinnen und Mitschülern.
12.	Das Kind hat vorwiegend Interessen, denen im Unterricht nicht entsprochen werden.	14.	Das Kind hat feinmotorische Schwierigkeiten, seinen Ideen Ausdruck zu verleihen.
18.	Das Kind stellt hohe Anforderungen an sich selbst.		

Anmerkung: Die Ziffern beziehen sich auf die Nummerierung im Fragebogen.

Die Gründe, die zur Zuschreibung der besonderen pädagogischen Bedürfnisse geführt haben, können nun noch genauer betrachtet werden. Eine wesentliche Rolle dafür scheint die Zuschreibung einer „hohen Begabung" durch die Lehrperson zu spielen.

5.2 Rolle der Hochbegabung

Die Gründe der Zuschreibung besonderer pädagogischer Bedürfnisse wurden mittels der vorgängig erwähnten Erfahrungsberichte eruiert (vgl. 4. 1).

Mit der Auswertung dieser Erfahrungsberichte konnte die Frage geklärt werden, ob und inwiefern die Lehrpersonen die hohe Begabung als Einflussfaktor für die Entstehung besonderer pädagogischen Bedürfnisse betrachten. Für die Beantwortung dieser Frage wurden die beiden Subgruppen der hoch begabten Kinder mit überdurchschnittlichen Schulleistungen und der hoch begabten Kinder mit unterdurchschnittlichen Schulleistungen miteinander verglichen. Bei beiden Gruppen stand die Frage im Zentrum, inwiefern die Lehrpersonen die Zuschreibung besonderer pädagogischer Bedürfnisse, die sonderpädagogische Massnahmen erfordern, mit der hohen Begabung der Kinder begründen. Die Erfahrungsberichte der Lehrpersonen wurden anhand eines Kategoriensystems inhaltsanalytisch ausgewertet. Als grundlegende Kategorie diente das Konzept des internen bzw. externen Misfit. Beim internen Misfit können ein beeinträchtigender Perfektionismus, eine mangelnde sozio-emotionale Anpassungsfähigkeit und eine kognitiv-motorische Dissonanz unterschieden werden, beim externen Misfit die Unterkategorien der intellektuellen Unterforderung im Unterricht sowie der inadäquaten Bildungserwartungen und -anforderungen.

Insgesamt beziehen sich die meisten Aussagen zur Entstehung der besonderen pädagogischen Bedürfnisse bei der Gruppe der Schülerinnen und Schüler mit unterdurchschnittlichen Leistungen (n = 24) auf die Hochbegabung als deren Bestandteil. Dabei werden beide Formen des Misfits herangezogen (Tabelle 20). Innerhalb der Kategorie des internen Misfits werden zwei Unterkategorien vergleichsweise häufig erwähnt: Zum einen wird bei sechs Schülerinnen und Schülern eine Form von Perfektionismus beschrieben, die aus der Sicht der Lehrpersonen für die Entwicklung des Kindes beeinträchtigend wirkt ("Wenn einmal eine Arbeit, z.B. im mathematischen Bereich, nicht ihrer Vorstellung entspricht, wird sie sehr ungeduldig und wütend auf sich selber." / E20, Z66-67). Zum andern wird in fünf Fällen eine mangelnde sozio-emotionale Anpassungsfähigkeit beschrieben ("Sie will auf keinen Fall mit ihrer Hochbegabung speziell hervorstechen. ... Dies führt zur Verkrampfung und Gereiztheit ihren Mitschülern gegenüber." / E05, Z32-34). Aussagen, die dem Ansatz des externen Misfits zugeordnet werden können, beschränken sich weitgehend auf eine Unterkategorie: Die meisten Lehrpersonen berichten, dass sie eine Unterforderung des Kindes im schulischen Unterricht wahrnehmen, die in der Folge zu schulischen Minderleistungen, seltener zu Verhaltensauffälligkeiten führt ("Oft klinkt sie sich auch dann aus, wenn sie sich im Unterricht unterfordert fühlt. Das merkt man ebenfalls ihrem Gesichtsausdruck an." / E33, Z85-86). Einige Lehrpersonen schildern zudem Schulschwierigkeiten, bei deren Entstehung ihrer Meinung nach die Hochbegabung keinen Einfluss ausübt ("Ich glaube nicht, dass diese Probleme mit seiner Hochbegabung in Zusammenhang stehen. ... Er ist halt einfach auch noch hoch begabt." / E17, Z107-109).

Bei der Gruppe der Schülerinnen und Schüler mit überdurchschnittlichen Leistungen (n = 30) werden vorwiegend Formen des externen Misfits beobachtet, wobei insbesondere Unterforderungen im Unterricht und inadäquate elterliche Bildungsanforderungen zur Interpretation der besonderen Problemlage herangezogen werden ("Hingegen stelle ich fest, dass seine Eltern sehr viel – meiner Meinung nach manchmal zuviel – von ihm fordern. Er ist kein Wunderkind." / E41, Z92-93). Formen des internen Misfits werden kaum erwähnt. Zudem werden Verhaltensweisen beschrieben, welche als Perfektionismus etikettiert werden können, die aber auf der Grundlage der Unterscheidung zwischen beeinträchtigendem und förderlichem Perfektionismus letzterem zugeordnet werden können und sogar als wesentliches Charakteristikum dieser Gruppe von hoch begabten Kindern dienen.

Tabelle 20: Charakteristische Formen von Misfits bei hoch begabten Kindern mit schulischen Hochleistungen (HB-HL) und hoch begabten Kindern mit schulischen Minderleistungen (HB-ML)

		Hoch begabte Kinder mit besonderen pädagogischen Bedürfnissen			
		HB-ML (N=24)		*HB-HL (N=30)*	
Kategorien	*Unterkategorien*	*Anzahl Aussagen*	*Prozent*	*Anzahl Aussagen*	*Prozent*
interne Misfits	beeinträchtigender Perfektionismus	6	25%	1	3%
	mangelnde sozio-emot. Anpassung	5	21%	—	—
	kognitiv-motorische Dissonanz	2	8%	—	—
	andere Form	1	4%	—	—
klassische Misfits	Unterforderung im Unterricht	12	50%	18	80%
	inadäquate elterliche Erwartungen	3	13%	8	27%
externe Misfits	ungleiche Wertvorstellungen des Umfelds	3	13%	6	20%
Keine Angaben		4	17%	3	10%

Zusammenfassend können die folgenden Ergebnisse bezüglich des Einflusses der Hochbegabung auf die besondere Problemlage der hoch begabten Schülerinnen und Schüler aus der Sicht der Lehrpersonen festgehalten werden:

— Beeinträchtigungen der Entwicklung innerhalb der Gruppe der hoch begabten Kinder mit unterdurchschnittlichen Leistungen werden sowohl mit einem internen Misfit – vor allem mit einem (leistungs)beeinträchtigenden Perfektionismus oder einer ungenügenden sozio-emotionalen Anpassungsfähigkeit – als auch mit einem externen Misfit – vor allem Unterforderung im Unterricht – erklärt. Die besonderen pädagogischen Bedürfnisse entstehen demnach bei den einen Kindern aufgrund diskrepanter Anforderungen im Unterricht, bei anderen weitgehend unabhängig von der jeweiligen pädagogischen Situation. Bei hoch begabten Kindern mit überdurchschnittlichen Schulleistungen entstehen besondere pädagogische Bedürfnisse insbesondere durch eine Unterforderung im Unterricht.

— Die beiden Gruppen unterscheiden sich in der Akzentuierung einzelner Formen der Misfits: Währenddem bei der Gruppe der Kinder mit hohen schulischen Leistungen die besondere Problemlage fast ausschliesslich mit einer Unterforderung im Unterricht erklärt wird, führen die Lehrpersonen die Schulschwierigkeiten der hoch begabten Kinder mit unterdurchschnittlichen Schulleistungen auf verschiedene Formen des Misfits zurück.

Im nächsten Kapitel werden die zugrunde liegenden normativen Bezugsrahmen der Lehrpersonen dargestellt und damit die Frage beantwortet, inwiefern aus der Sicht der Lehrpersonen bei den hoch begabten Schülerinnen und Schülern mit besonderen pädagogischen Bedürfnissen das Erreichen von Förderzielen gefährdet ist.

5.3 Ziele der Förderung der hoch begabten Schülerinnen und Schüler

Bis dahin offen ist die Frage nach dem Massstab, welcher der Zuschreibung der besonderen pädagogischen Bedürfnisse im Einzelfall zugrunde gelegt wird. Dazu gehört beispielsweise die Frage, welches Ziel nach Ansicht der Lehrpersonen so gefährdet sein muss, dass sie sonderpädagogische Massnahmen als erforderlich betrachten. Wie in den beiden vorangehenden Kapiteln wird die Gruppe der hoch begabten Kinder mit unterdurchschnittlichen Schulleistungen mit der Gruppe der hoch begabten Kinder mit überdurchschnittlichen Schulleistungen verglichen. Den Antworten liegen wieder die Erfahrungsberichte der Lehrpersonen zugrunde. Hier werden nun zwei voneinander verschiedene Kriterien für bestimmte Erziehungs- und Bildungsziele unterschieden, die sich jedoch nicht gegenseitig ausschliessen müssen. Auf der einen Seite stehen Erziehungs- und Bildungsziele, die in den Curricula üblicherweise als Sach-, Sozial- und Selbstkompetenz bezeichnet werden. Auf der andern Seite steht die Befürchtung, dass die Entwicklung der Begabung gefährdet sein könnte. Die jeweilige Zuteilung bedeutet nicht, dass die Lehrpersonen ihre Erziehungs- und Bildungsziele ausschliesslich auf eine der beiden Varianten ausrichten, sondern lediglich, dass sich ihre Argumentation prioritär darauf bezieht.

In Bezug auf die Gruppe der hoch begabten Kinder mit unterdurchschnittlichen Schulleistungen richten sich die Lehrpersonen im Wesentlichen auf die Persönlichkeitsentwicklung des Kindes aus, wenn sie besondere pädagogische Bedürfnisse zuschreiben.

Tabelle 21: Massstab der Zuschreibung besonderer pädagogischer Bedürfnisse bei den hoch begabten Kindern mit schulischen Hochleistungen (HB-HL) und den hoch begabten Kindern mit schulischen Minderleistungen (HB-ML)

		HB-ML (n = 24)		*HB-HL (n = 30)*	
Kategorien	*Unterkategorien*	*Anzahl Kinder*	*Prozent*	*Anzahl Aussagen*	*Prozent*
Das Erreichen von Erziehungs- und Bildungszielen ist gefährdet	Sachkompetenz	3	13%	1	3%
	Sozialkompetenz	9	38%	5	17%
	Selbstkompetenz	8	33%	1	3%
anderer Bezugsrahmen	bisherige Massnahmen sind unbefriedigend	3	13%	16	53%
	Das Potential des Kindes wird nicht ausgeschöpft	1	4%	8	27%
	keine Angaben	3	13%	2	7%

Die meisten Lehrpersonen verwenden als Massstab das Erreichen bestimmter Kompetenzen. Danach ist insbesondere das Erreichen von Erziehungs- und Bildungszielen im Bereich der Selbstkompetenz ("Er hat auch nie gelernt, mit schulischem Erfolg oder Misserfolg umzugehen. Hier sehe ich beträchtliche Defizite und Förderbedarf." / E04, Z78-79) und ebenso im Bereich der Sozialkompetenz ("Vor allem fällt er damit auf, dass er keine Rücksicht auf andere nimmt und es noch nicht gelernt hat, zusammen mit anderen Kindern zu arbeiten und dabei die Regeln einzuhalten." / E15, Z 42-44) gefährdet. Der Massstab der gefährdeten Begabungsentwicklung wird vergleichsweise wenig angeführt. In Bezug auf die Gruppe der hoch begabten Kinder mit überdurchschnittlichen Schulleistungen wenden die Lehrpersonen vorwiegend den Massstab der Begabungsentwicklung für die Zuschreibung besonderer pädagogischer Bedürfnisse an. Insbesondere wird das vorzeitige Erfüllen curricularer Anforderungen als Indikator für die Gefährdung des Erreichens der Bildungsziele des Kindes betrachtet ("Ich kann seinen Bedürfnissen in dieser Klasse nicht gerecht werden. ... Das zeigt sich daran, dass ihm oftmals langweilig ist, weil er schneller fertig ist als die anderen." / E33, Z23-25). Eine Hochbegabung wird in diesem Argumentationsrahmen als Potential verstanden, welches durch Anforderungen im Unterricht entwickelt werden muss ("Jeder hat doch das Recht auf eine angemessene Begabungsentwicklung. Bei ihr wird nicht das ganze Potential entwickelt."/ E50, Z62-64). Besondere Erziehungs- und Bildungsmassnahmen sind also erforderlich, sobald die individuellen Fähigkeiten eines Kindes im Regelunterricht nicht angemessen entwickelt werden können. Hingegen wird die Gefährdung des Erreichens vorgegebener Erziehungs- und Bildungsziele vergleichsweise selten als Massstab der Zuschreibung der besonderen pädagogischen Bedürfnisse verwendet. Am ehesten wird diesbezüglich noch auf die Erziehungs- und Bildungsziele im Bereich der Sozialkompetenz Bezug genommen.

Zusammenfassend können folgende Ergebnisse zum verwendeten Massstab bei der Zuschreibung besonderer pädagogischer Bedürfnisse festgehalten werden:

– Die Lehrpersonen der Schülerinnen und Schüler mit unterdurchschnittlichen Schulleistungen beziehen sich vorwiegend auf die Gefährdung des Erreichens von Erziehungs- und Bildungszielen im Bereich der Persönlichkeitsentwicklung, insbesondere der Selbst - und der Sozialkompetenz.
– Die Lehrpersonen der Schülerinnen und Schüler mit überdurchschnittlichen Schulleistungen beziehen sich vorwiegend auf die Gefährdung im Bereich der Begabungsentwicklung und weisen darauf hin, dass die bisherigen Erziehungs-

und Bildungsmassnahmen für die optimale Begabungsentwicklung nicht ausreichend sind und deshalb besondere Erziehungs- und Bildungsmassnahmen als erforderlich erachtet werden.

5.4 Zusammenfassung

Ausgangspunkt dieses Kapitels war die Frage, warum Lehrpersonen hoch begabten Schülerinnen und Schülern besondere pädagogische Bedürfnisse zuschreiben. Um dies untersuchen zu können, wurde nebst einer Gruppe von hoch begabten Schülerinnen und Schülern, die Spezialprogramme besuchen (Gruppe 1), eine Gruppe von hoch begabten Kindern in der Regelklasse in die Untersuchung miteinbezogen, denen keine besonderen pädagogischen Bedürfnisse attestiert werden, bei denen also keine sonderpädagogischen Massnahmen als erforderlich erachtet werden (Gruppe 2). Durch die Befragung der Lehrpersonen der beiden Gruppen wurde eruiert, ob sich die Kinder der beiden Gruppen hinsichtlich ihrer Schulschwierigkeiten und ihrer Schulleistungen unterscheiden und aus welchen Gründen die Lehrpersonen den einen hoch begabten Kindern besondere pädagogische Bedürfnisse zuschreiben und den anderen nicht.

Die beiden Gruppen unterscheiden sich hinsichtlich ihrer Schulschwierigkeiten und ihrer schulischen Leistungen kaum voneinander. Allerdings ist die Streuung bei den hoch begabten Kindern in den Spezialprogrammen deutlich breiter als bei den hoch begabten Kindern in den Regelklassen, sodass eine Zweiteilung der Gruppe der hoch begabten Kinder in Spezialprogrammen in die Subgruppen der Kinder mit schulischen Hochleistungen (HB-HL) und der Kinder mit schulischen Minderleistungen (HB-ML) vorgenommen wurde.

	Hoch begabte Kinder mit besonderen pädagogischen Bedürfnissen	
	Kinder mit hohen Schulleistungen [HB-HL]	*Kinder mit minderen Schulleistungen [HB-ML]*
Merkmale der hoch begabten Kinder	- überdurchschnittliche Schulleistungen - ausgewiesene Sozialkompetenz - hohe Leistungsmotivation - eher aggressives Verhalten	- unterdurchschnittliche Schulleistungen - emotional instabil - durchschnittliche Leistungsmotivation - eher internales Verhalten
Gründe für die Zuweisung besonderer pädagogischer Bedürfnisse	- Begabungsentwicklung ("zeigt nicht das, was er/sie könnte") - Störungen des Unterrichts - kann ihm/ihr im Unterricht nicht gerecht werden	- Lernschwierigkeiten und/oder Verhaltensauffälligkeiten - kann ihm/ihr im Unterricht nicht gerecht werden

Abb. 25: Aufteilung der hoch begabten Schülerinnen und Schüler mit besonderen pädagogischen Bedürfnissen in die Untergruppe der Kinder mit schulischen Hochleistungen und der Kinder mit schulischen Minderleistungen

Die Zuschreibung besonderer pädagogischer Bedürfnisse bei hoch begabten Kindern erfolgt immer in Verbindung mit Schulschwierigkeiten. Diese werden aber aus jeweils unterschiedlicher Perspektive betrachtet. Für die eine Gruppe von Lehrpersonen stehen die Schwierigkeiten des Kindes im Schulunterricht im Zentrum, die sich in Form von Lernschwierigkeiten oder Verhaltensauffälligkeiten zeigen. Andere Lehrpersonen hingegen meinen mit Schulschwierigkeiten primär den Umstand, dass die Schule Schwierigkeiten hat, dem Kind, insbesondere seinen Lernbedürfnissen, gerecht zu werden. Beide Auffassungen sind mit der Konzeption der „besonderen pädagogischen Bedürfnisse" kompatibel. Werden besondere pädagogische Bedürfnisse zugeschrieben, weil das Kind in der Regelklasse "nicht mehr angemessen unterrichtet werden kann" – wie es in den bildungspolitischen Leitlinien formuliert ist –, können beide Formen von Schulschwierigkeiten gemeint sein.

Die Nicht-Zuschreibung besonderer pädagogischer Bedürfnisse scheint ex negativo zustande zu kommen, nämlich dann, wenn sich weder Entwicklungsbeeinträchtigungen des Kindes noch Schwierigkeiten der Schule, den Bedürfnissen und Kompetenzen des Kindes gerecht zu werden, beobachten lassen.

6. Diskussion

Die Annahme, dass Lehrpersonen vor allem jene hoch begabten Schülerinnen und Schüler im Blick haben, die überdurchschnittliche Schulleistungen erbringen und bei denen die Lehrpersonen den Eindruck haben, ihren Kompetenzen und Bedürfnissen nicht gerecht werden zu können, hat sich nur teilweise bestätigt. Zwar bilden die hoch begabten Kinder mit überdurchschnittlichen Schulleistungen einen bedeutenden Teil jener Schülerinnen und Schüler, bei denen sonderpädagogische Massnahmen als erforderlich erachtet werden, aber auch hoch begabten Schülerinnen und Schüler mit unterdurchschnittlichen Schulleistungen werden besondere pädagogische Bedürfnisse attestiert. Diese beiden Gruppen unterscheiden sich im Erscheinungsbild beträchtlich, und auch die Gründe für die Zuweisung in ein sonderpädagogisches Angebot sind verschieden. Im Folgenden werden in einem ersten Schritt die Gründe für die (Nicht)-Zuschreibung besonderer pädagogischer Bedürfnisse dargestellt. Dabei wird die Heterogenität der Befunde gewürdigt, aber auch versucht, Tendenzen zu systematisieren und zu bündeln (6.1). In einem zweiten Schritt werden mögliche Gründe für die vermehrte Zuschreibungspraxis genannt. Die ökosystemische Anlage der Konzeption der besonderen pädagogischen Bedürfnisse sowie die heterogene Umsetzung der Einzelnen zieht auch hier eine mehrschichtige Problemanalyse nach sich (6.2). In einem dritten Schritt werden dann auch noch Ansatzpunkte vorgestellt, die zur sinnvollen Senkung der Zuschreibungsrate führen können. Diese Zielsetzung geht auf den in Teil 1 ausgeführten Umstand zurück, dass die gängige Zuschreibungspraxis sowohl aus bildungspolitischer und finanzieller als auch aus sonderpädagogischer Sicht nicht sinnvoll sind (6.3).

6.1 Gründe für die Zuschreibung bzw. die Nichtzuschreibung

Es gibt zwei Szenarien, in denen die Lehrpersonen einem hoch begabten Kind ihrer Klasse besondere pädagogische Bedürfnisse zuschreiben. Im ersten Szenario wird davon ausgegangen, dass Lehrpersonen in der Regel eher Kinder mit hohen Schulleistungen als "hoch begabt" erkennen. Es wäre dann zu erwarten, dass die Lehrpersonen aufgrund dieser Vorselektion vor allem Kinder mit hohen Leistungen im Blick haben, wenn sie entscheiden, ob bei hoch begabten Schülerinnen und Schüler sonderpädagogische Massnahmen erforderlich sind oder nicht. Die Ergebnisse der vorliegenden Studie belegen eindeutig, dass dies nicht zutrifft. Das zweite Szenario lehnt sich an die Auffassung von "besonderen pädagogischen Bedürfnissen" an, wie sie bildungspolitisch in der Schweiz (und tendenziell auch in Deutschland) gemeinhin vertreten wird. Danach ist die Zuweisung zu einem sonderpädagogischen Angebot immer dann begründet, wenn die herkömmlichen Erziehungs- und Bildungsmassnahmen als nicht (mehr) ausreichend erachtet werden, um die adäquate Förderung des betreffenden Kindes zu gewährleisten. Andere Kriterien werden nicht vorgegeben. Mit dieser breiten Bestimmung des Zuweisungsbereichs sind ihm dann sowohl hoch begabte Kinder mit hohen schulischen Leistungen als auch jene mit unterdurchschnittlichen Schulleistungen zuzuordnen.

Es sind zwei Zuweisungskriterien zu sonderpädagogischen Angeboten in allen Argumentationsfiguren der Lehrpersonen zu finden:

- Zum einen liegt eine Hochbegabung vor,
- zum andern werden die herkömmlichen Erziehungs- und Bildungsmassnahmen nicht als ausreichend erachtet.

Damit kann man verschiedene Problemkonstellationen beschreiben, die zur Zuschreibung besonderer pädagogischer Bedürfnisse führen können, aber nicht notwendigerweise müssen. Erstens scheint es für die Frage der Zuweisung in sonderpädagogische Angebote unerheblich zu sein, ob die hoch begabten Schülerinnen und Schüler über- oder unterdurchschnittliche Schulleistungen erbringen. Dieser Befund ist aus der Sicht der Hochbegabungsforschung doppelt bemerkenswert, weil die Lehrpersonen offenbar in einigen Fällen durchaus in der Lage sind, eine Hochbegabung trotz (unter-)durchschnittlichen Schulleistungen zu erkennen. Tendenziell zeigen die Ergebnisse, dass die Wahrscheinlichkeit der Zuschreibung besonderer pädagogischer Bedürfnisse umso höher wird, je mehr sich die Schulleistungen der hoch begabten Schülerinnen und Schüler einem Extrembereich nähern.

Lehrpersonen, die einem hoch begabten Kind keine besonderen pädagogischen Bedürfnisse zuschreiben, nehmen in der Regel schlicht keine Misfits wahr. Im Gegensatz zu den Eltern, die in manchen Fällen von Misfits – z.B. Unterforderung im

Unterricht – sprechen, diese aber durch eine Passung in anderen Bereichen kompensiert sehen, betonen Lehrpersonen weniger eine solche Kompensation als das Nicht-Vorliegen eines Misfits. Eine mögliche Begründung für diesen Unterschied besteht darin, dass die Lehrpersonen in dieser Untersuchung eine Innenansicht einnehmen und die schulische Situation nahe am Unterricht analysieren, währenddem die Eltern die Aussensicht einnehmen und daher auch eher den Blick auf externe Misfits oder eben Passungen richten. Dies lässt den Schluss zu, dass sonderpädagogische Massnahmen immer im Zusammenhang mit den normativen Überzeugungen zu sehen sind, die Eingang in den Entscheidungsprozess gefunden haben. Dies kann im vorliegenden Fall gut ausgewiesen werden, insofern diese Indikation ja gerade dann vorliegt, wenn die Erziehungs- und Bildungskonstellation als problematisch erachtet wird. Den Ergebnissen nach herrschen zwei Massstäbe vor. Im einen Fall wird das Erreichen der im Lehrplan ersichtlichen Erziehungs- und Bildungsziele als gefährdet erachtet. Im anderen Fall ist es die Begabungsentfaltung des Kindes, und eine Situation wird als problematisch erachtet, wenn diese gefährdet ist. Die Zuordnung zu den skizzierten Gruppen ist unschwer zu erahnen. Während bei den hoch begabten Kindern mit hervorragenden Schulleistungen die Potentialentwicklung als gefährdet angesehen wird, wird bei den hoch begabten Kindern mit unterdurchschnittlichen Schulleistungen die Gefährdung curricular festgelegter Erziehungs- und Bildungsziele betont.

Aufgrund der bisherigen Befunde aus der Hochbegabungsforschung, wonach Lehrpersonen vor allem Schülerinnen und Schüler mit überdurchschnittlichen Schulleistungen als "hoch begabt" erkennen, war anzunehmen, dass vor allem dieser Gruppe von Schülerinnen und Schülern besondere pädagogische Bedürfnisse attestiert werden. Betrachtet man jedoch die Ergebnisse der Untersuchung, wird deutlich, dass der Freiraum, den die Definition der "besonderen pädagogischen Bedürfnisse" gewährt, breit genutzt wird und keine Eingrenzung auf die Gruppe der Schülerinnen und Schüler mit hervorragenden Schulleistungen vorgenommen wird. Vielmehr sind die Konstellationen äusserst vielschichtig, aus denen heraus die Zuschreibungen erfolgen. Es können keine eindeutigen Indikatoren erkannt werden. Es sind nicht nur die Schülerinnen und Schüler mit unterdurchschnittlichen Leistungen, sondern auch die Schülerinnen und Schüler mit überdurchschnittlichen Schulleistungen, es sind nicht immer Schwierigkeiten des Kindes im Form von Lernschwierigkeiten oder Verhaltensauffälligkeiten, sondern eben auch Schwierigkeiten der Schule, den individuellen Voraussetzungen des Kindes gerecht zu werden, und es werden nicht nur Erziehungs- und Bildungsziele im Bereich der Persönlichkeitsentwicklung angemerkt, die nicht erreicht werden, sondern auch Einschränkungen im Bereich der Potential- oder Begabungsentwicklung.

6.2 Interpretation

Die Grundidee der Konzeption der "besonderen pädagogischen Bedürfnisse" in bildungspolitischen Regelwerken besteht darin, eine defizitorientierte Sicht von Behinderung zu vermeiden. Mit der Betonung von „besonderen pädagogischen Bedürfnissen" soll vielmehr die behindernde Erziehungs- und Bildungssituation ins Zentrum gerückt werden und die daraus abzuleitende Aufgabe für die Sonderpädagogik, besondere pädagogische Massnahmen für eine verbesserte Erziehungs- und Bildungssituation auszuarbeiten.

Trotzdem – oder vielleicht gerade deswegen – erhöhen sich die Zuweisungsraten in sonderpädagogische Angebote Jahr für Jahr. Am Beispiel des Umgangs mit hoher Begabung kann nun exemplarisch gezeigt werden, warum dies so ist. Denn die Zuschreibung besonderer Bedürfnisse ist offensichtlich per definitionem an die Indikation sonderpädagogischer Massnahme gebunden. Dabei wird übersehen, dass der Zuschreibungsprozess primär beinhaltet, dass sonderpädagogische Massnahmen als erforderlich erachtet werden, aber nicht, unter welchen Bedingungen sie erforderlich sind. Bisher wurde der gemeinsame Nenner aller Zuschreibungsprozesse im Vorhandensein von Schulschwierigkeiten gesehen. Aber auch für diesen Begriff sind bei den Lehrpersonen kaum deutliche Konturen auszumachen. Denn mit diesem Begriff wird einerseits nur eine Schulsituation bezeichnet, die nicht den Erwartungen der Lehrperson entspricht und welche die Lehrperson dahingehend einschätzt, dass sonderpädagogische Massnahmen hier Abhilfe schaffen können. Der Begriff der „Schulschwierigkeiten" unterscheidet sich vom Begriff der „besonderen pädagogischen Bedürfnisse" lediglich dadurch, dass mit "besonderen pädagogischen Bedürfnissen" gesagt wird, *dass* sonderpädagogische Massnahmen erforderlich sind, derweil mit dem Hinweis auf "Schulschwierigkeiten" begründet werden soll, *warum* dies so ist. Interessant ist hier, dass die Lehrpersonen unterscheiden zwischen Schwierigkeiten, die das Kind mit der Schule hat und auf die das Kind mit Lernschwierigkeiten und Verhaltensauffälligkeiten reagiert, und Schwierigkeiten der Schule, den Lernvoraussetzungen des Kindes gerecht zu werden.

Die Frage, ob eine bestimmte schulische Konstellation als problematisch wahrgenommen wird, hängt hingegen von mehreren Faktoren ab. Neben den normativen

Überzeugungen der Lehrperson sind dabei auch gesellschaftliche Erwartungen und elterliche Anforderungen an die Schule zu berücksichtigen. Im Bereich der Erziehung und Bildung hoch begabter Schülerinnen und Schüler ist dies heute virulent. Als wesentliche Einflussfaktoren können die gesellschaftlichen Erwartungen im Rahmen der Eliteförderung oder die elterlichen Anforderungen im Hinblick auf die Ausschöpfung des Potentials ihres Kinder genannt werden. Sie führen dazu, dass individuelle Erziehungs- und Bildungssituationen der hoch begabten Kinder eher als problematisch bewertet werden. Eine kontinuierlich ansteigende Zuweisungsrate ist die logische Konsequenz davon.

Fazit

Zusammenfassend kann festgehalten werden, dass das Problem steigender Zuweisung hoch begabter Kinder in sonderpädagogische Angebote in der äusserst weiten Verwendung des Konzepts der besonderen pädagogischen Bedürfnisse liegt. Dieses Problem dürfte auch bei anderen sonderpädagogisch relevanten Zielgruppen zu beobachten sein. Auf das Konzept der besonderen pädagogischen Bedürfnisse reagiert die Schule bei Schwierigkeiten automatisch mit der Zuschreibung von besonderem Förderbedarf ausserhalb des Regelschulunterrichts.

TEIL 6: HOCHBEGABUNG AUS SONDERPÄDAGOGISCHER SICHT

1. Einleitung

Die Ergebnisse der vorangehenden Teilstudien werden hier zusammen geführt und auf drei wesentliche sonderpädagogische Themenfelder ausgerichtet: Auf das sonderpädagogische Angebot für hoch begabte Kinder, die Beratung von Lehrpersonen und Eltern und die Berufsbildung von Lehrpersonen. Dafür werden zuerst die Bedingungen in den Blick genommen, die bei einer Gruppe von hoch begabten Kindern zur Zuschreibung besonderer pädagogischer Bedürfnisse führten. Darauf aufbauend kann dann erklärt werden, warum der Mehrzahl hoch begabter Schülerinnen und Schülern in der Primarschulstufe keine besonderen pädagogischen Bedürfnisse attestiert werden.

In den üblichen Konzeptionen von besonderen pädagogischen Bedürfnissen, wie sie explizit oder implizit verwendet werden, wird mit dem Begriff der „besonderen pädagogischen Bedürfnisse" nur signalisiert, *dass* besondere Erziehungs- und Bildungsmassnahmen als erforderlich erachtet werden. Mit dem Begriff wird aber nichts darüber ausgesagt, warum und unter welchen Bedingungen sie als erforderlich erachtet werden. Vielmehr werden die Zuschreibungsbedingungen nur ex negativo erwähnt. Besondere Erziehungs- und Bildungsmassnahmen werden immer dann als erforderlich betrachtet, wenn die bis anhin angewandten Erziehungs- und Bildungsmassnahmen als nicht mehr ausreichend erachtet werden und in mehr oder weniger diffuser Form Schulschwierigkeiten konstatiert werden.

Mit den Ergebnissen der Teilstudien kann dieser Bedürfnisrahmen klarer konturiert werden. Denn anstatt die Begriffe „Schulschwierigkeiten" oder „besondere pädagogische Bedürfnisse" zu verwenden, kann mit guten Gründen von Entwicklungs- beziehungsweise von Erziehungsgefährdung gesprochen werden. Von hier aus kann die zentrale Frage, wann pädagogische und wann sonderpädagogische Massnahmen erforderlich sind, beantwortet werden: Die Erziehung und Bildung hoch begabter Kinder und Jugendlicher wird dann und nur dann zur sonderpädagogischen Aufgabe, wenn die intellektuelle, emotionale oder soziale Entwicklung durch die pädagogisch als notwendig erachteten Erziehungs- und Bildungsmassnahmen beeinträchtigt oder voraussichtlich beeinträchtigt werden.

Nicht behandelt ist jedoch die Frage, *warum* Entwicklungsbeeinträchtigungen auftreten. Deshalb ist der Ansatz der Misfits ein wesentlicher Bestandteil der theoretischen Überlegungen. Der Ansatz des Mitsfits interpretiert Entwicklungsbeeinträchtigungen als Folge einer Dissoziation bzw. einer unzureichenden Übereinstimmung zwischen mindestens zwei Merkmalsgruppen, zum Beispiel den Lernbedürfnissen des Kindes und den an das Kind gestellten Anforderungen innerhalb des Schulunterrichts. Mit diesem Ansatz kann eine dynamische Grundlage gelegt werden, die drohende Entwicklungsbeeinträchtigungen theoretisch voraus nimmt. Das Gegenteil eines Misfits wird mit "Passung" bezeichnet. Im Rahmen der Gesamtstudie wurde darum auch gefragt, inwiefern eine hohe Begabung ein Risikofaktor für die Entwicklung darstellt – oder mit anderen Worten – ob die Hochbegabung anteilsmässig zu den so genannten Misfits beiträgt. Denn nur diesen Kindern und Jugendlichen sollten aus sonderpädagogischer Sicht besondere pädagogische Bedürfnisse zugeschrieben werden. Abschliessend auf der Grundlage der Ergebnisse der Teilstudien der Frage nachgegangen, ob eine hohe Begabung per se ein entwicklungsbeeinträchtigender Faktor ist, unter welchen Umständen sich die hohe Begabung beeinträchtigend auswirkt und ob unter gewissen Umständen auch soziale und/oder personale Bedingungen ausgemacht werden können, die einen Misfit kompensieren.

Zur Beantwortung dieser Frage sind im Wesentlichen drei Schritte notwendig. Der erste Schritt wird mit der Konkretisierung der Konzeption der besonderen pädagogischen Bedürfnisse gemacht. Mit der Abbildung dieser Bedürfnisse auf einem Erziehungsmodell, das die intellektuelle, emotionale und sozialen Beeinträchtigungen der kindlichen Entwicklung als Folge so genannter Misfits interpretiert, kann diese Konkretisierung erreicht werden. Denn entlang dieser konkreten Interpretation kindlicher Entwicklungsbeeinträchtigungen werden Erziehungsgefährdungen dieser Kinder und Jugendlichen beschreibbar und es können besondere pädagogische Massnahmen angemahnt werden. In einem zweiten Schritt bedingt diese Auffassung von besonderen pädagogischen Massnahmen die Erweiterung der diagnostischen Kompetenz der Lehrpersonen und in einem dritten Schritt muss die Beratung des kindlichen Umfeldes bei voraussehbaren Schulschwierigkeiten hoch begabter Kinder und Jugendlichen dieser veränderten Auffassung angepasst werden. Die drei Schritte im Einzelnen:

- Die Konkretisierung der Konzeption der besonderen pädagogischen Bedürfnisse ist die Aufgabe der Sonderpädagogik als Wissenschaft. Der Ausgangspunkt dafür ist die Tatsache, dass die verbreitete Zuschreibung besonderer pädagogischer Bedürfnisse nicht ohne weiteres einem sonderpädagogisch orientierten Förderbedarf entspricht (vgl. Teil 1). Die Sondepädagogik ist nicht eine Restdisziplin der Pädagogik und ihre Aufgabe besteht nicht darin, jene Aufgaben zu übernehmen, welche die Pädagogik nicht oder nicht mehr zu erfüllen bereit ist.
- Die Beratung des Umfelds bei Schwierigkeiten ist eine Aufgabe, die sowohl die Sonderpädagogik als auch die Pädagogik betrifft. Die Anforderungen an die Schule wachsen stetig. So sind beispielsweise die Erwartungen und Forderungen aus dem schulischen Umfeld der hoch begabten Kinder sehr hoch. Es konnte aber deutlich gezeigt werden, dass hoch begabte Kinder mit Schulschwierigkeiten nicht notwendigerweise sonderpädagogischer Massnahmen bedürftig sind, sondern dass die Schule selber geeignete Massnahmen realisieren muss.
- Die Erweiterung der diagnostischen Kompetenz der Lehrpersonen gehört zum Auftrag der pädagogischen Aus- und Weiterbildung. Nicht in jedem Fall können Schulschwierigkeiten mit besonderen Bedürfnissen assoziiert werden. Genau dies geschieht jedoch, solange die Lehrpersonen sowohl jene Schulschwierigkeiten, welche hoch begabte Kinder mit unterdurchschnittlichen Schulleistungen haben, als auch jene Schulschwierigkeiten, welche die Schule hat beim Unterrichten von hoch begabten Kindern mit hervorragenden Schulleistungen, unter demselben Begriff subsumieren.

2. Entwicklungsbeeinträchtigungen hoch begabter Schülerinnen und Schüler

In den letzten zehn Jahren wurden hoch begabte Kinder und Jugendliche häufig als Risikogruppe im Regelschulsystem dargestellt. Dies wurde durch die Dokumentation problematischer Einzelfälle belegt oder mit Studien über hoch begabte Kinder, deren Umfeld wegen schulischer Probleme einer Beratungsstelle aufgesucht hatten. Grössere Studien – wie etwa das Marburger Hochbegabtenprojekt – belegten diese Tendenz allerdings nicht. Die Ergebnisse der Marburger Studie zeigen, dass „die

Hochbegabten als im Schulsystem gut integriert und schulisch erfolgreich sowie sozial unauffällig, psychisch besonders stabil und selbstbewusst charakterisiert werden“ (Rost 2000, 204). Gegen die Ergebnisse dieser und ähnlicher Studien wurde eingewendet, dass zwar bei hoch Begabten im Allgemeinen keine grösseren Schwierigkeiten als bei anderen Kindern zu verzeichnen seien, dass es jedoch eine Gruppe hoch Begabter gebe, die gesondert zu betrachten sei. Zu dieser Gruppe würden jene hoch begabten Kinder und Jugendlichen gehören, denen besondere pädagogische Bedürfnisse zugeschrieben werden. In der vorliegenden „Zürcher Studie“ hat sich aber gezeigt, dass hier differenziert werden muss.

Aus den Ergebnissen aller Teilstudien der vorliegenden Untersuchung wird ersichtlich, dass die hoch begabten Kinder, denen besondere Bedürfnisse zugeschrieben werden, keine schwer wiegenden oder stark ausgeprägten Entwicklungsbeeinträchtigungen ausgesetzt sind, die charakteristisch für diese Gruppe wäre. Vielmehr weisen die hoch begabten Kinder, denen besondere pädagogische Bedürfnisse zugeschrieben werden und jene, denen keine besonderen pädagogischen Bedürfnisse attestiert werden, insgesamt grosse Gemeinsamkeiten in ihren Persönlichkeitsmerkmalen auf. Sie unterschieden sich lediglich in zwei Bereichen:

- Zum einen haben hoch begabte Kinder und Jugendliche, denen besondere pädagogische Bedürfnisse zugeschrieben werden, häufiger Schwierigkeiten im Umgang mit schulischen Leistungsanforderungen. Sie stellen hohe Ansprüche an sich selbst und meinen, dass sie den schulischen Anforderungen nicht gerecht werden können.
- Zum andern sind bei hoch begabten Schülerinnen und Schülern, denen besondere Bedürfnisse zugeschrieben werden, Schwierigkeiten im Prozess der sozialen Integration festzustellen. Sie sind weniger kontaktbereit und haben mehr negative soziale Erfahrungen gemacht. Sie können oder wollen den sozialen Erwartungen ihrer Mitschülerinnen und Mitschüler weniger gerecht werden. Bemerkenswert ist dabei die unerwartet hohe extravertierte Aggression eines Teils der hoch begabten Mädchen mit besonderen pädagogischen Bedürfnissen.

Dieses Ergebnis lässt zwei Auslegungen zu, die Schulschwierigkeiten hoch begabter Schülerinnen und Schüler zu interpretieren. Für die eine Gruppe von Lehrpersonen stehen die Schwierigkeiten des Kindes im schulischen Unterricht im Zentrum, die sich in Form von Lernschwierigkeiten oder Verhaltensauffälligkeiten zeigen. Dies betrifft meist die Gruppe der hoch begabten Kinder mit unterdurchschnittlichen Schulleistungen. Eine andere Gruppe von Lehrpersonen meint mit Schulschwierigkeiten hingegen primär den Umstand, dass die Schule Schwierigkeiten hat, dem Kind und seinen Lernbedürfnissen gerecht zu werden. Dies trifft auf die Gruppe der hoch begabten Kinder mit überdurchschnittlichen Leistungen zu. Beide Auffassungen widerspiegeln verschiedene Auslegungsformen von Schulschwierigkeiten:

- Lernschwierigkeiten werden bei der Gruppe jener hoch begabten Kinder angegeben, die relativ – ganz selten absolute – unterdurchschnittliche Schulleistungen erbringen. Verhaltensauffälligkeiten werden eher selten genannt, sieht man von einer allgemeinen Form von Unterrichtsstörungen ab, die aber vor allem damit in Zusammenhang stehen, dass die Lehrperson methodisch-didaktische Spezifika anbieten muss.
- Die Gruppe hoch begabter Kinder mit überdurchschnittlichen Schulleistungen ist nicht durch ein besonderes Merkmal gekennzeichnet. Allen Kindern dieser Gruppe ist jedoch gemeinsam, dass ihre Lehrperson der Meinung ist, dem Kind nicht gerecht werden zu können.

Diese Auslegungsformen zeigen deutlich, dass essentielle Begriffe in der Praxis, in der Bildungspolitik und in der Theorie unterschiedlich verwendet werden. Die Unterschiede betreffen einerseits die notwendigen Bedingungen, die für die Zuschreibung besonderer pädagogischer Bedürfnisse notwendig sind, andererseits die Verknüpfung von Schulschwierigkeiten und besonderen pädagogischen Bedürfnissen und zudem auch ganz allgemein das Verhältnis von Schulschwierigkeiten und Entwicklungsbeeinträchtigungen.

Tabelle 22: Verschiedene Verwendung der zentralen Begriffe

Theorie	*Bildungspolitik*	*Praxis*
a) Besondere pädagogische Bedürfnisse werden attestiert, wenn Lernschwierigkeiten oder Verhaltensauffälligkeiten auftreten.	a) Besondere pädagogische Bedürfnisse werden attestiert, wenn die herkömmlichen Massnahmen nicht mehr als ausreichend erachtet werden.	a) Besondere pädagogische Bedürfnisse werden attestiert, wenn Schulschwierigkeiten auftreten, die als nicht kompensierbar betrachtet werden.
b) Schulschwierigkeiten alleine sind nicht hinreichend für die Zuschreibung besonderer pädagogischer Bedürfnisse bzw. nur dann, wenn damit Schwierigkeiten des Kindes (Entwicklungsbeeinträchtigungen) gemeint sind.	b) Schulschwierigkeiten alleine sind hinreichend für die Zuschreibung besonderer pädagogischer Bedürfnisse.	b) Schulschwierigkeiten alleine sind nur dann hinreichend Grund für die Zuschreibung besonderer pädagogischer Bedürfnisse, wenn keine Möglichkeiten der Kompensation eines Misfits wahrgenommen werden.
c) Schulschwierigkeiten beinhalten Schwierigkeiten des Kindes in der Schule sowie Schwierigkeiten der Schule mit dem Unterrichten des Kindes.	c) Der Begriff Entwicklungsbeeinträchtigung wird nicht als zentral betrachtet. Schulschwierigkeiten liegen dann vor, wenn die herkömmlichen Massnahmen als nicht mehr ausreichend erachtet werden.	c) Schulschwierigkeiten beinhalten Schwierigkeiten des Kindes in der Schule (Entwicklungsbeeinträchtigungen) sowie Schwierigkeiten der Schule mit dem Unterrichten des Kindes.

Schulschwierigkeiten gelten sowohl in den bildungspolitischen Leitlinien als auch in der schulischen Praxis als nicht nur als notwendige, sondern sogar als hinreichende Voraussetzung für die Zuschreibung besonderer pädagogischer Bedürfnisse. Dies bestätigt, dass der Begriff der Schulschwierigkeiten in der Praxis in einer sehr allgemeinen Form verwendet wird, die letztlich lediglich besagt, dass die herkömmlichen Erziehungs- und Bildungsmassnahmen nicht als ausreichend beurteilt werden.

3. Misfits in der Entwicklung hoch begabter Schülerinnen und Schüler

In der vorliegenden Untersuchung wurde der faktisch tautologische Umgang mit den besonderen pädagogischen Bedürfnissen hoch begabter Kinder und Jugendlicher vor dem Hintergrund des Ansatzes des Mitsfits näher betrachtet. Die Ergebnisse reichen nun aus, um die Frage zu klären, ob das Entstehen schulischer Problemlagen unabhängig vom Vorhandensein der Hochbegabung erklärt werden kann oder Konstellationen (Misfits) präzisiert werden können, in denen ein beeinträchtigender Einfluss der Hochbegabung deutlich wird. Ein Misfit bezeichnet eine Diskrepanz bzw. Dissoziation zwischen zwei Komponenten des Systems Kind-Eltern-Schule. Konzeptuell können drei Formen des Misfits unterschieden werden. Ein interner Misfit beschreibt die mangelnde Übereinstimmung zwischen verschiedenen Entwicklungsmerkmalen des Kindes, ein klassischer Misfit beschreibt die mangelnde Übereinstimmung zwischen bestimmten Entwicklungsmerkmalen des Kindes und bestimmten Umweltmerkmalen und ein externer Misfit beschreibt die mangelnde Übereinstimmung zwischen verschiedenen Umweltmerkmalen. Die Hochbegabung selber wird in der vorliegenden Untersuchung als möglicher Vulnerabilitätsfaktor betrachtet. Auf der Grundlage des Misfits-Ansatzes und den Ergebnissen der Untersuchung werden Konstellationen beschreibbar, in denen eine hohe Begabung als Entwicklungsbeeinträchtigung aufgefasst werden kann. Dann können Konstellationen erörtert werden, in denen Kompensationseffekte so einsetzen, dass keine sonderpädagogischen Massnahmen erforderlich sind.

Die Ergebnisse der Teilstudien der gesamten Untersuchung zeigen, dass weder die Lehrpersonen noch die Eltern der hoch begabten Kinder die Hochbegabung als singulären Ursachenfaktor von Schulschwierigkeiten betrachten. Schulschwierigkeiten oder Entwicklungsbeeinträchtigungen werden nur unter bestimmten Bedingungen virulent, nämlich im Verbund mit gewissen Umweltmerkmalen oder in speziellen schulischen Situationen. Eine Hochbegabung kann in verschiedenen Konstellationen dazu beitragen, dass die Entwicklung des Kindes beeinträchtigt verläuft.

- **Beispiele für beeinträchtigende Einflüsse einer Hochbegabung**

• Beispiele für einen internen Misfit

Perfektionismus:
Misfit zwischen individuellen Bedürfnissen und Kompetenzen

Perfektionismus wird hier verstanden als die Fähigkeit des Kindes, zu erkennen, was es leisten könnte, in Verbindung mit einer gleichzeitig auftretenden hohen emotionalen Intensität, die dazu führt, dass das Kind unrealistisch hohe Erwartungen an sich selbst stellt. Vor allem Lehrpersonen von hochbegabten Kindern mit besonderen pädagogischen Bedürfnissen haben auf dieses Erscheinungsbild hingewiesen.

Sozio-emotionale Schwierigkeiten:
Misfit zwischen kognitiven und sozio-emotionalen Kompetenzen

Tendenziell können zwei geschlechtsspezifische Formen mangelnder sozio-emotionaler Anpassungsfähigkeit unterschieden werden. Hoch begabte Mädchen zeigen in der Regel eine übermässige Anpassung, derweil hochbegabten Knaben eine mangelnde Anpassung zeigen.

• Beispiele für einen klassischen Misfit

Unterforderung im Unterricht:
Misfit zwischen kognitiven Kompetenzen/Bedürfnissen und Anforderungen des Unterrichts

Auch hier können zwei Formen unterschieden werden: Zum einen werden Unterschiede im Vorwissen als mögliche Komponente einer Unterforderung im Unterricht erachtet; zum andern werden Unterschiede in der Lerngeschwindigkeit beschrieben: Eine überdurchschnittliche Lerngeschwindigkeit und eine damit verbundene schnelle Erfüllung der Anforderungen im Unterricht können ebenfalls zu einer subjektiven Unterforderung im Unterricht beitragen.

Kontaktschwierigkeiten
Misfit zwischen kognitiven/sozialen Kompetenzen und sozialen Erwartungen

Manche hoch begabten Schülerinnen und Schüler verfolgen einerseits ausgefallene Interessengebiete und artikulieren sich in einer Weise, die nicht den Erwartungen ihrer Mitschülerinnen und -schüler entspricht. Gleichzeitig sind sie nicht in der Lage, dieses Ungleichgewicht mit ihren sozio-emotionalen Kompetenzen auszugleichen oder aber sie haben keine entsprechenden Bedürfnisse, dies zu tun. Eine zusätzliche Erschwernis besteht oftmals darin, dass diese Anpassungsleistung ausschliesslich vom hochbegabten Kind erwartet wird.

- **Beispiel für einen externen Misfit:**

Didaktische Vorstellungen
Misfit zwischen methodisch-didaktischen Vorstellungen der Eltern und dem Unterrichtsstil der Lehrperson

Es werden verschiedenartige Erwartungen an die Schule, namentlich an die Lehrpersonen, heran getragen. Eltern von hoch begabten Kindern mit besonderen pädagogischen Bedürfnissen formulieren überwiegend methodisch-didaktische Erwartungen an die Lehrperson, wie beispielsweise ein hohes Tempo im Unterricht oder eine klare Linie. Demgegenüber sind die Erwartungen der Eltern der hoch begabten Schülerinnen und Schüler der Regelklasse viel stärker sozio-emotionaler Art: Ihr Kind soll in die Klasse integriert sein, von der Lehrperson und den Mitschülerinnen und -schülern akzeptiert werden. Die Unzufriedenheit steigt dabei mit dem Mass der Separation.

Diese Beispiele illustrieren, warum eine hohe Begabung beziehungsweise eine überdurchschnittliche Intelligenz in bestimmten Konstellationen beeinträchtigend auf die Entwicklung des Kindes wirken kann. Die beschriebenen Formen des Misfits unterscheiden sich auch dahingehend, dass entweder der Umgang des Kindes mit seiner eigenen hohen Begabung beeinträchtigend wirkt, der Umgang seiner Umgebung mit der Hochbegabung die Entwicklung des Kindes negativ beeinflusst oder das Verhältnis zwischen den Eltern und der Lehrperson die Entwicklung des Kindes stört.

Die Ergebnisse der verschiedenen Teilstudien der vorliegenden Untersuchung zeigen, *dass* eine Hochbegabung ein entwicklungsbeeinträchtigender Faktor sein kann. Darüber hinaus können aber auch nähere Angaben darüber gemacht werden, *inwiefern* dies der Fall ist.

Allerdings ist mit der Unterscheidung verschiedener Misfits in der Entwicklung hoch begabter Kinder nicht gesagt, dass die Feststellung eines Misfits immer zur Zuschreibung besonderer pädagogischer Bedürfnisse führt. Die Studie enthält eine Reihe von Fällen, bei denen Misfits kompensiert werden, sodass keine Lern- oder Verhaltensprobleme auftraten. Hier kommt der Begriff der Passung ins Spiel, der das Gegenteil eines Misfits bedeutet. Während ein Misfit vorliegt, wenn eine Diskrepanz zwischen zwei Aspekten – wie eben beispielsweise den Kompetenzen des Kindes und den Anforderungen des Unterrichts – besteht, umschreibt die Passung den Zustand der Konkordanz der jeweiligen Merkmale. Damit werden Kompensationen möglich: Ein Misfit, der sich darin äussert, dass sich das Kind während grossen Teilen des Schulunterrichts langweilt, kann durch eine entsprechend starke Passung in anderen – schulischen wie schulergänzenden und auch ausserschulischen – Bereichen kompensiert werden. Dies ist deswegen interessant, weil bestimmte Formen der Passung kompensierende Auswirkungen auf möglicherweise imminente oder bereits vorhandene Entwicklungsbeeinträchtigungen haben. Es bleibt allerdings die Frage offen, ob solche Kompensationen bei allen Formen des Misfits möglich sind oder ob es resistente Misfits gibt, die auf Dauer unumgänglich zu Entwicklungsbeeinträchtigungen führen – unabhängig davon, ob in anderen Bereichen Passungen zu verzeichnen sind.

- **Beispiele für hochbegabungsspezifische Passungen, die Misfits kompensieren können:**

• Passung zwischen kognitiver und sozio-emotionaler Kompetenz
Manche hoch begabte Kinder verfügen nicht nur über die Fähigkeit der effizienten und hoch stehenden Informationsaufnahme und -verarbeitung bei Sachthemen, sondern sind auch in der Lage, soziale Beziehungen in ihrer näheren Umgebung in entsprechender Quantität und Qualität zu beurteilen und darauf angemessen zu reagieren. Sie verfügen damit nicht nur über überdurchschnittliche intellektuelle, sondern auch über entsprechende sozio-emotionale Kompetenzen. Mit dieser Kombination sind sie zum Beispiel viel eher als andere Kinder in der Lage, Situati-

onen der Unterforderung im Unterricht zu bewältigen oder ganz allgemein klassische Misfits zu kompensieren.

- **Passung zwischen den intellektuellen Voraussetzungen und den Unterrichtsanforderungen**

Die intellektuellen Voraussetzungen des Kindes äussern sich im schulischen Unterricht in Form seiner Kompetenzen und seiner Bedürfnisse. Entsprechen die Anforderungen des Unterrichts diesen individuellen Voraussetzungen, kann in der Regel davon ausgegangen werden, dass keine Schulschwierigkeiten zu verzeichnen sind. Wenngleich die Tendenz in letzten Jahren eine andere Richtung ausweist, so scheint doch bei der Mehrzahl der hochbegabter Schülerinnen und Schüler diese Passung im Grossen und Ganzen vorhanden zu sein. Kompensiert werden können damit Fälle von internen Misfits, wie beispielsweise im Falle eines Perfektionismus. Hierbei würde das Ziel genau darin bestehen, beim Kind das Zusammenspiel zwischen den Komponenten der intellektuellen Voraussetzungen – Kompetenzen/Bedürfnisse – zu thematisieren, indem die Anforderungen des Unterrichts so gestellt werden, dass das Kind seine Voraussetzungen besser einschätzen und aufeinander abstimmen kann

- **Passung zwischen den Wertvorstellungen von Eltern und Lehrperson**

Alle Eltern berichten übereinstimmend, dass sich ihr hoch begabtes Kind im Schulunterricht zeitweise langweilt. Damit scheint jedoch die alltagssprachliche Auffassung von Langeweile gemeint zu sein, die sich wohl bei jedem Kind, ungeachtet der Höhe der Begabung, manchmal einstellt. Der Zusammenhang von Langeweile und Lernschwierigkeiten bzw. Verhaltensauffälligkeiten ist allerdings kontingent: Nur in der Minderzahl der Fälle steht diese Langeweile denn auch am Anfang einer Kausalkette, die in Lernschwierigkeiten oder Verhaltensauffälligkeiten mündet. Interessant ist nun aus sonderpädagogischer Sicht die Frage, unter welchen Umständen eine Langeweile mit Lernschwierigkeiten oder Verhaltensauffälligkeiten in Verbindung gebracht wird. Tatsächlich werden dabei Unterschiede offenbar, insoweit drei Formen des Umgang mit der Langeweile unterschieden werden können: Manche Kinder sind anscheinend in der Lage, die Leerräume selber auszufüllen, andere wiederum artikulieren die Langeweile zuhause oder, die dritte Gruppe, in der Schule. Insbesondere bei denjenigen Kindern, deren Langeweile sich im Schulunterricht manifestiert, wird häufig von Lernschwierigkeiten und Verhaltensauffälligkeiten berichtet.

In den Beispielen sind drei Formen der hochbegabungsspezifischen Passung beschrieben. Analog zur Strukturierung verschiedener Formen des Misfits können sie als interne, klassische und externe Passung bezeichnet werden. Ein Misfit allein führt dementsprechend nicht notwendigerweise zu Entwicklungsbeeinträchtigungen und zur Zuschreibung besonderer pädagogischer Bedürfnisse bei hoch begabten Schülerinnen und Schülern. Vielmehr können zwar bestehende Misfits durch eine entsprechende Passung in anderen Bereichen hinfällig, d.h. kompensiert werden.

4. Besondere pädagogische Bedürfnisse hoch begabter Schülerinnen und Schüler

In den vorangehenden Teilstudien wurden die Ergebnisse dazu verwendet, verschiedene Aspekte der Frage zu analysieren, warum hoch begabten Kindern besondere Bedürfnisse zugeschrieben werden. Nun kann vor dem Hintergrund der Gesamtstudie auch die Frage beantwortet werden, warum hoch begabten Kindern in den letzten Jahren immer häufiger besondere pädagogische Bedürfnisse zugeschrieben worden sind. Dafür müssen die Gründe, die in der schulischen Praxis angegeben werden, der Zuschreibungsprozess selber sowie die Begründungen für die vermehrte Zuweisung hoch Begabter in sonderpädagogische Angebote näher betrachtet werden. Dann können Vorschläge gemacht werden, wie dieser Entwicklung Einhalt geboten werden kann.

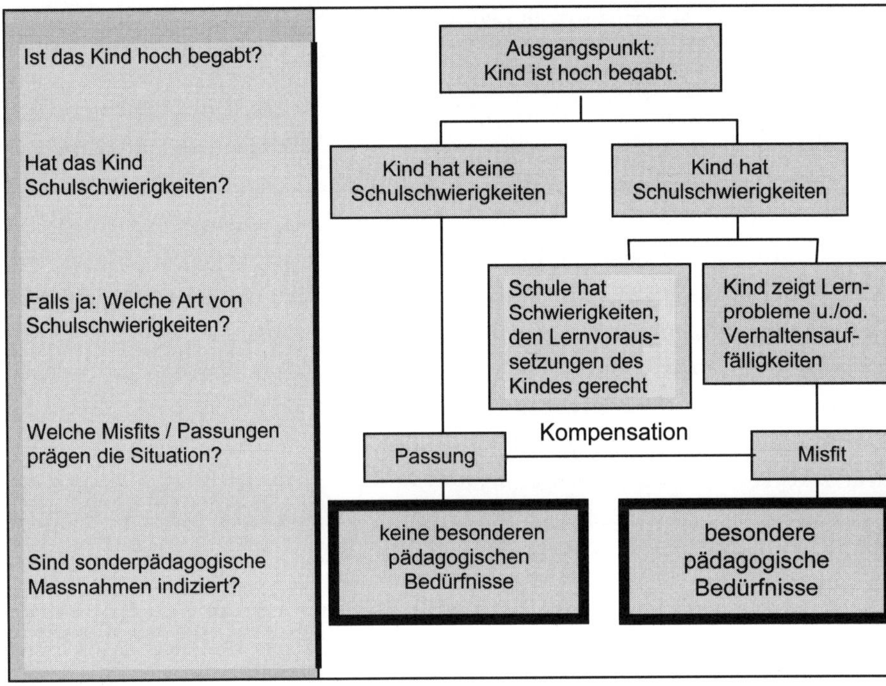

Abb. 26: Entscheidungsprozess bei der Zuschreibung besonderer pädagogischer Bedürfnisse

Aufgrund der empirischen Befunde (Teil 3 und 4) kann davon ausgegangen werden, dass primär hervorragende Schulleistungen und sekundär Lernschwierigkeiten bzw. Verhaltensauffälligkeiten als Katalysatoren für den Zuschreibungsprozess dienen. Darüber hinaus zeigt sich jedoch zudem, dass auch unterschiedliche Wertvorstellungen der Lehrpersonen und der Eltern sowie unterschiedliche Zielvorstellungen in Erziehungs- und Bildungsfragen durchaus als Katalysatoren für die Zuschreibung besonderer pädagogischer Bedürfnisse verantwortlich sind. Es zeigte sich beispielsweise, dass die Wahrscheinlichkeit der Zuschreibung besonderer pädagogischer Bedürfnisse parallel zur Höhe der schulischen Leistungen der Schülerinnen und Schüler steigt. Die Lehrpersonen sind dann der Auffassung, die intellektuellen Bedürfnisse dieser Kinder nicht (mehr) befriedigen zu können. Die Wahrscheinlichkeit der Zuschreibung besonderer pädagogischer Bedürfnisse bei hoch begabten Schülerinnen und Schülern mit Lern- und Verhaltensschwierigkeiten hingegen steigt parallel mit der gezeigten Aggressivität des Kindes gegenüber Mitschülerinnen und Mitschülern, mit dem Unvermögen des Kindes sich im Klassenverband zu integrieren oder mit drastisch sinkenden Schulleistungen.

Zusätzlich spielen auch die Erwartungen und Anforderungen der Eltern eine wesentliche Rolle. Es zeigte sich in den empirischen Teilstudien, dass die Zuschreibung besonderer pädagogischer Bedürfnisse in vielen Fällen auch davon abhängig ist, inwieweit die Wertvorstellungen der Eltern und der Lehrperson übereinstimmen. Je leistungsbezogener die Erwartungen und Anforderungen der Eltern sind, desto höher ist die Wahrscheinlichkeit, dass den Kindern besondere pädagogische Bedürfnisse zugeschrieben werden. Die Eltern hoch begabter Kinder in sonderpädagogischen Angeboten sind deutlich leistungsorientiert und äussern klare – auch methodisch-didaktische – Erwartungen an die Schule, an denen sie die Arbeit der Lehrpersonen messen. Dagegen nimmt bei den Eltern der hoch begabten Kinder, denen keine besonderen pädagogische Bedürfnisse zugeschrieben werden, das Unterrichtsklima, die Beziehungen in der Klasse, zwischen den Kindern, Lehrpersonen und Eltern einen zentralen Stellenwert ein.

Die Zuschreibung besonderer pädagogischer Bedürfnisse ist für die Lehrpersonen und die Eltern also letztlich nur eine organisationale Möglichkeit der Zuschreibung sonderpädagogischer Massnahmen. Dies kann anhand der gewählten Entscheidungskriterien der Lehrpersonen gezeigt werden:

- **Die Zuschreibung besonderer pädagogischer Bedürfnisse bedeutet, dass sonderpädagogische Massnahmen als erforderlich erachtet werden.**

Wenn einem Kind besondere pädagogische Bedürfnisse zugeschrieben werden, ist dies per definitionem gebunden an die Indikation sonderpädagogischer Massnahmen, unabhängig davon, ob diese Massnahmen integriert oder separiert angeboten werden.

- **Die Kriterien für die Zuschreibung sind unklar.**

Eine Zuschreibung besonderer pädagogischer Bedürfnisse beinhaltet lediglich, *dass* sonderpädagogische Massnahmen als erforderlich erachtet werden, aber nicht, unter welchen Bedingungen dies geschehen soll. Einem Kind besondere pädagogische Bedürfnisse zuzuschreiben beinhaltet demnach weder einen Informationsgewinn noch die Grundlage für eine Konturierung der Zielgruppe der Sonderpädagogik.

• Eltern und Lehrpersonen assoziieren "besondere pädagogische Bedürfnisse" mit einem weiten Begriff von Schulschwierigkeiten.

Der gemeinsame Nenner aller Gründe für die Zuweisung zu einem sonderpädagogischen Angebot ist das Vorhandenseins von Schulschwierigkeiten: Werden keine Schulschwierigkeiten wahrgenommen, werden auch keine besonderen pädagogischen Bedürfnisse attestiert.

• Unter Schulschwierigkeiten fallen sowohl Schwierigkeiten des Kindes, das schlechte Schulleistungen erbringt als auch Schwierigkeiten der Schule mit der Förderung des Kindes mit hohen Schulleistungen.

Auch beim Begriff „Schulschwierigkeiten" sind – so wie er von den Lehrpersonen verwendet wird – kaum Konturen auszumachen. Im Grunde wird damit einfach eine Situation bezeichnet, die erstens nicht den Erwartungen entspricht, und bei der zweitens sonderpädagogische Massnahmen angezeigt sind. Insofern beinhaltet er kaum mehr Informationsgehalt als der Begriff der besonderen pädagogischen Bedürfnisse. Die beiden Begriffe unterscheiden sich nur insofern, als mit "besonderen pädagogischen Bedürfnissen" gesagt wird, *dass* sonderpädagogische Massnahmen erforderlich sind, derweil mit dem Hinweis auf "Schulschwierigkeiten" begründet werden soll, *warum* dies so ist. Interessant ist dabei die Unterscheidung zwischen Schwierigkeiten des Kindes, die sich in Form von Lernschwierigkeiten und Verhaltensauffälligkeiten äussern, und Schwierigkeiten der Schule, den Lernmöglichkeiten des Kindes gerecht zu werden.

• Die Erwartungen und Anforderungen des schulischen Umfeldes der hoch begabten Kinder sind hoch.

Die Frage, ob eine bestimmte schulische Konstellation als problematisch wahrgenommen wird, hängt von mehreren Faktoren ab. Neben den normativen Überzeugungen der Lehrperson sind auch gesellschaftliche Erwartungen und elterliche Anforderungen an die Schule zu berücksichtigen. Gerade im Bereich der Erziehung und Bildung hoch begabter Schülerinnen und Schüler ist dies virulent, seien es die gesellschaftlichen Erwartungen im Rahmen der Eliteförderung oder die elterlichen Anforderungen im Hinblick auf die Ausschöpfung des Potentials ihres Kinder. Beide Einflussfaktoren führen dazu, dass individuelle Erziehungs- und Bildungssituationen eher als problematisch bewertet werden.

Auf der Grundlage der Ergebnisse der Studie kann am Beispiel der Hochbegabung gezeigt werden, dass diese Regelung in der schulischen Praxis zu einer extremen Ausdehnung des Begriffs der besonderen pädagogischen Bedürfnisse und damit der sonderpädagogischen Massnahmen führte. So wird die hohe Begabung einerseits mit Schulschwierigkeiten assoziiert. Dies ist jedoch unzulässig, denn bei einem grossen Teil der hoch begabten Schülerinnen und Schüler der Primarschulstufe sind keine Anzeichen von Schulschwierigkeiten erkennbar, unabhängig davon, ob mit dem Begriff nun Lernschwierigkeiten oder Verhaltensauffälligkeiten des Kindes oder Schwierigkeiten der Schule mit dem Kind bezeichnet werden. Andererseits können Schulschwierigkeiten zwar die Einleitung sonderpädagogischer Massnahmen erforderlich machen. Aber auch dies ist nicht notwendigerweise der Fall. Denn die Eltern hoch begabter Kinder sehen vielfach von besonderen pädagogischen Massnahmen ab, sofern sie die Beziehung zwischen dem Kind, der Lehrperson und ihnen als positiv erleben.

In einem nächsten Schritt können aufgrund der gewonnenen Erkenntnisse Vorschläge ausgearbeitet werden, wie die Kontingenz der Zuschreibungsprozesse mittels einer präzisierten Auffassung von besonderen pädagogischen Bedürfnissen verringert werden können. Dafür muss zuerst geklärt werden, in welcher Weise dieser Begriff zur Anleitung im pädagogischen Alltag überhaupt verwendet werden kann. Dann wird gezeigt, wie die Beratung der Eltern und Lehrpersonen auf dieser Grundlage zu gestalten ist und wie die Diskussion in der Berufsbildung der Lehrpersonen aufgegriffen werden kann.

5. Umsetzungsmöglichkeiten

Die bisherigen Ergebnisse leisten in dreierlei Hinsicht einen Beitrag für die sonderpädagogische Praxis. Erstens kann das sonderpädagogische Angebot für hoch begabte Kinder und Jugendliche optimiert werden. Zweitens kann die Beratung der Eltern professionalisiert werden und drittens können wesentliche Erkenntnisse für die schulische Praxis direkt in die Berufsbildung der Lehrpersonen integriert werden.

Die Notwendigkeit eines sonderpädagogisch orientierten Angebots für einige hoch begabte Kinder wird heute kaum mehr bestritten (vgl. Teil 1). Uneinigkeit herrscht ausschliesslich über die Zugangsberechtigung zu sonderpädagogischen Angeboten. Denn aus der Einsicht, dass die üblichen Massnahmen nicht ausreichend sind folgt nicht notwendigerweise, dass *sonderpädagogische* Massnahmen erforderlich sind.

Vielmehr sind in manchen Fällen schlicht zusätzliche *pädagogische* Massnahmen angezeigt. Die Unterscheidung zwischen pädagogischen und sonderpädagogischen Massnahmen ist solange wichtig, wie die Sonderpädagogik sich nicht als Restmenge der Pädagogik verstehen will. Denn während aus pädagogischer Sicht insbesondere die intellektuelle Förderung (Akzeleration, Enrichment) in den Blick kommt, ist es aus sonderpädagogischer Sicht neben den klassischen Schädigungs- und Beeinträchtigungspotenzialen insbesondere eine möglicherweise gefährdete emotionale und soziale Entwicklung, die für die Zuschreibung von besonderen pädagogischen Bedürfnissen und damit für die Zuweisung zusonderpädagogischen Massnahmen als wesentlich erachtet wird.

Diese Unterscheidung erleichtert sinnvolle Empfehlungen für Bildungspolitik und Unterrichtspraxis aus sonderpädagogischer Sicht. Sie müssen sich vor dem Hintergrund dieser Vorgaben in erster Linie auf eine präzisiere Ausrichtung des Angebot für hoch begabte Schülerinnen und Schüler konzentrieren, auf eine deutlich verbesserte Zuweisungspraxis bei vorliegender hoher Begabung und auf notwendige Förderschwerpunkte in der Erziehung und Bildung hoch begabter Kinder und Jugendlicher. In zweiter Linie können auf dieser Grundlage die Beratung von Lehrpersonen und Eltern verbessert und Gefühle der Unsicherheit, Angst und Überforderung sowohl bei Lehrpersonen als auch bei Eltern verringert werden. Aus den Ergebnissen der Studie kann abgeleitet werden, dass die Beratung betroffener Familien und die Unterstützung der Kooperation von Eltern und Lehrpersonen offensichtlich ein wesentlicher Bestandteil einer geglückten Erziehung und Bildung hoch begabter Kinder und Jugendlicher ist.[5] Es ist selbstverständlich, dass zu einem erweiterten Beratungsverständnis auch die Einbindung wesentlicher Lerninhalte in die Berufsbildung der Lehrpersonen – insbesondere die Unterscheidung von pädagogischen und sonderpädagogischen Arbeitsfeldern – gehört. Denn je nachdem sind andere Massnahmen in der Erziehung und Bildung hoch begabter Kinder und Jugendlicher angezeigt.[6]

Im Folgenden werden vor dem Hintergrund der Ergebnisse der vorliegenden Studie sowohl einige Hinweise zur sonderpädagogischen Ausrichtung der Erziehung

---

[5] Die Beratungsstelle „Svilup“ ist aus diesem Grund 2003 geschaffen worden und ist eine mit dem Institut für Sonderpädagogik assoziierte Beratungsstelle für hoch begabte Kinder, Eltern und Lehrpersonen.

[6] Die Hochschule für Heilpädagogik in Zürich (HfH) bietet in Kooperation mit dem Institut für Sonderpädagogik der Universität Zürich (ISP) einen Nachdiplomkurs zur „Begabtenförderung“ an, der während 1¹/₂ Jahren berufsbegleitend absolviert und mit einem Zertifikat abgeschlossen werden kann (Hoyningen-Süess, Lienhard & Gyseler 2002).

und Bildung hoch begabter Schülerinnen und Schüler vorgestellt, als auch mögliche Formen der Beratung von Eltern, und Lehrpersonen sowie zur Aus- und Weiterbildung von Lehrpersonen diskutiert.

5.1. Das sonderpädagogische Angebot für hoch begabte Schülerinnen und Schüler

Der Auftrag der so genannten Schulischen Heilpädagogik muss deutlicher gefasst werden. Dies konnte mit den Ergebnissen der vorliegenden Studie deutlich belegt werden. Dafür können nun einerseits thesenartige Vorschläge gemacht und begründet werden und andererseits Umsetzungen in einer veränderten sonderpädagogischen Unterrichtspraxis diskutiert werden.

- **Klärung des Auftrags der Schulischen Sonderpädagogik**

These 1: Der Begriff „besondere pädagogische Bedürfnisse" ist als Leitbegriff der schulischen Sonderpädagogik abzulösen. In den theoretischen Überlegungen sind die Begriffe "Bedürfnisse" und "Erfordernisse" deutlicher voneinander abgegrenzt zu definieren und zu verwenden.

Die Tatsache, dass die Begriffe "Bedürfnisse" und "Erfordernisse" miteinander vermischt werden, rührt von den Übersetzungsproblemen des angelsächsischen Vorbilds der "special educational needs" her. Der Begriff "special needs" beinhaltet sowohl besondere Bedürfnisse als auch besondere Erfordernisse. Einerseits legt der Begriff die Übersetzung als "besondere Bedürfnisse" nahe, andererseits aber auch als "besondere Erfordernisse". Im Rahmen der Konzeption der „besonderen pädagogischen Bedürfnisse" und in der Schulpraxis werden beide Übersetzungsoptionen weitgehend synonym oder in einem ungeeigneten Verhältnis zueinander verwendet, obwohl „Bedürfnisse" und „Erfordernisse" ganz unterschiedliche Bedeutungsinhalte haben. Genau genommen sollte ausschliesslich von Erfordernissen die Rede sein, weil eine Schulsituation, nicht nur die Person des Kindes, Gegenstand des Entscheidungsprozesses bezüglich sonderpädagogische Massnahmen ist. Unabhängig davon konnte aber in der Studie gezeigt werden, dass der Leitbegriff „besondere Bedürfnisse" seine Funktion nicht zu erfüllen vermag.

Die daraus entstehenden Probleme können am Beispiel jener hoch begabten Schülerinnen und Schüler gezeigt werden, die im Schulalltag weder Lernschwierigkeiten noch Verhaltensauffälligkeiten zeigen, denen aber aufgrund überdurchschnittlicher Lernvoraussetzungen und hervorragender schulischen Leistungen sonderpädagogische Massnahmen zugeschrieben werden. Diese Kinder werden als sonderpädagogischer Massnahmen bedürftig betrachtet, weil ihnen besondere Lernbedürfnisse attestiert werden, denen die Schule mit ihrem Unterricht nicht entspricht, d.h. nicht entsprechen kann oder will. Aus sonderpädagogischer Sicht sind diese Massnahmen aber nur dann zu rechtfertigen, wenn das Erreichen der üblichen Erziehungs- und Bildungsziele gefährdet ist.

Der Bedarf an sonderpädagogischen Interventionen ist von verschiedenen Einflussfaktoren abhängig, nicht nur durch Merkmale des Kindes, sondern ebenso durch diverse Umweltbedingungen – z.B. Schulsituation, Haltung der Eltern – bestimmt. Aus einer hohen Intelligenz allein kann aber weder das Bedürfnis des Kindes nach einer bestimmten Förderung noch das Erfordernis bestimmter Erziehungs- und Bildungsmassnahmen abgeleitet werden. Zudem ist der Entscheid, ob Bedarf an sonderpädagogischer Förderung vorhanden ist, insbesondere von der Prognose abhängig, wie sich das Kind im Hinblick auf vorgegebene Erziehungs- und Bildungsziele entwickelt. Am Beispiel hoch begabter Kinder mit harmonischen Entwicklungsverläufen konnte gezeigt werden, dass sowohl pädagogische als auch sonderpädagogische Erfordernisse immer vor dem Hintergrund der jeweiligen Situation bestimmt werden müssen.

These 2: Sonderpädagogische Massnahmen und zusätzliche pädagogische Massnahmen sind mittels theoretischer Überlegungen deutlicher voneinander zu unterscheiden.

Fallbeispiele hoch begabter, schulisch interessierter Kinder mit hohen Schulleistungen, ohne Lern- und Verhaltensprobleme machen deutlich, warum aus der Tatsache, dass die herkömmlichen Erziehungs- und Bildungsmassnahmen unzureichend sind, nicht notwendigerweise folgt, dass *sonderpädagogische Massnahmen* erforderlich sind, dass jedoch in vielen Fällen sehr wohl *zusätzliche pädagogische* Massnahmen angezeigt sind. Allerdings zeigen die Ergebnisse unserer Untersuchung deutlich, dass in vielen Fällen entscheidende Überlegungen für die Beurteilung des Förderbedarfs – in der folgenden Abbildung die Schritte 2 und 3 – gar nicht gemacht werden:

Schritt 1	Die herkömmlichen Massnahmen werden als nicht ausreichend beurteilt. Zusätzliche Massnahmen werden als erforderlich betrachtet.
Schritt 2	Es wird überprüft, inwieweit a) Lernschwierigkeiten und/oder Verhaltensauffälligkeiten vorliegen oder vorausgesagt werden. b) das Erreichen von Erziehungs- und Bildungszielen gefährdet ist.
Schritt 3	Sind (a) und (b) nicht erfüllt, werden zusätzliche pädagogische Massnahmen eingeleitet.
Schritt 4	Sind (a) und (b) erfüllt, werden sonderpädagogische Massnahmen eingeleitet.

Sobald die herkömmlichen pädagogischen Massnahmen als nicht (mehr) ausreichend betrachtet werden, muss unterschieden werden zwischen dem Bedarf an zusätzlichen, in den Verantwortungsbereich der Pädagogik fallende Massnahmen, und dem Bedarf an besonderen, in den Verantwortungsbereich der Sonderpädagogik fallende Erziehungs- und Bildungsmassnahmen. Es kann sein, dass für hoch begabte Schülerinnen und Schüler, die aus der Sicht der Eltern und Lehrpersonen ihr Potential nicht ausschöpfen, bei denen jedoch keine besondere Problemlage vorliegt und das Erreichen vorgegebener Erziehungs- und Bildungsziele nicht gefährdet ist, sehr wohl die bisherigen Erziehungs- und Bildungsmassnahmen nicht ausreichend sind, sodass ein Bedarf an zusätzlichen, besser geeigneten Massnahmen besteht. Diese können aber dem Zuständigkeitsbereich der Pädagogik zugeordnet werden und begabungsförderliche Massnahmen wie eine intensivierte Differenzierung und Individualisierung (z.B. mittels compacting), gruppenspezifische Angebote (grouping) oder klassenübergreifende Projektarbeit (z.B. mittels des Schoolhouse Enrichment Models; SEM) beinhalten. Unterforderung im Unterricht und eine allenfalls daraus hervorgehende Langeweile sind also per se keine hinreichende Grundlage für die Zuschreibung sonderpädagogischer Massnahmen.

- **Umsetzungen im Bereich der sonderpädagogischen Schulung**

These 3: Für die Frage, welcher Art die sonderpädagogischen Massnahmen sein sollen, sind die Lernbedürfnisse und die sozio-emotionalen Kompetenzen des Kindes sowie die Erwartungen seines Umfeldes ebenso zu beachten wie sein Leistungsprofil.

Die Behandlung der Frage, welcher Art die sonderpädagogischen Interventionen sein müssen, ist in einen förderdiagnostischen Prozess eingebunden, in dem bestimmte Merkmale der Erziehungs- und Bildungssituation eines Kindes betrachtet werden. Erst vor diesem Hintergrund können sonderpädagogische – oder unter Umständen therapeutische – Massnahmen eingeleitet werden. Zu einem sonderpädagogischen Zuweisungsprozess gehören jedoch neben der Abklärung der intellektuellen Leistungsfähigkeit des Kindes auch die Abklärung seiner sozio-emotionalen Kompetenz und die Erhebung seiner Lernbedürfnisse. So hat sich beispielsweise eine erhebliche Diskrepanz zwischen der kognitiven und der sozio-emotionalen Entwicklung als ein wesentlicher Indikator für eine Problemlage hoch begabter Kinder erwiesen (vgl. Teil 1). Je grösser diese Diskrepanz ist, desto eher müssen besondere Massnahmen getroffen werden, unter Umständen müssen auch separierende Massnahmen in Betracht gezogen werden. Auch die Berücksichtigung der Lernbedürfnisse des Kindes ist für einen sonderpädagogischen Zuweisungsprozess relevant. In der Regel sollten zwar die Anforderungen im Unterricht wenigstens zum Teil auf die Lernbedürfnisse des Kindes ausgerichtet sein, aber zugleich müssen auch Anpassungsleistungen vom Kind gefordert werden. Solche anspruchsvolle Prozesse gegenseitiger Anpassung müssen in integrativen Schulformen unterstützt werden, beispielsweise von Schulischen Heilpädagoginnen und Heilpädagogen. Zu einem sonderpädagogischen Zuweisungsprozess gehört aber auch die Evaluation der Erwartungen der Eltern und der Lehrpersonen. Die Ergebnisse unserer Untersuchung weisen darauf hin, dass ungeklärte oder stark voneinander abweichende Vorstellungen von Lehrpersonen und Eltern bezüglich des schulischem Unterrichts wesentlich zum Entstehen von Schulschwierigkeiten beitragen können. Als Gespräch am Runden Tisch sind solche Abklärungen heute vielerorts bereits Bestandteil der Schulkultur. Als geeignetes Instrument wird heute die ICF (International Classification of Functioning) einzusetzen versucht (Hollenweger 2003a, 2003b).

Zu einem sonderpädagogischen Zuweisungsprozess gehört aber auch die Klärung der subjektiven Auffassungen von "besonderen pädagogischen Bedürfnissen" überhaupt. Auch dies müsste Bestandteil des Gesprächs am Runden Tisch sein. Warum erachten die Eltern oder die Lehrpersonen im vorliegenden Fall sonderpädagogische Massnahmen als erforderlich? Welche Sichtweise von "besonderen pädagogischen Bedürfnissen" liegt den Ansichten der verschiedenen Bezugspersonen des Kindes zugrunde?

These 4: Bei der sonderpädagogischen Förderung hoch begabter Schülerinnen und Schüler ist dem sozio-emotionalen Lernen und dem Umgang mit Leistungsanforderungen ein hoher Stellenwert einzuräumen.

In besonderen Angeboten für hoch begabte Kinder und Jugendliche steht häufig das Begabungspotential des Kindes im Zentrum, das dann mittels methodisch-didaktischer Intensivierung ("mehr geistiges Futter") in hohe Leistungsfähigkeit umgesetzt werden soll. Aus unserer Untersuchung geht hervor, dass dies in vielen Fällen nicht der entscheidende Punkt ist (vgl. Teil 3 bis Teil 5). Vielmehr ist das Kind in und ausserhalb der Schule mit sozio-emotionalen Anforderungen konfrontiert, die es nicht bewältigen kann und deswegen ist seine Erziehung und Bildung gefährdet. Dies muss der zentrale Ansatzpunkt der sonderpädagogischen Förderung sein. Manch hoch begabtes Kind muss lernen, mit schulischen Anforderungen umzugehen. Das kann den Umgang mit Prüfungssituationen und –ergebnissen betreffen, den Umgang mit sozialem Druck oder das Kind muss lernen, sich mit andern Schülerinnen und Schülern adäquat zu vergleichen. Ein interessantes Ergebnis unserer Untersuchung ist beispielsweise, dass von vielen hoch begabten Kindern in sonderpädagogisch orientierten Spezialmassnahmen die Strukturiertheit und Stabilität des Spezialunterrichts positiv vermerkt wurde. Die Kinder beurteilen Lehrpersonen, die konsequent zielgerichtet unterrichten, als streng, aber sie fühlen sich von ihnen ernst genommen und wertgeschätzt. Dieser Befund müsste allerdings in weiterführenden Untersuchungen genauer betrachtet werden, was im Rahmen dieses Projekts nicht geleistet wurde.

- **Bildungspolitische Konsequenzen**

These 5: Bildungspolitische Leitlinien, die Angaben darüber beinhalten, welche hoch begabten Kinder unter welchen Umständen sonderpädagogische Förderung benötigen und in welcher Organisationsform die Förderung umzusetzen ist.

Ausgangspunkt der konzeptionellen Überlegungen, welche die Grundlage des Reformprojekts «Reorganisation des sonderpädagogischen Angebots RESA» des Kantons Zürich bilden, ist das Ziel, alle Kinder und Jugendlichen so weit wie möglich in Regelklassen zu schulen. Um dies zu erreichen, müsse die Tragfähigkeit der Regelklassen erhöht werden. Damit verbunden sei eine veränderte Auffassung des Zuweisungskriteriums: Entscheidend solle nicht mehr eine Behinderung des Kindes sein, die sich in unterschiedlichen Systemen verschiedenartig auswirken kann, sondern die Behinderung der Erziehung und Bildung. In diesem Sinne wird die Zielgruppe des sonderpädagogischen Angebots wie folgt beschrieben:

"Sonderpädagogische Hilfen richten sich … nicht wie bisher an Kinder mit bestimmten Problemen (Verhaltensauffälligkeiten, Lernbehinderte, Legastheniker ...), sondern an Kinder mit besonderen pädagogischen Bedürfnissen. Pädagogische Bedürfnisse gelten dann als besonders, wenn sie im Regelunterricht nicht angemessen erfüllt werden können" (Bildungsdirektion des Kantons Zürich 1999, 22).

Die bildungspolitischen Empfehlungen zur sonderpädagogischen Förderung hoch begabter Kinder beschränken sich weitgehend auf organisatorische Aspekte: "Hochbegabte Schülerinnen und Schüler gehören zur Zielgruppe, wenn auf ihre pädagogischen Bedürfnisse im Regelunterricht nicht angemessen eingegangen werden kann. Das wichtigste Angebot für diese Kinder ist die Integrative Förderung. Die IF-Lehrperson trägt zur Individualisierung des Regelunterrichts bei und fördert die begabten Kinder zusätzlich individuell oder in kleinen Gruppen, wobei diese Gruppen nur für Hochbegabte bestimmt oder gemischt zusammengesetzt sein können. …. Erweisen sich die Integrative Förderung und die entsprechende Individualisierung des Regelunterrichts als nicht ausreichend, kommen das Klassenüberspringen oder die Schulung in der Kleinklasse oder in einer Sonderschule in Frage. …. Der Bereich der Sonderschulung für Hochbegabte muss in den kommenden Jahren entwickelt werden" (Bildungsdirektion des Kantons Zürich 1999, 22).

Diese Ausrichtung führt bildungspolitisch zu den bereits benannten Schwierigkeiten. Dies ist umso unerfreulicher, da mit der bildungspolitischen Neuausrichtung des sonderpädagogischen Angebots eigentlich Leitlinien zur integrativen Beschulung von Kindern mit besonderem Förderbedarf intendiert waren und eine möglichst wenig aussondernde Organisation des schulischen Unterrichts beabsichtigt war.

Aus sonderpädagogischer Sicht beschränkt sich der Förderbedarf auf diejenigen hoch begabten Kinder, die aufgrund ihrer hohen Begabung in ihrer Herkunftsschule entweder Lernschwierigkeiten zeigen oder verhaltensauffällig sind und deren schulischer Erfolg deswegen gefährdet ist. Das Ziel der sonderpädagogischen Intervention ist dann einerseits die Aufhebung der Lernschwierigkeiten und die Normalisierung des Verhaltens. Diese Zielsetzung kann nur unter Einbezug aller

Beteiligten erreicht werden und kann unter Umständen auch eine grundlegende Veränderung der Schulsituation des Kindes beinhalten.

5.2 Die Beratung von Eltern und Lehrpersonen

Auf der Grundlage der Ergebnisse der vorliegenden Studie wurde die Forschungs- und Beratungsstelle „svilup" konzipiert. Sie ist als Fachstelle für die Erziehung und Bildung von kognitiv hoch begabten Kindern und Jugendlichen, für Eltern und Lehrpersonen gedacht, die im Umgang mit hoch begabten Kindern im Kindergarten- und Schulalter Rat brauchen.

Für Familien bietet «svilup» sonderpädagogische und psychologische Abklärungen bei Lern- und Verhaltensproblemen, Unterstützung und Beratung bei Erziehungsschwierigkeiten und Unterstützung bei der Entwicklung und Umsetzung geeigneter Massnahmen an. Längerfristige Erziehungsberatungen und psychologische Therapien können nicht durchgeführt werden. Das Angebot für die Lehrpersonen aller Stufen umfasst Einzelfallberatung (Unterstützung bei Lern- und Verhaltensschwierigkeiten), Gruppenberatung (Analyse und Reflexion aktueller Problemstellungen und Unterstützung bei der Entwicklung von Interventionsstrategien sowie bei der Überprüfung getroffener Massnahmen), Weiterbildungen in Form von Kursen und Tagungen zu spezifischen Themen im Bereich kognitiver Hochbegabung sowie die Diskussion aktueller Forschungsergebnisse.

- **Beratung von Familien**

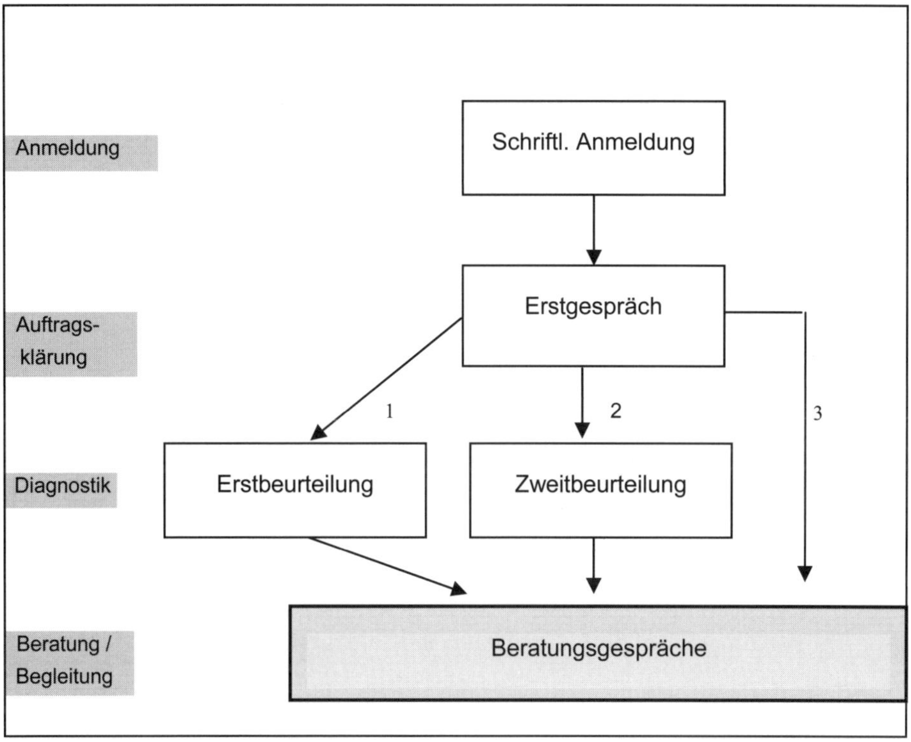

Abb. 27: Beratungsablauf für Familien

Die Beratung für Familien folgt einem definierten Ablauf: Nach der schriftlichen Anmeldung wird mit der Familie in einem ersten Gespräch die aktuelle Situation erörtert und das weitere Vorgehen besprochen. Im anschliessenden diagnostischen Prozess sind drei Vorgehensweisen möglich: Bei einer Erstbeurteilung werden die Stärken und Schwächen des Kindes differenziert erfasst und mit den Eltern die wichtigsten Entwicklungsschritte des Kindes besprochen. Auf den daraus resultierenden Ergebnissen basieren die nachfolgenden Beratungsgespräche.

Bei einer Zweitbeurteilung werden vorerst die bereits bestehenden Abklärungsergebnisse ausgewertet und unter Umständen weitere Informationen eingeholt. Darauf basieren die nachfolgenden Beratungsgespräche. Anhand der Auswertung der gewonnenen Erkenntnisse werden zusammen mit den Eltern und evt. der Lehrperson und den Behörden Lösungsmöglichkeiten diskutiert und gegebenenfalls pädagogische Massnahmen besprochen.

- **Beratung von Lehrpersonen des Kindergartens und der Schule**

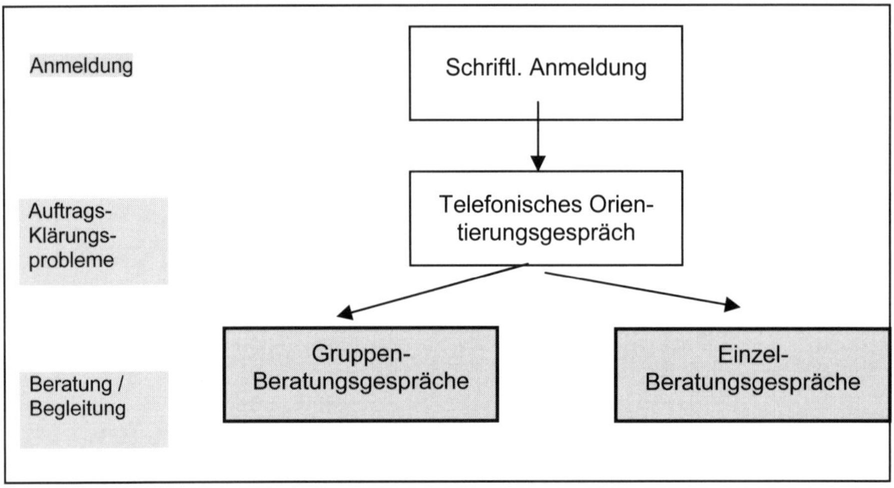

Abb. 28: Beratungsablauf für Lehrpersonen in Kindergarten und Schule

Auch die Beratung der Lehrpersonen folgt einem definierten Ablauf: Nach der schriftlichen Anmeldung wird in einem telefonischen Orientierungsgespräch die schulische Situation erörtert und das weitere Vorgehen besprochen. In Einzelberatungs- oder Gruppenberatungsgesprächen werden anschliessend die Problemstellungen analysiert, reflektiert, geeignete Interventionsstrategien entwickelt und getroffene Massnahmen überprüft. Die Erfahrung aus unserer Untersuchung unterstreichen drei zentrale Forderungen für die Einzelfallberatung mit Familien und Lehrpersonen:

- Die Einzelfallberatung muss konsequent systemisch erfolgen. Die Beziehung zwischen Eltern und Lehrpersonen ist ein zentraler Faktor bei der Umsetzung sonderpädagogischer Massnahmen. Bei schulischen Problemen ist der Einbezug der Lehrperson in den Prozess unabdingbar. Einer differenzierten Analyse der aktuellen Problemsituation ist zu Beginn der Beratung genügend Gewicht beizumessen, insbesondere den häufig unterschiedlichen Wahrnehmungen und Situationseinschätzungen von Eltern, Lehrpersonen sowie des hoch begabten Kindes.

- Die Wünsche und Vorstellungen bezüglich der Diagnose Hochbegabung müssen geklärt werden. Die Diagnose Hochbegabung löst bei den Eltern sehr Unterschiedliches aus. Daher ist es wichtig, zu Beginn einer Beratung zu klären, warum eine Diagnose gewünscht wird. Möchten die Eltern ihr Kind anders als bisher schulen lassen und wünschen lediglich eine Legitimation dafür? Bestehen innerfamiliäre Konflikte, deren Ursprung die Eltern in der Hochbegabung des Kindes sehen? Wird das Kind aus Sicht der Eltern in der Schule nicht angemessen wahrgenommen und sie wünschen sich eine Bestätigung ihrer Einschätzung? Die Ergebnisse zeigen, dass das Kommunizieren der Diagnose zentral ist. Ausführliche Beratungsgespräche zwischen Eltern, Lehr- und Beratungspersonen rund um die Diagnosestellung sind für die Akzeptanz häufig notwendig.

- Ähnliche beziehungsweise unterschiedliche Vorstellungen von Eltern und Lehrpersonen über "guten" Unterricht dürfen nicht ausser Acht gelassen werden. Für die Beratungssituation – und insbesondere auch für die Arbeit der Lehrpersonen im Schulalltag – hat sich gezeigt, dass beiderseitig ähnliche Vorstellungen darüber, was "guter Unterricht“ ist, für das Vertrauensverhältnis zwischen Lehrperson und Eltern wichtig ist. Zufriedenheit mit der Arbeit der Lehrpersonen zeigten insbesondere jene Eltern, die Ähnlichkeiten zwischen ihren Wertvorstellungen im Bezug auf die Schule und denjenigen der Lehrperson ihres Kindes feststellen. Auf der Grundlage unserer Untersuchung lässt sich in zwei Bereichen ein besonderer Beratungsbedarf feststellen. Ein erster Bereich des besonderen Beratungsbedarfs umfasst den Umgang mit Leistung. Hier strebt die Beratung an, das Kind selbst dafür zu sensibilisieren, was ihm Leistung und gute Noten bedeuten, wie viel es dafür einzusetzen bereit ist und wo das Kind selber die Grenzen zieht. Auch Lerntechniken können ein Thema sein: Wie lernt es und wie viel lange und wie effizient lernt es? Wie ergeht es ihm in Prüfungssituationen? Ein weiteres Thema kann seine asynchrone Entwicklung sein: Wie geht es damit um, dass ihm die einen Dinge sehr einfach fallen und die anderen nicht? Was empfindet es als Misserfolge und wie reagiert es darauf? Auch die Eltern und Lehrpersonen beschäftigen diese und ähnliche Fragen. Für sie besteht das Ziel der Beratung darin, ihre Leistungserwartungen an das Kind und ihre eigenen Vorstellungen zu Leistung und Hochbegabung zu reflektieren. Welche Leistungen (Noten) erwarten sie und werden die jeweiligen Anforderungen explizit oder implizit gestellt? Wann sind sie mit den Leistungen des Kindes zufrieden? Wie viel muss ein hoch begabtes Kind für gute Leistungen ihrer Ansicht nach tun, wer ist dafür verantwortlich wenn es erwartete Leistungen nicht erbringt? Speziell für die Lehrpersonen stellt sich die Frage, ob sie finden, dass ein hoch begabtes Kind in allen Bereichen hoch begabt sein muss? Ist ein Kind hoch begabt, wenn es motorisch ungeschickt ist? Ist ein Kind hoch begabt, wenn es in Mathe erstaunliche Leistungen zeigt, aber viele Orthographiefehler macht? Wichtig ist auch, einen möglichen Pygmalion-Effekt aufzuzeigen, wenn die Lehrperson nicht an die diagnostizierte Hochbegabung des Kindes glaubt, weil es sein Potenzial nicht oder zu wenig zeigt. Ein zweiter Bereich des besonderen Beratungsbedarfs umfasst den Umgang mit Kontaktbereitschaft und sozialen Erfahrungen. Hier geht es einerseits darum, ob und wie das Kind konkret Kontakt zu anderen aufnimmt, aber andererseits auch darum, inwiefern es ganz allgemein über soziales Wissen und Verständnis verfügt. Es ist damit zu rechnen, dass hoch begabte Kinder soziale Situationen oft nicht verstehen oder missverstehen. Hier wird in der Beratungssituation nach den Kontakten und Beziehungen des hoch begabten Kindes zu anderen Kindern seiner Umgebung gefragt. Nimmt das Kind in geeigneter Weise Kontakt auf mit anderen oder was könnte es daran verbessern? Wofür interessiert sich das hoch begabte Kind bei anderen Kindern, braucht es allenfalls unterschiedliche Freundeskreise? Was hält es überhaupt von der Idee, einen Freundeskreis zu haben? Aber auch Fragen, wie ein hoch begabtes Kind Freundschaften finden und pflegen kann, müssen angesprochen werden. Darüber hinaus ist es auch möglich, dass es dem Kind ganz grundsätzlich an sozialem Verständnis mangelt, es Hilfe braucht, um zu bemerken, was in anderen Kindern vorgeht oder was sie wollen. Auch das Verständnis, wie es zu Konflikten kommen kann, welche Rolle dem hoch begabten Kind darin möglicherweise zukommt und wie es sich verhält, kann Bestandteil einer Beratungssituation sein.

Grundlegend wichtig ist, dass die Eltern und die Lehrpersonen dem Kind klare Rückmeldungen zu seinem Verhalten geben und ebenso klar sagen, was sie von ihm erwarten. Wenn aufgrund einer Diskrepanz zwischen den kindlichen Kompetenzen und Bedürfnissen und den elterlichen Erwartungen und den schulischen Anforderungen Lernschwierigkeiten und Verhaltensauffälligkeiten auftreten, ist es ratsam, professionelle Beratung in Anspruch zu nehmen. In manchen Fällen kann eine Querversetzung sinnvoll sein, vor allem dann, wenn das Vertrauen zwischen den Eltern und der Lehrperson so erschüttert ist, dass das Kind darunter leidet.

Das Konzept der Forschungs- und Beratungsstelle „svilup" wurde auf der Grundlage der Ergebnisse dieser Studie leicht modifiziert. Für eine erfolgreiche Beratung muss unbedingt die Triage Eltern – Schule – Kind in die Beratung einbezogen sein. So sollten Rat suchende Eltern von vorneherein darauf aufmerksam gemacht werden, dass eine unabhängige Abklärung unter Ausschluss der an der Problemsituation Beteiligten in der Regel nicht sinnvoll ist. Die aktuelle Problemsituation muss für die Beratung sehr stark gewichtet werden. Im Erstgespräch geht es nicht nur um die Auftragsklärung, sondern auch und primär um die Vermittlung der bestehenden Differenzen zwischen Eltern, Lehrperson und Kind in der Einschätzung der momentanen Lage des Kindes. Neben der Erhebung des intellektuellen Begabungspotentials ist es wichtig zu eruieren, ob ein Bedarf an sonderpädagogischen Massnahmen überhaupt vorliegt. Dafür liegen mit dem Persönlichkeitstest HAPEF-K und dem Sozialfragebogen geeignete Instrumente vor. Zeigt ein Kind in diesen Tests keine Auffälligkeiten, kann die Förderplanung zum grossen Teil mit der Lehrperson besprochen werden (Binnendifferenzierung). Zur Prävention von Schwierigkeiten ist es allerdings auch in solchen Fällen wichtig, die Themenbereiche Schulleistung und soziale Verhaltensweisen mit dem Kind zu besprechen. Für eine Diagnostik können immer auch projektive Verfahren wichtig werden. Darauf basierend kann allenfalls eine therapeutische Unterstützung eingeleitet werden, welche die kritischen Aspekte vertieft angehen kann.

5.3 Zur Berufsbildung der Lehrpersonen aller Stufen

Das Thema „Hochbegabung" ist in den letzten Jahren in verschiedenen Formen in die Berufsbildung der Lehrpersonen aufgenommen worden. Einige Weiterbildungsangebote schliessen heute schon mit einem beruflich wirksamen Zertifikat ab. Hier sind insbesondere der Nachdiplomkurs «Begabtenförderung» zu erwähnen, der in Kooperation zwischen der Zürcher Hochschule für Heilpädagogik und des Instituts für Sonderpädagogik der Universität Zürich durchgeführt wird, dann auch das Nachdiplomstudium Integrierte Begabungs- und «Begabtenförderung» an der Hochschule für Pädagogik und Soziale Arbeit beider Basel sowie der Ausbildungsgang zum Diplom der «European Council of High Ability» (ECHA), der in Kooperation zwischen der Pädagogischen Hochschule Zentralschweiz und der Universität Nijmegen/NL angeboten wird. Neben diesen spezialisierten Weiterbildungsgängen hält die Thematik ferner allmählich auch Einzug in die Grundausbildung an den Pädagogischen Hochschulen, wobei die diesbezüglichen Curricula und Schwerpunktlegungen noch schwer zu beurteilen sind, weil sie erst in der Entstehungs- bzw. Erprobungsphase stehen.

Ein grundlegendes Problem der Einbettung des Themas in die Berufsbildung der Lehrerinnen und Lehrer besteht darin, dass die Aufteilung in pädagogische und sonderpädagogische Arbeitsfelder weder in der Praxis der Erziehung und Bildung hoch begabter Schülerinnen und Schüler noch in der diesbezüglichen Ausbildung der Lehrpersonen trennscharf geregelt ist – zumindest nicht entsprechend den Möglichkeiten, in denen eine derartige Trennschärfe angestrebt werden könnte. Solange jedoch die Arbeitsfelder nach dem Prinzip der Subsidiarität voneinander unterschieden werden – wodurch die Erziehung und Bildung hoch begabter Kinder und Jugendlicher als eine Aufgabe der Schulischen Sonderpädagogik gilt, sobald herkömmliche Erziehungs- und Bildungsmassnahmen als nicht mehr ausreichende beurteilt werden – kann kaum erwartet werden, dass die Regel-Lehrpersonen die benötigten Kompetenzen für eine differenzierte Förderung dieser Kinder in ihrem Unterricht erwerben. Es ist dann nur systemlogisch, dass diese Aufgabe den Schulischen Sonderpädagoginnen und Sonderpädagogen übertragen wird, da bei denen die differenzierte Förderung ein zentraler Bereich ihrer Ausbildung ausmacht. Die folgenden Ausführungen erörtern, wann und wem welche Inhalte zu vermitteln sind. Es werden drei Kompetenzstufen für den sonderpädagogischen Zugang zur Hochbegabung unterschieden. Die erste Stufe gehört in die Grundausbildung der Regelschullehrpersonen. Die zweite Stufe ist entweder Zielvorgabe in der Weiterbildung von Regelschullehrpersonen – z.B. für die Arbeit in integrativen Schulungsformen – oder in der Ausbildung von Schulischen Heilpädagoginnen und Heilpädagogen. Die dritte Stufe ist Gegenstand der Weiterbildung Schulischer Heilpädagoginnen und Heilpädagogen.

- **Themen in der Ausbildung der Regellehrpersonen**

Es gibt hoch begabte Kinder, deren Erziehung und Bildung durch ihre hohe Begabung keineswegs gefährdet ist, denen aber aus anderen Gründen – keine sonderpädagogische – sondern zusätzliche pädagogische Massnahmen zugeschrieben werden. Diese Massnahmen sind von den Regelschullehrpersonen aus pädagogischer Sicht zu planen, durchzuführen und zu evaluieren. Daneben haben die Lehrpersonen der Regelklasse jedoch auch die Aufgabe, jene hoch begabten Schülerinnen du Schüler in ihrer Klasse zu identifizieren, bei denen Lernschwierigkeiten oder Verhaltensauffälligkeiten die hohe Begabung überdecken. Es gehört hier nun allerdings zum Auftrag der Sonderpädaogik, diese Kompetenzen in die pädagogische Grundausbildung einzubringen. Zu den notwendigen Bestandteilen in der Grundausbildung von Regellehrpersonen gehören einerseits Themen zu den Problemlagen hoch begabter Kinder und Jugendlicher und ihrer Entstehung und andererseits Reflexionen zum Theorie-Praxis-Verhältnis.

Themenbereiche mit sonderpädagogischer Relevanz für den Kompetenzerwerb in der Ausbildung der Regellehrpersonen:

1. Problemlagen hoch begabter Kinder und Jugendlicher

a) Variabilität von Entwicklungsverläufen hoch begabter Kinder und Jugendlicher

Lehrpersonen kennen die Vielfalt individueller Entwicklungen hoch begabter Kinder und Jugendlicher in Abhängigkeit des Alters, Geschlechts und Schulfachs.

b) Beeinträchtigungen der Entwicklung hoch begabter Kinder und Jugendlicher

Lehrpersonen kennen – auf einer groben Differenzierungsebene – das Erscheinungsbild von Lernschwierigkeiten und Verhaltensauffälligkeiten hoch begabter Kinder und Jugendlicher.

c) Erkennen einer Hochbegabung trotz relativen Minderleistungen

Lehrpersonen können eine Hochbegabung auch dann erkennen, wenn die Schulleistungen im Bereich der Hochbegabung nur durchschnittlich ausfallen, also relative Minderleistungen gezeigt werden. Dies kann nicht erwartet werden bei absoluten Minderleistungen, von denen man spricht, wenn die Noten im Durchschnitt trotz der Hochbegabung unter als 4.5 sind.

2. Entstehung der Problemlage hoch begabter Kinder und Jugendlicher

a) Lern- und Leistungsvoraussetzungen hoch begabter Kinder und Jugendlicher

Lehrpersonen kennen Lern- und Leistungsvoraussetzungen hoch Begabter, die zur Erschwerung der Erziehung und Bildung führen können. Beispielsweise sollten hier die schnellere Informationsverarbeitung oder die Merkfähigkeit hoch begabter Kinder und Jugendlicher thematisiert werden.

b) Einfluss der Hochbegabung auf die Problemlage

Lehrpersonen kennen verschiedene mögliche Ursachen für die Entstehung von Problemlagen hoch begabter Kinder und Jugendlicher, mit besonderer Berücksichtigung der Unterforderung im Unterricht – dies auf einer groben Differenzierungsebene.

c) Methodisch-didaktische Möglichkeiten der Förderung

Lehrpersonen kennen – vorwiegend auf Klassen-, aber auch auf Gruppenebene – methodisch-didaktische Möglichkeiten der Förderung hoch Begabter, mit denen auf die Entstehung einer besonderen Problemlage reagiert werden kann.

3. Reflexionen zum Theorie-Praxis-Verhältnis

Lehrpersonen beschäftigen sich mit der Reflexion folgender Felder, um die dargestellten Kompetenzen angemessen im Unterricht umsetzen zu können:
- Reflexion der eigenen Unterrichtspraxis
- Reflexion bezüglich des Umgangs mit Heterogenität von Lern- und Entwicklungsvoraussetzungen

Reflexion gegebener Erziehungs- und Bildungsziele

Neben diesen spezielleren Themenfelder gehört in jede pädagogische Ausbildung auch die Vermittlung verschiedener Konzeptionen und Modelle von hoher Begabung.

- **Themen in der sonderpädagogischen Ausbildung**

Unsere Untersuchung hat gezeigt, dass es hoch begabte Kinder und Jugendliche gibt, bei denen Lernschwierigkeiten oder Verhaltensauffälligkeiten diagnostiziert oder prognostiziert werden, die ursächlich mit der hohen Begabung verknüpft sind. Unter diesen Umständen kann die Erziehung und Bildung der Kinder gefährdet sein und somit ihre Entwicklung beeinträchtigt werden. Um dies zu verhindern, müssen sonderpädagogische Massnahmen getroffen werden. Auch im Zentrum des Kompetenzerwerbs der sonderpädagogischen Lehrpersonen stehen die Problemlagen hoch begabter Kinder und Jugendlicher und wie sie entstehen können, sowie die Reflexionen zum Theorie-Praxis-Verhältnis, allerdings mit deutlich anderem Fokus als für die Regellehrpersonen.

Themenbereiche mit sonderpädagogischer Relevanz für den Kompetenzerwerb in der Ausbildung der Schulischen Heilpädagogen und Heilpädagoginnen und in der Weiterbildung der Regelklassen-Lehrpersonen

1. Problemlagen hoch begabter Kinder und Jugendlicher

a) Entwicklungsverläufe hoch begabter Kinder und Jugendlicher verschiedener Risiko-Gruppen

Die Lehrpersonen kennen die Entwicklungsverläufe verschiedener Risikogruppen hoch begabter Kinder und Jugendlicher:
früh lesende und/oder rechnende hoch begabte Kinder; hoch begabte Mädchen; hoch begabte Kinder aus schulbildungsfernem Elternhaus; hoch begabte fremdsprachige Kinder; hoch begabte Kinder mit einer Behinderung; hoch begabte Kinder mit schulischen Minderleistungen.

b) Beeinträchtigungen der Entwicklung hoch begabter Kinder

Die Lehrpersonen kennen das Erscheinungsbild von Lernschwierigkeiten und Verhaltensauffälligkeiten hoch begabter Kinder und Jugendlicher und die daraus folgende Diagnose und Prognose – auf einer feinen Differenzierungsebene.

c) Erkennen einer Hochbegabung unter erschwerten Bedingungen

Die Lehrpersonen sind in der Lage, eine Hochbegabung auch unter stark erschwerten Bedingungen zu erkennen, zum Beispiel bei Kindern und Jugendlichen,
die in einer Sonderklasse für Lernbehinderte oder Verhaltensauffällige – also in Kleinklassen – unterrichtet werden.

2. Entstehung der Problemlagen hoch begabter Kinder und Jugendlicher

a) Einfluss der Hochbegabung auf die Problemlage

Die Lehrpersonen kennen verschiedene Möglichkeiten der Entstehung von Problemlagen hoch begabter Kinder und Jugendlicher – auf einer feinen Differenzierungsebene.

b) Methodisch-didaktische Möglichkeiten der Förderung

Die Lehrpersonen kennen – vorwiegend auf Gruppen- und Einzelebene – methodisch-didaktische Möglichkeiten der Förderung Hochbegabter, mit denen auf die Entstehung einer besonderen Problemlage reagiert werden kann.

c) Beratung von Eltern

Die Lehrpersonen sind in der Lage, Eltern hoch begabter Kinder und Jugendlicher zu beraten oder an Fachpersonen weiter zu leiten. Zu den Beratungskompetenzen gehört beispielsweise auch die Fähigkeit zur Zusammenarbeit mit Eltern, die hohe Bildungsansprüche an die Förderung ihres Kindes stellen.

3. Reflexionen zum Theorie-Praxis-Verhältnis

Die Lehrpersonen beschäftigen sich mit der Reflexion folgender Felder, um die dargestellten Kompetenzen angemessen im Unterricht umsetzen zu können:

- Reflexion der eigenen Unterrichtspraxis
- Reflexion bezüglich Umgang mit der Heterogenität von Lern- und Entwicklungvoraussetzungen
- Reflexion vorgegebener Erziehungs- und Bildungsziele.

Im Zentrum der sonderpädagogischen Aus- und Weiterbildung im Bereich der hohen Begabung steht dann insbesondere die Förderplanung. Dies kann abschliessend am Beispiel des Nachdiplomkurses (NDK) „Begabtenförderung – Kompetenzerweiterung im Umgang mit besonderer Begabung und Heterogenität" dargestellt werden. Dieser Weiterbildungskurs wurde von der Hochschule für Heilpädagogik Zürich (HfH) in Kooperation mit dem Institut für Sonderpädagogik der Universität Zürich (ISP) konzipiert und wird bereits zum zweiten Mal durchgeführt. Der Kurs basiert auf folgenden vier Themenschwerpunkten:

Tabelle 23: Themenschwerpunkte des Nachdiplomkurses «Begabtenförderung»

Grundlagen • Konzeptionen und Modelle von Hochbegabung – unter spezieller Berücksichtigung ihrer (sonder-) pädagogischen Bedeutung • Identifikation und Diagnostik • Erziehung und Bildung: Förder- bzw. Erziehungskonzepte, -modelle und –programme • Hochbegabung als Themenbereich der Sonderpädagogik	**Methodik und Didaktik** • Lernstrategien und Lerntechniken • Umgang mit modernen Technologien • Lernbereiche Mathematik / Naturwissenschaften • Lernbereiche Sprache / Literatur / Philosophie • Lehr- und Lernformen für den Unterrichts- Alltag mit leistungsheterogenen Klassen und Gruppen
Intervention • Ausweitung der eigenen kommunikativen Fertigkeiten • Beratung von Eltern / Kooperation • kollegiale Beratung im Schulhausteam	**Theorie-Praxis-Reflexion** • Umgang mit Forschungsresultaten • systematische Reflexion der eigenen Praxis • Kolloquien mit nationalen und internationalen Expertinnen und Experten

Neben den Grundlagen der Begabungsforschung, den dazugehörenden Konzepten, diagnostischen Verfahren und insbesondere der Förderungsplanung gehören auch die Vermittlung zusätzlicher methodisch-didaktischer Fertigkeiten und zusätzliche Interventionsstrategien auf verschiedenen Ebenen sowie eine kontinuierliche Theorie-Praxis-Reflexion in den Bereich dieses Weiterbildungsangebots, damit sie im pädagogischen Alltag adäquat umgesetzt werden können.

Entlang diesen aufgezeigten Aus- und Weiterbildungs-Strukturen wird eine auch für hoch begabte Kinder und Jugendliche sinnvolle Förderung möglich und es bleibt zu wünschen, dass diese Studie dazu beitragen kann.

5.4 Fazit

In der Diskussion um die sonderpädagogische Förderung hoch begabter Kinder und Jugendlicher war in den letzten Jahren eine eigentliche Trendwende zu beobachten. Lange Zeit stand im deutschsprachigen Raum die grundsätzliche Frage auf der Agenda, ob Hochbegabung überhaupt ein Thema der Sonderpädagogik sein sollte. Angefacht durch die Entwicklungen in der schulischen Praxis, in der immer häufiger Zuweisungen hoch Begabter zum sonderpädagogischen Angebot gezählt worden sind, rückte jedoch in jüngster Zeit an Stelle der Grundsatzfrage die Auseinandersetzung mit diesem Trend ins Zentrum der Diskussion: Wie ist es zu erklären, dass immer mehr hoch begabten Schülerinnen und Schülern besondere pädagogische Bedürfnissee zugeschrieben werden? Ziel der vorliegenden Zürcher Studie ist es, die Gründe für diesen Trend zu erörtern und Vorschläge für die schulische Praxis, die Bildungspolitik und die Wissenschaft zu formulieren, die diesen Trend entgegen wirken können.

Die Ergebnisse sprechen eine deutliche Sprache. Entgegen nahe liegender Vermutungen unterscheiden sich hoch Begabte, bei denen sonderpädagogische Massnahmen als erforderlich erachtet werden, im Allgemeinen kaum von jenen, bei denen dies nicht der Fall ist – nicht in ausgewählten Persönlichkeitsmerkmalen (dass sie also weniger leistungsmotiviert wären), nicht in ihren Schulleistungen (dass sie schlechtere Noten schreiben würden), nicht in ihrem Verhältnis zu ihren Eltern (dass sie vermehrt unter Druck gesetzt würden). Der entscheidende Katalysator für die vermehrte Zuweisung hoch Begabter ins sonderpädagogische Angebot ist vielmehr der Begriff der «besonderen pädagogischen Bedürfnisse», der Spielraum für die verschiedensten Auslegungen zulässt. Gemeinsam ist diesen Spielarten lediglich, dass sonderpädagogische Massnahmen erforderlich sind und die bisherigen Erziehungs- und Bildungsmassnahmen als ungenügend beurteilt werden. Mit dem Fallbeispiel der Hochbegabung kann damit ein Grundlagenproblem der Sonderpädagogik sichtbar gemacht werden, das in der Verwendung des Leitbegriffs der «besonderen pädagogischen Bedürfnisse» verdichtet sichtbar wird: Die Zielgruppe sonderpädagogischen Denkens und Handelns ist nur äusserst vage bestimmt und es ist zu befürchten, dass der Trend zur Zuweisung ins sonderpädagogische Angebot nicht nur anhält, sondern sich in den nächsten Jahren sogar noch verstärkt.

Die Zürcher Studie will einen Beitrag dazu leisten, diesem Trend Einhalt zu gebieten. Dazu wurden auf der Grundlage der Erkenntnisse im Bereich hoch begabter

Kinder und Jugendlicher Handlungsmöglichkeiten ausgeführt, die auf die Sonderpädagogik im Allgemeinen ausgerichtet sind. So sollte die zentrale Aufgabe der Sonderpädagogik in der Erziehung und Bildung hoch begabter Kinder und Jugendlicher in der Untersuchung entwicklungshemmender Konstellationen für diese Kinder und Jugendlichen liegen. Dafür muss sie sich am Bild des Menschen mit besonderem Erziehungs- und Bildungsbedarf orientieren. Vor diesem Hintergrund können jene normativen Grundlagen erarbeitet werden, die besonderen Erziehungs- und Bildungsbedarf über bildungspolitische Forderungen hinaus auch bildungstheoretisch zu begründen vermögen. Erst damit wird es möglich, die Zuweisung sonderpädagogischer Massnahmen – nicht nur für hoch begabte Kinder und Jugendliche – auf eine konsistent sonderpädagogische Grundlage zu stellen. Wir hoffen, mit den vorliegenden Erkenntnissen und Handlungsvorschlägen eine Diskussion in Gang zu bringen, die einerseits die Verbesserung der sonderpädagogischen Praxis im Blick hat, andererseits aber auch zur intensivierten Auseinandersetzung der Sonderpädagogik mit ihren Grundlagen beiträgt.

LITERATUR

Ablard, K. E., 2002: "Achievement goals and implicit theories of intelligence among academically talented students". Journal for the Education of the Gifted 25 (3):215-232.

Abramson, L. Y./M. E. Seligman/I. P. Teasdale, 1978: "Learned helpnessness in humans: Critique and reformulation". Journal of Abnormal Psychology 87:49-74.

Abroms, K. I., 1985: "Social giftedness and its relationsship with intellectual giftedness". In: The psychology of gifted children, hg. von Joan Freeman. Chichester: John Wiley, pp. 201-218.

Adams-Byers, J./S. Squiller Whitsell/S. M. Moon, 2004: "Gifted students' perceptions of the academic and social/ emotional effects of homogeneous and heterogeneous grouping". Gifted Child Quarterly 48 (1):7-20.

Albaili, M. A., 2003: "Motivational goal orientations of intellectually gifted achieving and under-achieving students in the United Arab Emirates". Social Behavior and Personality 31 (2):107-120.

Albert, R. S., 1994: "The achievment of eminence: A longitudinal study of exceptionally gifted boys and their families". In: Beyond Terman: Contemporary longitudinal studies of giftedness and talent, hg. von Rena F. Subotnik/Karen D. Arnold. Norwood: Ablex Publishing Corporation, pp. 282-315.

Altman, R., 1983: "Social-emotional development of gifted children and adolescents: A research model". Roeper Review 6 (2):65-68.

Altshuler, J. L./D. N. Ruble, 1989: "Developmental changes in children's awareness of strategies for coping with uncontrollable stress". Child Development 60 (6):1337-1349.

Ames, C./R. Ames, 1984: "Systems of student and teacher motivation: Toward a qualitative definition". Journal of Educational Psychology 76:535-556.

Ammann, L./K. Bähr, 1999: Überspringen einer Klasse. Zwischenbericht I. Zürich: Bildungsdirektion des Kantons Zürich.

Ammann, L./K. Bähr, 2000: Überspringen einer Klasse. Zwischenbericht II. Zürich: Bildungsdirektion des Kantons Zürich.

Ammann, L./K. Bähr, 2002: Überspringen einer Klasse. Zwischenbericht III. Zürich: Bildungsdirektion des Kantons Zürich.

Andreani, O. D./A. Pagnin, 1993: "Nurturing the moral development of the gifted". In: International handbook of research and development of giftedness and talent, hg. von K. A. Heller/F. J. Mönks/A. H. Passow. Oxford: Pergamon, pp. 539-553.

Arnold, K. D., 1994: "The illinois valedicorian project: Early adult careers of academically talented male high school students". In: Beyond Terman: Contemporary longitudinal studies of giftedness and talent, hg. von R. F. Subotnik/K.D. Arnold. Norwood: Ablex Publishing Corporation, pp. 24-51.

Asendorpf, J. B., 1999: Psychologie der Persönlichkeit (2. Aufl.). Berlin: Springer.

Asendorpf, J. B./van Aken M. A. G., 2003: "Die Persönlichkeit als Lawine: Konsequenzen früher Persönlichkeitsunterschiede auf die weitere Entwicklung". In: Entwicklung, Lehren und Lernen: Zum Gedenken an Franz Emanuel Weinert, hg. von W. & Knopf Schneider, M. Göttingen: Hogrefe, pp.

Ashman, S. S./C. Vukelich, 1983: "The effect of different types of nomination forms on teachers identification of gifted children". Psychology in the Schools 20 (4):518 - 527.

Atkinson, J. W., 1974: "Motivational determinants of intellective performance and cumulative achievement". In: Motivation and achievement, hg. von J W Atkinson/J O Raynor. Washington, DC: Winston & Sons, pp. 389-410.

Atkinson, J. W./J. O. Raynor (Hg.), 1974: Motivation and achievement. Washington, DC: Winston & Sons.

Atteslander, P., 2003: Methoden der empirischen Sozialforschung. 10., neu bearbeitete und erweiterte. Aufl. Berlin: De Gruyter.

Austin, A./D. Draper, 1981: "Peer relationship of academically gifted: A review". Gifted Child Quarterly 25:129-133.

Baker, J. A., 1995: "Depression and suicidal ideation among academically gifted adolescents". Gifted Child Quarterly 39:218-223.

Baker, J. A./R. Bridger/K. Evans, 1998: "Models of Underachievement Among Gifted Peradolescents: The role of Personal, Family, and School Factors". Gifted Child Quarterly 42 (1):5-15.

Balke, St./J. Stiensmeier-Pelster, 1995: "Die Erfassung der motivationalen Orientierung - eine deutsche Form der Motivational Orientation Scales (MOS-D)." Diagnostica 41 (1):80-94.

Bandura, A, 1978: Sozial-kognitive Lerntheorie. Stuttgard: Klett-Cotta.

Bandura, A., 1965: "Influence of a model's reinforcement contingencies on the acquisition of imitative responses". Journal of Personality and Social Psychology 11:589-595.

Bandura, A., 1977: "Self-efficacy: Toward a unifying theory of behavioral change". Psychological Review 84:191-215.

Bartell, N./W. M. Reynolds, 1986: "Depression and self-esteem in academically gifted and nongifted children: A comparison study". Journal of School Psychology 24 (1):55-61.

Bartussek, D./M. Schmitt, 1993: "Persönlichkeit". In: Handwörterbuch der Angewandten Psychologie in Schlüsselbegriffen, hg. von Angela Schorr. Bonn: Deutscher Psychologen Verlag GmbH, pp. 502-507.

Baving, L./M. H. Schmidt, 2000: "Testpsychologie zwischen Anspruch und Wirklichkeit am Beispiel der Intelligenzdiagnostik". Zeitschrift für Kinder- und Jugendpsychiatrie 28 (3):163-176.

Beer, J., 1991: "Depression, general anxiety, test anxiety, and rigidity of gifted junior high school children". Psychological Reports 69 (3.2):1128-1130.

Benbow, C. P./J. C. Stanley/M. K. Kirk/A. B. Zondermann, 1983: "Structure of intelligence in intellectually precocious children and in their parents". Intelligence 7:129-152.

Benninghaus, H., 1998: Einführung in die sozialwissenschaftliche Datenanalyse. Oldenbourg: München.

Berndt, D. J./Ch. F. Kaiser/F. Van Aalst, 1982: "Depression and self-actualization in gifted adolescents". Journal of Clinical Psychology 38 (1):142-150.

Berndt, S. M./D. J. Berndt/Ch. F. Kaiser, 1982: "Attributional styles for helplessness and depression: The importance of sex and situationa context". Sex Roles 8 (4):433-441.

Berndt, T. J., 1982: "The features and effects of friendship in early adolescence". Child Development 53:1447-1460.

Bildungsdirektion des Kantons Zürich, Bildungsplanung, Projekt RESA. 1999a: Sonderpädagogisches Konzept für den Kanton Zürich. Ausführliche Fassung, August 1999.

Bildungsdirektion des Kantons Zürich, Bildungsstatistik. 2003: Bildungsstatistik im Kanton Zürich: Online im Internet. URL: http//www.bildungsdirektion.ch.

Bildungsdirektion des Kantons Zürich, Volksschulamt. 1999b: Unsere Schule der Zukunft. Zürcher Volksschulreform: Reorganisation des sonderpädagogischen Angebots (RESA) Unterstützung von Schülerinnen und Schülern mit besonderen Bedürfnissen. Zürich: Volksschulamt, Sektor Sonderschulung.

Bischof-Köhler, D., 1994: Motivationale Entwicklung. Edited by 2.Aufl. Unveröffentlichtes Skript. Zürich: Stiftung der Studentenschaft der Universität Zürich.

Bischof-Köhler, D., 1995: Kognitive Entwicklung. Edited by 2.Aufl. Unveröffentlichtes Skript. Zürich: Stiftung der Studentenschaft der Universität Zürich.

Blackburn, A. C./D. B. Erickson, 1986: "Predictable crises of the gifted student". Journal of Counseling and Development 64 (9):552-555.

Bleidick, U. /W. Rath/K. D. Schuck, 1995: "Die Empfehlungen der Kultusministerkonferenz zur sonderpädagogischen Förderung in den Schulen der Bundesrepublik Deutschland". Zeitschrift für Pädagogik 41 (2):247-264.

Boekaerts, M., 1995: "The interface between intelligence and personality as determinants of classroom learning". In: International handbook of personality and intelligence, hg. von D H Saklofske/Moshe Zeidner. New York: Plenum Press, pp. 161-183.

Borkowski, J. G./B. E. Kurtz, 1987: "Metacognition and executive control". In: Cognition in special children: Comparative approaches to retardation, learning disabilities, and giftedness, hg. von J D Borkowski/J D Day. Norwood, NJ: Ablex, pp. 123-152.

Borland, J. H./R. Schnur/L. Wright, 2000: "Economically Disadvantaged Students in a School for the Academically Gifted: A Postpositivist Inquiry into Individual and Family Adjustment". Gifted Child Quarterly 44 (1):13-32.

Bouffard, T./J. Boisvet/C. Vezeau/C. Larouche, 1995: "The impact of goal orientation of self-regulation and performance among college students". British Journal of Educational Psychology 65 (3):317-329.

Bouffard, T./H. Markovits/C. Vezeau/M. Boisvert/C. Dumas, 1998: "The relation between accuracy of self-perception and cognitive development". British Journal of Educational Psychology 68:321-330.

Brähler, E./H. Holling/D. Leutner/F. Petermann, 2002: Brickenkamp Handbuch psychologischer und pädagogischer Tests 1 (3., vollst. überarb. und erw. Aufl.). Göttingen: Hogrefe.

Brandstätter, J. 1985: Kontinuität, Wandel und Kontext: Zum Problem des Spielraums menschlicher Entwicklung. Bericht aus der Arbeitsgruppe "Entwicklung und Handeln" 12/85. Trier: Universität Trier.

Brody, L. E./C. P. Benbow, 1986: "Social and emotional adjustment of adolescents extremly talented in verbal or mathematical reasoning". Journal of Youth and adolescence 15 (1):1-18.

Bronfenbrenner, U., 1981: Die Ökologie der menschlichen Entwicklung. Stuttgart: Klett-Cotta.

Brounstein, P. J./W. Holahan/J. Dreyden, 1991: "Change in self-concept and attributional styles among academically gifted adolescents". Journal of Applied Social Psychology 21 (3):198-218.

Brunner, E./D. Gyseler/P. Lienhard, 2005: Hochbegabung - (k)ein Problem? Handbuchzur interdisziplinären Begabungs- und Begabtenförderung. Zug: Klett und Balmer.

Brunner, E., 2001: Forschendes Lernen. Eine begabungsfördernde Unterrichtskonzeption. Frauenfeld: Lehrmittelverlag des Kantons Thurgau.

Brunner, E./D. Gyseler/P. Lienhard, 2006: "Hochbegabung/ Hohe Begabung". In: Differentielle Heilpädagogik, hg. von Hannes Dohrenbusch. Luzern: Edition SZH, pp. 167 - 207.

Bullock, M., 1994: "Attributionstheorie. Grundlagen und Anwendungen". In: Attributionstheorie. Grundlagen und Anwendungen, hg. von F Försterling/J Stiensmeier-Pelster. Göttingen: Hogrefe, pp. 55-71.

Bundesamt/für Statistik. 2000: Fragebogen der Volkszählung 2000: [On-line] Available: http://www volkszaehlung ch.

Burks, B. S./D. W. Jensen/L. M. Terman, 1930: The promise of youth: Follow-up studies of a thousand gifted children. Edited by Vol. 3. Genetic Studies of genius. Stanford, Calif.: Stanford University Press.

Byrne, B. M., 1996a: "Academic self-concept: Its structure, measurement, and relation to academic achievment". In: Handbook of self-concept: Developmental, social, and clinical considerations, hg. von B A Bracken. New York: John Wiley & Sons, pp. 287-316.

Byrne, B. M., 1996b: Measuring self-concept across the life span. Washington: American Psychological Association.

Byrne, B. M./R. J. Shavelson, 1996: "On the structure of social self-concept for pre-, early, and late adolescents: A test of Shavelson et al. (1976) model". Journal of Personality and Social Psychology 70 (3):599-613.

Callahan, C. M., 1991: "An update on gifted females". Journal for the Education of the Gifted 14 (3):284-311.

Caplan, S. M./C. E. Henderson/J. Henderson/D. L. Fleming, 2002: "Socioemotional factors contributing to adjustment among early-entrance college students". Gifted Child Quarterly 46 (2):124-134.

Chamrad, D. L./N. M. Robinson/P. M. Janos, 1995: "Consequences of Having a Gifted Sibling: Myths and Realities". Gifted Child Quarterly 39 (3):135-145.

Chan, L. K., 1996: "Motivational orientations and metacognitive abilities of intellectual gifted students". Gifted Child Quarterly 40 (4):184-194.

Cierpka, M. (Hrsg.), 1996: Handbuch der Familiendiagnostik. Berlin: Springer-Verlag.

Cierpka, M./G. Frevert, 1995: Die Familienbögen. Ein Inventar zur Einschätzung von Familienfunktionen. Göttingen: Hogrefe.

Clark-Lempers, D. S./J. D. Lempers/C. Ho, 1991: "Early, middle, and late adolescents perceptions of their relationsships with significant others". Journal of Adolescent research 6:296-315.

Cohen, J., 1977: Statistical power analysis for the behavioral sciences. New York: Academic Press.

Cohen, L. M./E. Frydenberg, 1996: Coping for capable kids: Strategies for parents, teachers, and students.

Colangelo, N./S. Assouline, 1995: "Self-Concepts of gifted students: Patterns by self-concept domain, grade level, and gender". In: Nurturing talent: Individual needs and social ability. The Fourth Conference of the European Council for high Ability, hg. von M W Katzko/F J Mönks. Assen: Van Gorcum, pp. 66-74.

Colangelo, N./S. G. Assouline, 2000: "Counseling gifted students". In: International handbook of giftedness and talent, hg. von K A Heller/F J Mönks/R J Sternberg/R F Subotnik. Amsterdam: Elsevier, pp.

Colangelo, N./P. Brower, 1987: "Gifted youngsters and their siblings: Long-term inpact of labeling on their academic and personal self-concepts". Roeper Review (10):101-103.

Colangelo, N./K. R. Kelly/R. M. Schrepfer, 1987: "A comparison of gifted, general, and special learning needs students on academic and social self-concept". Journal of Counseling and Development 66 (2):73-77.

Coleman, L. J., 1988: "Is being gifted a social handicap?" Journal for the Education of the Gifted 15:44-55.

Compas, B. E., 1987: "Coping with stress during childhood and adolescence". Psychological Bulletin 101 (3):393-403.

Compas, B. E./G. A. Banez/V. Malcarne/N. Worsham, 1991: "Perceived control and coping with stress: A developmental perspective". Journal of Social Issues 47 (4):23-34.

Compas, B. E./D. C. Howell/V. Phares/R. A. Williams/N. Ledoux, 1989: "Parent and child stress and symptoms: An integrative analysis". Developmental Psychology 25 (4):550-559.

Coopersmith, S., 1984: Coopersmith self-esteem inventories. Palo Alto, CA: Consulting Psychologists Press.

Cornell, D.G./I.N. Grossberg, 1989: "Parent use of the term "gifted": Correlates with family environment and child adjustment". Journal for the Education of the Gifted 12 (3):218-230.

Costa, P. T. Jr./R. R. McCrae, 1992: Revised NEO Personality Inventory (NEO-PI-R) and NEO Five-Factor Inventory (NEO-FFI) professional manual. Odessa FL: Psychologica Assessment Resources.

Costa, P. T. Jr./R. R. McCrae, 1994: "Stability and change in personality from adolescence through adulthood". In: The developing structure of temperament and personaltiy from infancy to adulthood, hg. von M. B. Jr. Halverson/G. A. Kohnstamm/R. P. Martin. Hillsdale, NJ: Erlbaum, pp. 139 - 150.

Costa, P. T. Jr./R. R. McCrae/T. A. Martin/V. E. Oryol/I. G. Senin/A. A. Rukavishnikov, 2000: "Personality Development from adolescence through adulthood: Further cross cultural comparisons of age differences". In: Temperament and Personality development across the life span, hg. von V. J. Molfese/D. Molfese. Hillsdale, NJ: Erlbaum, pp. 235 - 252.

Cox, C. M., 1926: The early traits of three hundred geniuses. Volume II, Genetic Studies of genius. Edited by Genetic studies of genius Vo.I. California: Stanford University Press.

Cramer, J./T. C. Oshima, 1992: "Do gifted females attribute their math performance differently than other students?" Journal for the Education of the gifted 16 (1):18-35.

Crawford, P. M., 2000: "Measuring the attributional profiles of middle school students". Dissertation Abstracts International Section A: Humanities and Social Sciences 61.

Czeschlik, T., 1992: "Temperamentsfaktoren hochbegabter Kinder". In: Lebensumweltanalyse hochbegabter Kinder. Das Marburger Hochbegabtenprojekt, hg. von D H Rost. Goettingen: Hogrefe, pp. 138-158.

Czeschlik, T./D. H. Rost, 1988: "Hochbegabte und ihre Peers". Zeitschrift für Pädagogische Psychologie 2 (1):1-23.

D'Ilio, V. R./F. A. Karnes, 1987: "Social performance of gifted students as measured by the social performance survey schedule". Psychological Reports 60:396-398.

Dabrowski, K., 1964: Positive Desintegration. Boston: Little, Brown and Company.

Dai, D. Y., 2000: "To be or not to be (challenged), that is the question: Task and ego orientations among high-ability, high-achieving adolescents". Journal of Experimental Education 68 (4):311-330.

Dai, D. Y., 2002: "Are gifted girls motivationally disadvantaged? Review, reflection, and redirection". Journal for the Education of the Gifted 25 (4):315-358.

Dai, D.Y./S. M. Moon/J. F. Feldhusen, 1998: "Achievement motivation and gifted students: A social cognitive perspective". Educational Psychologist 33 (2-3):45-63.

Dauber, S. L./C. P. Benbow, 1990: "Aspects of personality and peer relations of extremely talented adolescents". Gifted Child Quarterly 34 (1):10-15.

Davidson, L./L. Scripp, 1994: "Conditions of giftedness: Musical development in the preschool and early elementary years". In: Beyond Terman: Contemporary longitudinal studies of giftedness and talent, hg. von R. F. Subotnik/K. D. Arnold. Norwood: Ablex Publishing Corporation, pp. 155-185.

Davis, G. A./S. B. Rimm, 1998: Education of the gifted and talented. Edited by Fourth edition. Boston: Allyn and Bacon.

Davis, H. G./J. P. Connell, 1985: "The effect of aptitude and achievment status on self-esteem". Gifted Child Quarterly 29:131-136.

Deaux, K., 1976: "Sex: A perspective on the attribution process". In: New directions in attribution research, hg. von J. H. Harvey/W. Ickes/R. F. Kidd. Hillsdale, N. Y.: Erlbaum Associates, pp. 335-352.

Delisle, J. R., 1983: "Counseling the gifted: What do we know, and how it can help". Gifted Education International 2:19-21.

Delisle, J. R., 1992: Guiding the social and emotional development of gifted youth. New York: Longman.

DeMoss, K/R. Milich/St. DeMers, 1993: "Gender, creativity, depression, and attributional style in adolescents with high academic ability". Journal of Abnormal Child Psychology 21:455-467.

Department, for Education and Skills. 1994: Special Educational Needs. Code of Practice. London: Her Majesty's Stationery Office: Online im Internet. URL: http//www.dfes.gov.uk/sen/documents/SENCodeOfPractice.pdf [Stand 11.03.2006].

Deusinger, I. M., 1985: Die Frankfurter Selbstkonzeptskalen (FSKN). Goettingen: Hogrefe.

Deusinger, I. M., 2004: Frankfurter Kinder-Selbstkonzept-Inventar (FKSI).

Dickhäuser, O./J. Stiensmeier P., 2003: "Wahrgenommene Lehrereinschatzungen und das Fähigkeitsselbstkonzept von Jungen und Mädchen in der Grundschule". Psychologie in Erziehung und Unterricht 50 (2):182-190.

Diehl, J. M./R. Arbinger, 2001: Einführung in die Inferenzstatistik. Band 3. Auflage. Eschborn: Dietmar Klotz.

Diehl, J. M./Th. Staufenbiel, 2002: Statistik mit SPSS: Version 10+11. Eschborn: Dietmar Klotz.

Dittmar, N., 2002: Transkription. Ein Leitfaden mit Aufgaben für Studenten, Forscher und Laien. Edited by Ralf; Lüders Bohnsack, Christian; Reichertz Jo, Qualitative Sozialforschung. Opladen: Leske u.Budrich.

Dixon, F. A./T. L. Cross/Ch. M. Adams, 2001: "Psychological characteristics of academically gifted students in a residential setting: A cluster analysis". Psychology in the Schools 38 (5):433-445.

Dixon, F. A./D. K. Lapsley/T. A. Hanchon, 2004: "An Empirical Typology of Perfectionism in Gifted Adolescents". Gifted Child Quarterly. Spr 48 (2):95-106.

Dörner, H., 1993: "Leistungsbezogenes Denken und Handeln hochbegabter Grundschulkinder". In: Lebensumweltanalyse hochbegabter Kinder. Das Marburger Hochbegabtenprojekt, hg. von Detlef H. Rost. Goettingen: Hogrefe, pp. 159-196.

Dorsch, F./H. Häcker/K.-H. Stapf (Hg.), 1987: Psychologisches Wörterbuch (11. Aufl.). Bern: Hans Huber.

Drawe, W./F. Rumpler/P. Wachtel (Hg.), 2000: Empfehlungen zur sonderpädagogischen Förderung. Würzburg: Edition Bentheim.

Dunn, S. E./M. Putallaz/B. H. Sheppard/R. Lindstrom, 1987: "Social support and adjustment in gifted adolescents". Journal of Educational Psychology 79 (4):467-473.

Dweck, Carol S., 2000: Self-theories: Their role in motivation, personality and development. Philadelphia: Psychology Press.

Dweck, Carol S./W. Davidson/S. Nelson/B. Enna, 1978: "Sex differences in learned helpnesses: II. The contingencies of evaluative feedback in the classroom and III. An experimental analysis". Developmental Psychology 14:268-276.

Dweck, Carol S./Ellen L. Leggett, 1988: "A social cognitive approach to motivation and personality". Psychological-Review 95 (2):256-273.

Dweck, S., 1986: "Motivational processing affecting learning". American Psychologist 41:1040-1048.

Eberwein, H., 1997: Handbuch Integrationspädagogik: Kinder mit und ohne Behinderung lernen gemeinsam. Weinheim: Beltz.

Eberwein, H. & Knauer, S., 2002: Integrationspädagogik: Kinder mit und ihne Beeinträchtigung lernen gemeinsam. Weinheim: Beltz.

Eccles, A. L. /E. Bauman/K. Rotenberg, 1989: "Peer acceptance and self-esteem in gifted children". Journal of Social Behavior and Personality 4 (4):401-409.

Ee, Jessie/Ph. J. Moore/L. Atputhasamy, 2003: "High-achieving students: Their motivational goals, self-regulation and achievement and relationships to their teachers' goals and strategy-based instruction". High Ability Studies 14 (1):23-39.

Egan, O. & Archer, P., 1985: "The accuracy of teacher`s racings of ability - a regressions-model." American Educational Research Journal 22 (1):25-34.

Elbing, E./K. A. Heller, 1996: "Beratungsanlässe in der Hochbegabtenberatung". Psychologie in Erziehung und Unterricht 43 (1):57-69.

Endepohls-Ulpe.M., 2004: "Wie stellen Grundschullehrkräfte sich hochbegabte Schüler/innen vor? Der Einfluss persönlicher Erfahrung in der Unterridhtung Hochbegabter". Psychologie in Erziehung und Unterricht (2):126 - 135.

Erikson, E. H., 1986: Identity, youth and crisis. New York: Norton & Company.

Eysenck, H. J., 1982: Personality genetics and behaviour. New York: Praeger.

Eysenck, H. J./S. B. G. Eysenck, 1969: Personality structure and measurement. London: Routledge.

Feingold, A., 1994: "Gender differences in personality: A meta-analysis". Psychological Bulletin 116 (3):429-456.

Fels, Ch., 1999: Identifizierung und Förderung Hochbegabter in den Schulen der Bundesrepublik Deutschland. Frankfurt am Main: Lang.

Feuser, G. (Hg.), 2003: Integration heute - Perspektiven ihrer Weiterentwicklung in Theorie und Praxis. Frankfurt am Main: Lang.

Fiedler, E. D., 1999: "Gifted Children: The promise of potential/ the problems of potential". In: Handbook of psychosocial characteristics of exceptional children, hg. von V L Schwean/D H Saklofske. New York: Kluwer Academic/ Plenum Publishers, pp. 401-441.

Filipp, S-H., 1979a: "Entwurf eines heuristischen Bezugsrahmens für Selbstkonzept-Forschung: Menschliche Informationsverarbeitung und naive Handlungstheorien". In: Selbstkonzept-Forschung: Probleme, Befunde, Perspektiven (2.Aufl.), hg. von Sigrun-Heide Filipp. Stuttgart: Klett, pp. 129-152.

Filipp, S.-H. (Hg.), 1979b: Selbstkonzept-Forschung: Probleme, Befunde, Perspektiven. Edited by Sigrun-Heide Filipp. Stuttgart: Klett.

Filipp, S.-H., 1980: "Entwicklung von Selbstkonzepten". Zeitschrift für Entwicklungspsychologie und Pädagogische Psychologie 12:105-125.

Fisseni, H.-J., 1998: Persönlichkeitspsychologie. Auf der Suche nach einer Wissenschaft. Ein Theorienüberblick. Göttingen: Hogrefe.

Flavell, H. J., 1977: Cognitive development. Englewood Cliffs, NJ: Prentice Hall.

Flick, U., 2000: Qualitative Forschung. 5. Aufl. Aufl. Reinbek bei Hamburg: Rowohlt Taschenbuch Verlag.

Ford, M. A., 1989: "Students' perceptions of affective issues impacting the social emotional development and school performance of gifted/talented youngsters". Roeper Review 11 (3):131-134.

Fornia, G. L./M. Wiggings Frame, 2001: "The Social and Emotional Needs of Gifted Children: Implication for Family Counseling". The Family Journal: Counseling and Therapy for Couples and Families 9 (4):384-390.

Försterling, F., 2000: "Die Rolle vorauslaufender Bedingungen in attributionalen Verhaltensmodellen". In: Kognitive und emotionale Aspekte der Motivation, hg. von F Försterling/J Stiensmeier-Pelster/L-M Silny. Göttingen: Hogrefe, pp. 29-52.

Försterling, F./J. Stiensmeier-Pelster/L.-M. Silny (Hg.), 2000: Kognitive und emotionale Aspekte der Motivation. Göttingen: Hogrefe.

Fox, L. H., 1981: "Identification of the academically gifted". American Psychologist 36 (10):1103-1111.

Freeman, J., 1993: "Parents and Families in Nurturing Giftedness and Talent". In: International Handbook for Research and Development of Giftedness and Talent, hg. von K. A. et al. Heller. New York: Elsevier, pp. 669 - 683.

Freeman, J., 1994: "Some emotional aspects of being gifted". Journal for the Education of the Gifted 17 (2):180-197.

Freeman, J., 2000: "Families: the Essential Context for Gifts and Talents". In: International Handbook of Giftedness and Talent, hg. von Heller Kurt A. (Hrsg). Amsterdam: Elsevier, pp. 573 - 585.

Freund-Braier, I., 2000: "Persönlichkeitsmerkmale". In: Hochbegabte und hochleistende Jugendliche: Neue Ergebnisse aus dem Marburger Hochbegabtenprojekt, hg. von D H Rost. Münster: Waxmann, pp. 162-209.

Freund-Braier, I., 2001: Hochbegabung, Hochleistung, Persönlichkeit. Münster: Waxmann.

Frey, D. E., 1991: "Psychosocial needs of the gifted adolescent". In: Understanding the gifted adolescent: Eduacation, development, and multicultural issues, hg. von M Bireley/J Genshaft. New York: Teachers College Press, pp. 35-49.

Friedlmeier, W., 1993: Entwicklung von Empathie, Selbstkonzept und prosozialem Handeln in der Kindheit. Konstanz: Hartung-Gorre.

Friedrich, G./G. Lehwald, 1992: "Frühindikatoren geistiger Entwicklung im sprachlichen Bereich". In: Begabung und Hochbegabung, hg. von Ernst A Hany/Horst Nickel. Bern: Huber, pp. 75-93.

Gagné, F., 1993: "Constructs and models pertaining to exceptional human abilities". In: International handbook of research and development of giftedness and talent, hg. von K. A. Heller/F. J. Mönks/A. H. Passow. Oxford: Pergamon, pp. 63-85.

Gagné, F., 1994: "Are teachers really poor talent detectors? Comments on Pegnato and Birch`s (1959) study of the effectiveness and efficiency of various identificytion techniques." Gifted Cild Quarterly 38:124-126.

Gallagher, D. J., 1990a: "Extraversion, neuroticism and appraisal of stressful academic events". Personality and Individual Differences 11 (10):1053-1057.

Gallagher, D. J., 1990b: "Editorial: the public and professional perception of the emotional status of gifted children". Journal for the Education of the Gifted 13 (3):202-211.

Gallucci, N. T., 1988: "Emotional adjustment of gifted children". Gifted Child Quarterly 32 (2):273-276.

Gallucci, N. T./G. Middleton/A. Kline, 1999: "Intellectually superior children and behavioral problems and competence". Roeper Review 22 (1):18-21.

Gamble, W. C., 1994: "Perceptions of controllability and other stressor event characteristics as determinants of coping among young adolescents and young adults". Journal of Youth and Adolescence 23 (1):65-84.

Garland, A. F./E. Zigler, 1999: "Emotional and behavioral problems among highly intellectually gifted youth". Roeper Review 22 (1):41-44.

Gear, G.H., 1976: "Accuracy of teacher judgement in identifying intellectually gifted children. A rewiev of the literature." Gifted Child Quarterly 20:478-490.

Genshaft, J./J. Broyles, 1991: "Stress management with the gifted adolescent". In: Understanding the gifted adolescent. Educational, developmental, and multicultural issues, hg. von M. Bireley/J. Genshaft. New York: Teachers College University, pp. 76-87.

Gottfredson, L.S., 1999: "Der Generalfaktor der Intelligenz". Spektrum der Wissenschaft, Spezial 3/1999: Intelligenz (3):24-30.

Gottfried, A. E./A. W. Gottfried, 1996: "A longitudinal study of academic intrinsic motivation in intellectually gifted children: childhood through early adolescense". Gifted Child Quarterly 40 (4):179-183.

Gottfried, A. E./A. W. Gottfried, 2004: "Toward the Development of a Conceptualization of Gifted Motivation". Gifted Child Quarterly 48 (2):121-132.

Gottfried, A. W./A. Gottfried E./K. Bathurst/D. Guerin Wright, 1994: Gifted IQ: early developmental aspects: The Fullerton longitudinal study. New York: Plenum Press.

Greene, A. L., 1988: "Early adolescents' perceptions of stress". Journal of Early Adolescence 8 (4):391-403.

Grobel, A., 1990: Hochbegabung in Familien. Eine Untersuchung über Beziehungen zwischen Eltern und ihren hochbegabten Kindern. München: Minerva.

Gross, M. U. M., 1993: Exceptionally gifted children. London: Routledge.

Gross, M. U. M., 1997: "How ability grouping turns big fish into little fish - or does it? Of optical illusions and optimal environments". Australasian Journal of Gifted Education 6 (2):18-30.

Gross, M. U. M., 2000: "Issues in the cognitive development of exceptionally and profoundly gifted children". In: International handbook of giftedness and talent, hg. von K A Heller/F J Mönks/R J Sternberg/R F Subotnik. Amsterdam: Elsevier, pp. 179-192.

Grossenbacher, S. (Hg.), 1999: Begabungsförderung in der Volksschule. Umgang mit Heterogenität, Trendbericht SKBF Nr.2 Koordination. Aarau: Schweizerische Koordinationsstelle für Bildungsforschung.

Gruber, H./H. Mandl, 2000: "Instructional psychology and the gifted". In: International handbook of giftedness and talent, hg. von K A Heller/F J Mönks/R J Sternberg/R F Subotnik. Amsterdam: Elsevier, pp. 383-396.

Gyseler, D. 2003. Hochbegabung als Auftrag der schulischen Sonderpädagogik, Dissertation an der Philosophische Fakultät der Universität Zürich, Zürich.

Hampson, D. 2005. Persönlichkeitsmerkmale von hoch begabten Kindern in Förderprogrammen, Dissertation an der Philosophischen Fakultät der Universität Zürich, Zürich.

Hank, G./K. Hahlweg/N. Klann, 1990: Diagnostische Verfahren für Berater. Materialien zur Diagnostik und Therapie in Ehe-, Familien- und Lebensberatung. Weinheim: Beltz.

Hanses, P., 2000: "Stabilität von Hochbegabung". In: Hochbegabte und hochleistende Jugendliche: neue Ergebnisse aus dem

Marburger Hochbegabtenprojekt, hg. von Detlef H Rost. Münster: Waxmann, pp. 93-159.

Hanses, P. /D. H. Rost, 1998: "Das "Drama" der hochbegabten Underarchiever. "Gewöhnliche" oder "aussergewöhnliche" Underarchiever?" Zeitschrift für Pädagogische Psychologie 44:557-563.

Hany, E. A. 1998a: Aktuelle Konzeptionen von Hochbegabung. In Kongress zur Hochbegabtenförderung, 15./ 16. Juli 1998 in München. München.

Hany, E. A. 1998b: Höher, schneller, weiter: Muss die Hochbegabtenförderung nicht noch mehr bieten? In Impulsreferat auf dem Kongress Forum Bildung, Arbeitsgruppe 9: Erkennen und Fördern von besonderen Begabungen. Berlin, 14.7.2000.

Hany, E. A. 2002a: Entwicklung und Förderung hochbegabter Schüler aus psychologischer Sicht. Vortrag im Rahmen der Ringvorlesung der Unviersität Erfurt "Herausforderungen der Bildungsgesellschaft": Online im Internet. URL: http://www.uni-erfurt.de/archiv/2002/0034/hany.html (Stand: 29.03.2006).

Hany, E. A., 2002b: "Mathematisch-naturwissenschaftliche Spezialklassen: Wie findet man geeignete Schüler?" In: Begabtenförderung und Lehrerbildung, hg. von H. Wagner. BadHonnef: K.H. Bock, pp. 261-271.

Harris, J. R., 1995: "Where is the childs environment - a group socialization theory of development". Psychological Review 102 (3):458-489.

Harter, S., 1983: "Developmental perspectives on the self-esteem". In: Handbook of Child Psychology (Vol. IV, 4th ed.), hg. von P H Mussen. New York: Wiley, pp. 275-385.

Hartmann, A./Th. Herzog, 1995: "Varianten der Effektstärkenberechnung in Metaanalysen: Kommt es zu variablen Ergebnissen?" Zeitschrift für Klinische Psychologie 24:337 - 343.

Hartup, W. W., 1989: "Social relationships and their developmental significance". American Psychologist 44 (2):120-126.

Hattie, J, 1992: Self-concept. New Jersey: Lawrence Erlbaum Associates.

Hattie, J./H. W. Marsh, 1996: "Future directions in self-concept research". In: Handbook of self-concept: Developmental, social, and clinical considerations, hg. von B A Bracken. New York: John Wiley & Sons, pp. 421-462.

Heckhausen, H., 1974: Motivationsanalysen. Heidelberg: Springer.

Heckhausen, H., 1977: "Motivation: Kognitionspsychologische Aufspaltung eines summarischen Konstrukts". Psychologische Rundschau 28(3):175-189.

Heckhausen, H., 1989: Motivation und Handeln. Berlin: Springer.

Heider, F., 1958: The psychology of interpersonal relations. New York: Wiley.

Heinbokel, A., 1996: Überspringen von Klassen. Münster: Lit. Verlag.

Heller, K. A. (Hg.), 1992: Hochbegabung im Kindes- und Jugendalter. Göttingen: Hogrefe.

Heller, K. A., 1997a: "Grundintelligenztest Skala 2 (CFT-20) mit Wortschatztest (WS) und Zahlenfolgentest (ZF)". Zeitschrift für Differentielle und Diagnostische Psychologie 18 (1,2):53-55.

Heller, K. A., 1997b: "Individuelle Bedingungsfaktoren der Schulleistung: Literaturüberblick". In: Entwicklung im Grundschulalter, hg. von F. E. Weinert/A. Helmke. Weinheim: Beltz, pp. 181-201.

Heller, K. A. (Hg.), 2001: Hochbegabung im Kindes- und Jugendalter. Göttingen: Hogrefe.

Heller, K. A./Ch. Perleth, 2000: Kognitiver Fähigkeitstest für 4. bis 12. Klassen, Revision. Göttingen: Beltz Test GmbH.

Hensle, U./M. A. Vernooij, 2000: Einführung in die Arbeit mit behinderten Menschen. Wiebelsheim: Quelle & Meyer.

Hierdeis, H./T. Hug, 1992: Pädagogische Alltagstheorien und erziehungswissenschaftliche Theorien. Ein Studienbuch zur Einführung. Bad Heilbrunn/Obb.: Julius Klinkhardt.

Hinshaw, S. P., 1992: "Externalizing behavior problems and academic underachievement in childhood and adolescence: Causal relationships and underlying mechanisms". Psychological Bulletin 111 (1):127-155.

Hirsig, R., 1993: Methodische Grundlagen der Testpsychologie. Skriptum.

Hofer, M./E. Klein-Allermann/P. Noack, 1992: Familienbeziehungen. Eltern und Kinder in der Entwicklung - Ein Lehrbuch. Göttingen: Hogrefe.

Hoffmann, H. M., 1999: Familiale Erziehung heute als Netzwerk von Beziehungsfaktoren. Ein Plädoyer für den Dialog zwischen Familie und Grundschule. Regensburg: S. Roderer Verlag.

Hoge, R. D./L. Cudmore, 1986: "The use of teacher-judgment measures in the identification pf giftes pupils." Teaching and Teacher Education (2):181-196.

Hoge, R. D./J. S. Renzulli, 1993: "Exploring the link between giftedness and self-concept". Review of Educational Research 63:449-465.

Holahan, C. K./R. R. Sears, 1995: The gifted group in later maturity. Edited by Bd VI. Genetic studies of genius. Stanford: Stanford University Press.

Hollenweger, J., 2003a: "Die Internationale Klassifikation der Funktionsfähigkeit, Behinderung und Gesundheit (ICF) Ein neues Modell von Behinderung (Teil 1)". Schweizerische Zeitschrift für Heilpädagogik (10):4 - 8.

Hollenweger, J., 2003b: "Die Internationale Klassifikation der Funktionsfähigkeit, Behinderung und Gesundheit (ICF) und ihre Bedeutung für Bildungssysteme (Teil 2)". Schweizerische Zeitschrift für Heilpädagogik (11):4.

Hollinger, C. L./E. S. Flemming, 1992: "A longitudinal examination of life choices of gifted and talented young women". Gifted Child Quarterly 36 (4):207-212.

Hollingworth, L. S., 1942: Children above 180 IQ Stanford-Binet. Origin and development. (Repr. 1977). Yonkers, New York: Octagon Books.

Hong, E./Y. Aqui, 2004: "Cognitive and Motivational Characteristics of Adolescents Gifted in Mathematics: Comparisons Among Students With Different Types of Giftedness". Gifted Child Quarterly 48 (3):191-201.

Hoyningen-Süess, U., 1989: "Was hat Sonderpädagogik mit Hochbegabten zu tun?" Vierteljahresschrift für Heilpädagogik und ihre Nachbardisziplinen 58 (4):375-389.

Hoyningen-Süess, U., 1998a: "Eine Sonderklasse für hochbegabte Kinder: Kniefall vor der Realität". In: Begabungsförderung in der Schule. Beiträge anlässlich des ABB e.V. in Leipzig am 25./ 26. Oktober 1997 zugleich Festschrift zum 70. Geburtstag von Prof. Dr. Horst Drewelow, hg. von K K Urban/H Joswig. Rodenberg: Klausur-verlag edition ABB, pp.

Hoyningen-Süess, U., 1998b: "Hochbegabung als sonderpädagogisches Problem". In: Hochbegabung als sonderpädagogisches Problem? hg. von U. Hoyningen-Süess/P. Lienhard. Luzern: Ed. SZH/SPC, pp. 11-20.

Hoyningen-Süess, U./D. Gyseler. 2000a: Wissenschaftliche Begleitung einer Schulklasse für kognitiv hochbegabte Kinder. Bericht 1998-2000. Zürich: Institut für Sonderpädagogik.

Hoyningen-Süess, U./D. Gyseler. 2000b: Talenta - eine Schulklasse für kognitiv hochbegabte Kinder. Zwischenbericht der wissenschaftlichen Begleitung im Auftrag des Vereins zur Förderung überdurchschnittlich begabter Kinder. Zürich: Institut für Sonderpädagogik, Universität Zürich.

Hoyningen-Süess, U./D. Gyseler. 2000c: Wissenschaftliche Begleitung des Thurgauer Fördertags für Hochbegabte. Zwischenbericht im Auftrag des Departements für Erziehung und Kultur des Kanton Thurgau. Zürich: Institut für Sonderpädagogik.

Hoyningen-Süess, U./D. Gyseler. 2001a: Wissenschaftliche Begleitung des Thurgauer Fördertags für Hochbegabte. Schlussbericht im Auftrag des Departements für Erziehung und Kultur des Kanton Thurgau. Zürich: Institut für Sonderpädagogik.

Hoyningen-Süess, U./D. Gyseler, 2005: "Erziehung und Bildung hochbegabter Kinder und Jugendlicher: Überlegungen aus sonderpädagogischer Sicht." Zeitschrift für Heilpädagogik 56 (12):497 - 506.

Hoyningen-Süess, U./P. Lienhard/D. Gyseler, 2002: "Nachdiplomkurs Begabtenförderung (NDK) - Kompetenzerweiterung im Umgang mit besonderer Begabung und Heterogenität". In:

Begabtenförderung und Lehrerbildung, hg. von H. Wagner. Bad Honnef: K.H. Bock, pp. 119 - 122.

Hüsser, I./J. Schellenbaum. 1997: Unterrichts-Bilder - ein Verfahren zur Erfassung von Alltagstheorien und Leitbildern bei Lehrkräften. In Abteilungsbericht Nr. 29: Psychologisches Institut der Universität Zürich.

Ingersoll, K. S./D. G. Cornell, 1995: "Social adjustment of female early college entrants in a residential program". Journal for the education of the Gifted 19 (1):45-62.

ISCO-88, COM. 1988: Internationale Standardklassifikation der Berufe [On-line]: Available: http://www.gesis.org/Dauerbeobachtung/Mikrodaten/documents/doc/isco88com_300799.pdf.

Jackson, N. E., 2000: "Strategies for modeling the development of giftedness in children". In: Talents unfolding. Cognition and development, hg. von R C Friedman/B M Shore. Washington: American Psychological Association, pp. 27-54.

Jackson, N. E./E. C. Butterfield, 1986: "A conception of giftedness designed to promote research". In: Conceptions of Giftedness, hg. von R J Sternberg/J E Davidson. Cambridge: Cambridge University Press, pp. 151-181.

Jackson, P. S./J. Peterson, 2003: "Depressive Disorder in Highly Gifted Adolescents". Journal of Secondary Gifted Education 14 (3):175-186.

Jacobs, J.C., 1971: "Effectiveness of teacher and parent identification of gifted children as a function of scool levels." Psychology in the Schools (8):140-142.

James, W./J. B. Rotter, 1958: "Partial and 100% reinforcement under chance and skill conditions". Journal of Experimental Psychology 55:397-403.

Janos, P. M./H. C. Fung/N. M. Robinson, 1985: "Self-concept, self-esteem, and peer relations among gifted children who feel "different"". Gifted Child Quarterly 29 (2):78-82.

Janos, P. M./K. A. Marwood/N. M. Robinson, 1985: "Friendship patterns in highly intelligent children". Roeper Review 8 (46-49).

Janos, P. M./N. M. Robinson, 1985: "Psychosocial development in intellectually gifted children". In: The gifted and talented: Developmental Perspective, hg. von F Horowitz & M O'Brian. Washington DC: American Psychological Association, pp. 149-195.

Jerusalem, M./W. Mittag, 1999: "Selbstwirksamkeit, Bezugsnorm, Leistung und Wohlbefinden in der Schule". In: Emotion, Motivation und Leistung, hg. von M Jerusalem/R Pekrun. Göttingen: Hogrefe, pp. 223-245.

Kagan, J., 1981: The second year. Cambridge: Harvard University Press.

Kaiser, Ch. F./D. J. Berndt, 1985: "Predictors of loneliness in the gifted adolescent". Gifted Child Quarterly 29 (2):74-77.

Karnes, F. A./U. R. D'Ilio, 1990: "Self-activation of gifted youth as measured in the reflections of self by youth". Psychological Reports, 67: 465-466.

Karnes, F. A./J. J. Oehler-Stinnett, 1986: "Life events as stressors with gifted adolescents". Psychology in the Schools 23 (4):406-414.

Karnes, F. A./J. N. Wherry, 1981: "Self-concepts of gifted students as measured by the Piers-Harris Children's Self-Concept Scale". Psychological Reports 49:903-906.

Keiley, M. K., 2002: "Affect regulation and the gifted". In: The social and emotional development of gifted children: What do we know? hg. von M. Neihart/S. M. Reis/N. M. Robinson/S. M. Moon. Waco, Texas: Prufrock Press Inc., pp. 41-50.

Keitel, M. A./M. Kopala/M. A. Schroder, 2003: "Counseling Gifted and Creative Students: Issues and Interventions". In: The educational psychology of creativity, hg. von John C. Houtz. New York: Hampton Press, pp. 243 - 270.

Keller, G., 1992: "Schulpsychologische Hochbegabtenberatung. Ergebnisse einer Beratungsstudie". Psychologie in Erziehung und Unterricht 39:125-132.

Kelly, K. R./N. Colangelo, 1984: "Academic and social self-concepts of gifted, general and special students". Exceptional Children 50 (551-554).

Kerr, B. A., 1994a: Smart girls (Revised Edition). A new psychology of girls, women, & giftedness. Dayton: Ohio Psychology Press.

Kerr, B. A., 1994b: Smart girls two: A new psychology of girls, women and giftedness. Dayton: Ohio Psychology Press.

Ketcham, B./R. T. Snyder, 1977: "Self-attitudes of the intellectually and socially advantaged student: Normative study of the Piers-Harris Children's Self-Concept Scale". Psychological Reports 40:111-116.

Kirkendall, D. R./A. H. Ismail, 1970: "The ability of personlity variables in discriminating among three gifted intellectual groups of preadolescent boys and girls". Child-Development 41:1173-1181.

Kitano, M. K., 1990: "Intellectual abilities and psychological intensities in young children: Implications for the gifted". Roeper Review 13 (1):5-10.

Kitano, M. K./C. O. Perkins, 1996: "International gifted women: Developing a critical human resource". Roeper Review 19 (1):34-40.

Klein, P., 1995: "A critical review of the measurement of personality and intelligence". In: International handbook of personality and intelligence, hg. von D. H. Saklofske/M. Zeidner. New York: Plenum Press, pp. 401-441.

Kluge, K.- J., 2002: "Intelligenz-Begabte in Europa: ein (sonder-)pädagogisches Problem für deutschsprachige Experten?" Labyrinth 74 (7 - 15).

Koch, U. 1999. Aufmerksamkeit von hochbegabten und nicht hochbegabten Schülerinnen und Schülern im Unterricht. Paper read at Referat anlässlich der 7. Tagung der Fachgruppe Pädagogische Psychologie, at Freiburg (Schweiz).

Kolesaric, V./I Koren, 1996: "The Effect of Identification and Differential Treatment of Gifted Elementary School Pupils". In: Fostering the growth of high ability: European perspectives, hg. von A. J. Cropley/D. Dehn. Norwood, New Jersey: Ablex Publishing Corporation, pp. 501-512.

Köller, O./J. Baumert, 1998: "Ein deutsches Instrument zur Erfassung von Zielorientierungen bei Schülerinnen und Schülern". Diagnostica 44 (4):173-181.

Köller, O./K. U. Schnabel/J. Baumert, 2000: "Der Einfluss der Leistungsstärke von Schulen auf das fachspezifische Selbstkonzept der Begabung und das Interesse". Zeitschrift für Entwicklungspsychologie und Pädagogische Psychologie 32 (2):70-80.

Kopp, C. B., 1989: "Regulation of distress and negative emotions: A developmental view". Developmental Psychology 25 (3):343-354.

Kovaltchouk, O. L., 1998: Hochbegabte Jugendliche und ihre Peer-Beziehungen. Regensburg: S Roderer Verlag.

Kretschmer, E., 1948: Geniale Menschen (4. Aufl.). Heidelberg: Springer.

Kurtz-Costes, B. E./W. Schneider, 1994: "Self-concept, attributional beliefs and school achievement: A longitudinal Analysis". Contemporary Educational Psychology 19:199-216.

Kurtz, B. E./F. E. Weinert, 1989: "Metamemory, memory performance, and causal attributions in gifted and average children". Journal of experimental.

Kwan, P. C., 1992: "On a pedestal: Effects of intellectual-giftedness and some implications for programme planning". Educational Psychology 12 (1):37-62.

Laffoon, K./R. Jenkins-Friedman/N. Tollesfon, 1989: "Causal attributions of underachieving gifted, achieving gifted and non-gifted students". Journal for the Education of the Gifted 13 (1):4-21.

Lajoje, S./B. M. Shore, 1981: "Three myths? The over-representation of the gifted among dropouts, delinquents, and suicides". Gifted Child Quarterly 25 (138-143).

Lanfranchi, A./T. Hagmann, 1998: Migrantenkinder. Plädoyer für eine Pädagogik der Vielfalt. Luzern: Schweizerische Zentralstelle für Heilpädagogik.

Lange-Eichbaum, W., 1932: The problem of genius. New York: Macmillan.

Langenmayr, A., 1987: "Die traditionelle Mädchenrolle als Grund für die seltenere Vorstellung von Mädchen in Erziehungsberatungsstellen?" Psychologie in Erziehung und Unterricht 34:126-131.

Largo, R., 1993: "Verhaltens- und Entwicklungsauffälligkeiten: Störungen oder Normvarianten". Monatsscrift für Kinderheilkunde (141):698 - 703.

Lazarus, R. S./S. Folkman, 1984: Stress, appraisal, and coping. New York: Springer.

Lazarus, R. S./R. Launier, 1978: "Stress-related transactions between person and environment." In: Perspectives in interactional psychology, hg. von L A Pervin & M. Lewis. New York: Plenum, pp. 287-327.

Lens, W./P. Rand, 2000: "Motivation and cognition: Their role in the development of giftedness". In: International handbook of giftedness and talent, hg. von K A Heller/F J Mönks/R J Sternberg/R F Subotnik. Amsterdam: Elsevier, pp. 193-202.

Leroux, J. A., 1994: "An asset or a liability? Voices of gifted women". In: Competence and responsibility, hg. von Heller. K. A./E. A. Hand. München: Hogrefe& Huber, pp. 181-189.

Lewis, D. J./H. V. Knight, 2000: "Self-concept in gifted youth: An investigation employing the Piers-Harris subscales". Gifted Child quarterly 44:45-53.

Li, A. K. F./G. Adamson, 1995a: "Motivational patterns related to gifted students learning of mathematics, science and english - an examination of gender differences". Journal for the Education of the Gifted 18 (3):284-297.

Li, A. K. F./G. Adamson, 1995b: "Siblings of gifted secondary school students: Self-perceptions and learning style preferences". Roeper Review 18:152-153.

Lightbody, P./G. Siann/R. Stocks/D. Walsh, 1996: "Motivation and attribution at secondary school: The role of gender". Educational Studies 22 (1):13-25.

Lissmann, U., 2001: Inhaltsanalyse von Texten. Ein Lehrbuch zur computerunterstützten und konventionellen Inhaltsanalyse. Band 2. erw. Aufl. Landau: Empirische Pädagogik.

Lohaus, A./B. Fleer/P. Freytag/J. Klein-Hessling, 1996: Fragebogen zur Erhebung von Stresserleben und Stressbewältigung im Kindesalter (SSK). Göttingen: Hogrefe.

Lohaus, A./J. Klein Hessling, 2001: "Stresserleben und Stressbewaeltigung im Kindesalter: Befunde, Diagnostik und Intervention Experience of stress and stress management in childhood: Findings, diagnostics, and intervention". Kindheit und Entwicklung 10 (3):148-160.

Lombroso, C., 1910 (Neuaufl. 1984): The man of genius. London: Garland Publishing, Inc.

Louis, B./M. Lewis, 1992: "Parental beliefs about giftedness in young children and their relation to actual ability level". Gifted Child Quarterly 36 (1):27-31.

Ludwig, G./D. Cullinan, 1984: "Behavior problems of gifted and nongifted elementary school girls and boys". Gifted Child Quarterly 28 (1):37-39.

Ludwig, S., 1983: "Geschlechtsspezifische Aspekte der Leistungsmotivation". Psychologie in Erziehung und Unterricht 30:7-15.

Luftig, R. L./M. L. Nichols, 1990: "Assessing the social status of gifted students by their age peers". Gifted Child Quarterly 34 (3):111-115.

Lundberg, U./B. Rasch/O. Westermark, 1991: "Physiological reactivity and type A behavior in preschool children: A longitudinal study". Behavioral Medicine 17:149-157.

Lupart, J. L. & Pyryt, M., 1996: "Identifying the hidden gifted". Journal for the Education of the gifted 20 (1):7 - 16.

Lupart, J. L./M. C. Pyrit, 1996: ""Hidden gifted" students: Underachiever prevalence and profile". Journal for the Education of the Gifted 20 (1):7 - 16.

Macoby, E./C. Jacklin, 1974: The psychology of sex differences. Stanford: Stanford University Press.

Manor-Bullock, R./C. Look/D. N. Dixon, 1995: "Is giftedness socially stigmatizing? The impact of high achievement on social interactions". Journal for the Education of the Gifted 18 (3):319-338.

Marsh, H. W., 1987: "The big-fish-little-pond effect on academic self-concept". Journal of Educational Psychology 79:280 - 295.

Marsh, H. W., 1989a: "Age and sex effects in multiple dimensions of self-concept: Preadolescence to early adulthood". Journal of Educational Psychology 58:417-430.

Marsh, H. W., 1989b: "Sex differences in the development of verbal and mathematics constructs: The high school and beyond study". American Educational Research Journal 26:191-225.

Marsh, H. W., 1990: "A multidimensional, hierarchical model of self-concept: Theoretical and empirical justification". Educational Psychology Review 2 (2):77-172.

Marsh, H. W./B. M. Byrne, 1991: "Differentiated additive androgyny model: Relations between masculinity, femininity, and multiple dimensions of self-concept". Journal of Personality and Social Psychology 61:811-828.

Marsh, H. W./B. M. Byrne/R. J. Shavelson, 1988: "A multifaceted academic self-concept: Its hierarchical structure and its relation to academic achievment". Journal of Educational Psychology 80:366-380.

Marsh, H. W./D. Chessor/R. Craven/L. Roche, 1995: "The effects of gifted and talented programs on academic self-concept: the big fish strikes again". American Educational Research Journal 2:185-319.

Marsh, H. W./R. G. Craven/R. Debus, 1991: "Self-concepts of young children 5 to 8 years of age: Measurement and multidimensional structure". Journal of Educational Psychology 83:377-392.

Marsh, H. W./J. Parker/J. Barnes, 1985: "Multidimensional adolesents self-concepts: Their relationship to age, sex, and academic measures". American Educational Research Journal 22:422-444.

Marsh, H. W./J. W. Parker, 1984: "Determinants of students self-concept: Is it better to be a relatively large fish in a small pond even if you don't learn to swimm as well?" Journal of Personality and Social Psychology 47 (1):213-231.

Marsh, H. W./I. D. Smith/J. Barnes, 1985: "Multidimensional self-concepts: Relations with sex and academic achievment". Journal of Educational Psychology 77:581-596.

May, K. M., 2000: "Gifted Children and Their Families". The Family Journal: Counseling and Therapy for Couples and Families 8 (1):58-60.

Mayring, Ph. 2000a: Qualitative Inhaltsanalyse: Forum Qualitative Sozialforschung (On-line Journal) 1 (2).

Mayring, Ph., 2000b: Qualitative Inhaltsanalyse. Grundlagen und Techniken. 7. Auflage. Aufl. Weinheim: Deutscher Studienverlag.

Mayring, Ph., 2003: Qualitative Inhaltsanalyse. Grundlagen und Techniken. 8. Aufl. Aufl. Weinheim und Basel: Beltz Verlag.

McClelland, D. C./J. W. Atkinson/R. A. Clark/E. L. Lowell, 1953: The achievement motive. New York: Applebon.

McCoach, D. B./T. J. Kehle/M. A. Bray/D. Siegle, 2001: "Best practices in the identification of gifted students with learning disabilities". Psychology in the Schools 38 (5):403-411.

McCoach, D. B./D. Siegle, 2003a: "Factors that differentiate underachieving gifted students from high-achieving gifted students". Gifted Child Quarterly 47 (2):144-154.

McCoach, D. B./D. Siegle, 2003b: "The School Attitude Assessment Survey-Revised: A new instrument to identify academically able students who underachieve". Educational and Psychological Measurement 63 (3):414-429.

McCoach, D. B./D. Siegle, 2003c: "The structure and function of academic self-concept in gifted and general education students". Roeper Review 25 (2):61-65.

McCrae, R. R./P. T. Jr. Costa/A. Terracciano/W. D. Parker/C. J. Mills/F. De Fruyt/I. Mervielde, 2002: "Personality trait development from age 12 to age 18: Longitudinal, cross-sectional and cross-cultural analyses". Journal of Personality and Social Psychology 83 (6):1456-1468.

McCrae, R. R./O. P. John, 1992: "An introduction to the five-factor Model". Journal of Personality 60:175-215.

McNabb, T., 1997: "From potential to performance: motivational issues for gifted students". In: Handbook of gifted education (2nd Ed.), hg. von N. Colangelo/G A Davis. Boston: Allyn & Bacon, pp. 408-415.

Mergenthaler, E., 1992: Die Transkription von Gesprächen: eine Zusammenfassung von Regeln mit einem Beispieltranskript. Ulm: Ulmer Textbank.

Merrell, K. W./St. J. Gill, 1994: "Using teacher ratings of social behavior to differentiate gifted from non-gifted students". Roeper Review 16 (4):286-289.

Metha, A./E. H. McWhirter, 1997: "Suicide ideation, depression, and stressful life events among gifted adolescents". Journal for the Education of the Gifted 20 (3):284-304.

Meyer, W. - U., 1984: Das Konzept von der eigenen Begabung. Bern: Hans Huber Verlag.

Milgram, R. M./N. A. Milgram, 1976: "Personality characteristics of gifted Israeli children". The Journal of Genetic Psychology 129:185-194.

Mills, C. J., 2003: "Characteristics of effective teachers of gifted students: Teacher background and personality styles of students". Gifted Child Quarterly 47 (4):272-281.

Mills, C. J./S. L. Tissot, 1995: "Identifying academic potential in students from under-represented populations Is using the Ravens Progressiv Matrices a good idea?" Gifted Child Quarterly xxx (xxxx):xxx.

Moeller, J./M. Jerusalem, 1997: "Attributionsforschung in der Schule". Zeitschrift fuer Paedagogische Psychologie 10 (11):151-166.

Mönks, F. J., 1963: "Beiträge zur Begabtenforschung im Kindes- und Jugendalter". Archiv für die gesamte Psychologie 115 (362-382).

Mönks, F. J./K. A. Heller/A. H. Passow, 2000: "The Study of Giftedness: Reflections on Where We Are and Where We Are Going". In: International Handbook of Giftedness and Talent, hg. von K. A. Heller, pp. 838 - 863.

Mönks, F. J./A. M. P. Knoers, 1996: Lehrbuch der Entwicklungspsychologie. München: Ernst Reinhardt Verlag.

Mönks, F. J./E. J. Mason/L. A. Thompson/R. Plomin/W. Schneider/M. U. M. Gross/W. Lens/P. Rand/L. J. Coleman/T. L. Cross/I. Schoon/M. J. Morelock/D. H. Feldman/R. F. Subotnik/K. D. Arnold/M. Pasupathi/U. M. Staudinger, 2000: "Part II: Development of giftedness and talent".

Mönks, F. J./W. Peters, 1996: "Selbstkonzept und kognitive Fähigkeiten bei hochbegabten und bei normalbegabten Jugendlichen". In: Entwicklung im Jugendalter, hg. von R. Schuhmann-Hengsteler/H. M. Trautner. Goettingen: Hogrefe, pp.

Montada, L., 1995: "Fragen, Konzepte, Perspektiven". In: Entwicklungspsychologie (3. Aufl.), hg. von R Oerter/L Montada. Weinheim: Psychologie Verlags Union, pp. 1-83.

Moon, S. M., 1995: "The Effects of An Enrichment Program on the Families of Participants: A Multiple-Case Study". Gifted Child Quarterly 39 (4):198-208.

Moon, S. M./J. A. Jurich/J. F. Feldhusen, 1998: "Families of Gifted Children: Cradles of Development". In: Talent in context: historical and social perspectives on giftedness, hg. von R. C. Friedman/K. B. Rogers. Baltimore: United Book Press, pp. 81 - 99.

Moon, S. M./S. S. Zentall/J. A. Grskovic/A. Hall/M. Stormont, 2001: "Emotional and social characteristics of boys with AD/HD and giftedness: A comparative case study". Journal for the Education of the Gifted 24 (3):207-247.

Moos, R. H., 1974: Family Environment Scale. Palo Alto: Consulting Psychologists' Press.

Moos, R. H./B. S. Moos, 1981: Family Environment Scale. Manual. Palo Alto: Consulting Psychologists' Press.

Moser, U./H. Rhyn, 2000: Lernerfolg in der Primarschule. Eine Evaluation der Leistungen am Ende der Primarschule. Aarau: Sauerländer.

Mueller, E. C./C. R. Cooper, 1986: Process and outcome in peer relationships. New York: Academic Press.

Nail, J. M./J. G. Evans, 1997: "The emotional adjustment of gifted adolescents: A view of global functioning". Roeper Review 20 (1):18-21.

Neber, H./M. Schommer Aikins, 2002: "Self-regulated science learning with highly gifted students: The role of cognitive, motivational, epistemological, and environmental variables". High Ability Studies 13 (1):59-74.

Neisser, U./G. Boodoo/T. J. Bouchard Jr/A. W. Boykin/N. Brody/St. J. Ceci/D.F Halpern/J. C. Loehlin/R. Perloff/R. J. Sternberg/S. Urbina, 1996: "Intelligence: Knowns and unknowns". American Psychologist 51 (2):77-101.

Neitzke, C./U. M. Röhr-Sendlmeier, 1996: "Achievement motivation of intellectually gifted students when confronted with challenging and unchallenching tasks". In: Fostering the growth of hogh ability: European Perspectives, hg. von A. J. Cropley/D. Dehn. Norwood: Ablex Publishing Corporation, pp. 193-202.

Nicholls, J. G., 1979: "Quality and equality in intellectual development: The role of motivation in education". American Psychologist 34:1071-1084.

Nicholls, J. G., 1984: "Achievement motivation: Conceptions of ability, subjective experience, task choice, and performance". Psychological Review 91:328-346.

Nicholls, J. G./M. Patashnick/S. B. Nolen, 1985: "Adolescents' theories of education". Journal of Educational Psychology 77:683-692.

Norvartis-Foundation, 2000: The nature of intelligence. Chistester: John Wiley & Sons, Ltd.

Nugent, St. A., 2000: "Perfectionism: Its manifestations and classroom-based interventions". Journal of Secondary Gifted Education 11 (4):215-221.

O'Connor, K. J., 2002: "The application of Dabrowski's theory to the gifted".

Olszewski-Kubilius, P. M. /M. J. Kulieke/N. Krasney, 1988: "Personality dimensions for gifted adolescents: A review of the empirical literature". Gifted Child Quarterly 32 (4):347-352.

Pagnin, A./O. D. Andreani, 2000: "New trends in research on moral development in the gifted". In: International handbook of giftedness and talent, hg. von K. A. Heller/F. J. Mönks/R. J. Sternberg/R. F. Subotnik. Amsterdam: Elsevier, pp. 467-484.

Pajares, F./L. Graham, 1999: "Self-efficacy, motivation constructs, and mathematics performance of entering middle school students". Contemporary-Educational-Psychology 24 (2):124-139.

Parker, W. D., 1997: "An empirical typology of perfectionism in academic talented children". American Educational Research Journal 34 (3):545 - 562.

Parker, W. D., 1998: "Birth-Order Effects in the Academically Talented". Gifted Child Quarterly 42 (1):29-37.

Pegnato, C.W. & Birch, J.W., 1959: "Locating gifted children in junior high schools. A comparison of methods". Exceptional Children 25:300-304.

Perleth, Ch. 1992. Strategienutzung, Metagedächtnis und intellektuelle Begabung. Querschnitts- und Interventionsstudien bei Grundschülern. Dissertation, Universität München, München.

Perleth, Ch./W. Sierwald, 1992: "Entwicklungs- und Leistungsanalysen zur Hochbegabung". In: Hochbegabung im Kindes- und Jugendalter, hg. von Heller Kurt A. Göttingen: Hogrefe, pp. 165-350.

Persson Benbow, C./D. Lubinski/D. L. Shea/H. Eftekhari-Sanjani, 2000: "Sex differences in mathematical reasoning ability at age 13: Their status 20 years later". Psychological Science 11 (6):474-480.

Pervin, L. A., 2000: Persönlichkeitstheorien. Freud Adler Jung Rogers Kelly Cattell Eysenck Skinner Bandura u.a. Band 4. Aufl. Basel: Ernst Reinhardt.

Peters, E. V./H. Ma/F. J. Mönks/G. Ye, 1995: "Self-concept of chinese and dutch gifted and nongifted children". In: Nurturing talent: Indicidual needs and social ability. The fourth Conference of the European Council for High Ability, hg. von M. W. Katzko/F. J. Mönks. Assen: Van Gorcum, pp. 84-95.

Petillon, H., 1984: Sozialfragebogen für Schüler der 4.bis 6. Klassen (SFS 4-6). Edited by Deutsche Schultests. Weinheim: Beltz Test Gesellschaft.

Petzold, M., 1999: Entwicklung und Erziehung in der Familie: Familienentwicklungspsychologie im Überblick. Baltmannsweiler: Schneider Verlag Hohengehren GmbH.

Piers, E. V./D. B. Harris, 1964: "Age and other correlates of self-concept in children". Journal of Educational Psychology 55:91-95.

Piers, E. V./D. B. Harris, 1969: Manual for the Piers-Harris Children's Self-Concept Scale. Nashville: TN: Counselor Recordings & Tests.

Powell, Ph. M./T. Haden, 1984: "The intellectual and psychosocial nature of extreme giftedness". Roeper Review 6 (3):131-133.

Powers, St. /P. Douglas/M. Choroszy, 1986: "Personality profiles of high ability boys and girls: A profile analysis". Journal of Social Behavior and Personality 1 (4):631-638.

Pyrit, M. 2003. Attribution theory and giftedness. Paper read at 15th World Conference Gifted 2003 a celebration downunder, at Adelaide, South Australia.

Pyrit, M./S. Mendaglio, 1994: "The multidimensional self-concept: A comparison of gifted and average-ability adolescents". Journal for the Education of the Gifted 17 (3):299-305.

Pyrit, M./S. Mendaglio, 2003: "Self-concept and giftedness: A multi-Theoretical perspective". Gifted and Talented International 18 (2):76-82.

Reinhard, H. G., 1981: "Kinder- und jugendpsychiatrische Probleme hochbegabter Kinder und Jugendlicher". In: Das hochbegabte Kind, hg. von Wilhelm Wieczerkowski/Harald Wagner. Düsseldorf: Pädagogischer Verlag Schwann, pp. 120-127.

Reis, S. M. /D. B. McCoach, 2000: "The underachievement of gifted students: What do we know and where do we go?" Gifted Child Quarterly 44 (3):152-170.

Reis, S. M./B. D. McCoach, 2002: "Underachievement in gifted students". In: The social and emotional development of gifted children: What do we know? hg. von Maureen Neihart/Sally M. Reis/Nancy M. Robinson/Sidney M. Moon. Waco, TX, US: Prufrock Press Inc., pp. 71-91.

Renzulli, J. S., 1979: What makes giftedness: A reexamination of the gifted definition of the gifted and talented. California: Ventura.

Renzulli, J. S., 1984: "The triad/ revolving door system: A research-based approach to identification and programming for the gifted and talented". Gifted Child Quarterly 28:163-171.

Renzulli, J. S., 1986: "The three-ring conception of giftedness: a developmental model for creative productivity". In: Conceptions of Giftedness, hg. von R J Sternberg/J E Davidson. Cambridge: Cambridge University Press, pp. 53-92.

Renzulli, J. S., 1999: "What is the thing called giftedness, and how do we develop it? A twenty-five year perspective". Jorunal for the Education of the Gifted 23:3 - 54.

Reynolds, C. R./M. Bradley, 1983: "Emotional stability of intellectually superior children versus nongifted peers as estimated by chronic anxiety levels". School Psychology Review 12 (2):190-194.

Rheinberg, F., 1980: Leistungsbewertung und Lernmotivation. Göttingen: Hogrefe.

Rheinberg, F., 1996: "Von der Lernmotivation zur Lernleistung: Was liegt dazwischen?" In: Emotionen, Kognitionen und Schulleistungen, hg. von J Möller/O Köller. Weinheim: Psychologie Verlags Union, pp. 23-50.

Rheinberg, F./S. Krug, 1999: Motivationsförderung im Schulalltag. Psychologische Grundlagen und praktische Durchführung (2. Aufl.). Göttingen: Hogrefe.

Rheinberg, F./R. Vollmeyer/A. Lehnik, 2000: "Selbstkonzept der Begabung, Erfolgserwartungen und Lernleistung". In: Kognitive und emotionale Aspekte der Motivation, hg. von F. Försterling/J. Stiensmeier-Pelster/L.- M. Silny. Göttingen: Hogrefe, pp. 77-98.

Rice, K. G./S. A. Mirzadeh, 2000: "Perfectionism, attachment, and adjustment". Jorunal of Counseling Psychology 47 (2):238 - 250.

Rimm, S., 1997: "An underachievementepidemic". Educational Leadership 54 (7):18 - 22.

Ritchie, A. C./J. M. Bernard/B. E. Shertzer, 1982: "A comparison of academically talented children and academically average children on interpersonal sensitivity". Gifted Child Quarterly 26 (3):105-109.

Roberts, B.W./W.F. Del Vecchio, 2000: "The rank-order consistency of personality traits from childhood to old age: A quantitative review of longitudinal studies". Psychological Bulletin 126:3 - 25.

Roberts, S. M./S. B. Lovett, 1994: "Examining the "F" in gifted: Academically gifted adolescents' physiological and affective responses to scholastic failure". Journal for the Education of the Gifted 17 (3):241-259.

Robinson, Nancy M./R. G. Lanzi/R. A. Weinberg, 2002: "Family Factors Associated With High Academic Competence in Former Head Start Children at Third Grade". Gifted Child Quarterly 46 (4):278-290.

Robinson, Nancy M./R. A. Weinberg, 1998: "Family Factors Associated With High Academic Competence Among Former Head Start Children". Gifted Child Quarterly 42 (3):148-156.

Rodgers, B. 1979. Effects of an enrichment program screening process on the self-concept and other-concept of gifted elementary children. Unpubl. doct. diss., Unpublished doctoral dissertation, University of Cincinnati, OH.

Roedell, W. C., 1984: "Vulnerabilities of highly gifted children". Roeper Review 6 (3):127-130.

Roedell, W. C./N. E. Jackson/H. B. Robinson, 1989: Hochbegabung in der Kindheit. Besonders begabte Kinder im Vor- und Grundschulalter. Heidelberg: Asanger.

Rogers, C./M. Smith/J. Coleman, 1978: "Social comparison in the classroom: the relationship between academic achievment and social self-concept". Journal of Educational Psychology 70:50-57.

Rosenthal, R./R. Jacobson, 1971: Pygmalion im Unterricht: Lehrererwartung und Intelligenzentwicklung der Schüler. Weinheim: Beltz.

Rost, D. H., 1993a: "Das Marburger Hochbegabtenprojekt". In: Lebensumweltanalyse hochbegabter Kinder. Das Marburger Hochbegabtenprojekt, hg. von D. H. Rost. Goettingen: Hogrefe, pp. 1 - 33.

Rost, D. H. (Hg.), 1993b: Lebensumweltanalyse hochbegabter Kinder- Das Marburger Hochbegabtenprojekt. Goettingen: Hogrefe.

Rost, D. H., 1993c: "Persönlichkeitsmerkmale hochbegabter Kinder". In: Lebensumweltanalyse hochbegabter Kinder. Das Marburger Hochbegabtenprojekt, hg. von D. H. Rost. Goettingen: Hogrefe, pp. 105-137.

Rost, D. H., 2000a: "Grundlagen, Fragestellungen, Methode". In: Hochbegabte und hochleistende Jugendliche: Neue Ergebnisse aus dem

Marburger Hochbegabtenprojekt, hg. von D. H. Rost. Münster: Waxmann, pp. 1-91.

Rost, D. H. (Hg.), 2000b: Hochbegabte und hochleistende Jugendliche: neue Ergebnisse aus dem

Marburger Hochbegabtenprojekt. Edited by D. H. Rost. Münster: Waxmann.

Rost, D. H./T. Czeschlik, 1990: "Überdurchschnittlich intelligente Zehnjährige: Probleme mit der psycho-sozialen Anpassung?" Zeitschrift für Entwicklungspsychologie und Pädagogische Psychologie 22:289-295.

Rost, D. H./P. Hanses, 1994: "Besonders begabt: besonders glücklich, besonders zufrieden? Zum Selbstkonzept hoch- und durchschnittlich begabter Kinder". Zeitschrift für Psychologie 202:167-177.

Rost, D. H./P. Hanses, 1997: "Wer nichts leistet, ist nicht begabt? Zur Identifikation hochbegabter Underachiever durch Lehrkräfte". Zeitschrift fuer Entwicklungspsychologie und Pädagogische Psychologie 29 (2):167 - 177.

Rost, D. H./P. Hanses, 2000: "Selbstkonzept". In: Hochbegabte und hochleistende Jugendliche: Neue Ergebnisse aus dem

Marburger Hochbegabtenprojekt, hg. von D H Rost. Münster: Waxmann, pp. 211-278.

Rost, D. H./K. Hoberg, 1998: "Besondere Jugendliche mit besonderen Interessen?" Zeitschrift fuer Entwicklungspsychologie und Paedagogische Psychologie 30 (4):183-199.

Rost, D. H./F. Lamsfuss, 1992: "Entwicklung und Erprobung einer ökonomischen Skala zur Erfassung des Selbstkonzepts schulischer Leistungen und Fähigkeiten (SKSLF)". Zeitschrift für Pädagogische Psychologie 6:239-250.

Roth, S./L. J. Cohen, 1986: "Approach, avoidance, and coping with stress". American Psychologist 41 (7):813-819.

Rothbaum, F./J. R. Weisz/S. S. Snyder, 1982: "Changing the world and changing the self: A two-process model of perceived control". Journal of Personality and Social Psychology 42 (1):5-37.

Roznowski, M./J. Reith/S. Hong, 2000: "A further look at youth intellectual giftedness and its correlates: Values, interests, performance, and behavior". Intelligence 28 (2):87-113.

Rüesch, P., 1999: Gute Schulen im multikulturellen Umfeld. Ergebnisse aus der Forschung zur Qualitätssicherung. Zürich: Orell Füssli.

Ryckman, D. B./P. P. Beckham, 1987: "Gender differences in attributions for success and failure situations across subject areas". Journal of Eduactional Research 81 (2):120-125.

Sandler, I. N./S. A. Wolchik/D. MacKinnon/T. S. Ayers/M. W. Roosa, 1997: "Developing linkages between theory and intervention in stress and coping processes". In: Handbook of children's coping: linking theory and intervention, hg. von S. A. Wolchik/I. N. Sandler. New York: Plenum Press, pp. 3-40.

Sauer, J./E. Gamsjäger, 1996: Ist Schulerfolg vorhersagbar? Göttingen: Hogrefe.

Sayler, M. F./W. K. Brookshire, 1993: "Social, emotional, and behavioral adjustment of accelerated students, students in gifted classes, and regular students in eigths grade". Gifted Child Quarterly 37 (4):150-154.

Schenk-Danziger, L., 1991: Entwicklungspsychologie (21. Aufl.). Wien: Oesterreicherischer Bundesverlag.

Schilling, S., 2000: "Peer-Beziehungen". In: Hochbegabte und hochleistende Jugendliche: Neue Ergebnisse aus dem Marburger Hochbegabtenprojekt, hg. von D H Rost. Münster: Waxmann, pp. 367-421.

Schliche-Hiersemenzel, B., 1996: "Zur psychosozialen Situation hochbegabter Kinder". Beispiele 14:58-63.

Schmidt, M. H., 1977: Verhaltensstörungen bei Kindern mit sehr hoher Intelligenz. Bern: Verlag Hans Huber.

Schmidt, M. H., 1981: "Psychiatrische Aspekte der Hochbegabung". In: Das hochbegabte Kind, hg. von W. Wieczerkowski/H. Wagner. Düsseldorf: Pädagogischer Verlag Schwann, pp. 110-119.

Schneewind, K. A., 1999: Familienpsychologie. 2., überarbeitete. Aufl. Stuttgart: Kohlhammer.

Schneider, B. H., 1987: The gifted child in peer group perspective. New York: Springer.

Schneider, W., 1991: "Methodische Probleme und Möglichkeiten schulbezogener Längsschnittforschung". In: Der Mensch als soziales und personales Wesen, hg. von R. Pekrun/H. Fend/K. A. Schneewind/Laszlo A. Vascovics/G. Wurzbacher. Stuttgart: Verlag Enke, pp.

Schneider, W., 1992: "Erwerb von Expertise". In: Begabung und Hochbegabung, hg. von E. A. Hany/H. Nickel. Bern: Huber, pp. 105-122.

Schneider, W., 2000: "Giftedness, expertise, and (exceptional) performance: a developmental perspective". In: International handbook of giftedness and talent, hg. von K. A. Heller/F. J. Mönks/R. J. Sternberg/R. F. Subotnik. Amsterdam: Elsevier, pp. 165-177.

Schober, B./R. Reimann/P. Wagner, 2004: "Is research on gender-specific underachievement in gifted girls an obsolete topic? New findings on an often discussed issue". High Ability Studies 15 (1):43-62.

Schuler, P. A./I. Ferbezer/O'Leary N./L. V. Popova/Delou C. M. Carvalho/W. Limont, 2003: "Perfectionism: International Case Studies". Gifted and Talented International. 18 (2):67-75.

Schwanenflugel, P. J./T. P. Moore Stevens/M. Carr, 1997: "Metakognitive knowledge of gifted children and nonidentified children in early elementary school". Gifted Child Quarterly 41 (2):25-35.

Sebring, A. D., 1983: "Parental factors in the social and emotional adjustment of the gifted". Roeper Review 6 (2):97 - 99.

Seligman, M. E. P./S. F. Maier/R. L. Solomon, 1971: "Unpredictable and uncontrollable aversive events". In: Aversive conditioning and learning, hg. von F. R. Brush. New York: Academic Press, pp.

Shavelson, R. J./J. J. Hubner/G. C. Stanton, 1976: "Self-concept: validation of construct and interpretations". Review of Educational Research 46:407-441.

Shaywitz, S. E./J. M. Holahan/D. A. Freudenheim/J. M. Fletcher/R. W. Makuch/B. A. Shaywitz, 2001: "Heterogeneity within the gifted: Higher IQ boys exhibit behaviors resembling boys with learning disabilities". Gifted Child Quarterly 45 (1):16-23.

Shore, B. M./A. Tsiamis, 1986: "Identification by provision: Limited field test of a radical alternative for identifying gifted students". In: Identifying and nurturing the gifted, hg. von K. A. Heller/J. F. Feldhusen. Toronto: Huber, pp. 93-102.

Siegel, S., 1997: Nichtparametrische statistische Methoden. Eschborn: Klotz.

Siegle, D./S. M. Reis, 1998: "Gender differences in teacher and student perceptions of gifted students' ability and effort". Gifted Child Quarterly 42 (1):39-47.

Silbereisen, R. K., 1995: "Soziale Kognition: Entwicklung von sozialem Wissen und Verstehen". In: Entwicklungspsychologie (3. Aufl.), hg. von R. Oerter/L. Montada. Weinheim: Psychologie Verlags Union, pp. 823-861.

Silverman, L. K., 1991: "Helping gifted girls reach their potential". Roeper Review 13 (3):122-123.

Silverman, L. K., 1993a: "Counseling needs and programs for the gifted". In: International handbook of research and development of giftedness and talent, hg. von K. A. Heller/F. J. Mönks/A. H. Passow. Oxford: Pergamon, pp. 631-647.

Silverman, L. K. (Hg.), 1993b: Counseling the gifted and talented. Denver: Love.

Silverman, L. K., 1993c: "Techniques for preventive counseling". In: Counseling the gifted & talented, hg. von L. K. Silverman. Denver: Love, pp. 81-108.

Skaalvik, E. M., 1997: "Self-enhancing and self-defeating ego orientation: Relations with task and avoidance orientation, achievement, self-perceptions, and anxiety". Journal of Educational Psychology 89 (1):71-81.

Smith, K., 1990: "Suicidal behavior in school-aged youth". School Psychology Review 19:186-195.

Solano, C. H., 1987: "Stereotypes of social isolation and early burnout in the gifted: do they still exist?" Journal of Youth and Adolescents 16 (6):527-539.

Sowa, C. J./J. McIntire/K. M. May/L. Bland, 1994: "Social and emotional adjustment themes across gifted children". Roeper Review 17 (2):95-98.

Speck, O., 2005: System Heilpädagogik. Eine ökologisch reflexive Grundlegung. München u.a.: Verlag Reinhardt.

Speirs Neumeister, K. L., 2004: "Understanding the Relationship Between Perfectionism and Achievement Motivation in Gifted College Students". Gifted Child Quarterly 48 (3):219-231.

Stamm, M. 1998: Frühlesen und Frührechnen als soziale Tatsachen? Eine Längsschnittstudie (1995 - 1998). Aarau: Institut für Bildungs- und Forschiungsfragen im Schulbereich.

Stamm, M. 2003: Frühlesen und Frührechnen als soziale Tatsachen. Acht Jahre nach der Einschulung beim Ende der obligatorischen Schulzeit. Aarau: Institut für Bildungs- und Forschungsfragen im Schulbereich.

Stapf, A., 1990: "Hochbegabte Mädchen: Entwicklung, Identifikation und Beratung, insbesondere im Vorschulalter". In: Hochbegabte Mädchen, hg. von W. Wieczerkowski/T. M. Prado. Bad Honnef: Karl Heinrich Bock, pp. 45-58.

Stapf, A., 2003: Hochbegabte Kinder. Persönlichkeit, Entwicklung, Förderung. München: Verlag C. H. Beck.

Steptoe, A., 1983: "Emotion and stress". In: The scientific basis of psychiatry, hg. von M. Weller. London: Baillièr Tindall, pp.

Stevenson, H. W./R. S. Newman, 1986: "Long-term prediction of achievment and attitudes in mathematics and reading". Child Development 57:646-659.

Stiensmeier-Pelster, J., 1994: "Attribution und erlernte Hilflosigkeit". In: Attributionstheorie. Grundlagen und Anwendungen, hg. von F. Försterling/J. Stiensmeier-Pelster. Göttingen: Hogrefe, pp. 185-211.

Stiensmeier-Pelster, J./B. Schlangen, 1996: "Erlernte Hilflosigkeit und Leistung". In: Emotionen, Kognitionen und Schulleistungen, hg. von J. Möller/O. Köller. Weinheim: Psychologie Verlags Union, pp. 69-90.

Stipek, D. J./J. H. Gralinski, 1991: "Gender differences in childrens's achievement-related beliefs and emotional responses to success and failure im mathematics". Journal of Educational Psychology 83:361-371.

Stopper, B. 1978. The relationsship of the self-concept of gifted and non-gifted elementary school students to achievement, sex, grade level, and membership in a self-contained academic program for the gifted. Unpubl. doct. diss., Unpublished doctoral dissertation, University of Pennsylvania.

Stumpf, H./J. Parker, 2000: "A hierarchical structural analysis of perfectionism and its relation to other personality characteristics". Personality and Individual Differences 28 (5):837 - 852.

Subotnik, R. F./C. L. Steiner, 1994: "Adult manifestations of adolescent talent in science: A longitudinal study of 1983 Westinghouse Science Talent Search Winners". In: Beyond Terman: Contemporary longitudinal studies of giftedness and talent, hg. von R. F. Subotnik/K. D. Arnold. Norwood: Ablex Publishing Corporation, pp. 52-76.

Swiatek, M. A., 1995: "An empirical investigation of the social coping strategies used by gifted adolescents". Gifted Child Quarterly 39 (3):154-161.

Swiatek, M. A., 2001: "Social coping among gifted high school students and its relationship to self-concept". Journal of Youth and Adolescence 30 (1):19-39.

Tabachnick, B. G./L. S. Fidell, 1996: Using Multivariate Statistics. New York: Harper Collins.

Taylor, S. E., 1995: Health Psychology (3. Ed). New York: McGraw-Hill. Inc.

Terman, L. M., 1925: Mental and physical traits of a thousand gifted children. Edited by Genetic studies of genius. Standford, Calif.: Stanford University Press.

Terman, L. M., 1926: Genetic studies of genius: Mental and physical traits of a thousand gifted children. Stanford, CA: Stanford University Press.

Terman, L. M. /M. H. Oden, 1959: The gifted group at mid-life: 35 years' follow-up of a superior child. Standford, Calif.: Stanford University Press.

Terman, L. M./M. H. Oden, 1947: The gifted child grows up: Twenty-five years' follow-up of a superior group. Standford, Calif.: Stanford University Press.

Tettenborn, A., 1996: Familien mit hochbegabten Kindern. Edited by D. H. Rost, Pädagogische Psychologie und Entwicklungspsychologie. Münster, New York: Waxmann.

Tiedemann, J., 1995:"Gesellschaftstypische Erwartungen von Lehrkräften im Mathematikunterricht in der Grundschule". Zeitschrift für Pädagogik, 5: 153-161.

Thomas, A. /S. Chess/H. G. Birch, 1968: Temperament and behaviour disorders in children. New York: University Press.

Thomas, A./S. Chess, 1980: Temperament und Entwicklung. Stuttgart: Enke.

Tomchin, E. M./C. M. Callahan/C. J. Sowa/K. M. May, 1996: "Coping and self-concept: Adjustment patterns in gifted adolescents". Journal of Secondary Gifted Education 8:16-27.

Tong, J./C. Yewchuk, 1996: "Self-concept and sex-role orientation in gifted high school students". Gifted Child Quarterly 40 (1):15-23.

Tuchow, A., 1993: Zum sozialen Selbstkonzept bei besonders begabten Schülern im Alter von 13 bis 15 Jahren. Dissertation. Rostock: Universität Rostock.

Udvari, Stephen J./Kenneth H. Rubin, 1996: "Gifted and non-selected children's perceptions of academic achievement, academic effort and athleticism". Gifted Child Quarterly 40 (4):211-219.

Urban, K. K., 1980: "Hochbegabte Kinder - eine Herausforderung ". Bildung und Erziehung 33:526-535.

Vallerand, R. J./F. Gagné/C. Senecal/L. G. Pelletier, 1994: "A comparison of the school intrinsic motivation and perceived competence of gifted and regular students". Gifted Child Quarterly 38 (4):172-175.

van Lieshout, C. F. M./R. H. J. Scholte/M. A. G. van Aken/G. J. T. Haselanger/J. M. Riksen-Walraven, 2000: "The gifted personality: Resilient children and adolescents, their adjustment and their relationship". In: Developing talent across the life span, hg. von C. F. M. van Lieshout/P. G. Heymans. Hove: Psychology Press, pp. 103-123.

Vernooij, M. A., 2000: "Verhaltensstörungen im Kontext individueller kognitiver Möglichkeiten". In: Lernbeeinträchtigung und Verhaltensstörung. Konvergenzen in Theorie und Praxis, hg. von U. Schröder/M. Wittrock. Stuttgart: Verlag Kohlhammer, pp. 65 - 79.

Visser, J./G. Upton, 1993: Special Education in Britain after Warnock. London: David Fulton Publishers.

Wagner, H./F. Baumgärtel, 1978: Der Hamburger Persönlichkeitsfragebogen für Kinder (HA-PEF-K). Göttingen: Hogrefe.

Waldmann, M. R./F. E. Weinert, 1990: Intelligenz und Denken. Göttingen: Verlag Hogrefe.

Webb, J. T., 1993: "Nurturing social-emotional development of gifted children". In: International handbook of research and development of giftedness and talent, hg. von K. A. Heller/F. J. Mönks/A. H. Passow. Oxford: Pergamon, pp. 525-538.

Webb, J. T./P. A. Kleine, 1993: "Assessing gifted and talented children". In: Testing your children, hg. von J. Culbertson/D. Willis. Austin: Pro-Ed., pp. 383 - 307.

Webb, J. T./E. A. Meckstroth/S. S. Tolan, 1982: Guiding the gifted child. Dayton, OH: Ohio Psychology Press.

Webb, J. T./E. A. Meckstroth/S. S. Tolan, 2002: Hochbegabte Kinder, ihre Eltern, ihre Lehrer (3. Aufl.). Bern: Hans Huber.

Webb, J. T./E. A. Meckstroth/St. S. Tolan, 1983: "Stress management: Some specific suggestions". Creative Child and Adult Quarterly 8 (4):216-220.

Weiner, B., 1985: "An attributional theory of motivation and emotion". Psychological Review 92 (4):548-573.

Weiner, B., 1994: Motivationspsychologie (3.Aufl.). Weinheim: Beltz.

Weinert, F. E., 1992: "Zum Hochbegabten geboren, entwickelt man sich dahin oder wird man dazu gemacht?" In: Begabung und Hochbegabung, hg. von E. A. Hany/H. Nickel. Bern: Huber, pp. 197-203.

Weinert, F. E., 1998: Entwicklung im Kindesalter. Weinheim: Beltz-Verlag.

Weiss, R. H., 1997: "Replik zur Rezension der CFT-20". Zeitschrift für Differentielle und Diagnostische Psychologie 18 (1,2):56-61.

Whitmore, J. R., 1980: Giftedness, conflict and underachievement. Boston: Allyn & Bacon.

Whitmore, J. R., 1986: "Understanding a lack of motivation to excel". Gifted Child Quarterly 30 (2):66-69.

Wieczerkowski, W./J. Jansen, 1990: "Mädchen und Mathematik: Geschlechtsunterschiede in Leistung und Wahlverhalten". In: Hochbegabte Mädchen, hg. von W. Wieczerkowski/T. M. Prado. Bad Honnef: Karl Heinrich Bock, pp. 134-151.

Wieczerkowski, W./T. M. Prado (Hg.), 1990a: Hochbegabte Mädchen. Bad Honnef: Karl Heinrich Bock.Wieczerkowski, W./T. M. Prado, 1990b: "Mädchen und Jungen in einer Beratungsstelle für Hochbegabtenfragen. Ergebnisse, Beobachtungen, Erfahrungen". In: Hochbegabte Mädchen, hg. von W. Wieczerkowski/T. M. Prado. Bad Honnef: Karl Heinrich Bock, pp. 59-80.

Wieczerkowski, W./T. M. Prado, 1996: "Parental fears and expectations from the point of view of a counseling center for the gifted". In: Fostering the growth of high ability: European perspectives, hg. von A. J. Copley/D. Dehn. Norwood, NJ: Ablex Publishing Corporation, pp. 515 - 534.

Wild, K.- P., 1993: "Hochbegabtendiagnostik durch Lehrer". In: Lebensumweltanalyse hochbegabter Kinder. Das Marburger Hochbegabtenprojekt, hg. von D. H. Rost. Göttingen: Verlag Hogrefe, pp. 236-261.

Wild, K. P., 1991: Identifikation hochbegabter Schüler. Heidelberg: Asanger.

Winner, E., 1997: "Exceptionally high intelligence and schooling". American Psychologist 52:1070-1081.

Wittmann, A. J., 2003: Hochbegabtenberatung. Theoretische Grundlagen und empirische Analysen.

Wolters, Ch. A./S. L. Yu/P. R. Pintrich, 1996: "The relation between goal orientation and students' motivational beliefs and self-regulated learning". Learning and Individual Differences 8 (3):211-238.

Wright, P. B., 1997: "The self-concept of gifted adolescents in a congregated program". Gifted Child Quarterly 41 (3):83-94.

Wylie, R. C., 1979: The self-concept (Vol. 2). Lincoln: Ne: University of Nebraska Press.

Yamamoto, K., 1979: "Children's ratings of the stressfulness of experiences". Developmental Psychology 15 (5):580-581.

Yee, D. K./J. S. Eccles, 1988: "Parent perceptions and attributions for children's math achievement". Sex Roles 19 (5/6):317-333.

Zeidner, M./E. J. Schleyer, 1999: "The effects of educational context on individual difference variables, self-perceptions of giftedness, and school attitudes in gifted adolescents". Journal of Youth and Adolescents 28 (6):687-703.

Zentall, Sydney S./Sidney M. Moon/Arlene M. Hall/Janice A. Grskovic, 2001: "Learning and motivational characteristics of boys with AD/HD and/or giftedness". Exceptional Children 67 (4):499-519.

Zentner, M. R., 1993: Die Wiederentdeckung des Temperaments. Paderborn: Junfermann.

Ziegler, A./K. A. Heller, 1998: "Motivationsförderung mit Hilfe eines Reattributionstrainings". Psychologie in Erziehung und Unterricht 44:216-229.

Ziegler, A./K. A. Heller, 2000a: "Conditions for self-confidence among boys and girls achieving highly in chemistry". Journal of Secondary Gifted Education 11 (3):144-151.

Ziegler, A./K. A. Heller, 2000b: "Effects ot an attribution retraining with female students gifted in physics". Journal for the Education of the Gifted 23 (3):217-243.

Ziv, A./J. Rimon/M. Doni, 1977: "Parental perception and self-concept of gifted and average underachievers". Perceptual and Motor Skills 44:563-568.

Bitte beachten Sie auch die folgenden Seiten!

Albin Niedermann / Mirjam Meisel-Stoll /
Caroline Sahli / Urs Zeltner

Heilpädagogische Unterrichtsgestaltung

Ein Studienbuch zur Förderdiagnostik, Basisfunktionsschulung und Klassenführung

Beiträge zur Heil- und Sonderpädagogik. Band 29
2., überarbeitete Auflage 2006. 152 Seiten, 22 Abb. + 15 Tab., kartoniert
CHF 28.– / € 18.50
ISBN 3-258-06903-4

Drei wesentliche Determinanten guten heilpädagogischen Unterrichts werden in diesem Buch behandelt: Bemühungen um Individualisierung setzt förderdiagnostische Arbeit voraus. Die diagnostischen Ergebnisse weisen oft in die Richtung fehlender Lernvoraussetzungen bzw. nicht ausreichend entwickelter Basisfunktionen, die ein wesentliches Element des heilpädagogischen Unterrichts bilden. Weiter wird die Klassenführung und Lösung von Disziplinproblemen thematisiert.

Das Buch wurde als Arbeits- und Studienunterlage konzipiert – es erscheint hier in vollständig überarbeiteter Fassung.

Haupt

Haupt Verlag Bern • Stuttgart • Wien
verlag@haupt.ch • www.haupt.ch

Urs Haeberlin

Allgemeine Heilpädagogik

Mit Ergänzungen von Jean-Luc Lambert

Beiträge zur Heil- und Sonderpädagogik. Band 1
6., unveränderte Auflage 2002. 92 Seiten, 4 Schemen, kartoniert
CHF 18.– / € 11.–
ISBN 3-258-05805-9

Diese bewährte Einführung in die Allgemeine Heilpädagogik zeichnet sich aus durch die Verdichtung auf Wesentliches, Mut zu Lücken und die Verwendung einer klaren und einfachen Sprache. Der Begriff Heilpädagogik wird synonym zu Sonderpädagogik und Behindertenpädagogik verwendet; die Einführung ist deshalb auch bei dieser Begriffsorientierung geeignet.
Besonderes Gewicht hat Haeberlin darauf gelegt, dass Lesende, die aus der Praxis kommen, Bedeutung und Besonderheiten des theoretischen Denkens erkennen lernen. Fragen nach dem Verhältnis zwischen Theorie und Praxis, nach der Wertfreiheit von Wissenschaft und kontroversen wissenschaftstheoretischen Positionen erhalten deshalb verhältnismässig viel Raum.
Ein Teil dieser Allgemeinen Heilpädagogik versteht sich als wissenschaftstheoretisches Propädeutikum. Andere Teile befassen sich mit dem Definitionsproblem, mit allgemeinen Aspekten und klassischen Ansätzen und Theorien der Heilpädagogik. Auf Vollständigkeit wurde dabei absichtlich verzichtet – zu nicht behandelten Fragen finden interessierte Leser/innen aber zahlreiche Hinweise auf anders konzipierte Einführungstexte und weiterführende Literatur.

Haupt

Haupt Verlag Bern • Stuttgart • Wien
verlag@haupt.ch • www.haupt.ch

Hauptthema: Heilpädagogik

Urs Haeberlin

Grundlagen der Heilpädagogik

Einführung in eine wertgeleitete erziehungswissenschaftliche Disziplin

Uni-Taschenbücher (Haupt bei UTB) – mittlere Reihe.
Band 2631
2005. 391 Seiten, kartoniert
CHF 34.90 / € 19.90
ISBN 3-8252-2631-X

Urs Haeberlins Lehrbuch führt in praktische und wissenschaftliche Grundfragen der Heil- und Sonderpädagogik ein und vermittelt Informationen über fachliche, historische, anthropologische, wissenschaftstheoretische und ethische Grundlagen. Neben dem Fachwissen findet der Leser, die Leserin Wege zum Verständnis der Heil-, Sonder- und Sozialpädagogik als wertgeleitete Praxis und Wissenschaft. Die Art der Wissensvermittlung erhält ihren besonderen Charakter aus der Verpflichtung zur Solidarität mit Benachteiligten und Ausgegrenzten. Durch die bewusste Orientierung am Grundwert der Solidarität bietet das Buch eine im heutigen Wissenschaftsbetrieb neuartige Einführung in heil-, sonder- und sozialpädagogisches Sehen und Denken. Von zentraler Bedeutung für Praxis und Wissenschaft ist die abschließende Klärung der Grundlagen einer Berufsethik für die Heilpädagogik.
Dem Lehrbuchcharakter wird die verständliche Sprache optimal gerecht. Am Ende jedes Kapitels stehen dem Leser, der Leserin Fragen zur Selbstkontrolle zur Verfügung. Ein Abschlusstest bietet schließlich die Möglichkeit zur Eigenbewertung der Lernleistung.

Haupt

Haupt Verlag Bern • Stuttgart • Wien
verlag@haupt.ch • www.haupt.ch

Claudio Nodari / Raffaele De Rosa

Mehrsprachige Kinder

Ein Ratgeber für Eltern und andere Bezugspersonen

2003. 124 Seiten, kartoniert
CHF 34.– / € 19.90
ISBN 3-258-06319-2

Immer mehr Menschen gestalten ihr tägliches Leben in zwei Sprachen und immer mehr Kinder wachsen mehrsprachig auf. In der heutigen multikulturellen Gesellschaft wird die Zweisprachigkeit auch zunehmend als grosse Chance angesehen. Doch wie kann die mehrsprachige Erziehung gelingen und für Eltern und Kinder befriedigend sein?
Dieser Ratgeber beantwortet die Fragen, die sich im Zusammenhang mit der Entwicklung von zwei oder mehr Sprachen bei Kindern stellen. Welche Sprache sollen die Eltern mit ihren Kindern sprechen? Was können Lehrpersonen tun, um die Mehrsprachigkeit von Kindern zu unterstützen? Kann Zweisprachigkeit zu Problemen in der Schule führen?
Anhand von vielen Beispielen aus der Praxis und mit vielen konkreten Vorschlägen zeigen die Autoren, wie die Mehrsprachigkeit verwirklicht werden kann und wie Eltern ihre Kinder vom Babyalter bis in die Schule optimal fördern können.

Haupt

Haupt Verlag Bern • Stuttgart • Wien
verlag@haupt.ch • www.haupt.ch

Hans Berner

Über-Blicke / Ein-Blicke

Pädagogische Strömungen durch vier Jahrzehnte

3., erweiterte Auflage 2006. 299 Seiten, zahlr. Fotos, gebunden
CHF 48.– / € 32.–
ISBN 3-258-07058-X

Hans Berners «Über-Blicke – Ein-Blicke» ist der gelungene Versuch, einige wichtige pädagogische Strömungen der letzten vierzig Jahre konzis und knapp darzustellen und an herausragenden Persönlichkeiten der Pädagogik lebendig werden zu lassen. Für die 3. Auflage hat der Zürcher Erziehungswissenschaftler sein Buch überarbeitet und aktualisiert, auch vor dem Hintergrund politischer und gesellschaftlicher Veränderungen seit dem 11. September 2001. So sind die aktuellsten Entwicklungen der Pädagogik berücksichtigt.

: Haupt

Haupt Verlag Bern • Stuttgart • Wien
verlag@haupt.ch • www.haupt.ch